DÉMARCHE PROJET

Décider • Agir

ÉTAPES	PRODUCTIONS	
Besoin **Contexte technologique** **Objectifs du projet** **1 Appropriation du cahier des charges, du contexte, des objectifs du projet**	• Expression du besoin • Cahier des charges finalisé	**Revue de projet** pour figer l'expression de la problématique du projet
2 Organisation du projet, planification, organisation des équipes	• Planning, répartition des tâches • Organisation des ressources numériques	**Revue de projet** pour définir la planification et la répartition des tâches du projet
3 Recherche de solutions	• Schématisations • Diagrammes • Représentations et modélisations de solutions techniques	**Revue de projet** pour choisir une solution à développer
4 Réalisation prototype et tests, Simulations Présentation finale	• Résultats de simulation, d'expérimentation • Communication des résultats	**Revue de projet** pour analyser les tests et valider ou non la solution et présenter le projet terminé

Pour les enseignants

Collège

....

....

....

2017-2018 : ....

20..-20.. : ....

20..-20.. : ....

20..-20.. : ....

20..-20.. : ....

20..-20.. : ....

Pour les élèves

Le Bimanuel, c'est

- **le manuel papier**
- **la licence numérique Élève incluse et renouvelée à chaque rentrée**

> **Enrichi** de nombreuses **ressources Élève** indiquées au fil des pages du manuel par le symbole lienmini.fr :

- fichiers TICE : carte mentale, planning, schémas à compléter
- vidéos de présentation des objets techniques étudiés
- fichiers de simulation des systèmes étudiés
- vidéos des résultats de simulation des systèmes étudiés
- vidéos de tutoriel pour la prise en main de logiciels
- QCM interactifs : 1 QCM par chapitre et par niveau

> **Facile d'accès** grâce à la carte d'activation insérée dans le manuel. À chaque rentrée scolaire, les éditions Delagrave réactivent l'accès pour les nouveaux élèves.

> **Consultable en classe et à la maison** sur ordinateur ou tablette pendant 5 ans.

?

Le manuel numérique Élève fonctionne-t-il sans connexion internet ?
Une fois téléchargé, il fonctionne sans connexion internet.

Que se passe-t-il à la fin de l'année scolaire ?
Les élèves qui ont activé la version numérique durant l'année scolaire peuvent continuer à la consulter, pendant toute leur scolarité au collège.
À chaque rentrée scolaire, les éditions Delagrave réactivent l'accès au manuel numérique pour les nouveaux élèves.

Technologie

Cycle 4

5e 4e 3e

Sous la direction
de **Jean-Michel Baron**
et **Jean Cliquet**

Agnès Billot,
professeure de technologie,
collège Françoise Giroud, Vincennes (94)

Nicolas Dromas,
professeur de technologie,
collège Condorcet, Maisons-Alfort (94)

Philippe Drumez,
professeur de technologie,
collège Charles Péguy, Verneuil-l'Étang (77)

Dominique Sauzeau,
Responsable de formation Technologie-Sciences de l'Ingénieur,
ESPE de l'académie de Créteil

Les auteurs et les éditions Delagrave remercient Séverin Druart et Raphaël Moreau,
réalisateurs des tutoriels vidéo disponibles dans l'ouvrage.

DELAGRAVE

DÉCOUVREZ LES + DE VOTRE MANUEL

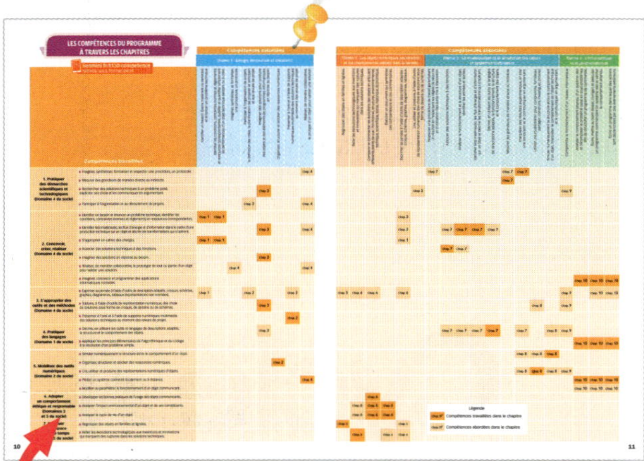

Un tableau des compétences pour suivre votre progression sur l'ensemble du cycle

Une approche spiralaire organisée à partir des 4 thèmes du programme

OBSERVER

Des situations innovantes et concrètes pour se questionner et interagir

Des méthodes pas-à-pas pour développer des compétences

RÉSOUDRE

Des mini-projets pour travailler en équipe et favoriser la différenciation

APPRENDRE

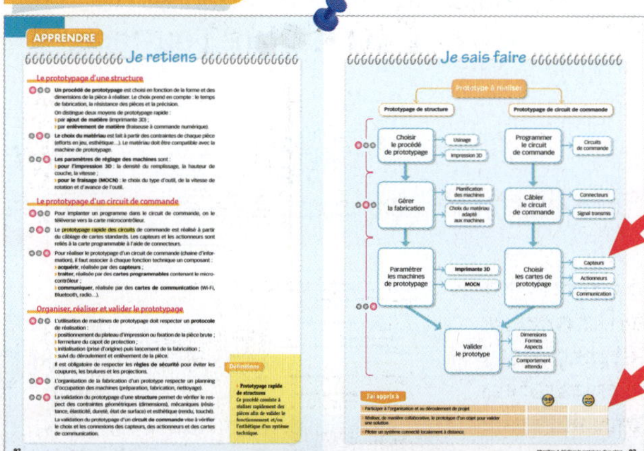

Une synthèse visuelle pour apprendre autrement

Une grille pour repérer les compétences acquises

S'ENTRAINER

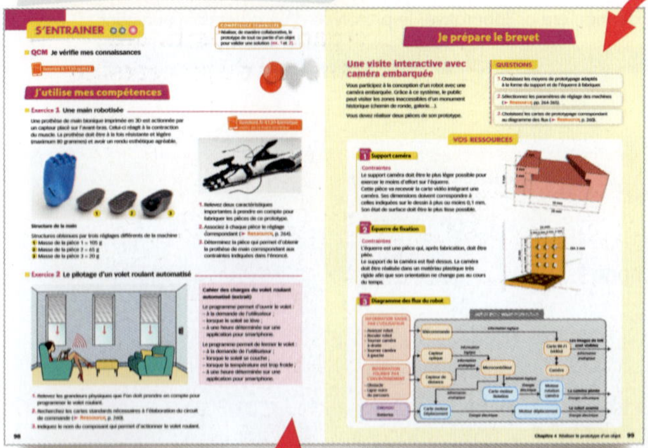

Une préparation au brevet qui répond aux attendus de fin de cycle et qui évalue les compétences acquises

Des exercices organisés par compétences

Une démarche projet synthétique et visuelle

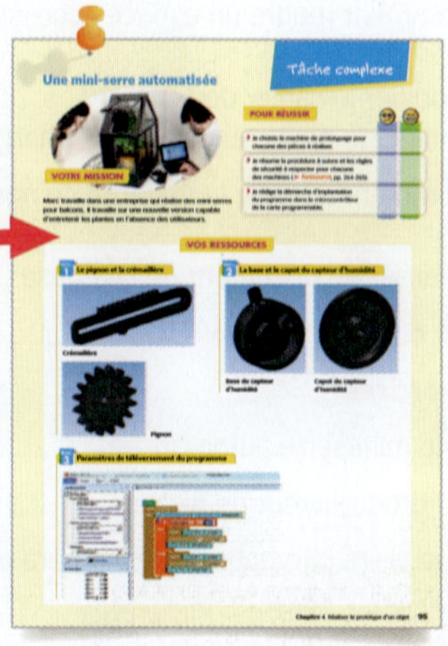

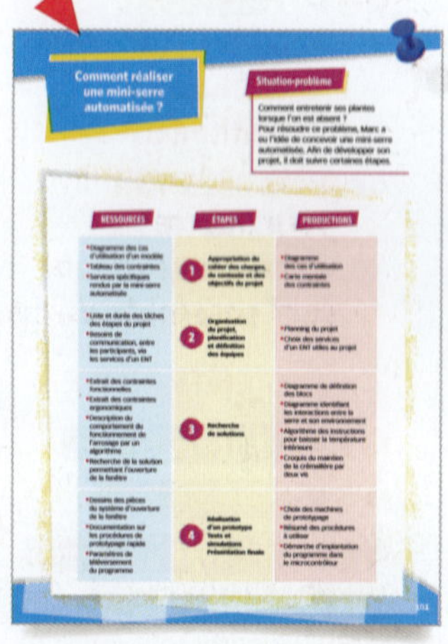

Des tâches complexes filées sur chacun des thèmes pour mobiliser ses compétences

EPI et Parcours pour favoriser l'interdisciplinarité

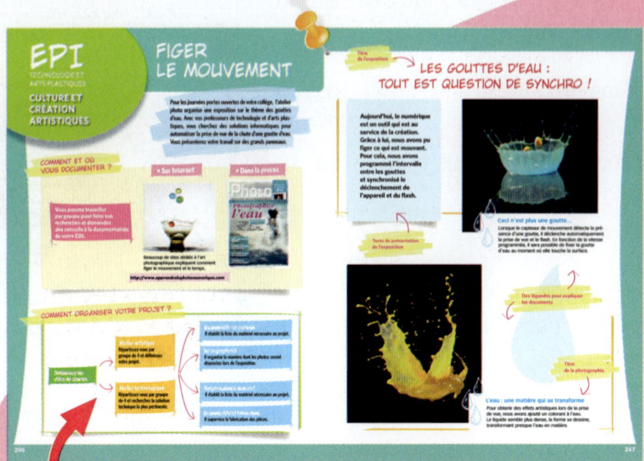

Des EPI qui montrent l'interactivité entre la technologie et les autres disciplines

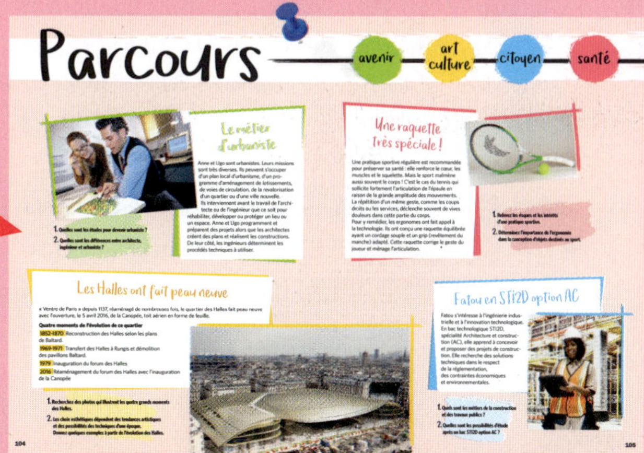

Des parcours qui montrent l'interaction entre la technologie et l'environnement, et proposent des choix d'orientation professionnelle

SOMMAIRE

Attendus de fin de cycle

Imaginer des solutions en réponse aux besoins, matérialiser des idées en intégrant une dimension design.
Réaliser, de manière collaborative, le prototype d'un objet communicant.

THÈME 1
Design, innovation et créativité

chapitre 1 Exprimer un besoin par un cahier des charges

chapitre 2 Organiser le travail d'un groupe projet

chapitre 3 Imaginer des solutions pour concevoir des objets

chapitre 4 Réaliser le prototype d'un objet

THÈME 2
Les objets techniques, les services et les changements induits dans la société

Attendus de fin de cycle

Comparer et commenter les évolutions des objets et systèmes.
Exprimer sa pensée à l'aide d'outils de description adaptés.
Développer les bonnes pratiques de l'usage des objets communicants.

chapitre 5 Les inventions et les innovations technologiques

chapitre 6 L'évolution des objets et leur impact

THÈME 3
La modélisation et la simulation des objets et systèmes techniques

Attendus de fin de cycle

Analyser le fonctionnement et la structure d'un objet.
Utiliser une modélisation et simuler le comportement d'un objet.

chapitre 7 Analyser le fonctionnement et la structure d'un objet

chapitre 8 Simuler une structure et un comportement

THÈME 4
L'informatique et la programmation

Attendus de fin de cycle

Comprendre le fonctionnement d'un réseau informatique.
Écrire, mettre au point et exécuter un programme informatique.

chapitre 9 Comprendre le fonctionnement d'un réseau informatique

chapitre 10 Algorithmique et programmation

EPI

RESSOURCES

RESSOURCES NUMÉRIQUES

Tutoriels/Vidéos

Vidéos

Fichiers TICE

LES COMPÉTENCES DU PROGRAMME À TRAVERS LES CHAPITRES

lienmini.fr/t130-competence
tableau sous format excel

Compétences travaillées		Compétences associées – Thème 1 : Désign, innovation et créativité : Identifier un besoin (biens matériels ou services) et énoncer un problème technique	Identifier les conditions, contraintes (normes et règlements) et ressources correspondantes, qualifier et quantifier simplement les performances d'un objet technique existant ou à créer.	Imaginer, synthétiser et formaliser une procédure, un protocole	Participer à l'organisation de projets, la définition des rôles, la planification (se projeter et anticiper) et aux revues de projet	Imaginer des solutions pour produire des objets et des éléments de programmes informatiques en réponse au besoin	Organiser, structurer et stocker des ressources numériques	Présenter à l'oral et à l'aide de supports numériques multimédia des solutions techniques au moment des revues de projet	Réaliser, de manière collaborative, le protype d'un objet pour valider une solution
1. Pratiquer des démarches scientifiques et technologiques (Domaine 4 du socle)	Imaginer, synthétiser, formaliser et respecter une procédure, un protocole.								Chap. 4
	Mesurer des grandeurs de manière directe ou indirecte.								
	Rechercher des solutions techniques à un problème posé, expliciter ses choix et les communiquer en argumentant.					Chap. 3			
	Participer à l'organisation et au déroulement de projets.				Chap. 2				Chap. 4
2. Concevoir, créer, réaliser (Domaine 4 du socle)	Identifier un besoin et énoncer un problème technique, identifier les conditions, contraintes (normes et règlements) et ressources correspondantes.	Chap. 1	Chap. 1						
	Identifier le(s) matériau(x), les flux d'énergie et d'information dans le cadre d'une production technique sur un objet et décrire les transformations qui s'opèrent.					Chap. 3			Chap. 4
	S'approprier un cahier des charges.	Chap. 1	Chap. 1						
	Associer des solutions techniques à des fonctions.								
	Imaginer des solutions en réponse au besoin.					Chap. 3			
	Réaliser, de manière collaborative, le prototype de tout ou partie d'un objet pour valider une solution.			Chap. 4					Chap. 4
	Imaginer, concevoir et programmer des applications informatiques nomades.								
3. S'approprier des outils et des méthodes (Domaine 4 du socle)	Exprimer sa pensée à l'aide d'outils de description adaptés : croquis, schémas, graphes, diagrammes, tableaux (représentations non normées).	Chap. 1			Chap. 2			Chap. 2	
	Traduire, à l'aide d'outils de représentation numérique, des choix de solutions sous forme de croquis, de dessins ou de schémas.					Chap. 3			
	Présenter à l'oral et à l'aide de supports numériques multimédia des solutions techniques au moment des revues de projet.							Chap. 2	
4. Pratiquer des langages (Domaine 1 du socle)	Décrire, en utilisant les outils et langages de descriptions adaptés, la structure et le comportement des objets.					Chap. 3			
	Appliquer les principes élémentaires de l'algorithmique et du codage à la résolution d'un problème simple.								
5. Mobiliser des outils numériques (Domaine 2 du socle)	Simuler numériquement la structure et/ou le comportement d'un objet.								
	Organiser, structurer et stocker des ressources numériques.						Chap. 2		
	Lire, utiliser et produire des représentations numériques d'objets.								
	Piloter un système connecté localement ou à distance.								Chap. 4
	Modifier ou paramétrer le fonctionnement d'un objet communicant.								
6. Adopter un comportement éthique et responsable (Domaines 3 et 5 du socle)	Développer les bonnes pratiques de l'usage des objets communicants.								
	Analyser l'impact environnemental d'un objet et de ses constituants.								
	Analyser le cycle de vie d'un objet.								
7. Se situer dans l'espace et dans le temps (Domaine 5 du socle)	Regrouper des objets en familles et lignées.								
	Relier les évolutions technologiques aux inventions et innovations qui marquent des ruptures dans les solutions techniques.								

Compétences associées

Thème 2 : Les objets techniques, les services et les changements induits dans la société						Thème 3 : La modélisation et la simulation des objets et systèmes techniques									Thème 4 : L'informatique et la programmation			
Regrouper des objets en familles et lignées.	Relier les évolutions technologiques aux inventions et innovations qui marquent des ruptures dans les solutions techniques.	Comparer et commenter les évolutions des objets en articulant différents points de vue : fonctionnel, structurel, environnemental, technique, scientifique, social, historique, économique.	Élaborer un document qui synthétise ces comparaisons et ces commentaires.	Exprimer sa pensée à l'aide d'outils de description adaptés : croquis, schémas, graphes, diagrammes, tableaux.	Lire, utiliser et produire, à l'aide d'outils de représentation numérique, des choix de solutions sous forme de dessins ou de schémas.	Respecter une procédure de travail garantissant un résultat en respectant les règles de sécurité et d'utilisation des outils mis à disposition.	Associer des solutions techniques à des fonctions.	Analyser le fonctionnement et la structure d'un objet, identifier les entrées et sorties.	Identifier le(s) matériau(x), les flux d'énergie et d'information sur un objet et décrire les transformations qui s'opèrent.	Décrire, en utilisant les outils et langages de descriptions adaptés, le fonctionnement, la structure et le comportement des objets.	Mesurer des grandeurs de manière directe ou indirecte.	Interpréter des résultats expérimentaux, en tirer une conclusion et la communiquer en argumentant.	Utiliser une modélisation pour comprendre, formaliser, partager, construire, investiguer, prouver.	Simuler numériquement la structure et/ou le comportement d'un objet. Interpréter le comportement de l'objet technique et le communiquer en argumentant.	Comprendre le fonctionnement d'un réseau informatique	Analyser le comportement attendu d'un système réel et décomposer le problème posé en sous-problèmes afin de structurer un programme de commande.	Écrire, mettre au point (tester, corriger) et exécuter un programme commandant un système réel et vérifier le comportement attendu.	Écrire un programme dans lequel des actions sont déclenchées par des évènements extérieurs.
						Chap. 7					Chap. 7	Chap. 7						
											Chap. 7							
					Chap. 3										Chap. 9			
				Chap. 3														
				Chap. 3			Chap. 7	Chap. 7	Chap. 7	Chap. 7								
				Chap. 1														
							Chap. 7	Chap. 7										
																Chap. 10	Chap. 10	Chap. 10
Chap. 5	Chap. 6	Chap. 6		Chap. 6											Chap. 9		Chap. 10	Chap. 10
													Chap. 8		Chap. 9			
							Chap. 7	Chap. 7	Chap. 7	Chap. 7		Chap. 7		Chap. 8	Chap. 9			
																Chap. 10	Chap. 10	Chap. 10
												Chap. 8	Chap. 8	Chap. 8				
												Chap. 8	Chap. 8	Chap. 8	Chap. 9			
																Chap. 10	Chap. 10	Chap. 10
																Chap. 10	Chap. 10	Chap. 10
		Chap. 6																
	Chap. 6	Chap. 6	Chap. 6															
	Chap. 6	Chap. 6	Chap. 6															
Chap. 5				Chap. 5														
	Chap. 5		Chap. 6	Chap. 6														

Légende

Chap. n°	Compétences travaillées dans le chapitre
Chap. n°	Compétences abordées dans le chapitre

THÈME 1
Design, innovation et créativité

À quel besoin répond cet objet connecté ?

chapitre 1

Exprimer un besoin par un cahier des charges

Dans ce chapitre, vous allez apprendre à :

Concevoir, créer, réaliser (Domaine 4 du socle)

- Identifier un besoin et énoncer un problème technique, identifier les conditions, contraintes (normes et règlements) et ressources correspondantes.
- Vous approprier un cahier des charges.

- **Comment recharger facilement un téléphone ?**
- **Comment rendre un espace accessible à tous ?**
- **Comment adapter la quantité de nourriture à un animal ?**

OBSERVER

COMPÉTENCES ASSOCIÉES
- Identifier un besoin.
- Identifier des conditions d'utilisation et des contraintes.

Comment recharger facilement un téléphone ?

Situation L'entreprise Pluggy est chargée d'équiper des lieux publics (cafés, restaurants, bibliothèques, gares…) d'un support pour recharger facilement tous les modèles de téléphones.

Pour créer ce nouvel objet, l'équipe de l'entreprise veut associer les fonctions d'un support de téléphone relié à une prise et d'un chargeur de batterie par induction.

Problème Comment exprimer le besoin auquel doit répondre ce nouvel objet ? Quelles contraintes doit-il respecter ?

doc. 1 Support de téléphone

lienmini.fr/t130-support
vidéo du support de téléphone

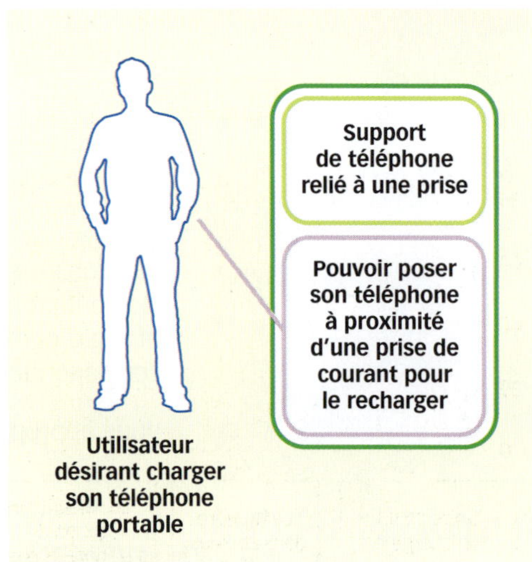

Diagramme des cas d'utilisation

Fonctions (F) et contraintes (C)

F1	Pouvoir poser son téléphone à proximité d'une prise de courant pour le recharger.
C1	Doit pouvoir maintenir tous les modèles de téléphones.
C2	Doit être fixé sur une prise.

Cahier des charges (extrait)

COUP DE POUCE

Le diagramme des cas d'utilisation met en relation un utilisateur et un objet technique. Ainsi, il définit précisément un **besoin.**

doc. 2 Chargeur de batterie par induction

Chargeur par induction
Système permettant de transmettre de l'énergie électrique sans fil, grâce à un champ magnétique.

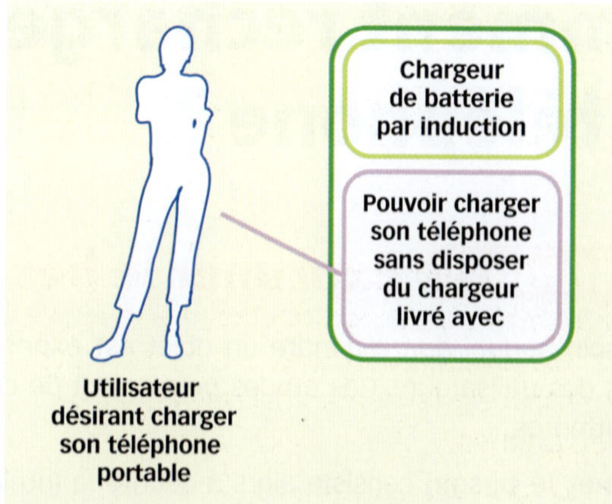

Diagramme des cas d'utilisation

Fonctions (F) et contraintes (C)

F1	Pouvoir recharger son téléphone sans disposer du chargeur livré avec le téléphone.
C1	Doit charger tous les modèles de téléphones disposant de la fonction « charge par induction ».

Cahier des charges (extrait)

doc. 3 Résultats d'une enquête

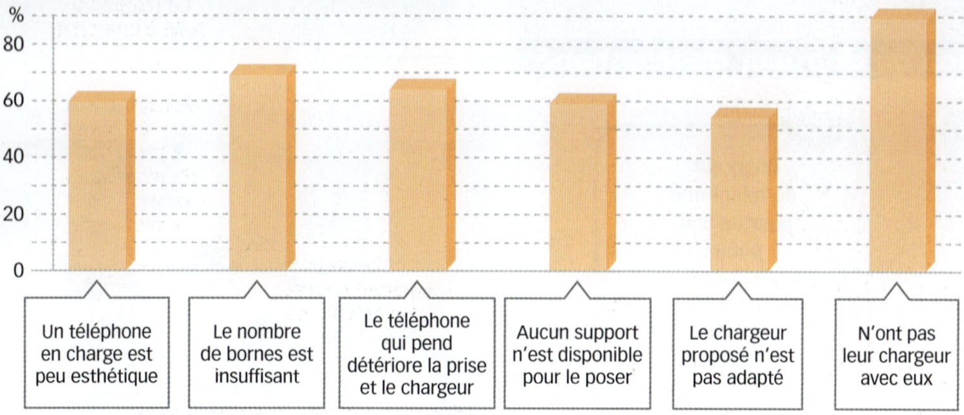

Histogramme représentant les insatisfactions des usagers qui souhaitent recharger leur téléphone dans les lieux publics

COUP DE POUCE
Pour lire cet histogramme, il faut comparer les niveaux d'insatisfaction (en %) pour chaque proposition de l'enquête.

J'analyse la situation

1. Citez les lieux où il est prévu d'installer les nouveaux chargeurs de téléphone (Situation).
2. Indiquez la fonction du support de téléphone et celle du chargeur à induction (docs 1 et 2).
3. Décrivez l'inconvénient de laisser pendre un téléphone au bout d'un chargeur (doc. 3).
4. Déterminez la principale insatisfaction liée à l'utilisation d'un chargeur par induction (doc. 3).

RÉSOUDRE

Comment recharger facilement un téléphone ?

Méthode 1 Exprimer le besoin

- Le besoin auquel doit répondre un objet est exprimé à partir des études menées auprès des utilisateurs. Ces études permettent de connaitre leurs insatisfactions et leurs attentes.
- **Exprimer le besoin** consiste alors à décrire la (ou les) **fonction**(s) **principale**(s) de l'objet technique et le (ou les) acteur(s), ici une personne, à qui il rend service. On peut utiliser pour cela un **diagramme des cas d'utilisation**.

Démarche

Étape 1 **Définir le nom de l'objet technique** étudié ou à concevoir.

Étape 2 **Indiquer le nom de l'acteur** qui interagit avec l'objet technique. S'il s'agit d'une personne, il est possible de préciser ses caractéristiques (âge, sexe, emploi, lieu de vie…).

Étape 3 **Décrire les cas d'utilisation**, c'est-à-dire le ou les principaux services que doit rendre l'objet technique. Ces services définissent sa fonction principale.

Conseil
Pour extraire les informations, lisez attentivement la situation et les documents à votre disposition. Complétez ensuite le diagramme des cas d'utilisation.

Application au chargeur de téléphone

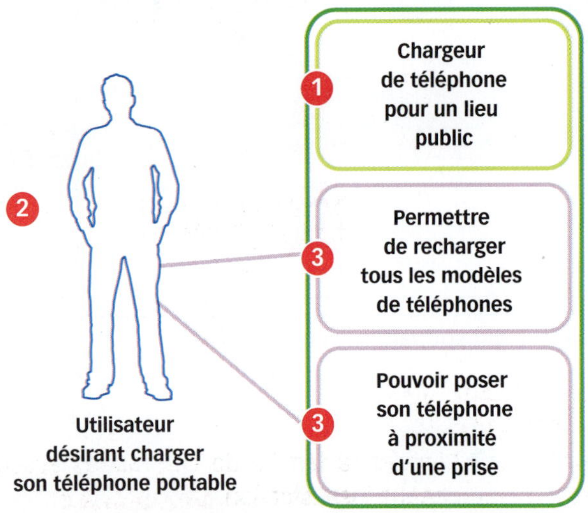

Diagramme des cas d'utilisation

Méthode 2 Lister les contraintes

- Les contraintes précisent les conditions d'utilisation d'un objet technique.
  On distingue **six familles** de contraintes :
  - **fonctionnelles** : remplir sa fonction principale ;
  - **ergonomiques** : faciliter son utilisation ;
  - **esthétiques** : le rendre attrayant ;
  - **de sécurité** : l'utiliser en toute sureté ;
  - **environnementales** : être conçu et utilisé dans un souci de développement durable ;
  - **économiques** : être d'un cout correspondant au service et à la qualité proposés.
- Une **carte mentale** permet de regrouper les contraintes par famille.

Démarche

Étape 1 Inscrire le nom de l'objet et sa fonction principale au centre de la carte.

Étape 2 Indiquer les familles de contraintes autour de l'objet.

Étape 3 Lister toutes les contraintes possibles et les associer à chaque famille.

Conseil
Faites une recherche collective pour identifier un maximum de contraintes.

Application au chargeur de téléphone

lienmini.fr/t130-tutoxmind
tutoriel XMind

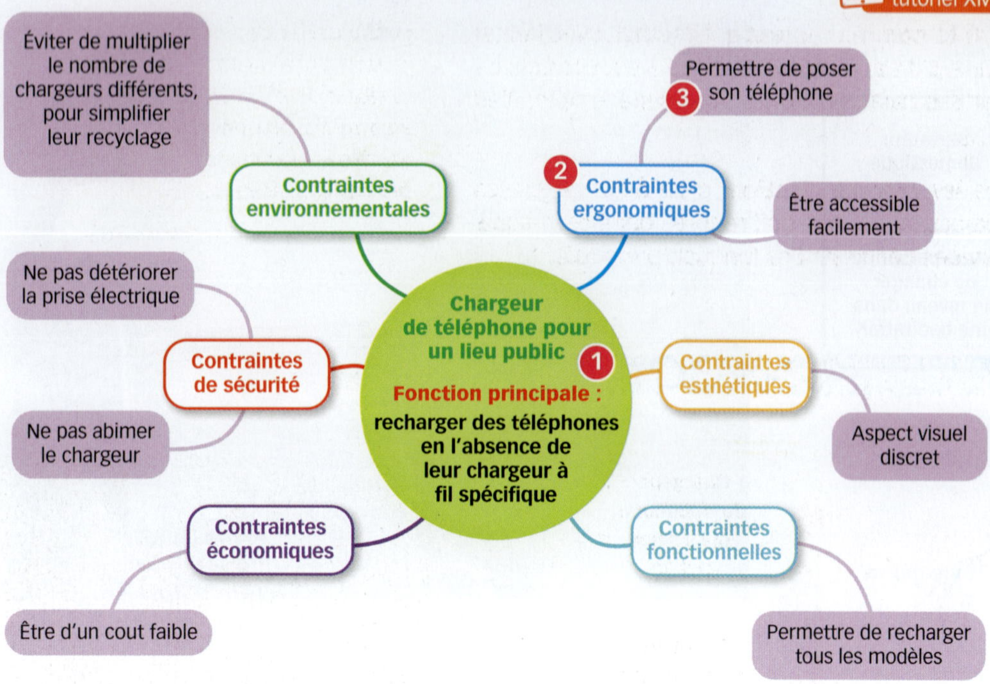

Carte mentale des contraintes

Je vérifie que j'ai bien compris la méthode

1. Indiquez le nom de l'objet technique à concevoir. ▸ Méthode 1
2. Indiquez la différence entre le nouveau diagramme des cas d'utilisation ▸ Méthode 1 et les deux diagrammes p. 14 (doc. 1) et p. 15 (doc. 2).
3. Listez les six familles de contraintes représentées dans la carte mentale. ▸ Méthode 2
4. Repérez la famille de contraintes associée pour chaque insatisfaction. ▸ Méthode 2

Mini-projet

Réalisez une enquête auprès d'un groupe d'élèves pour déterminer d'autres contraintes que vous indiquerez dans la carte mentale.

OBSERVER

Compétences associées
- Identifier un besoin.
- Identifier des conditions d'utilisation et des contraintes.
- Qualifier et quantifier des performances.

Comment rendre un espace accessible à tous ?

Situation Un élévateur permet à une personne à mobilité réduite de monter et de descendre d'un étage. Le modèle de l'entreprise Élévator offre la possibilité de changer d'étage en position debout.

Une designeuse industrielle doit adapter ce modèle à une personne en fauteuil roulant.

Problème Comment formuler les fonctions et les contraintes du nouvel élévateur ?

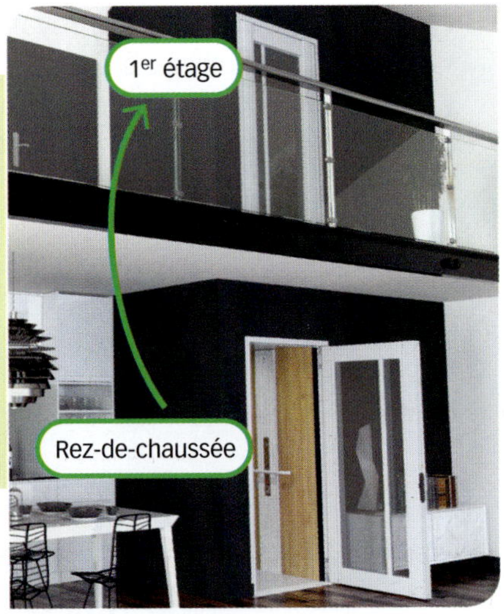

doc. 1 Élévateur domestique

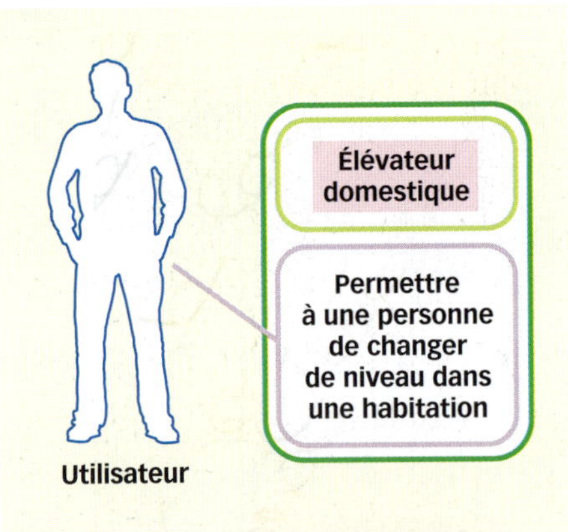

Diagramme des cas d'utilisation

Élévateur domestique
Ascenseur domestique qui ne dessert qu'un étage.

Le modèle actuel d'élévateur

Fonctions (F) et contraintes (C)		Critères	Niveaux
F1	Permettre à une personne de changer d'étage dans une habitation.	Niveaux desservis Charge	2 225 kg
C1	Assurer un déplacement régulier.	Vitesse	60 mm/s
C2	Accueillir une personne en position debout.	Surface de la cabine	750 × 1 100 mm
C3	Permettre à la personne de pénétrer aisément dans la cabine.	Ouverture de la porte	Jusqu'à 90°
C4	Participer au développement durable.	Nombre de matériaux Valorisation	Limité Recyclable 100 %
C5	Pouvoir personnaliser l'esthétique.	Motifs et couleurs	Choix d'images
C6	Être d'un cout attrayant.	Niveau de prix	Économique
C7	Sécuriser l'accès.	Interrupteur	Avec clé

Cahier des charges du modèle actuel de l'élévateur

doc. 2 Étude des contraintes pour recevoir un fauteuil roulant

Étude de l'encombrement et de la position des boutons de commande

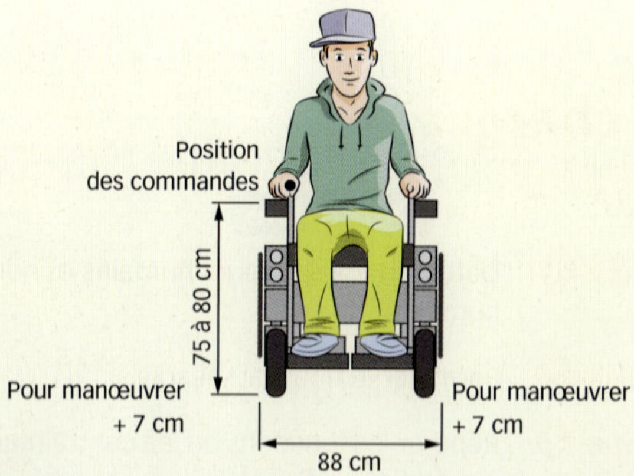

Le fauteuil roulant standard a une longueur de 137 cm sur une largeur de 88 cm. Les mains se situent à une hauteur variant entre 75 et 80 cm.

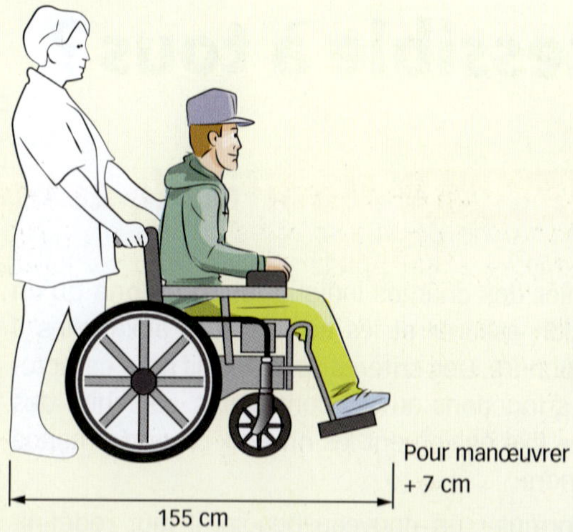

Quand une personne pousse le fauteuil roulant, la longueur de l'encombrement est de 155 cm. Il faut ajouter 7 cm lorsque l'on manœuvre le fauteuil.

Accessibilité à la cabine de l'élévateur

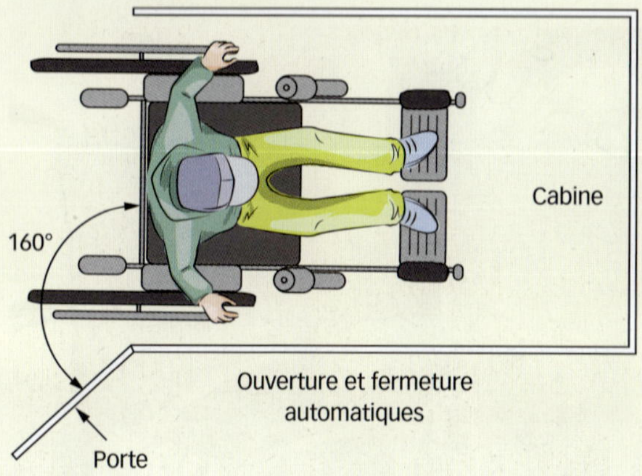

L'accès aux différents lieux doit être facilité en permettant à la personne en fauteuil roulant de pénétrer aisément (rotation des portes, ouverture et fermeture automatiques…).

Dans les maisons ou les appartements, les volumes des pièces, les couloirs et les portes sont adaptés au passage d'un fauteuil roulant.

J'analyse la situation

1. Indiquez la fonction d'un élévateur domestique (doc. 1).
2. Expliquez comment entre l'utilisateur dans le modèle actuel d'élévateur (doc. 1).
3. Déterminez le problème technique que doit résoudre la designeuse (Situation).
4. Calculez la largeur nécessaire pour qu'un fauteuil roulant entre dans la cabine de l'élévateur (doc. 2).

RÉSOUDRE

Comment rendre un espace accessible à tous ?

Méthode 1 Modifier le cahier des charges

- Un cahier des charges indique les **fonctions** qu'un objet doit assurer et les **contraintes** auxquelles il doit répondre. Des critères sont établis pour caractériser les fonctions ou ces contraintes. Le cahier des charges fixe également les niveaux de performance à atteindre.
- Pour formuler un nouveau besoin, il faut redéfinir la fonction principale de l'objet et identifier les utilisateurs. On repère alors les éléments du cahier des charges qu'il faut modifier pour y répondre.

Démarche

Étape 1 Déterminer les acteurs humains et non humains.

Étape 2 Formuler le nouveau besoin.

Étape 3 Repérer les fonctions ou les contraintes à modifier.

Étape 4 Repérer les critères et les niveaux à modifier.

Application à l'élévateur

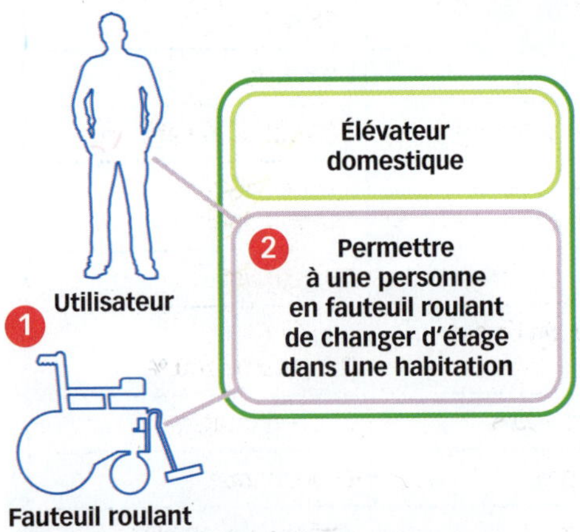

Diagramme des cas d'utilisation pour une personne en fauteuil roulant

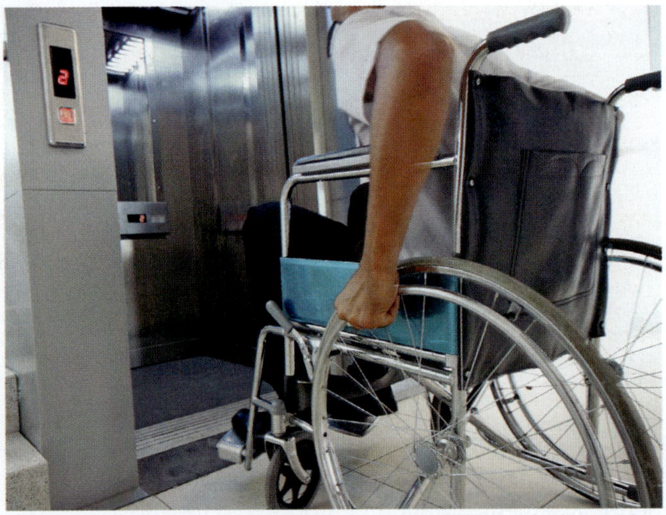

	Fonctions (F) et contraintes (C) 3	Critères 4	Niveaux 4
F1	Permettre à une personne de changer d'étage dans une habitation.	Niveaux desservis Charge	2 225 kg
C1	Assurer un déplacement régulier.	Vitesse	60 mm/s
C2	Accueillir une personne en position debout.	Surface de la cabine	750 × 1 100 mm
C3	Permettre à la personne de pénétrer aisément dans la cabine.	Ouverture de la porte	Jusqu'à 90°
C4	Participer au développement durable.	Nombre de matériaux Valorisation	Limité Recyclable 100 %
C5	Pouvoir personnaliser l'esthétique.	Motifs et couleurs	Choix d'images
C6	Être d'un cout attrayant.	Niveau de prix	Économique
C7	Sécuriser l'accès.	Interrupteur	Actionné avec clé

Cahier des charges du modèle actuel de l'élévateur — éléments à modifier (surlignés)

Méthode 2 Rédiger le nouveau cahier des charges

Un nouveau cahier des charges est rédigé et modifie le cahier des charges existant. Les nouveaux critères et les niveaux de performance sont fixés. Ce nouveau cahier des charges complète le précédent en pratiquant des tests et en s'enrichissant de ressources documentaires.

Démarche

Étape 1 Reporter les informations du cahier des charges existant qui ne sont pas modifiées.

Étape 2 Reformuler les fonctions et les contraintes.

Étape 3 Ajouter les nouvelles fonctions et les contraintes.

Étape 4 Compléter les critères et les niveaux d'appréciation qui correspondent à ces nouvelles fonctions.

Conseil
Listez les différents types de contraintes afin de ne rien oublier : contraintes fonctionnelles, ergonomiques, esthétiques, de sécurité, environnementales, économiques.

Application à l'élévateur pour fauteuil roulant

Fonctions (F) et contraintes (C)		Critères	Niveaux
F1	Permettre à une personne en fauteuil roulant de changer d'étage dans une habitation. 2	Niveaux desservis Charge 1	2 225 kg
C1	Assurer un déplacement régulier.	Vitesse	60 mm/s
C2	Accueillir une personne en fauteuil roulant.	Surface de la cabine (l × L)	102 cm × 162 cm 4
C3	Permettre à la personne de pénétrer aisément dans la cabine avec son fauteuil.	Rotation de la porte Ouverture/fermeture	Jusqu'à 160° Automatique
C4	Rendre accessibles les commandes. 3	Hauteur	75 à 80 cm
C5	Participer au développement durable.	Nombre de matériaux Valorisation	Limité Recyclable 100 %
C6	Pouvoir personnaliser l'esthétique.	Motifs et couleurs	Choix d'images
C7	Être d'un cout attrayant.	Niveau de prix	Économique
C8	Sécuriser l'accès.	Interrupteur	Actionné avec clé

Cahier des charges du nouveau modèle élévateur — éléments modifiés (surlignés)

Je vérifie que j'ai bien compris la méthode

1. Indiquez la différence entre le diagramme des cas d'utilisation de l'élévateur actuel (doc. 1, p. 18) et le nouveau diagramme des cas d'utilisation. ▸ Méthode 1

2. Justifiez les cinq modifications à apporter dans le cahier des charges à partir de l'étude des contraintes du nouvel élévateur (doc. 2, p. 19). ▸ Méthode 1

3. Recherchez les informations qui ont permis de fixer les niveaux de performance dans le cahier des charges. ▸ Méthode 2

Mini-projet

Par groupe, déterminez les niveaux de performance à atteindre si l'on souhaite pouvoir transporter deux personnes en fauteuil roulant.

OBSERVER

COMPÉTENCES ASSOCIÉES
- Identifier un besoin.
- Identifier des conditions d'utilisation et des contraintes.
- Qualifier et quantifier des performances.

Comment adapter la quantité de nourriture à un animal ?

Situation Un fabricant propose un distributeur individuel de croquettes pour chat. Son système de reconnaissance faciale ne laisse qu'un seul animal accéder à la nourriture.

Les bénévoles d'un refuge pour chats sont intéressés par cet objet technique, mais ils veulent l'utiliser pour plusieurs animaux. Une réunion a lieu avec le fabricant qui doit réaliser un document de synthèse présentant le nouveau projet pour le refuge. Ce document sera imprimé et envoyé à chaque participant.

Problème Comment réaliser un document de synthèse qui résume l'origine du projet, exprime le nouveau besoin et son cahier des charges ?

doc. 1 Distributeur de croquettes et application existants

lienmini.fr/t130-catspad
vidéo du distributeur connecté

L'objet en vente possède deux réservoirs à clapet qui s'ouvrent quand le chat a été identifié par reconnaissance faciale. Le chat dispose alors d'une ration de nourriture et d'eau pour une journée. Il est nécessaire d'utiliser un distributeur par chat.

L'application assure un suivi vétérinaire en inscrivant différentes données (âge, poids, vaccins...).

doc. 2 Diagramme des cas d'utilisation du distributeur actuel

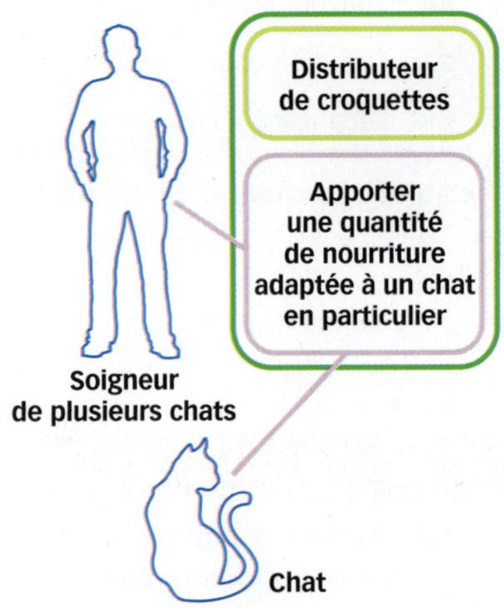

Reconnaissance faciale
Consiste à reconnaitre une personne ou un animal à partir de son visage.

doc. 3 Diagramme des exigences du distributeur actuel

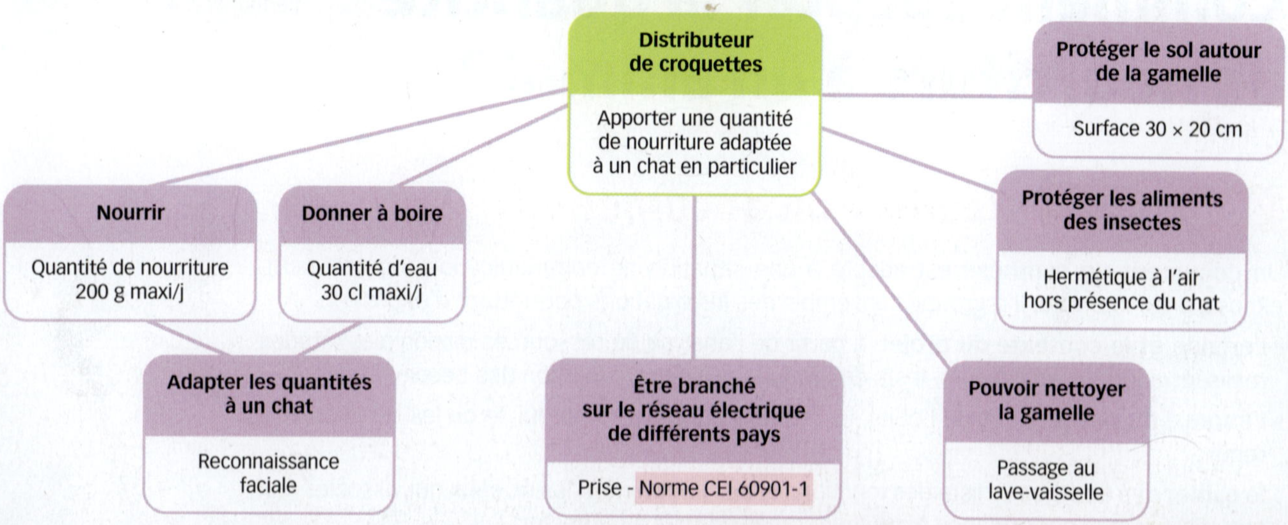

Norme CEI 60901-1
Cette norme permet de rendre compatible les prises de courant de tous les pays européens continentaux.

doc. 4 Liste des besoins exprimés par les utilisateurs

Pour huit chats

- Réserve d'eau et de nourriture pour 4 jours.
- Entre 100 et 300 g/j de nourriture par chat.
- 30 cl/j d'eau par chat.
- Contrôler la prise de nourriture avec un smartphone (quantité, nombre de prises).
- Reconnaissance faciale.
- Communication par Wi-Fi : norme IEEE 802.11ah.

Norme IEEE 802.11ah
Cette norme relie des objets connectés au réseau Internet. Cette connexion nécessite une faible consommation électrique et a une portée supérieure à 35 m.

J'analyse la situation

1. Indiquez le nombre de distributeurs que doit posséder le propriétaire de trois chats (docs 1 et 2).
2. Précisez comment le chat accède à la nourriture (doc. 1).
3. Indiquez les exigences à modifier (doc. 3) à partir des besoins exprimés (doc. 4).
4. Expliquez l'intérêt pour ce fabricant de respecter la norme CEI 60901-1 (doc. 3).

RÉSOUDRE

Comment adapter la quantité de nourriture à un animal ?

Méthode Réaliser un document de synthèse

Un **document de synthèse** est adapté à une situation de communication (rapport écrit, exposé, page Internet). Il regroupe l'ensemble des informations permettant d'exposer :

- **l'origine et le contexte du projet**, à partir de l'analyse de ressources disponibles (études réalisées auprès d'utilisateurs, tests de produits existants, évolution des besoins…) ;
- **l'énoncé du besoin** (nom de l'objet, les acteurs qui agissent sur lui, le ou les services qu'il rend) ;
- **le cahier des charges** (la liste des fonctions et des contraintes, les niveaux qui, associés aux critères, fixent la performance à atteindre et les normes à respecter).

Démarche

Étape 1 **Déterminer le type de document** à réaliser en fonction de la situation de communication.

Étape 2 **Prévoir le plan et réunir les ressources** correspondantes (situation, diagramme des cas d'utilisation et des exigences d'objets existants, normes…).

Étape 3 **Développer les différentes parties** à réaliser : textes et illustrations si nécessaire.
Ici, le document demandé comporte trois parties qu'il faut préparer séparément, à l'aide de logiciels adaptés :

- **3a** **Origine du projet** (texte) : résumer la situation initiale et ce qui est demandé.
- **3b** **Énoncé du besoin** (dessin) : dessiner les éléments du diagramme (bulles, symboles…).
- **3c** **Cahier des charges** (tableau) : tracer le tableau après avoir déterminé le nombre de lignes et de colonnes nécessaires, puis le compléter.

Étape 4 **Réunir les différents éléments** dans le document de synthèse et prévoir sa présentation : titre, désignation de l'objet, date, nom de l'auteur…

Conseil
Pour être plus efficace dans la production d'un document de synthèse, répartissez-vous les tâches entre les personnes de l'équipe en fonction des différentes productions attendues.

Application au document de synthèse

2

Différentes parties	Ressources
Origine du projet	**Situation**, p. 22
Énoncé du besoin	**docs 1** et **2**, p. 22
Cahier des charges	**docs 3** et **4**, p. 23

Application au distributeur connecté

Origine du projet 3a

Un fabricant doit adapter le distributeur de croquettes pour nourrir plusieurs chats pendant plusieurs jours. La quantité de nourriture distribuée à chacun est contrôlée par un système de reconnaissance faciale.
La programmation du système et le contrôle de la nourriture seront assurés par une application sur smartphone.
Le fabricant dispose du diagramme des cas d'utilisation et du diagramme des exigences du distributeur individuel qu'il commercialise déjà.

Énoncé du besoin des distributeurs connectés pour plusieurs animaux

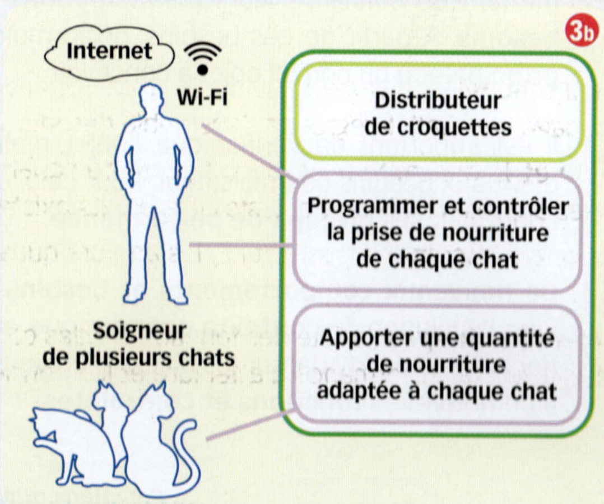

Cahier des charges du distributeur 3c

Fonctions (F) et contraintes (C)		Critères	Niveaux
F1	Apporter une quantité de nourriture et d'eau adaptée à chaque chat.	Nombre de chats Quantité de nourriture Quantité d'eau Individualisation par chat	8 chats maximum Entre 100 et 300 g/j 30 cl/j Reconnaissance faciale
F2	Programmer et contrôler la prise de nourriture de chaque chat.	Quantité Fréquence Courbes de poids	En g/j Nb de prises de nourriture Par mois
C1	Stocker une réserve de nourriture et d'eau.	Nombre de jours	4 jours maximum
C2	Protéger les aliments des insectes.	Hermétique à l'air	Hors présence d'un chat
C3	Pouvoir nettoyer les gamelles.	Lave-vaisselle	Tout programme
C4	Protéger le sol autour du distributeur.	Surface	30 cm × 20 cm
C5	Pouvoir être branché sur le réseau électrique.	Prise	Norme CEI 60901-1
C6	Être placé dans n'importe quelle pièce pour communiquer sur le réseau Internet.	Wi-Fi Portée	Norme IEEE 802-11ah 35 m minimum

Document de synthèse exprimant le besoin d'un distributeur connecté pour chats

Je vérifie que j'ai bien compris la méthode

1. Expliquez pour quelle raison le document de synthèse est réalisé sous la forme d'une page de traitement de texte à imprimer (Situation).
2. Repérez la provenance (p. 22 et 23) des informations de chaque partie du texte décrivant l'origine du projet. ▸ Méthode
3. Indiquez le nom des deux acteurs « êtres vivants » qui agissent sur le nouveau distributeur de croquettes. ▸ Méthode
4. Repérez les informations (doc. 4, p. 23) qui précisent le niveau de performance des fonctions et des contraintes du cahier des charges. ▸ Méthode

Mini-projet

Répartissez-vous le travail pour réaliser le document de synthèse à l'aide d'un traitement de texte.

APPRENDRE

Je retiens

Besoins et fonctions

Les études menées auprès des utilisateurs d'un objet technique permettent de connaitre leurs **insatisfactions** et de déterminer leurs **besoins**. À partir de ces besoins, on formule la (ou les) **fonction(s) principale(s)** du nouvel objet à concevoir.

Il est important de vérifier que l'objet réalisé correspond précisément aux besoins de l'utilisateur. Pour cela, on pratique des tests qui contrôlent ses **niveaux de performance**.

De **nouveaux comportements et besoins** peuvent apparaitre suivant l'évolution du **contexte économique et social**. Cette évolution nécessite alors d'adapter les objets techniques pour qu'ils répondent à de **nouvelles fonctions et contraintes**.

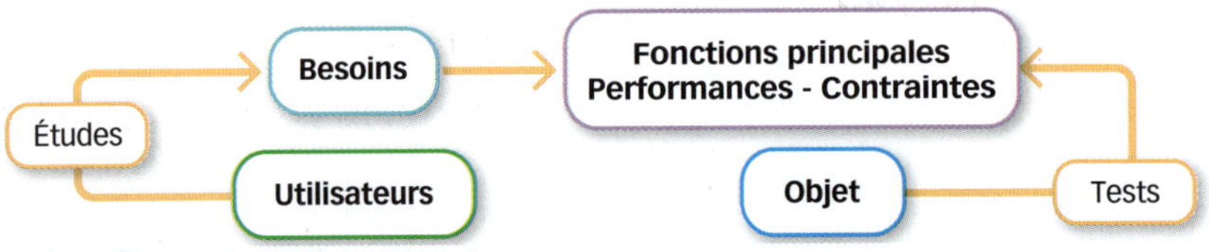

Le cahier des charges

L'**utilisation** d'un objet est précisée par des **contraintes** classées en six familles :
- contraintes **fonctionnelles** : remplir sa fonction principale ;
- contraintes **ergonomiques** : faciliter son utilisation ;
- contraintes **esthétiques** : le rendre plus attrayant ;
- contraintes de **sécurité** : l'utiliser en toute sureté ;
- contraintes **environnementales** : être conçu et utilisé dans un souci de développement durable ;
- contraintes **économiques** : être d'un cout correspondant au service et à la qualité proposés.

Un **cahier des charges** indique les fonctions et les contraintes auxquelles doit répondre un objet technique. Pour chacune d'elles, on identifie des critères et des niveaux qui fixent la performance à atteindre.

Le cahier des charges doit tenir compte des **normes** définies par les États ou des organismes internationaux. Ces règles favorisent les échanges techniques et commerciaux, la protection des utilisateurs ainsi que celle de l'environnement.

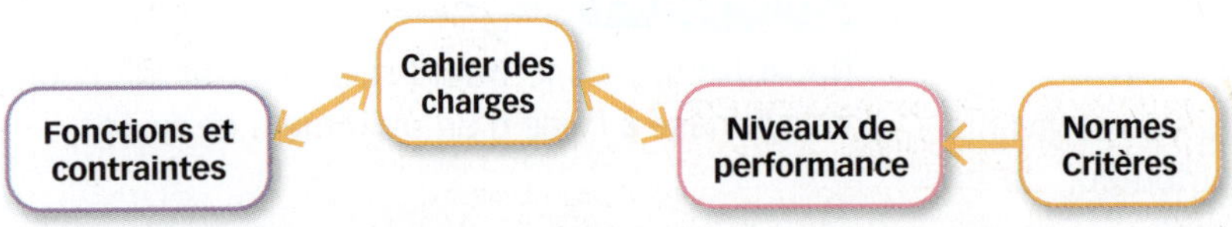

Définitions

Besoin
C'est le service qu'attend un utilisateur d'un objet technique.

Fonction principale
Elle définit le principal besoin de l'utilisateur.

Contrainte
Caractéristique que l'objet technique doit assurer.

Cahier des charges
Document qui définit précisément le besoin attendu. Il est essentiellement présenté sous la forme d'un tableau. Celui-ci montre les fonctions et les contraintes auxquelles l'objet doit répondre, ainsi que leurs performances (critères et niveaux).

Norme
Ensemble de règles de conception et de réalisation des objets techniques adoptées au niveau national, européen ou international. Ces règles sont destinées à harmoniser et à favoriser les échanges d'objets techniques et de services.

Je sais faire

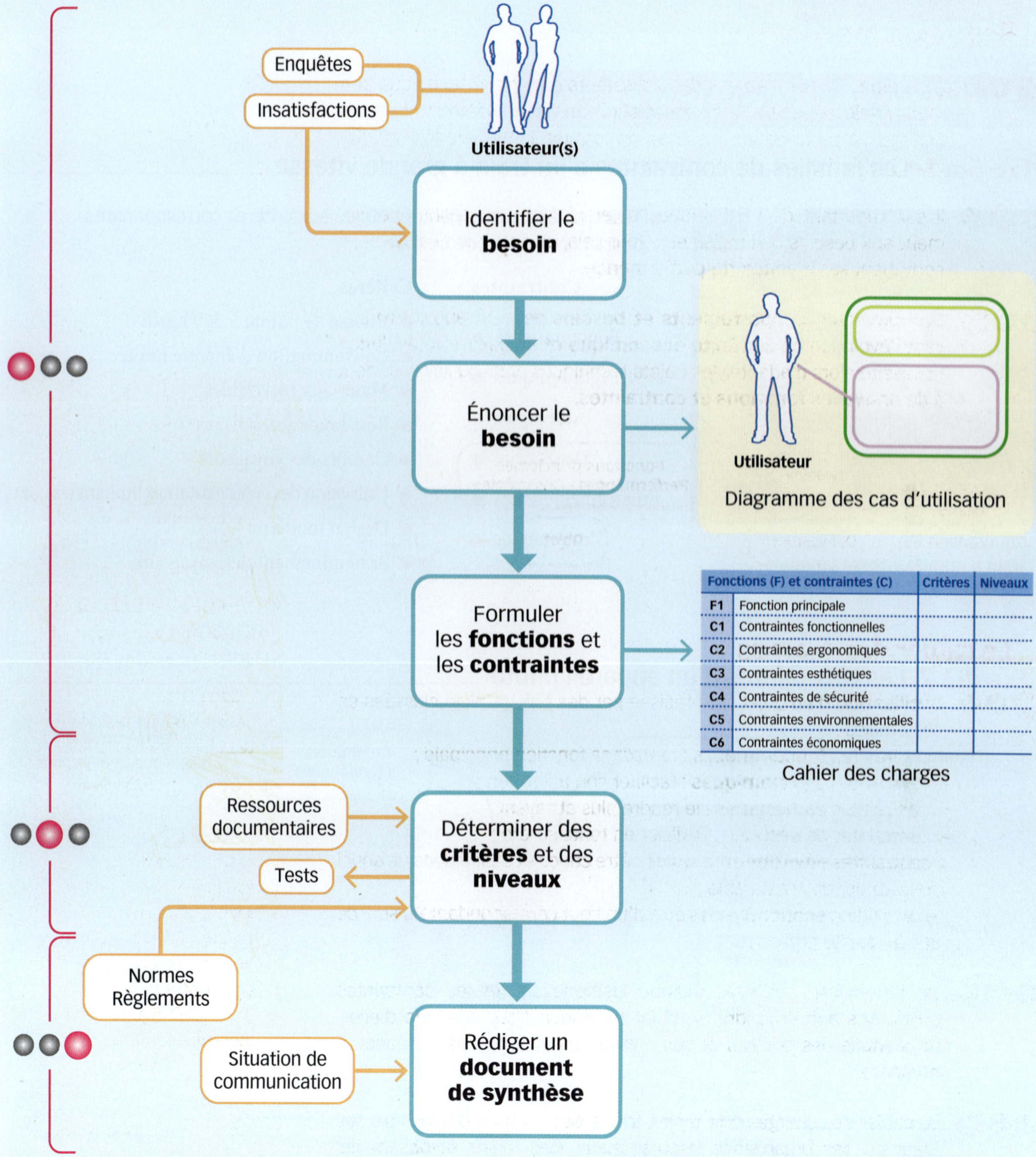

Fonctions (F) et contraintes (C)		Critères	Niveaux
F1	Fonction principale		
C1	Contraintes fonctionnelles		
C2	Contraintes ergonomiques		
C3	Contraintes esthétiques		
C4	Contraintes de sécurité		
C5	Contraintes environnementales		
C6	Contraintes économiques		

Cahier des charges

J'ai appris à

	😕	😁
Identifier un besoin et énoncer un problème technique, identifier les conditions, contraintes (normes et règlements) et ressources correspondantes.		
M'approprier un cahier des charges.		

S'ENTRAINER

QCM Je vérifie mes connaissances

lienmini.fr/t130-qcm11

COMPÉTENCES TRAVAILLÉES
- Identifier un besoin, identifier les conditions, contraintes et ressources correspondantes (ex. 1).
- Identifier les conditions d'utilisation et les contraintes (ex. 2).

J'utilise mes compétences

Exercice 1 Les familles de contraintes d'un train à grande vitesse

Shinkansen E5, train à grande vitesse japonais

- Associez les familles de contraintes aux critères correspondants pour la conception de ce train.

Contraintes	Critères
Fonctionnelles •	• Vitesse de pointe > 300 km/h
Ergonomiques •	• Consommation d'énergie limitée
Esthétiques •	• Matériaux recyclables
De sécurité •	• Résistance aux séismes
Environnementales •	• Confort des voyageurs
Économiques •	• Utilisation des voies existantes limitant les couts
	• Design moderne
	• Acheminement des voyageurs

Exercice 2 Les contraintes d'un appareil photo

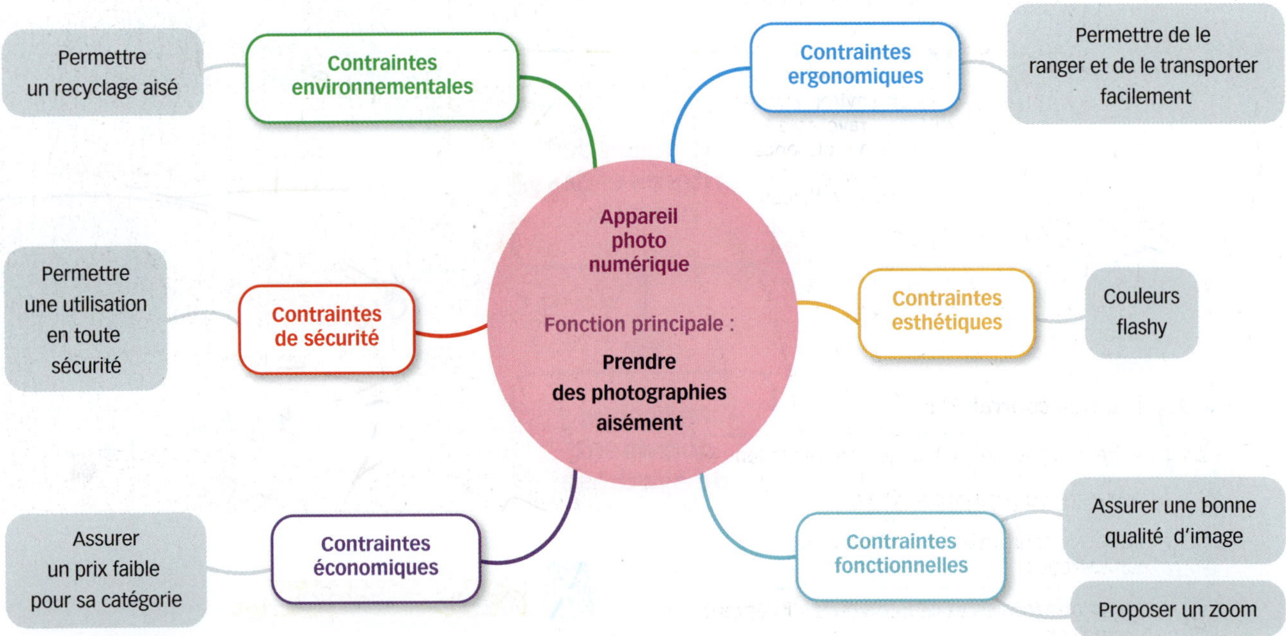

Carte mentale des contraintes d'un appareil photo

1. Indiquez la fonction principale de l'appareil photo.
2. Relevez la contrainte esthétique et déterminez à quels utilisateurs cet appareil s'adresse.
3. Expliquez pourquoi « assurer une bonne qualité d'image » et « proposer un zoom » constituent des contraintes fonctionnelles.

Une mini-serre automatisée

Tâche complexe

VOTRE MISSION

Une entreprise réalise des mini-serres pour balcon.
Marc travaille sur une nouvelle version permettant d'entretenir les plantes en l'absence des utilisateurs.
Aidez Marc à exprimer le besoin de ce nouvel objet technique.

POUR RÉUSSIR

- J'indique le nom de l'objet technique à concevoir dans le diagramme des cas d'utilisation.
- J'indique la fonction principale de l'objet technique dans le diagramme des cas d'utilisation.
- Je liste les six familles de contraintes dans une carte mentale.
- J'associe chaque nouveau besoin à la famille des contraintes correspondantes, dans la carte mentale.

VOS RESSOURCES

lienmini.fr/t130-carte
carte mentale à compléter

doc. 1 Un modèle de mini-serre

a. Diagramme des cas d'utilisation

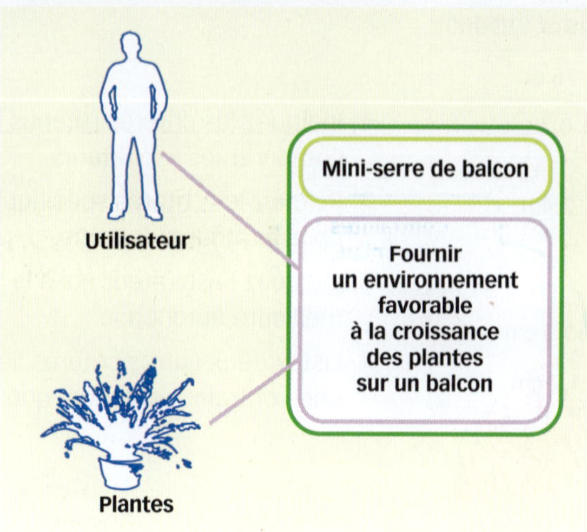

b. Tableau des contraintes

C1	Abriter les plantes en laissant passer la lumière.
C2	Permettre de faire circuler l'air.
C3	Faciliter l'installation des cultures et leur entretien.
C4	Choisir des formes et des couleurs s'intégrant à un balcon.
C5	Masquer les éléments techniques ou les rendre discrets.
C6	Utiliser des matériaux recyclables.
C7	Éviter tout risque de pincement.

doc. 2 Les services spécifiques

- Gérer la température intérieure et l'arrosage des plantes.
- Éviter tout risque de pincement et d'électrocution.
- Le prix ne doit pas dépasser 100 €.

S'ENTRAINER

QCM Je vérifie mes connaissances

lienmini.fr/t130-qcm12

COMPÉTENCES TRAVAILLÉES
- Identifier un besoin (ex. 1).
- Identifier les conditions d'utilisation et les contraintes (ex. 2).
- S'approprier un cahier des charges (ex. 3).

J'utilise mes compétences

Exercice 1 Les utilisateurs d'un distributeur de pain

Un boulanger veut vendre des baguettes dans un petit village voisin de sa boulangerie. Pour cela, il souhaite y installer un distributeur de pain.

1. Indiquez les personnes qui interagissent avec ce distributeur.
2. Donnez les deux principaux éléments qui sont échangés grâce à ce distributeur.
3. Décrivez le principal service que doit rendre ce distributeur.
4. Représentez par un diagramme des cas d'utilisation le besoin que doit satisfaire ce distributeur de pain.

Exercice 2 Le niveau de performance d'un robot aspirateur

Les tests effectués sur trois robots aspirateurs ont permis de mesurer leurs performances.

Critères	Roomba 980	Hom-Bot Square	PowerBot VR9000
Niveau sonore	69 db	60 db	76 db
Capacité du bac	0,6 L	0,6 L	0,7 L
Temps de charge	3 h	3 h	2,4 h
Autonomie	2 h	1 h 40	1 h
Hauteur	9,2 cm	8,9 cm	13,5 cm
Hauteur seuil	2 cm	1,5 cm	1,2 cm

1. Indiquez les critères retenus pour comparer les aspirateurs.
2. Relevez les critères spécifiques à un aspirateur autonome.
3. Indiquez l'aspirateur qui a la meilleure autonomie.
4. Listez deux autres critères liés à une contrainte ergonomique.

Exercice 3 Le cahier des charges d'un robot

Règlement d'un concours de robotique

A. Le Rob'OK doit se déplacer de manière autonome.

B. Le Rob'OK doit repérer et aller chercher sur la piste un palet de diamètre 40 mm et d'épaisseur 10 mm et l'emmener dans la zone de buts.

C. La tension d'alimentation des différents éléments électriques ne doit pas excéder 6 volts.

D. Le cout d'un Rob'OK ne doit pas dépasser 50 euros.

E. La durée de l'épreuve est de 5 minutes.

- À partir du règlement du concours, rédigez le cahier des charges en indiquant les fonctions, les contraintes et les niveaux de performance auxquels doit répondre le robot à concevoir.

Vers le brevet

Un drone, livreur de pizzas

Une chaine de pizzerias s'adresse à une entreprise de fabrication de drones qui souhaite livrer des pizzas par ce moyen au domicile des clients.

L'entreprise dispose du cahier des charges d'un drone qui pourrait être adapté **(doc. 1)**, du diagramme des cas d'utilisation **(doc. 2)**, des résultats de l'étude du besoin et des tests **(doc. 3)** simulant la livraison.

Modifiez le cahier des charges existant pour l'adapter au nouveau besoin.

QUESTIONS

1. Représentez le diagramme des cas d'utilisation.
2. Énoncez la nouvelle fonction et les nouvelles contraintes du drone à ajouter au cahier des charges.
3. Rédigez le nouveau cahier des charges à partir de celui du drone existant, de l'étude du besoin et des tests pratiques.

VOS RESSOURCES

doc. 1 Cahier des charges du drone

Fonctions (F) et contraintes (C)		Critères	Niveaux
F1	Voler de manière autonome à partir des coordonnées GPS.	Rayon d'action	3 km autour de la pizzeria
C1	Voler au-dessus des infrastructures électriques et téléphoniques.	Altitude	100 m
C2	Être capable de contourner les obstacles.	Distance de détection	10 m
C3	Garantir la sécurité de l'utilisateur.	Éléments en rotation inoffensifs	Tous

doc. 2 Diagramme des cas d'utilisation du drone existant

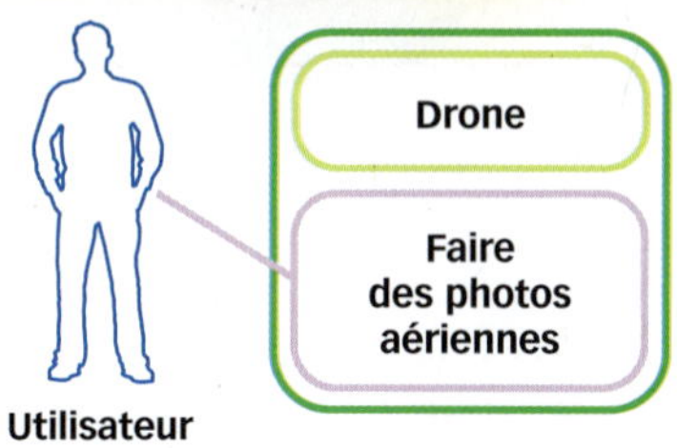

doc. 3 Étude du besoin et tests de livraison

Le besoin a été analysé pour déterminer les conditions nécessaires à la livraison de pizzas.

Étude du besoin et tests de livraison	Résultats
Situation géographique des futurs clients.	La livraison des pizzas doit pouvoir se faire dans un rayon de 3 km autour de la pizzeria.
Masse d'une livraison type : pizzas et leur boite isotherme équipée d'une sangle permettant l'accrochage au drone.	Masse à transporter 1 000 g
Hauteur de largage pour livraison devant chez le client.	< 10 cm du sol
Signal pour avertir le client de la livraison.	Signal sonore
Consommation d'énergie de différents dispositifs de maintien de la livraison (crochet de maintien).	Le crochet maintien en position fermée ne doit consommer aucune énergie.
	Les batteries doivent pouvoir être changées facilement.

S'ENTRAINER

■ **QCM** Je vérifie mes connaissances

lienmini.fr/t130-qcm13

COMPÉTENCES TRAVAILLÉES
- Identifier les conditions d'utilisation et les contraintes (normes et règlements) **(ex. 1)**.
- S'approprier un cahier des charges **(ex. 2)**.

J'utilise mes compétences

Exercice 1 La règlementation des aspirateurs

Pour les nouveaux aspirateurs, la Commission européenne demande la publication d'informations sur la consommation électrique et l'efficacité de nettoyage réelles (règlement UE n° 665/2013). Ces informations sont regroupées sur une étiquette.

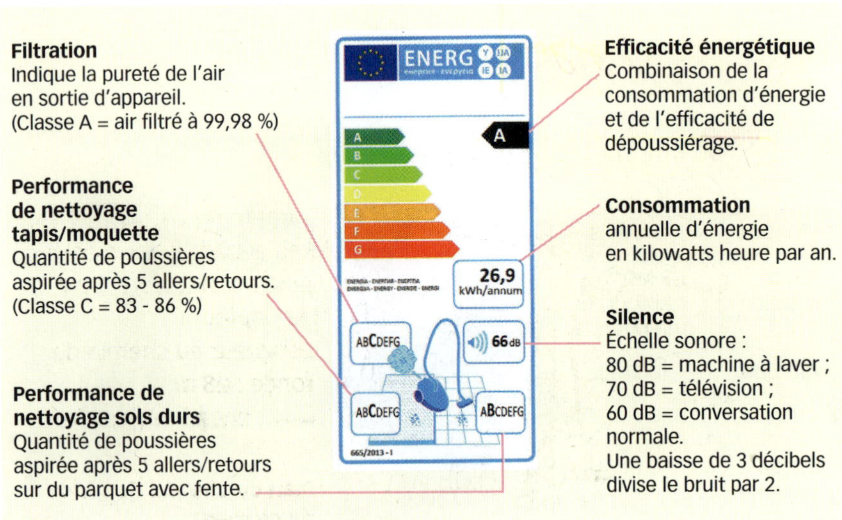

1. Listez les cinq contraintes que doit prendre en compte un fabricant d'aspirateur pour respecter la règlementation.
2. Expliquez la différence entre « efficacité énergétique » et « consommation annuelle d'énergie ».
3. Indiquez deux informations déterminantes pour le calcul de la consommation annuelle d'énergie.

Exercice 2 Le cahier des charges d'un casque de vélo lumineux

Un fabricant de casques de vélo souhaite concevoir un modèle équipé de bandeaux de DEL. Il permet à l'utilisateur d'indiquer un changement de direction et d'avertir les autres usagers quand il freine.

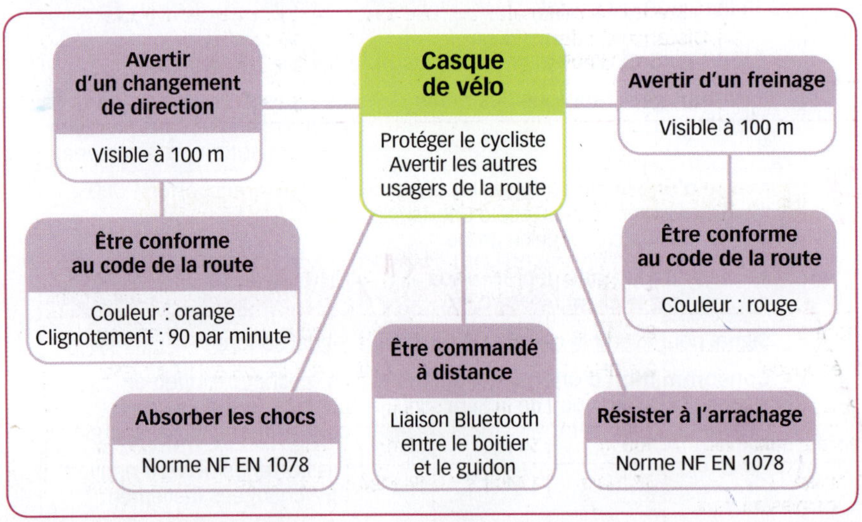

Diagramme des exigences

1. Identifiez les contraintes auxquelles doivent répondre tous les casques de vélo.
2. Indiquez les contraintes soumises à une norme.
3. Pour les contraintes « Avertir d'un changement de direction » et « Avertir d'un freinage », précisez les critères et niveaux de façon à respecter le code de la route.

Je prépare le brevet

Une visite interactive avec caméra embarquée

Le responsable d'un monument historique veut pouvoir faire visiter des zones du bâtiment inaccessibles au public (chemin de ronde, galerie...). Il s'adresse à des collégiens pour qu'ils adaptent un dispositif de vidéo sur un robot existant.
Le robot devra suivre un parcours défini et revenir à son point de départ. Les images devront être visibles par les visiteurs à une distance de 30 m sur un smartphone, avec une connexion Wi-Fi. Les visiteurs pourront faire tourner la caméra à 180° avec une connexion Bluetooth. Ce robot devra être capable d'effectuer huit visites par jour.

QUESTIONS

1. Présentez l'origine du projet en résumant le problème posé et en listant les ressources disponibles.
2. Exprimez le besoin sous la forme d'un diagramme.
3. Représentez le nouveau cahier des charges sous forme de tableau. Prenez en compte le nouveau besoin, les résultats des tests et les normes de communication sans fil.

VOS RESSOURCES

doc. 1 Le robot existant

doc. 2 La ronde à parcourir par le robot

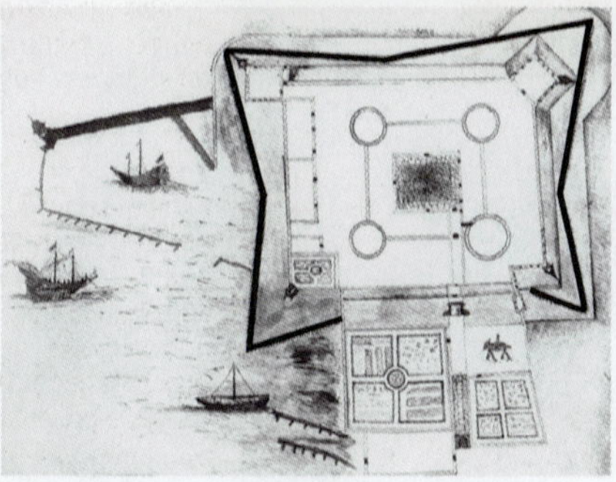

Largeur du passage : 2 m.
Les dénivelés du chemin peuvent atteindre 1 cm de hauteur.
Longueur du chemin de ronde : 28 m.
—— : chemin de ronde

Plan du chemin de ronde du château

doc. 3 Cahier des charges du robot existant

Fonctions (F) et contraintes (C)		Critères	Niveaux
F1	Se déplacer de manière autonome en respectant un parcours (programmation d'une ronde).	Vitesse Distance du parcours Autonomie	10 cm/sec 10 m 30 min en déplacement 24 h en veille
C1	Être capable d'éviter un obstacle.	Dimensions minimales de l'obstacle Distance de détection Parcours d'évitement	3 cm × 3 cm × 3 cm 10 cm à 10 cm de l'obstacle
C2	Franchir les dénivelés du terrain.	Hauteur	2 cm

doc. 4 Résultats des tests

- Distance du parcours programmé : 12 m.
- Vitesse : 20 cm/sec.
- Autonomie en déplacement : 30 min.
- Autonomie en veille : 16 h.
- Distance de détection d'un obstacle : 10 cm.

doc. 5 Portée en fonction des normes de communication sans fil

	Bluetooth	Bluetooth LE/Smart	Wi-Fi	Wi-Fi	Wi-Fi (Next Generation)
Norme	802.15.1	802.15.1	802.11g	802.11n	802.11y
Fréquence	2,4 GHz	2,4 GHz	2,4 GHz	2,4 GHz/5 GHz	3,7 GHz
Portée en intérieur	30 m	10 m	25 m	50 m	50 m
Portée maximale	100 m	50 m	75 m	125 m	5 000 m
Vitesse transmission max.	3 Mbit/s	1 Mbit/s	54 Mbit/s	540 Mbit/s	54 Mbit/s

THÈME 1

Design, innovation et créativité

Dans un travail d'équipe, pourquoi est-il important de répartir les rôles de chacun ?

chapitre 2

Organiser le travail d'un groupe projet

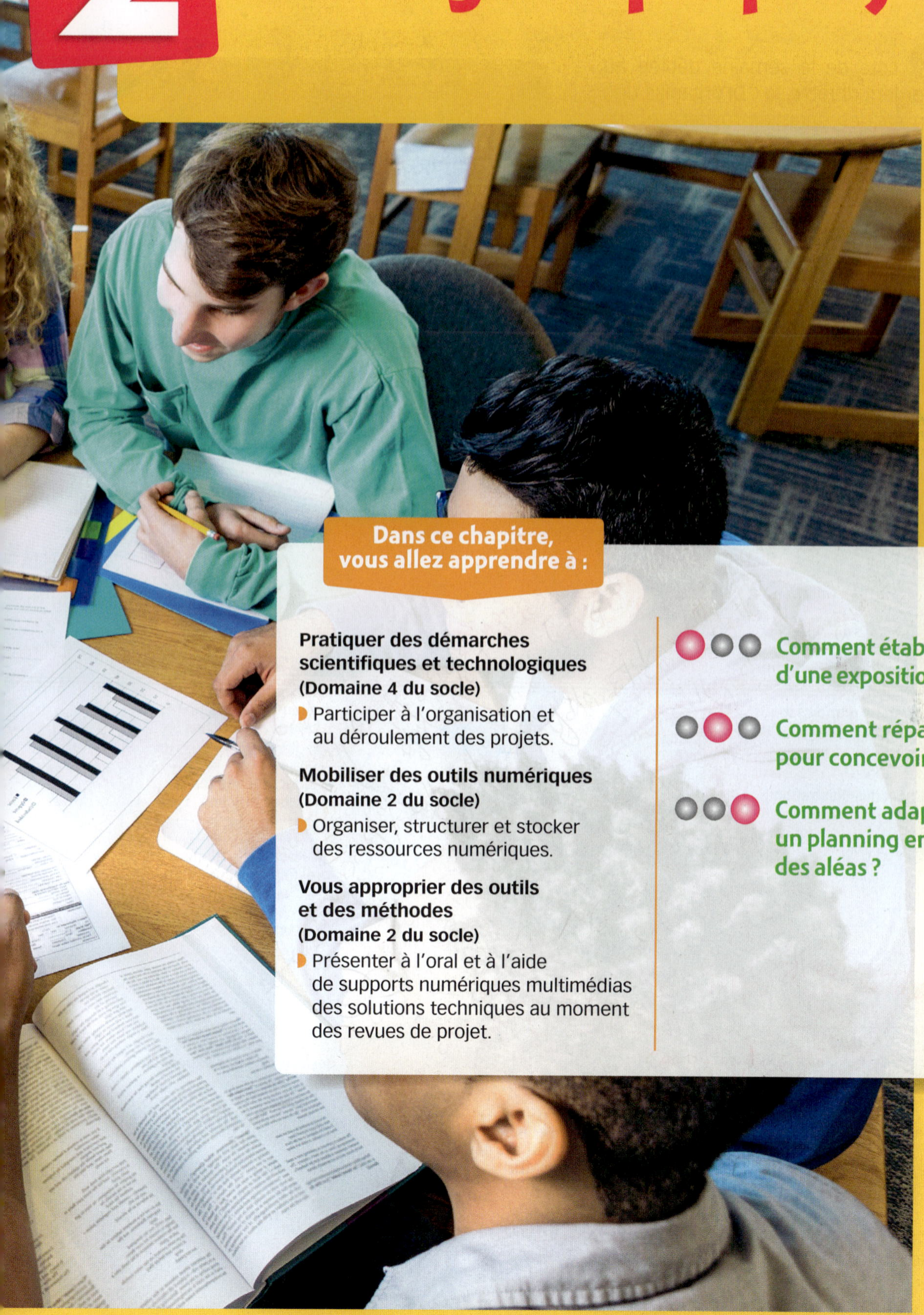

Dans ce chapitre, vous allez apprendre à :

Pratiquer des démarches scientifiques et technologiques (Domaine 4 du socle)

- Participer à l'organisation et au déroulement des projets.

Mobiliser des outils numériques (Domaine 2 du socle)

- Organiser, structurer et stocker des ressources numériques.

Vous approprier des outils et des méthodes (Domaine 2 du socle)

- Présenter à l'oral et à l'aide de supports numériques multimédias des solutions techniques au moment des revues de projet.

- Comment établir le planning d'une exposition ?
- Comment répartir les tâches pour concevoir un Abribus ?
- Comment adapter un planning en fonction des aléas ?

OBSERVER

Comment établir le planning d'une exposition ?

COMPÉTENCES ASSOCIÉES
- Participer à l'organisation de projets, à la définition des rôles, et à la planification.
- Organiser, structurer et stocker des ressources numériques.

Situation Lors de la semaine dédiée au développement durable, le CDI organise une exposition sur les énergies respectueuses de l'environnement. Plusieurs affiches seront disposées sur de grands panneaux.

Votre classe est chargée de coordonner le projet. Vous avez 9 semaines de travail devant vous ainsi que le temps des vacances d'hiver. Vous utiliserez les services d'un espace numérique de travail (ENT) pour mutualiser vos documents.

Problème Comment organiser des tâches dans le temps ? Comment communiquer en utilisant l'ENT du collège ?

doc. 1 Tâches à effectuer

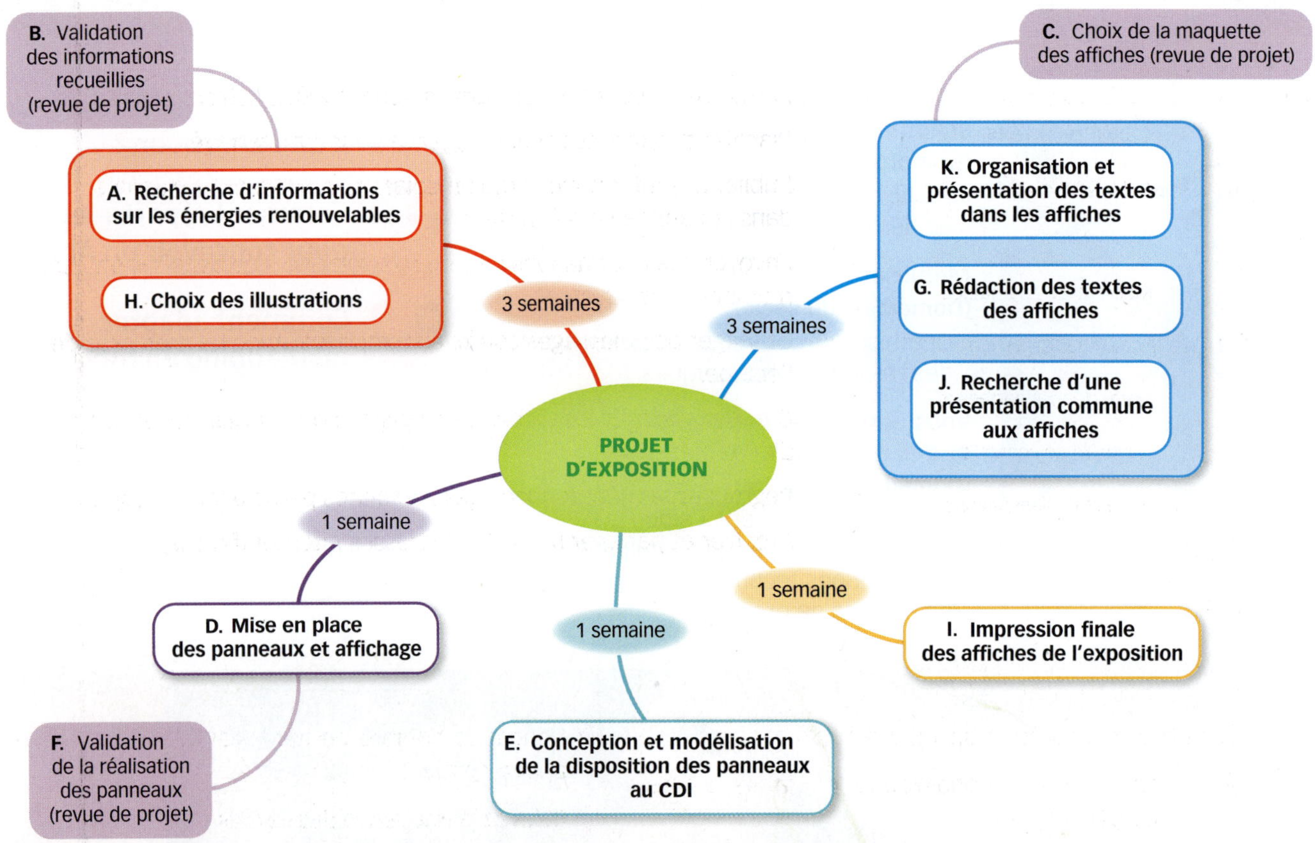

Les tâches regroupées (A et H ; G, J et K) sont exécutées en même temps sur l'ensemble de la durée indiquée.

doc. 2 Calendrier du projet

Durée prévisionnelle	9 semaines
Début du projet	semaine n° 4 de l'année civile
Fin du projet	semaine n° 14 de l'année civile
Vacances d'hiver	semaines n° 8 et n° 9

doc. 3 Besoins de communication pour le projet

- Une revue de projet est prévue toutes les 3 semaines.
- Un compte rendu de la revue de projet et les consignes de travail seront envoyés à toutes les équipes par email.
- Les fichiers seront partagés entre les élèves de la classe.
- Pour faciliter les recherches sur Internet, les liens des pages consultées seront sauvegardés et partagés.
- Un forum de questions permettra de demander de l'aide aux autres élèves et d'échanger des idées.

Revue de projet
Réunion des acteurs d'un projet permettant une coordination des actions et la validation des décisions à chaque étape importante.

doc. 4 Services de l'ENT

Les rubriques de l'ENT

1. Partage de fichiers
2. Agendas partagés
3. Fil d'actualités
4. Messagerie instantanée
5. Forum de discussion
6. Notes/Tâches partagées
7. Annuaire de contacts
8. Partage de liens/favoris

Les services correspondant aux rubriques de l'ENT

1. Permettre l'accès de plusieurs personnes à des fichiers stockés.
2. Planifier des tâches : chaque agenda peut être partagé.
3. Publier des informations multimédias grâce à l'outil « Actualités » dans le panneau d'affichage.
4. Envoyer des informations par email, selon une liste de diffusion, aux membres des équipes.
5. Échanger des messages courts en temps réel avec les membres de l'équipe.
6. Créer et partager les tâches des équipes pour s'organiser autour d'un projet.
7. Regrouper les coordonnées des personnes participant au projet.
8. Archiver et partager une liste d'adresses Internet (favoris).

J'analyse la situation

1. Indiquez la durée totale du projet **(Situation)**.
2. Donnez l'ordre chronologique de la série des tâches I, D et E **(doc. 1)**.
3. Indiquez les tâches qui nécessitent une mise en commun des informations **(doc. 1)**.
4. Donnez le nombre de semaines de travail prévu pour ce projet **(doc. 2)**.
5. Relevez la fréquence des revues de projet **(doc. 3)**.
6. Déterminez les services qui permettent de planifier des tâches **(doc. 4)**.

RÉSOUDRE

Comment établir le planning d'une exposition ?

Méthode 1 Ordonner les tâches et réaliser un planning

- Un projet est constitué de plusieurs **étapes** et **opérations** qu'il est nécessaire d'ordonner dans le temps en tenant compte de leur durée : c'est la **chronologie des tâches**. Certaines tâches peuvent être menées en parallèle sur une même durée.
- Le **planning** représente la chronologie des tâches d'un projet en fonction d'un calendrier.

Démarche

Étape 1 Établir l'ordre chronologique des tâches à réaliser sur un axe du temps, en respectant leur ordre logique et leur priorité.

Étape 2 Repérer les tâches pouvant être réalisées en parallèle.

Étape 3 Inscrire les tâches et leur durée dans le planning, sans oublier les réunions qui constituent des tâches plus courtes.

Conseil
Vous pouvez utiliser des logiciels comme **GanttProject.** Ils permettent de planifier des tâches et de les modifier facilement.

Application au projet d'exposition

lienmini.fr/t130-tutogantt
tutoriel GanttProject

Axe du temps en semaines	n° 6	n° 7	n° 8	n° 9	n° 10	n° 11	n° 12	n° 13	n° 14	n° 15	n° 16
	Tâches A et H			Vacances scolaires		Tâches G, J et K			Tâches E	Tâches I	Tâches D

Les tâches entourées seront réalisées en parallèle, au cours des mêmes semaines.

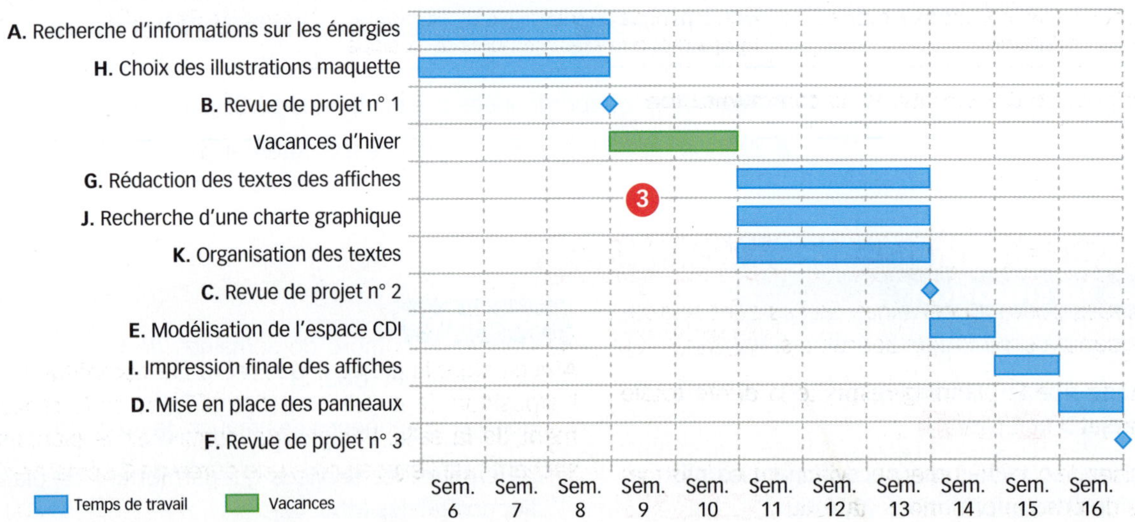

Méthode 2 Choisir les outils de communication

- L'espace numérique de travail (ENT) propose des applications pour :
  - communiquer entre les membres d'une équipe ;
  - stocker et partager des documents ;
  - rechercher et utiliser des ressources en ligne ;
  - travailler à plusieurs à distance ;
  - publier et diffuser des documents numériques.
- Le choix des services de l'ENT à utiliser se fait à partir de l'analyse des besoins de communication des participants.

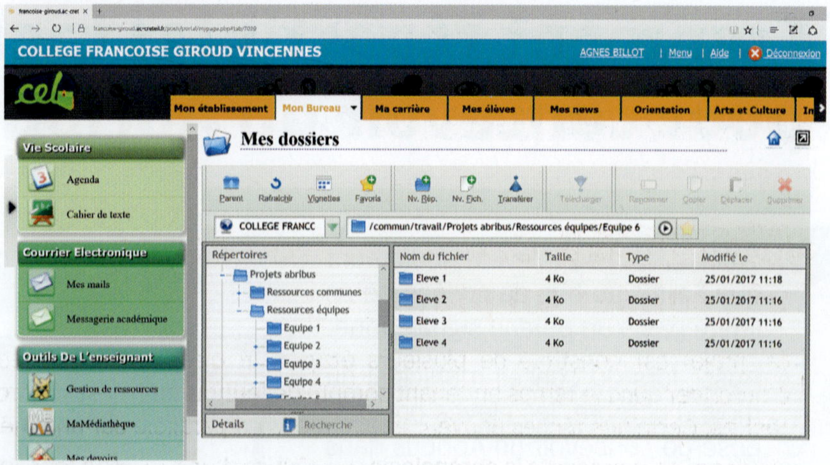

Démarche

Étape 1 Recenser les besoins de communication.

Étape 2 Analyser chaque besoin et rechercher des services de communication appropriés.

Étape 3 Choisir la rubrique de l'ENT la plus adaptée à chaque besoin.

Conseil
Il est important de connaitre les services proposés par l'ENT afin de s'assurer qu'ils correspondent aux besoins demandés.

Application au projet d'exposition

Besoins en communication 1	Services nécessaires 2	Choix des rubriques de l'ENT 3
Envoyer le compte rendu à toutes les équipes par mail	Une liste de diffusion de messages	Newsletter
Partager les fichiers au sein des membres d'une équipe	Des accès pour plusieurs personnes à des répertoires et sous-répertoires communs	Partage de fichiers
Partager les liens des pages Web consultées	Un archivage et un partage des adresses Web	Partage des adresses Internet (favoris)
Demander de l'aide aux autres élèves et échanger des solutions	Des échanges de messages courts en temps réel entre les membres de l'équipe	Forum de discussion

Tableau d'analyse des situations de communication

Je vérifie que j'ai bien compris la méthode

1. Expliquez pourquoi certaines tâches sont regroupées dans la chronologie des tâches. ▸ Méthode 1
2. Montrez que le planning respecte la durée totale du projet. ▸ Méthode 1
3. Précisez de quel document proviennent les informations de chaque colonne du tableau. ▸ Méthode 2

Mini-projet

Afin de clore le projet, il faut prévoir le démontage de l'exposition, le classement des affiches et le rangement de la salle. Par groupe, complétez le planning sachant que l'exposition a une durée de 3 semaines.

OBSERVER

Comment répartir les tâches pour concevoir un Abribus ?

COMPÉTENCES ASSOCIÉES
- Participer à l'organisation de projets, à la définition des rôles, à la planification et aux revues de projet.
- Organiser, structurer, stocker des ressources numériques.
- Présenter à l'aide de supports numériques des solutions aux revues de projet.

Situation Les élèves souhaitent que l'arrêt de bus du collège ne se limite pas à un poteau signalétique.

Aussi, lors du conseil municipal du mois d'octobre, les élèves ont proposé de concevoir un Abribus dans le cadre de leur cours de technologie. Il a été convenu qu'ils soumettront à la municipalité leur projet accompagné d'une maquette, au mois de janvier suivant.

La classe comprend six équipes de quatre élèves. Étant donné le délai très court, le professeur propose un planning général (doc. 1) des opérations à mener. Chaque équipe doit s'organiser pour réaliser sa version du projet et proposer sa solution.

Problème **Comment répartir les tâches et organiser le stockage des données au sein de la classe ? Quels supports numériques faut-il prévoir pour présenter le projet ?**

doc. 1 Planning du projet en semaines

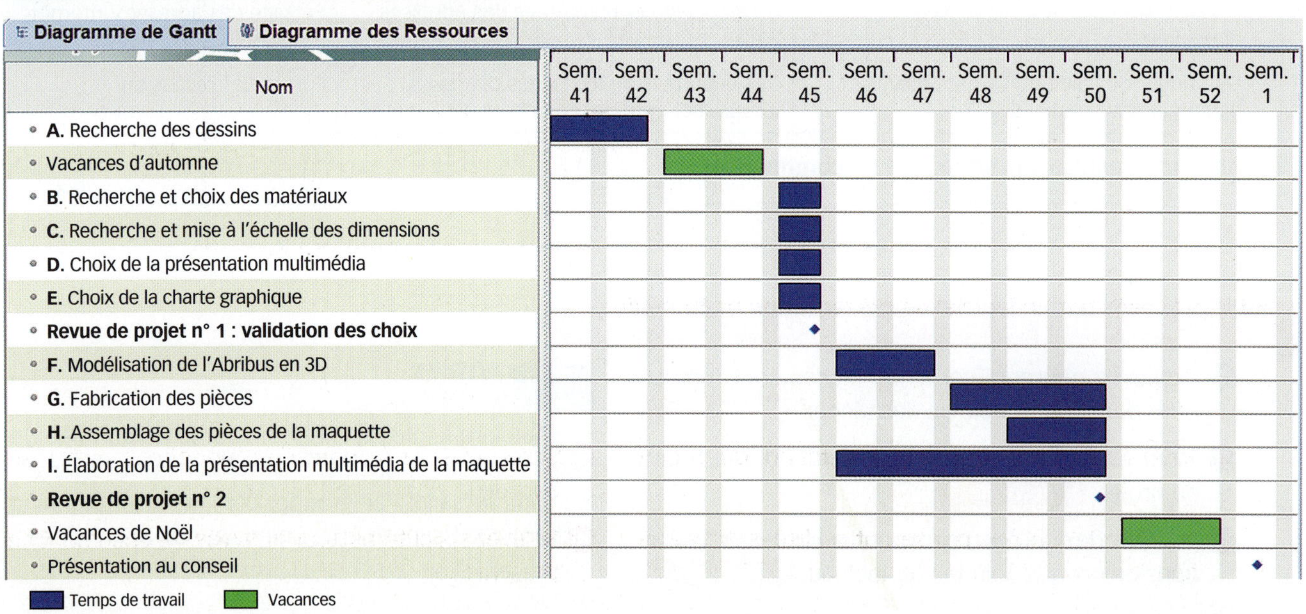

doc. 2 Conditions de partage des informations numériques

Le stockage des fichiers informatiques doit comprendre :

- un **répertoire de ressources communes** visible de tous les élèves de la classe pour stocker les documents communs (cahier des charges, planning du projet, documents techniques, compte rendu des revues de projet…) ;
- un **répertoire** dans lequel **chaque équipe** possède son propre répertoire (sous-répertoire). Celui-ci est accessible aux membres d'une même équipe.

doc. 3 Choix d'une charte graphique

La solution d'un Abribus est présentée à l'aide d'un document multimédia projeté aux participants.

Contraintes	Critères
Présenter la solution proposée à l'aide d'un document multimédia	– Document ergonomique adapté à une présentation – Lisible de loin
Définir des pages homogènes dans leur présentation	– Police, taille et couleurs des titres et des sous-titres – Police, taille et couleurs des paragraphes – Couleur et/ou motifs de l'arrière-plan – Boutons, puces de commande
Identifier l'équipe	– Logo et position logo dans la page

Expression des besoins du document de présentation

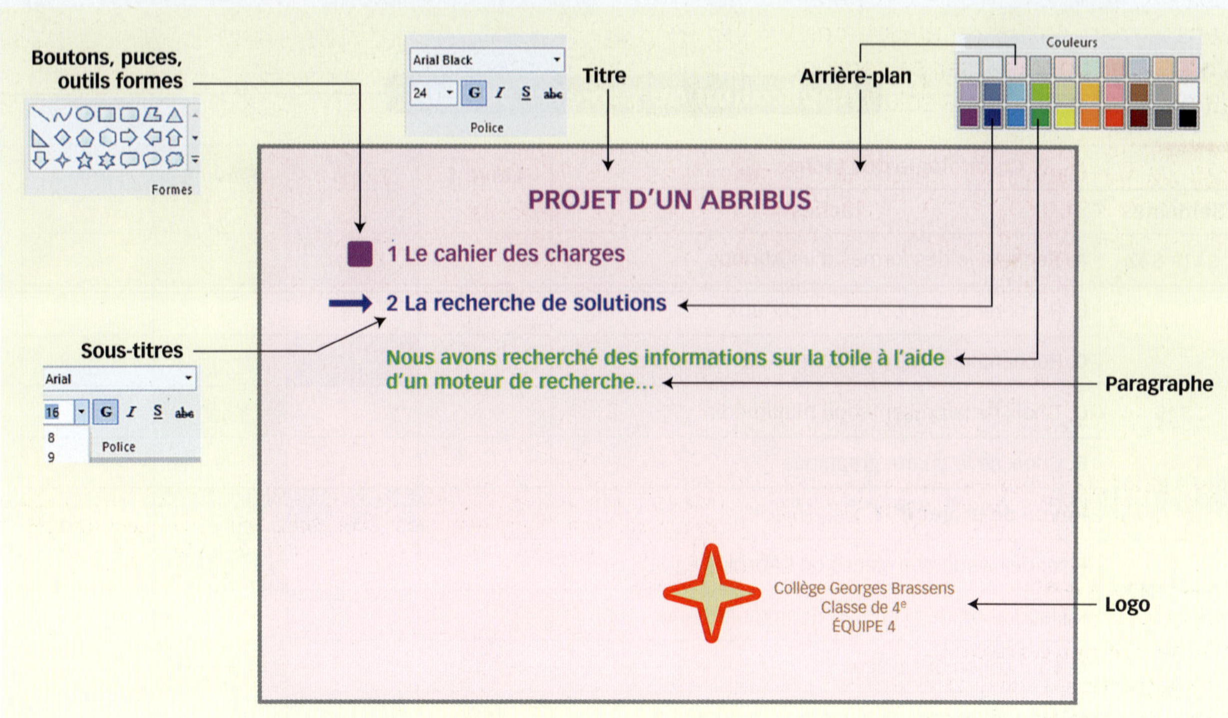

Outils proposés par un logiciel de présentation multimédia

J'analyse la situation

1. Relevez la semaine de présentation du projet (doc. 1).
2. Indiquez les tâches qui seront réalisées en parallèle (doc. 1).
3. Déterminez le nombre de répertoires à créer au sein de la classe (Situation et doc. 2).
4. Relevez six critères pour organiser le document de présentation (doc. 3).

Comment répartir les tâches pour concevoir un Abribus ?

Méthode 1 Répartir les tâches

- Pour mener à bien un projet et respecter les délais, une **répartition des opérations** doit être établie entre les différents participants.
- La répartition des tâches au sein d'un projet permet d'attribuer un rôle à chacun dans une même équipe.
- La **lecture du planning** définit la chronologie des tâches à accomplir qui sont alors réparties entre les membres de l'équipe.

Démarche

Étape 1 Repérer semaine par semaine les tâches à réaliser en parallèle pour établir l'ordre chronologique.

Étape 2 Répartir les tâches à accomplir entre les élèves d'une même équipe pour une période donnée.

Conseil
Répartissez-vous collectivement les tâches : la charge de travail doit être égale pour chacun de vous.

Application au projet d'abribus

Chronologie des tâches 1		Élève 1 2	Élève 2 2	Élève 3 2	Élève 4 2
Semaines	**Tâches**				
S41 - S42	**A.** Recherche des formes d'un Abribus				
S45	**B.** Recherche et choix des matériaux				
	C. Recherche et mise à l'échelle des dimensions				
	D. Choix de la présentation multimédia				
	E. Choix de la charte graphique				
	Revue de projet n° 1				
S46 - S47	**F.** Modélisation des pièces de l'Abribus en 3D				
	I. Élaboration de la présentation multimédia				
S48	**G.** Fabrication des pièces				
	I. Élaboration de la présentation multimédia				
S49 - S50	**G.** Fabrication des pièces				
	H. Assemblage des pièces				
	I. Élaboration de la présentation multimédia				
	Revue de projet n° 2				
S1	Présentation au conseil municipal				

Tableau de répartition des tâches entre les quatre élèves de chaque équipe

Méthode 2 Organiser les répertoires dans l'ENT

- Pour communiquer, il faut rendre les données numériques accessibles à tous en les classant dans des **répertoires** et **sous-répertoires**, selon le principe d'une **arborescence**.
- L'arborescence et les répertoires doivent être clairs pour tous les utilisateurs.

Démarche

Étape 1 Schématiser une arborescence correspondant aux conditions de partage du projet.

Étape 2 Créer un répertoire ressources communes qui soit visible et accessible pour tous et un répertoire équipes.

Étape 3 Créer un répertoire par équipe.

Application au projet d'un Abribus

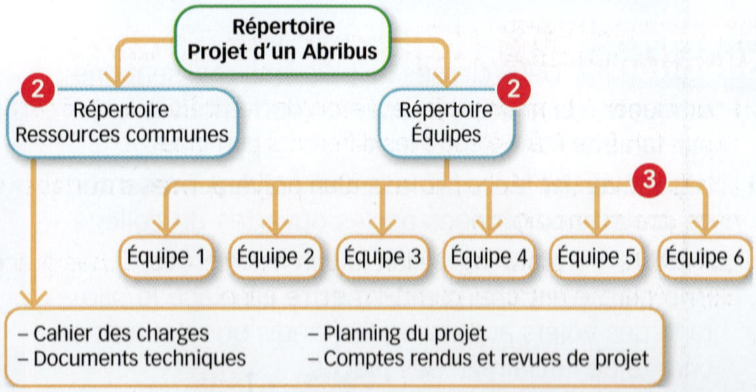

1 **Tracé de l'arborescence**

Méthode 3 Déterminer la charte graphique

Démarche

Étape 1 Lister les éléments pour définir la charte graphique.

Étape 2 Caractériser chaque critère (position, couleur, police…).

Charte graphique
Ensemble d'éléments (logos, couleurs, polices…) pour créer une cohérence visuelle entre les différents documents.

Application au projet d'un Abribus

Élément de la charte 1	Position 2	Couleur 2	Police 2	Taille 2
Logo	En haut à gauche			72 à 300 dpi
Titre principal	Centré	Bleu	Arial black	24
Sous-titre	Contre marge gauche	Vert foncé	Arial, gras	16
Paragraphe	Retrait de 1 cm du titre 1	Vert clair	Calibri	12
Arrière-plan		Vert très clair		
Boutons, puces, formes	Devant chaque titre 1	Bleu foncé		16

Tableau de définition de la charte graphique

Je vérifie que j'ai bien compris la méthode

1 Donnez les informations nécessaires pour organiser une répartition des tâches. ▸ Méthode 1

2 La tâche « I. Élaboration de la présentation multimédia » est rappelée trois fois dans le tableau de répartition. Expliquez pourquoi. ▸ Méthode 1

3 Indiquez la différence entre un répertoire commun à la classe et un répertoire commun à une équipe de la classe. ▸ Méthode 2

4 Relevez les caractéristiques que présentent les éléments de la charte graphique. ▸ Méthode 3

Mini-projet

Par groupe, proposez une charte graphique pour présenter le projet d'un Abribus devant votre collège.

OBSERVER

Comment adapter un planning en fonction des aléas ?

COMPÉTENCES ASSOCIÉES
- Participer à l'organisation de projets, à la définition des rôles, à la planification et aux revues de projet.
- Organiser, structurer et stocker des ressources numériques.
- Présenter à l'oral et à l'aide de supports numériques multimédias des solutions techniques au moment des revues de projet.

Situation Deux classes de troisième réalisent une maquette de maison équipée en domotique pilotée par tablette.
Les élèves et leurs professeurs doivent présenter ce projet aux journées portes ouvertes du collège au mois de juin.
Une classe est chargée de mettre en place le pilotage des volets automatiques tandis que l'autre se charge de l'éclairage des pièces.
Au cours du projet, deux aléas viennent perturber le planning prévisionnel. Il doit donc être revu.

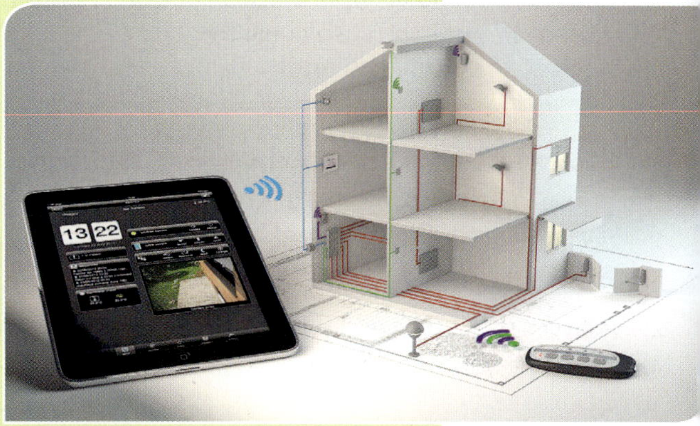

Problème **Comment modifier le planning prévisionnel pour prendre en compte les aléas ? Comment configurer l'ENT pour travailler à distance et organiser la présentation de la maquette ?**

doc. 1 Planning prévisionnel du projet pour les deux classes

lienmini.fr/t130-planning version GanttProject du planning initial du projet

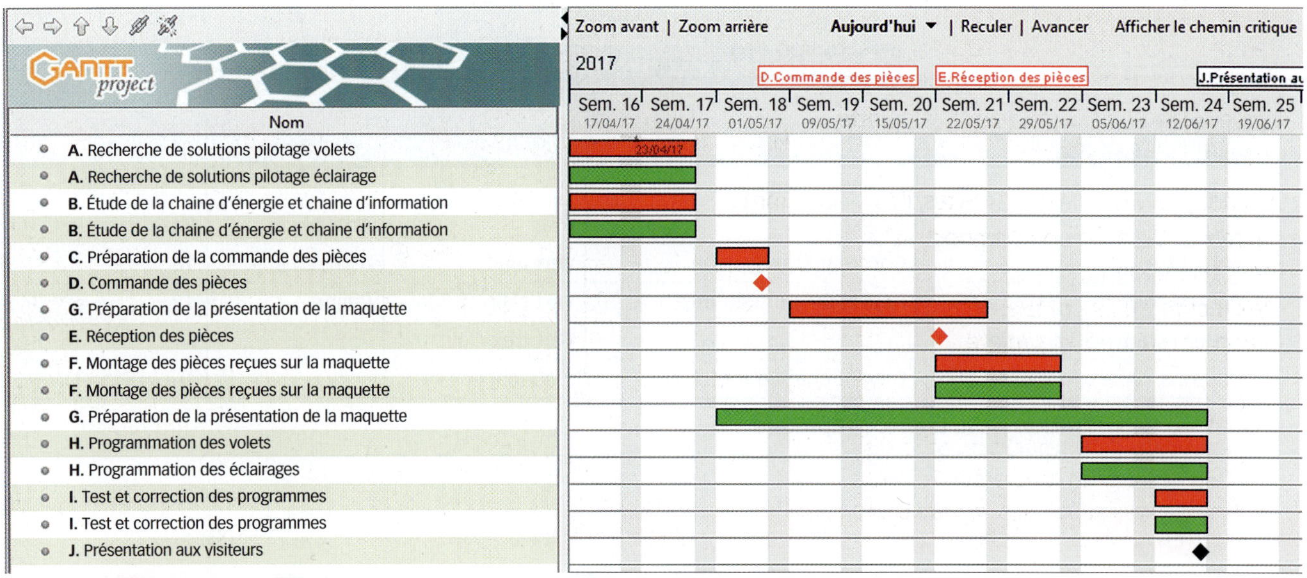

Classe volets   Classe éclairage

doc. 2 Aléas survenus au cours du déroulement du projet

Classe travaillant sur la partie volets	Classe travaillant sur la partie éclairage
Retard de la livraison de la commande prévue au début de la semaine 21 décalée au début de la semaine 22.	Voyage scolaire prévu la semaine 14 pour l'ensemble des élèves de la classe a été reporté en semaine 22.

Aléa
Évènement imprévisible et souvent négatif, qui survient au cours d'une activité.

doc. 3 Liste des besoins en droits d'accès aux ressources partagées

Contraintes du projet

- Les élèves des deux classes utilisent les services d'un ENT pour stocker les ressources et les productions du projet.
- Il y a quatre équipes par classe.
- Tous les élèves n'ont pas accès à tous les fichiers et certaines publications sont soumises à la modération des professeurs.
- L'adresse de messagerie électronique de chaque équipe sera construite sur le modèle ci-contre.

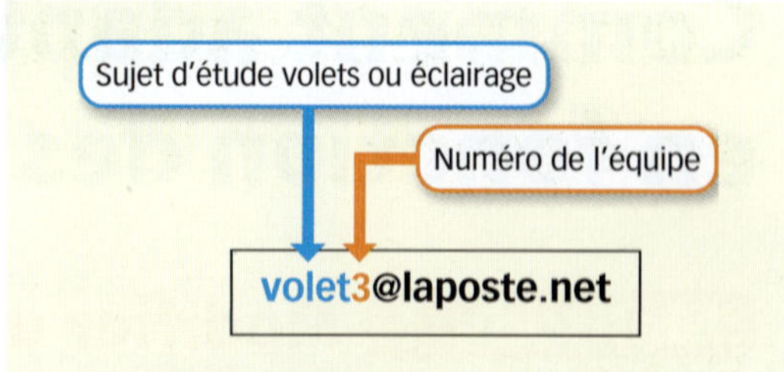

Modèle d'adresse de messagerie

Type de ressources	Type de droits d'accès : lecture / écriture / modérations
Productions des équipes des deux classes	**Écriture** : publication par les équipes après validation par les enseignants
	Lecture : productions consultables par toutes les équipes
Documents de travail de chaque équipe de chaque classe	**Écriture** : enregistrement de documents uniquement par les membres de l'équipe
	Lecture : consultation par les élèves de l'équipe et les enseignants
Liste des raccourcis vers les sites Internet commune aux deux classes	**Écriture** : création d'un favori par toutes les équipes
	Lecture : utilisation par toutes les équipes
	Modération par les enseignants

Type de droits d'accès en fonction des ressources

doc. 4 Éléments du projet à présenter

Les élèves tiennent un carnet de bord pour noter le détail des tâches effectuées durant le projet par leur équipe :

- recherche de solutions ;
- étapes pour réaliser la maquette en fonction des aléas rencontrés lors de la réalisation ;
- programme de pilotage de la maquette ;
- essais de la maquette.

Lors des journées portes ouvertes, ils présenteront :

- la maquette avec une démonstration de fonctionnement ;
- les tâches qu'ils ont réalisées à l'aide d'un support multimédia projeté.

Carnet de bord
Document dans lequel sont reportés les résultats des différentes étapes et expériences au fur et à mesure d'un projet.

J'analyse la situation

1. Relevez les principales tâches réalisées par chacune des classes (doc. 1).
2. Indiquez les aléas constatés (doc. 2).
3. Classez les documents de travail des deux classes par type de droits d'accès (lecture, écriture et modération) (doc. 3).
4. Recensez les éléments qui seront présentés lors des journées portes ouvertes (doc. 4).

Comment adapter un planning en fonction des aléas ?

Méthode 1 Modifier un planning

- Des imprévus de natures différentes (aléas) peuvent entrainer la révision du planning. Mais ces modifications ne doivent pas changer la date de fin de projet. Le planning prévisionnel doit évoluer en tenant compte des aléas et être réorganisé en fonction des tâches à accomplir.

Conseil
Suivez régulièrement l'avancement du projet afin de constater les retards et les aléas au plus tôt et réagir rapidement.

Démarche

Étape 1 Signaler les aléas qui surviennent au cours du projet.

Étape 2 Rechercher des solutions pour modifier le planning afin que la date finale du projet ne soit pas modifiée.

Application au projet domotique

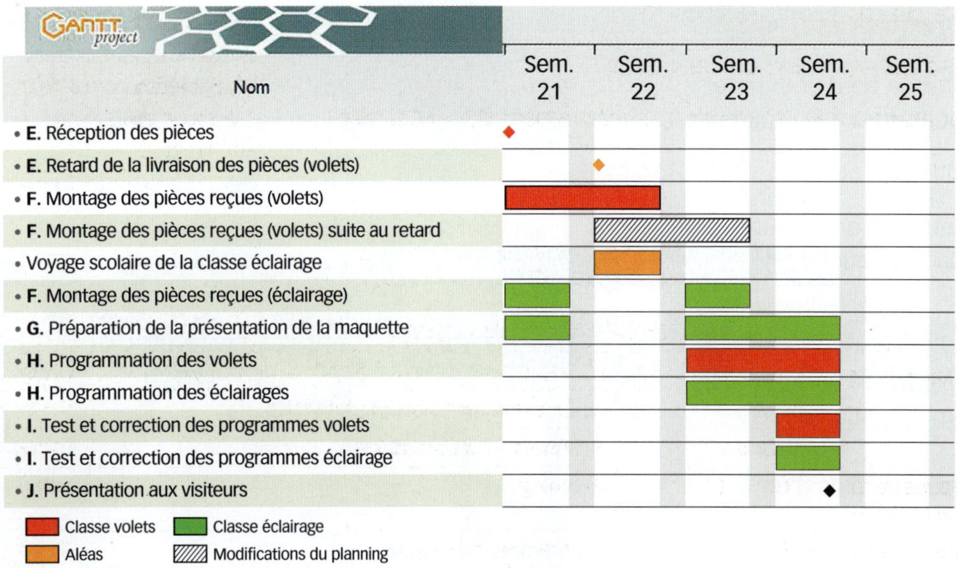

Méthode 2 Organiser les droits d'accès à l'ENT

- Les droits d'accès dans un ENT sont définis en fonction :
  - des besoins de communication ;
  - des types de ressources utilisées.

Démarche

Étape 1 Dresser la liste des adresses de messagerie électronique à créer selon un modèle simple.

Étape 2 Déterminer les droits en écriture et en lecture pour chaque service de l'ENT selon les adresses.

Étape 3 Nommer un modérateur (professeur).

Application au projet domotique

Classe volet	volet1@laposte.net	volet2@laposte.net	volet3@laposte.net	volet4@laposte.net
Professeurs	professeurs@laposte.net			

Adresses de messagerie à créer pour la classe volet ❶

Type de répertoire	Écriture ❷	Lecture	Modération
Répertoire de productions commun aux deux classes	Les élèves de toutes les équipes	Les élèves de toutes les équipes	Les professeurs ❸
Répertoire d'équipe	Les élèves de l'équipe	Les élèves de l'équipe	Les élèves de l'équipe
Répertoire des sites Internet (favoris) commun aux deux classes	Les élèves de toutes les équipes	Tous les élèves et les professeurs	Les professeurs

Droits d'accès

Méthode 3 Organiser la présentation orale d'un projet

- Une présentation orale nécessite :
  - de réaliser un plan de l'exposé ;
  - de répartir les temps de prise de parole ;
  - de préparer les documents d'accompagnement et les moyens techniques de leur diffusion.
- Un tableau peut servir de guide pour cette organisation.

Démarche

Étape ❶ Organiser le plan de la présentation.

Étape ❷ Répartir les interventions entre les élèves.

Étape ❸ Déterminer les documents que chaque intervenant doit présenter.

Étape ❹ Définir le temps d'intervention de chacun.

Conseil
Entrainez-vous avant la présentation afin que le contenu, la durée et les enchainements des interventions soient maitrisés.

Application au projet domotique

Préparation de l'intervention orale			
❶ Plan de la présentation	❷ Intervenants	❸ Documents d'accompagnement à présenter	❹ Durée
Introduction	Élève 1	Texte expliquant l'origine du projet	1 min
Recherche de solutions	Élève 2	Schémas – Commentaires	3 min
Étapes pour réaliser la maquette et aléas rencontrés lors de la réalisation	Élève 3	Planning	3 min
Programme de pilotage de la maquette	Élève 4	Programme de pilotage	3 min
Démonstration de la maquette	Élève 5	Maquette domotique + tablette	4 min
Conclusion	Élève 1	Ressenti de l'équipe par rapport au projet	1 min

Je vérifie que j'ai bien compris la méthode

1. Expliquez l'origine des aléas. ▸ Méthode 1
2. Indiquez leurs conséquences. ▸ Méthode 1
3. Expliquez pourquoi les droits d'accès (écriture/lecture) ne sont pas les mêmes. ▸ Méthode 2
4. Montrez en quoi le carnet de bord (doc. 4 p. 45) a aidé les élèves à établir le plan de l'exposé oral ? ▸ Méthode 3

Mini-projet

Une classe de troisième souhaite ajouter à la maquette un système d'alarme. Cette classe n'est pas disponible pour ce projet en semaine 19.
Par groupe, modifiez le planning prévisionnel incluant cette classe.

APPRENDRE

Je retiens

Le planning d'un projet

Un projet est constitué de plusieurs **étapes**. Il faut déterminer leur durée, les ordonner chronologiquement et les programmer selon un **calendrier** (planning) pour organiser le groupe du projet.

Pour mener à bien le projet et respecter les délais, une **répartition** des tâches entre les différents acteurs doit être établie.

Des imprévus de natures différentes (aléas) peuvent nécessiter une modification du planning. Ces changements doivent être intégrés, si possible, de façon à conserver la date initiale de fin de projet.

L'utilisation d'un espace numérique de travail (ENT)

Un **espace numérique de travail (ENT)** propose des services utiles dans le cadre d'un projet. Ils permettent de :
- communiquer entre les membres de l'équipe ;
- stocker et partager des documents ;
- rechercher et utiliser des ressources en ligne ;
- travailler à distance ;
- publier et diffuser des documents numériques.

Pour travailler en équipe, il faut rendre les **données accessibles** en
- rangeant ces données dans des **répertoires** selon une arborescence ;
- nommant les fichiers avec un nom significatif et compréhensible par tous les utilisateurs ;
- utilisant des formats de fichiers lisibles par tous les utilisateurs ;
- utilisant des tailles de fichiers optimisées pour faciliter leur stockage et leur transmission.

La **configuration d'un espace numérique de travail** consiste à :
- définir des utilisateurs ;
- définir des droits d'accès aux ressources numériques ;
- définir l'usage des outils de communication.

Les revues de projet

Les **revues de projet** rassemblent les acteurs du projet à chaque étape importante. Lors de cette réunion, les équipes rendent compte de l'avancement de leur travail. Des décisions sont prises collectivement pour la suite du projet.

De nombreux outils numériques permettent de créer des documents multimédias. C'est la charte graphique qui assure la cohérence visuelle de tous les documents du projet.

Une **présentation orale** nécessite de :
- réaliser un plan de l'exposé ;
- répartir les temps de prise de parole ;
- préparer les documents d'accompagnement et les moyens techniques de leur diffusion.

Définitions

Organisation d'un groupe de projet
Ensemble de règles qui s'appliquent sur un projet pour :
– définir et répartir les **tâches des participants** ;
– tenir un **planning** qui prévoit le calendrier des tâches à effectuer ;
– organiser des réunions régulières appelées **revues de projet.**

Arborescence
Organisation en répertoires (dossiers) et sous-répertoires (sous-dossiers) des fichiers informatiques afin de les classer et de les retrouver facilement.

Outils numériques de présentation
Logiciels permettant de réaliser une présentation assistée par ordinateur (PréAO), des pages Internet et une publication papier.

Charte graphique
Ensemble d'éléments choisis (logos, couleurs, polices et tailles de caractères, arrière-plans...) pour créer une cohérence visuelle entre les différents documents.

Je sais faire

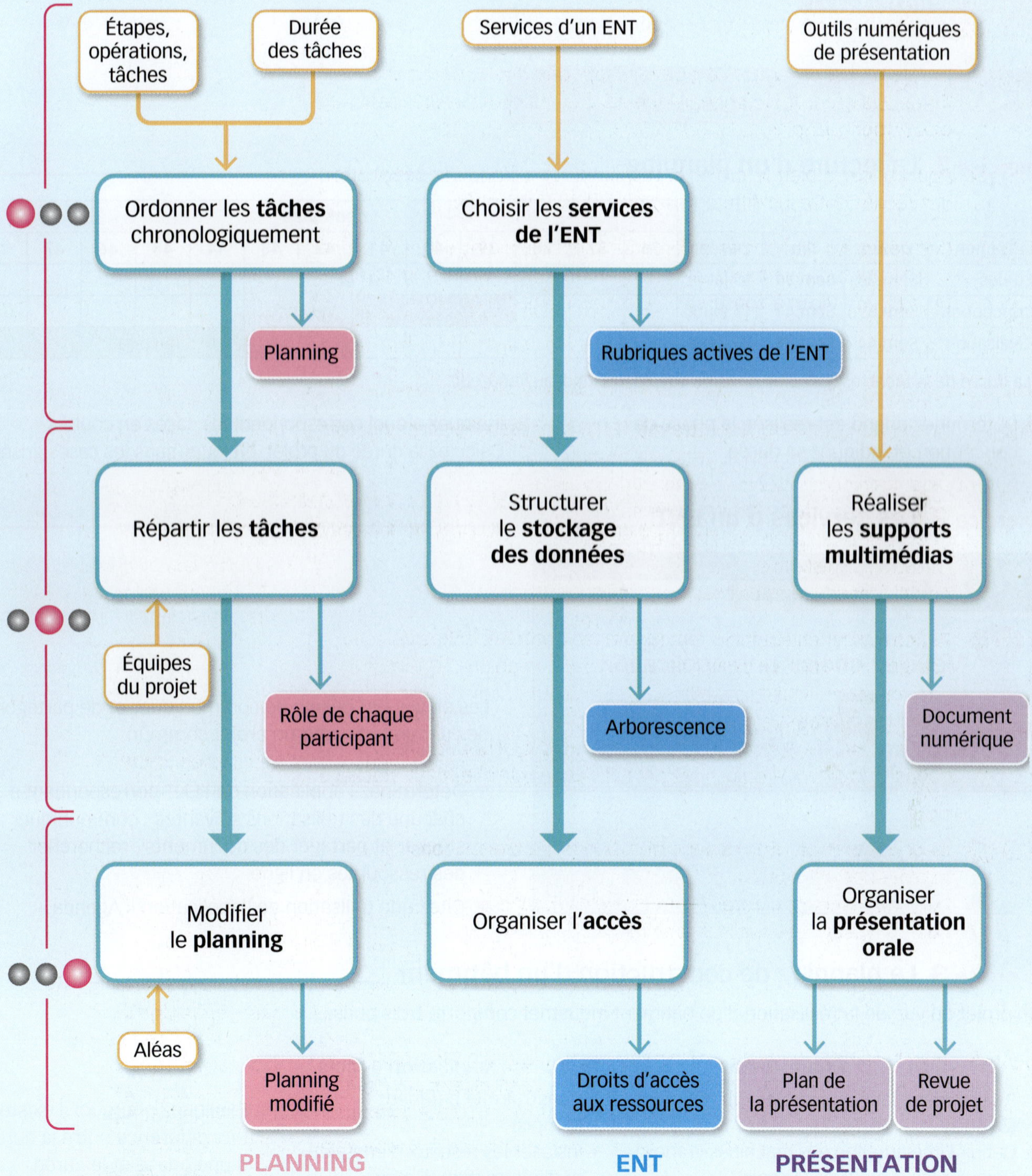

J'ai appris à

	😐	😄
Participer à l'organisation et au déroulement des projets.		
Organiser, structurer et stocker des ressources numériques.		
Présenter à l'oral et à l'aide de supports numériques multimédias des solutions techniques au moment des revues de projet.		

S'ENTRAINER

COMPÉTENCES TRAVAILLÉES
- Participer à l'organisation et au déroulement de projets (ex. 1 et 3).
- Organiser, structurer et stocker des ressources numériques (ex. 2).

QCM Je vérifie mes connaissances

lienmini.fr/t130-qcm21

J'utilise mes compétences

Exercice 1 La lecture d'un planning

				Semaines												
Tâches	**Début**	**Fin**	**Durée***	**36**	**37**	**38**	**39**	**40**	**41**	**42**	**43**	**44**	**45**	**46**	**47**	**48**
Études	Sem 36	Sem 38	15 jours													
Conception	Sem 39	Sem 41	15 jours							Vacances						
Réalisation	Sem 44	Sem 48	25 jours													

* La durée de la tâche est calculée en jours ouvrés (du lundi au vendredi).

1. Déterminez quand est réalisée la phase de conception et indiquez sa durée.
2. Indiquez à quoi correspondent les cases en couleur. Calculez la durée du projet, en jours, sans les cases grisées.

Exercice 2 Les services d'un ENT

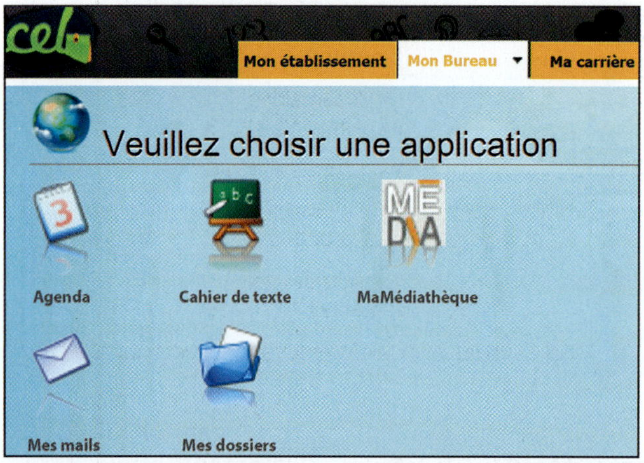

Les élèves ont besoin de communiquer et de partager des documents pour un projet commun.

1. Déterminez l'application de l'ENT correspondant à chacune des utilisations suivantes : communiquer ; stocker et partager des documents ; rechercher des ressources en ligne.
2. Citez une utilisation de l'application « Agenda ».

Exercice 3 Le planning de construction d'un bâtiment

Un projet en vue de la réalisation d'un bâtiment industriel comporte trois phases.

PHASE ❶ Étude 4 mois
- Réaliser les plans d'ensemble du bâtiment (3 mois)
- Définir l'implantation des machines (1 mois)
- Calculer les structures (1 mois)
- Définir les réseaux d'énergie et d'information (1 mois)

PHASE ❷ Réalisation 6 mois
- Construire le bâtiment (4 mois)
- Installer les réseaux d'énergie et d'information (6 mois)
- Mettre en place les machines (1 mois)

PHASE ❸ Démarrage 2 mois
- Tester les nouvelles installations (1 mois)
- Homologuer les nouvelles installations (1 mois) après les tests
- Démarrer la production d'une pré-série test (1 mois)

Chronologie des phases et tâches correspondantes

1. Expliquez pourquoi il existe une différence entre la durée d'une phase et la durée totale des tâches de cette phase.
2. Tracez le planning de l'ensemble des tâches du projet pour que la durée de chaque phase soit respectée.
3. Déterminez deux moments où une revue de projet est essentielle.

Une mini-serre automatisée

Tâche complexe

VOTRE MISSION

Marc travaille dans une entreprise qui réalise des mini-serres pour balcon. Il doit organiser la conception et la réalisation du prototype d'un nouveau modèle qui permette d'entretenir les plantes en l'absence des utilisateurs. Le projet sera mené entre la semaine 8 et la semaine 16.
Vous devez assister Marc en lui proposant un planning des tâches et les services adaptés d'un ENT.

POUR RÉUSSIR

- J'établis le planning du projet en respectant la durée de chaque tâche.
- J'établis le planning en respectant la chronologie des tâches.
- Je nomme les rubriques de l'ENT (doc. 4, p. 37) nécessaires aux besoins de communication.

VOS RESSOURCES

doc. 1 Liste et durée des tâches

Tâches	Durée
Études préalables (analyse du besoin, étude fonctionnelle, élaboration du cahier des charges)	3 semaines Semaines 8, 9, 10
Conception de la mini-serre (recherche de solutions techniques et modélisation des solutions)	3 semaines Semaines 11, 12, 13
Choix des solutions (présentation orale de la revue de projet)	1 semaine (sem. 14)
Réalisation du prototype (choix et commande des composants, fabrication des pièces)	3 semaines Semaines 14, 15, 16
Automatisation de la mini-serre (recherche du programme, implantation du programme, tests)	3 semaines Semaines 14, 15, 16
Communication au sein du projet	Sur l'ensemble de la durée du projet (semaine 8 à 16)

doc. 2 Communication dans le projet

- Stocker et partager des documents entre collaborateurs.
- Échanger des informations entre collaborateurs.
- Planifier des moments de réunion entre collaborateurs.

S'ENTRAINER

QCM Je vérifie mes connaissances

lienmini.fr/t130-qcm22

COMPÉTENCES TRAVAILLÉES
- Participer à l'organisation et au déroulement de projets (ex. 1).
- Organiser, structurer et stocker des ressources numériques (ex. 2).
- Présenter à l'oral et à l'aide de supports numériques multimédias des solutions techniques au moment des revues de projet (ex. 3).

J'utilise mes compétences

Exercice 1 La répartition des tâches

Pour assembler un robot suiveur de ligne, un groupe de quatre élèves s'organise.

Tâches de réalisation	Élève 1	Élève 2	Élève 3	Élève 4
Châssis				
Propulsion				
Carrosserie				
Commande				
Montage de l'ensemble				
Revue de projet				

1. Expliquez pourquoi répartir les tâches au sein d'un groupe.
2. Indiquez les tâches pour lesquelles les membres de l'équipe ont besoin de travailler ensemble.
3. Faites la liste des tâches effectuées par l'élève 2.

Exercice 2 L'organisation de l'espace de stockage dans un ENT

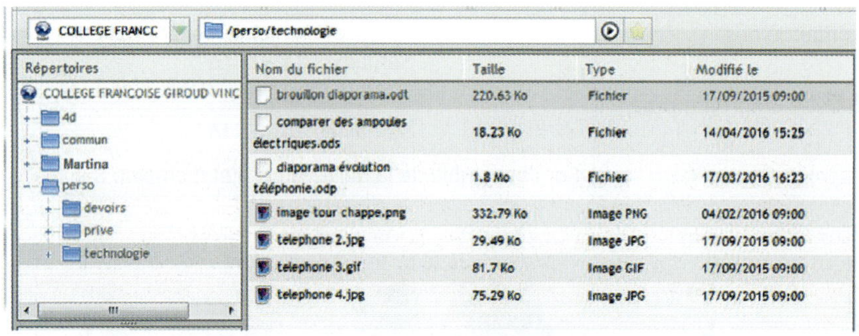

1. Indiquez dans quel répertoire est enregistré le fichier « diaporama évolution téléphonie ».
2. Listez les sous-répertoires du répertoire « perso ».
3. Indiquez le fichier transmissible le plus rapidement.
4. D'après le nom des fichiers, indiquez le sujet principal d'étude de l'élève.
5. Déterminez le nombre de niveaux dans l'arborescence des répertoires.

Exercice 3 Charte graphique

Vous préparez un document multimédia qui sera projeté lors d'une revue de projet. Relevez les bonnes propositions à appliquer à la charte graphique.

a. La taille des caractères est petite pour gagner de la place.
b. La police de caractère est lisible de loin.
c. La police de caractère est standard.
d. La couleur de la police est noire.
e. La taille de la police peut varier entre les titres et le texte des paragraphes.
f. L'arrière-plan du document est blanc.
g. Le logo du projet est à la même place sur l'ensemble des documents projetés.

Vers le brevet

Un drone, livreur de pizzas

Le fabricant DRONITS est chargé de concevoir et de réaliser un drone, livreur de pizzas. Il doit :
– organiser la fabrication effectuée par une équipe de quatre personnes ;
– classer les ressources du projet dans des sous-répertoires du répertoire commun « Réalisations du drone », selon les trois phases du projet ;
– définir la charte graphique de la notice technique qui doit accompagner le drone.

QUESTIONS

1. Répartissez, sous forme d'un tableau, les tâches des trois phases entre les quatre élèves d'une équipe.

2. Tracez l'arborescence des répertoires et sous-répertoires pour stocker les données concernant la réalisation du drone.

3. Analysez la présentation du planning de la réalisation du drone. Proposez les trois éléments qui doivent figurer dans la charte graphique de la notice technique du drone.

VOS RESSOURCES

doc. Planning du projet présenté selon la charte graphique retenue

Logo
Nom de l'entreprise
Arial 18

Nom du projet
police Arial 22
italique

DRONITS

Projet : Un drone, livreur de pizzas

Nom
du document
police Arial 26

Document dans un cadre gris

Planning de la réalisation du drone

PHASE 1
2 semaines

– Montage du châssis. *Durée : 2 semaines.*
– Assemblage de la chaine d'énergie (alimentation, moteurs, hélice). *Durée : 2 semaines.*
– Assemblage de la chaine d'information (commande - transmission). *Durée : 2 semaines.*
– Réalisation des pièces du système de largage en impression 3D (crochet, cliquet). *Durée : 2 semaines.*

PHASE 2
1 semaine

Câblage électrique et électronique sur le châssis. *Durée : 1 semaine.*
Écriture et simulation du programme. *Durée : 1 semaine.*

PHASE 3
1 semaine

Implantation du programme. *Durée : 1 semaine.*
Essais et réglages. *Durée : 1 semaine.*

Page 15 sur 28

Numéro de page
Arial 18

S'ENTRAINER

QCM Je vérifie mes connaissances

lienmini.fr/t130-qcm23

COMPÉTENCES TRAVAILLÉES
- Participer à l'organisation et au déroulement de projets (ex. 1).
- Organiser, structurer et stocker des ressources numériques (ex. 2).
- Présenter à l'oral et à l'aide de supports numériques des solutions techniques au moment des revues de projet (ex. 3).

J'utilise mes compétences

Exercice 1 Un planning de réalisation d'un prototype

Un retard dans la livraison de la commande des pièces oblige à modifier le planning prévisionnel.

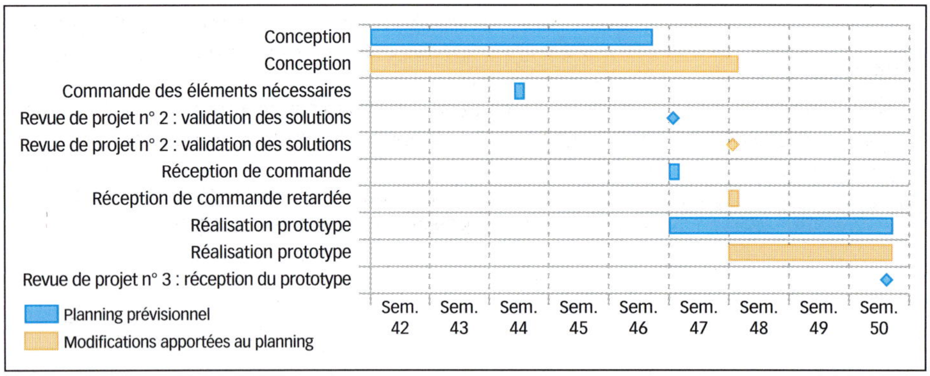

1. Relevez la date de fin du projet à respecter quels que soient les aléas.
2. Indiquez la durée du retard de livraison des pièces.
3. Listez les modifications apportées au planning prévisionnel afin de respecter la date de fin de projet.

Exercice 2 Le partage des ressources

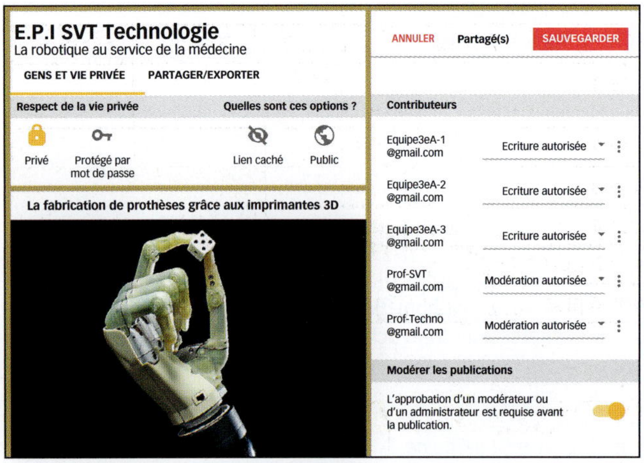

L'outil collaboratif en ligne « Padlet » a été choisi. Chaque équipe peut publier sur le mur ses ressources avec l'accord du professeur (modération).

1. Indiquez l'outil choisi et la nature du projet.
2. Précisez le nombre d'équipes engagées et leur droit d'accès aux documents publiés.
3. Indiquez en quoi consiste la modération et expliquez qui s'en charge.
4. Justifiez l'importance d'un mot de passe.

Exercice 3 La préparation d'une revue de projet

Chaque groupe d'élèves a déterminé une solution technique pour carrosser un robot et organise une présentation orale devant la classe.

Plan	Intervenant(e)s	Documents	Durée
Introduction	Élève 1	Diagramme des cas d'utilisation	1 min
Présentation du plan de l'intervention	Élève 2	Sommaire	1 min
Cahier des charges	Élève 3	Tableau d'analyse fonctionnelle	2 min
Recherche et choix de solutions techniques	Élève 4	Diagramme des flux, croquis	3 min
Présentation du prototype	Élève 5	Image modélisation 3D, photo, vidéo	3 min
Conclusion	Élève 6	Tableau des résultats des tests	1 min

1. Listez les documents nécessaires à la présentation orale. Calculez la durée totale de l'exposé.
2. Déterminez à qui s'adresse cette présentation et son objectif.

Je prépare le brevet

Une visite interactive avec caméra embarquée

Des collégiens adaptent un dispositif de vidéo sur un robot suiveur de ligne, prévu pour la visite des zones inaccessibles d'un bâtiment historique.

Ils sont organisés en quatre équipes. Ils ont planifié et réparti les tâches de fabrication.

Un retard d'une semaine est constaté en semaine 2 car des élèves de l'équipe 2 sont malades. Les équipes auront besoin de communiquer entre elles et d'accéder aux ressources numériques nécessaires.
Une présentation orale du prototype aura lieu, à la fin de la semaine 4.

QUESTIONS

1. Établissez un nouveau planning en réorganisant le travail des équipes afin de combler le retard.
2. Réalisez un tableau montrant les droits d'accès nécessaires aux ressources numériques.
3. Dressez un tableau de l'organisation de la présentation orale du prototype.

VOS RESSOURCES

doc. 1 Planning prévisionnel de la fabrication du prototype

Tâches	Équipes	Sem 1	Sem 2	Sem 3	Sem 4
Montage d'éléments sur la **carte électronique de commande**.	Équipe 1	■	■		
Impression en 3D du **support de caméra**.	Équipe 2	■	■		
Montage et câblage des pièces du robot.	Équipe 3			■	■
Écriture et tests du **programme de commande**.	Équipe 4			■	■
Préparation de la présentation du prototype.	Équipe 3 puis 1	■	■	■	■
	Équipe 4 puis 2	■	■	■	■

doc. 2 Accès aux ressources numériques

Les ressources numériques se limitent à trois espaces :

- un répertoire comprenant le « **Dossier de fabrication** » doit être accessible par toutes les équipes sans qu'elles puissent le modifier, seul le professeur peut le faire ;
- un **forum de discussion** est ouvert à toutes les équipes pour échanger mais il est modéré par le professeur ;
- un répertoire comprenant le « **Dossier de présentation du prototype** » est géré par l'équipe 4 qui y place les documents transmis par les autres équipes, sous le contrôle du professeur.

Tous les documents peuvent être lus par toutes les équipes.

doc. 3 Organisation de la présentation orale

- Introduction et contexte du projet.
- Présentation du prototype et de ses quatre composantes (carte électronique, programme, support de caméra, montage et câblage).
- Conclusion.

La durée de chaque intervention est estimée à 3 minutes.
La présentation générale est assurée par l'équipe 4.
Chaque équipe présente la partie de la fabrication dont elle a la charge.

THÈME 1

Design, innovation et créativité

Quels sont les moyens permettant de rechercher des solutions techniques ?

chapitre 3

Imaginer des solutions pour concevoir des objets

Dans ce chapitre, vous allez apprendre à :

Pratiquer des démarches scientifiques et technologiques
(Domaine 4 du socle)

- Rechercher des solutions techniques à un problème posé, expliciter ses choix et les communiquer en argumentant.

Concevoir, créer, réaliser
(Domaine 4 du socle)

- Identifier le(s) matériau(x), les flux d'énergie et d'information dans le cadre d'une production technique sur un objet et décrire les transformations qui s'opèrent.
- Imaginer des solutions en réponse au besoin.

Vous approprier des outils et des méthodes
(Domaine 2 du socle)

- Traduire, à l'aide d'outils de représentation numérique, des choix de solutions sous forme de croquis, de dessins ou de schémas.

OBSERVER

COMPÉTENCE ASSOCIÉE

- Imaginer des solutions pour produire des objets et des éléments de programmes informatiques en réponse au besoin.

Comment concevoir une casquette intelligente ?

lienmini.fr/t130-vetement
vidéo d'un vêtement connecté

Situation Marc travaille pour un fabricant de vêtements connectés. Il a imaginé la casquette UVPROTECT qui informe de l'indice d'UV reçu :
- un son est émis pendant 30 secondes dès que l'indice UV atteint le niveau 3 nécessitant l'application d'une crème protectrice ;
- une information visuelle est envoyée sur le smartphone.

Le système informe l'utilisateur toutes les deux heures.

Problème Quelle solution technique imaginer pour réaliser cette casquette ?

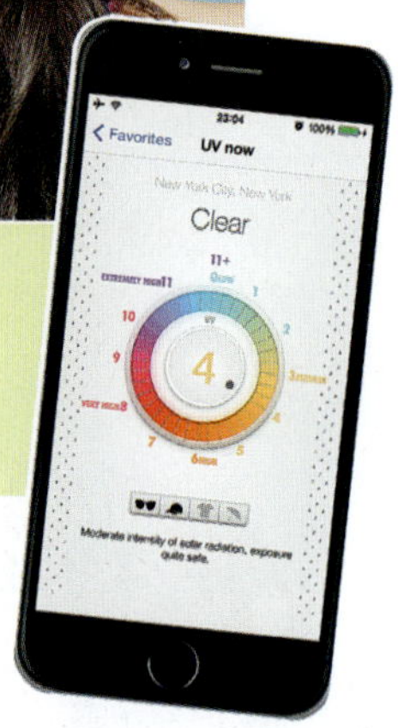

Application qui préconise le type de protection à utiliser en fonction de l'indice d'UV.

doc. 1 Représentation de l'idée de départ

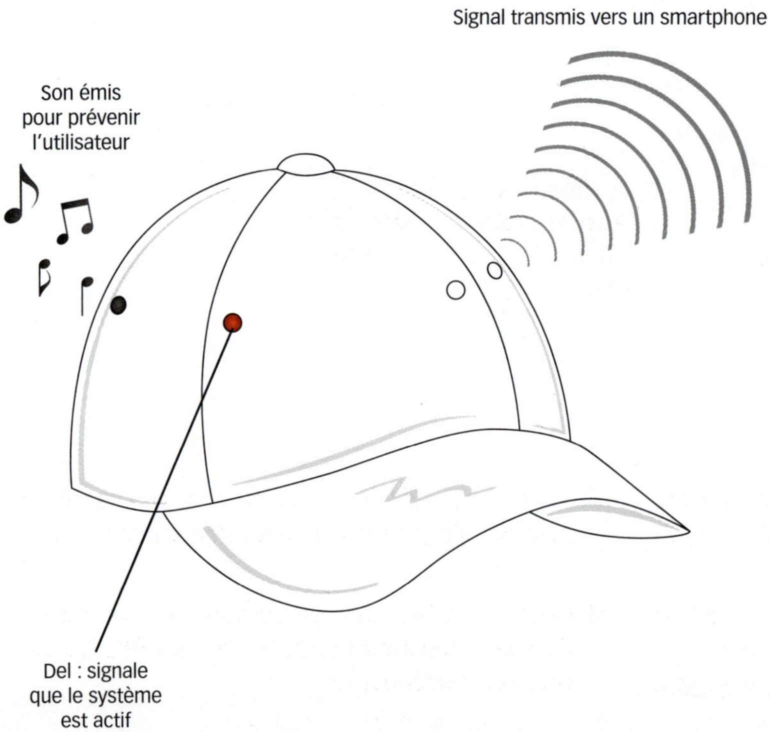

UV (rayons ultraviolets)
Il s'agit d'un type de rayonnement invisible, émis par le soleil. Ces rayons sont dangereux pour les yeux et la peau. Leur puissance est évaluée par une échelle d'indices.

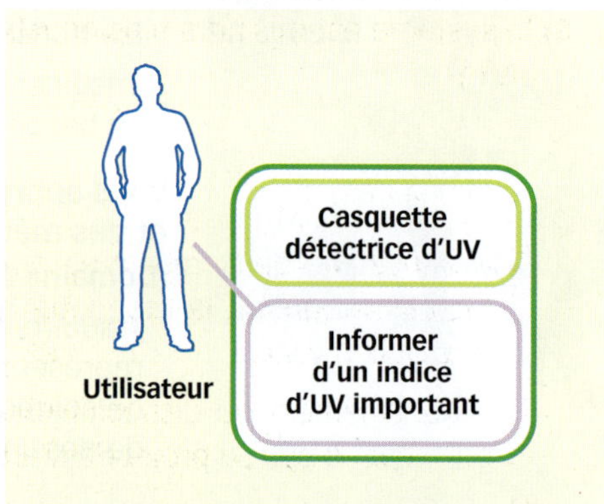

Diagramme des cas d'utilisation

doc. 2 Dispositif électronique expérimental

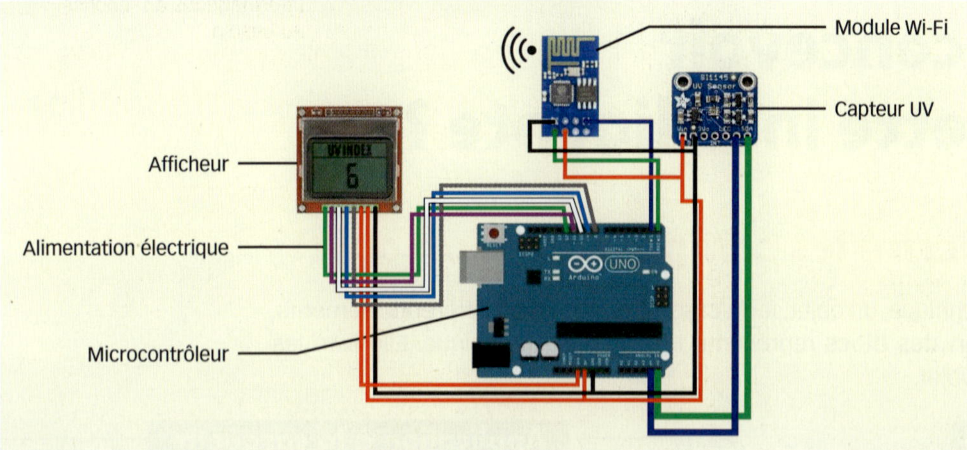

Ce dispositif électronique, encore à l'état de prototype, est composé de quatre blocs. Il répond à la fonction principale du projet de Marc : afficher l'indice d'UV mesuré et le communiquer à un smartphone.

doc. 3 Modules électroniques adaptés aux vêtements

Chaine d'énergie

Batterie

Interrupteur

Del

Buzzer

Chaine d'information

Capteur UV

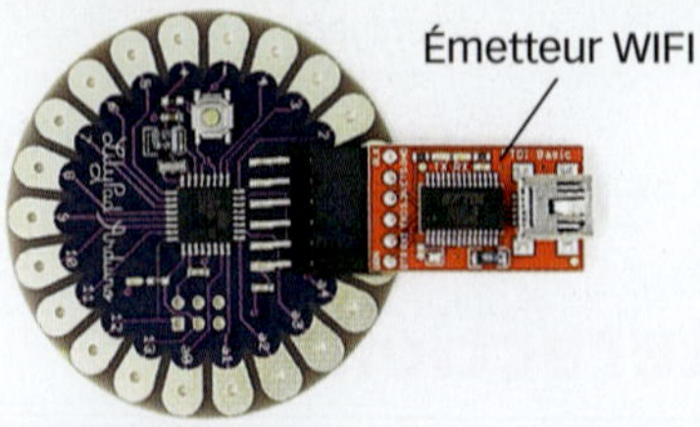

Microcontrôleur avec émetteur

La taille et le poids des composants sont adaptés pour être utilisés sur des vêtements.

doc. 4 Extrait d'un algorithme

Mettre sous tension le système (Marche)
SI l'indice d'UV est supérieur à 3 **ALORS**
  Émettre une musique pendant 30 secondes
  Envoyer un message Wi-Fi
SI le système est mis hors tension **ALORS**
  Arrêt

Système
Ensemble d'objets techniques qui, réunis, fonctionnent pour répondre au besoin.

J'analyse la situation

1. Indiquez les deux manières dont seront avertis les utilisateurs de la casquette quand l'indice UV atteint le niveau 3 (Situation et doc. 1).
2. Citez l'élément du dispositif expérimental qui ne correspond pas au projet de Marc (doc. 2).
3. Listez les éléments à ajouter au dispositif expérimental pour réaliser le projet de Marc (doc. 2).
4. Donnez les conditions qui doivent être remplies pour que l'objet technique émette un son (Situation et doc. 4).
5. Repérez les éléments qui peuvent être dissimulés dans la casquette et ceux qui doivent être accessibles de l'extérieur (doc. 3).

Comment concevoir une casquette intelligente ?

Méthode 1 Décrire les composants d'un objet

Pour assurer une fonction technique, un objet, ici la casquette, regroupe différents éléments. **Le diagramme de définition des blocs** représente une solution technique. Elle liste les principaux composants de l'objet.

Démarche

Étape 1 Donner le nom de l'objet qui répond au besoin.

Étape 2 Lister et relier les blocs nécessaires pour apporter une solution technique.

Étape 3 Un bloc peut être relié à un ou plusieurs sous-blocs qui interagissent uniquement avec lui.

Application à la casquette

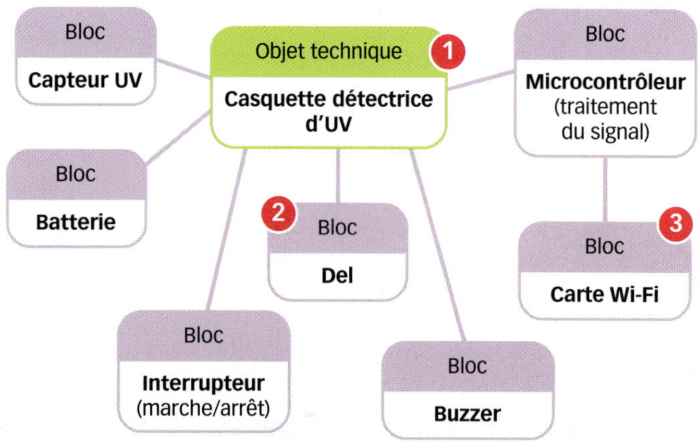

Diagramme de définition des blocs

Méthode 2 Identifier les interactions entre l'objet et son environnement

Le diagramme des flux d'information et d'énergie représente les interactions entre l'objet technique et son environnement pour produire l'effet attendu.

Démarche

Étape 1 Représenter l'objet constitué de deux éléments : chaine d'énergie et chaine d'information.

Étape 2 Lister les informations fournies par l'utilisateur en entrée de la chaine d'information.

Étape 3 Lister les informations fournies par l'environnement en entrée de la chaine d'information.

Étape 4 Indiquer l'énergie qui alimente l'objet.

Étape 5 Indiquer les actions, les informations produites par l'objet en sortie.

Application à la casquette

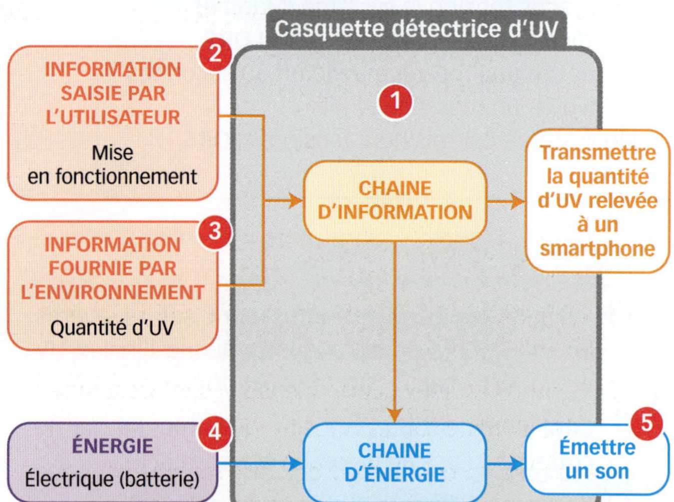

Diagramme simplifié des flux d'information et d'énergie

Méthode 3 Décrire le comportement d'un objet

Lorsque l'indice d'UV est supérieur à 3, la casquette émet un signal et avertit l'utilisateur qu'il doit mettre de la crème. Pour décrire le comportement d'un objet technique (ici, la casquette), on écrit un algorithme ou un algorigramme.

Démarche

Étape 1 Indiquer les évènements que le système doit prendre en compte.

Étape 2 Indiquer les actions qui sont déclenchées à partir de ces évènements.

Application à la casquette

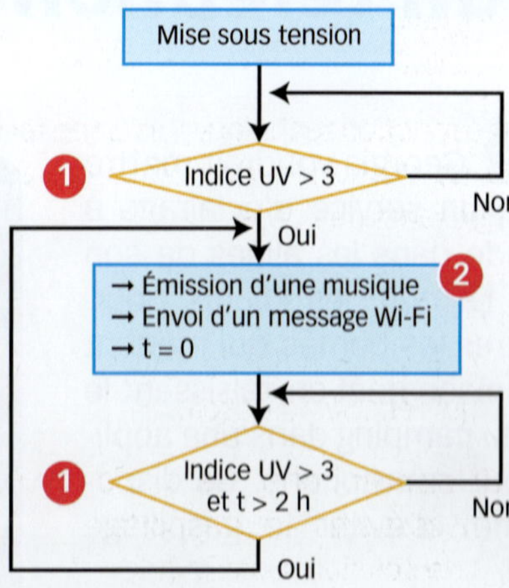

Algorigramme

Méthode 4 Représenter la solution avec un croquis

Un croquis permet de disposer les éléments essentiels de l'objet technique à concevoir.

Démarche

Étape 1 Rechercher un angle de vue pertinent (face, dessus, côté…) pour visualiser au mieux l'ensemble des composants.

Étape 2 Dessiner la forme globale de l'objet.

Étape 3 Dessiner les composants listés dans le diagramme des blocs.

Application à la casquette

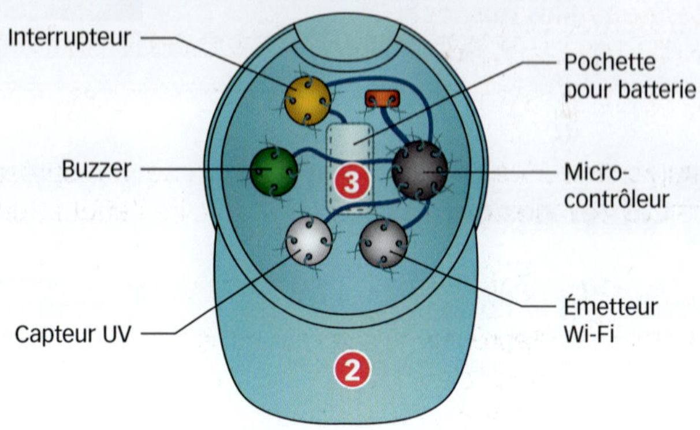

1 Croquis de la casquette, vue du dessous

Je vérifie que j'ai bien compris la méthode

1. Indiquez ce que représente le diagramme de définition des blocs. ▸ Méthode 1
2. Repérez les deux informations qui sont transmises au système. ▸ Méthode 2
3. Indiquez la condition qui doit être remplie pour que le système émette une musique dès sa mise en fonctionnement. ▸ Méthode 3
4. Quel document a permis de déterminer les sept éléments figurant sur le croquis ? ▸ Méthode 4

Mini-projet

Par groupe de deux, modifiez l'algorigramme pour qu'un message et une musique positive soient également émis si l'indice d'UV est inférieur à 3.

OBSERVER

Comment commander un éclairage public avec un téléphone ?

COMPÉTENCES ASSOCIÉES
- Imaginer des solutions pour produire des objets et des éléments de programmes informatiques en réponse au besoin.
- Représenter des solutions.

Situation Georgia voudrait mettre en œuvre un service d'éclairage à la demande dans les allées de son camping. La nuit, les clients pourront éclairer les bornes qui mènent à leur emplacement en saisissant le numéro du camping dans une application pour smartphone. Ce dispositif permet d'éviter le gaspillage d'énergie.

Depuis le boitier de commande, à tout moment, Georgia pourra allumer toutes les bornes. L'esthétique des bornes devra rappeler la mer.

Problème Comment décrire le fonctionnement et le comportement du système que souhaite installer Georgia ? Comment représenter les nouvelles bornes ?

doc. 1 Cahier des charges

	Fonctions (F) et contraintes (C)	Critères	Niveaux
F1	Éclairer pour sécuriser le parcours	Intensité lumineuse	50 lux en tout point de la circulation piétonne
C1	Éclairer uniquement la nuit	Tombée de la nuit (seuil crépusculaire)	Dès que la luminosité est inférieure à 40 lux.
C2	Allumer toutes les bornes (si demande depuis le boitier de commande)	Simplicité	Une seule action à réaliser
C3	Bornes sans danger pour les utilisateurs	Forme Règlementation	Formes arrondies Respect des normes électriques
C4	Être commandé par un smartphone	Compatibilité	Compatible systèmes d'exploitation Android et IOS
C5	Limiter l'éclairage du ciel	Flux lumineux vers le ciel	Norme EN 13201
C6	S'intégrer dans le camping les Flots Bleus	Thème (forme et couleurs) Matériaux Hauteur	La mer Bois, acier et verre Moins d'un mètre

doc. 2 Diagramme de définition des blocs du système d'éclairage

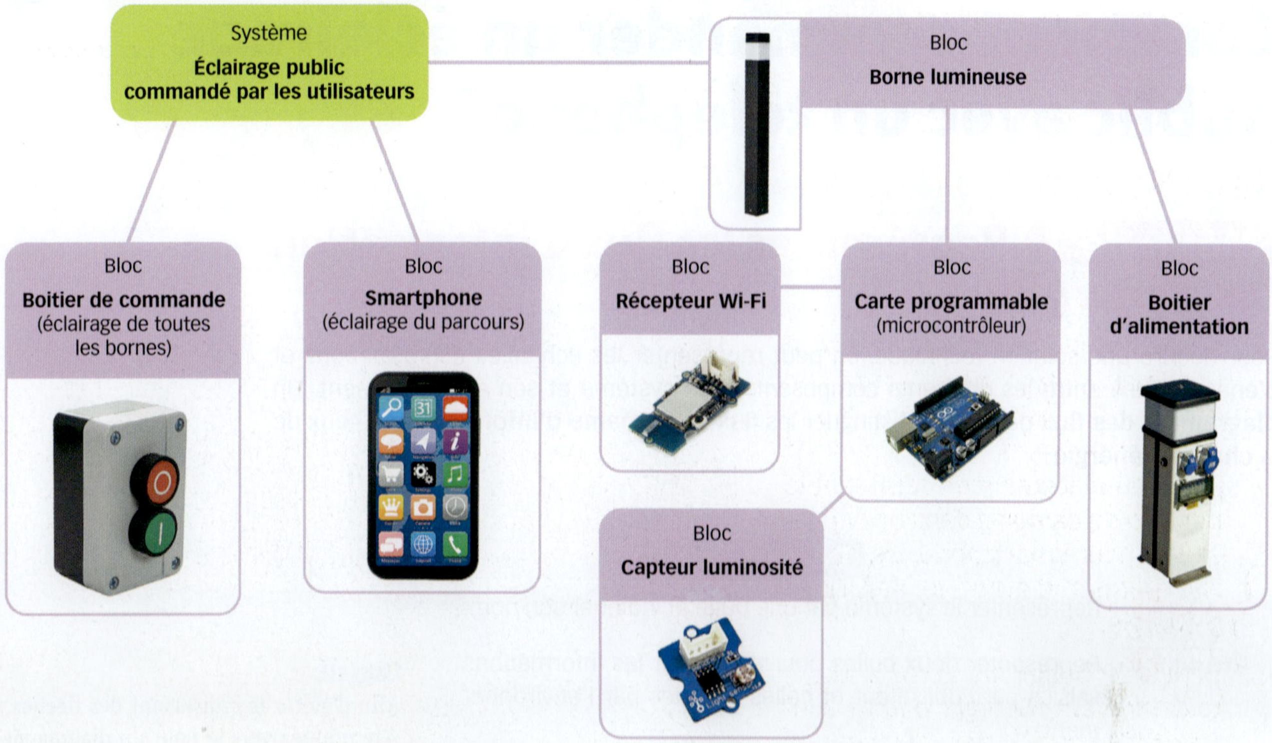

doc. 3 Norme européenne EN 13201 relative à l'éclairage public

Dans le cadre des mesures prises pour accéder aux critères de développement durable, la lumière (le flux direct) sortant des luminaires et dirigée vers le ciel doit être limité à 3 % du flux émis par la lampe.

Bonne direction **Mauvaise direction**

doc. 4 Bornes lumineuses existantes

Borne 1

Borne 2

J'analyse la situation

1. Indiquez ce que devra faire un client du camping pour éclairer son parcours (Situation et doc. 1).
2. Indiquez sur quel élément agira Georgia pour allumer l'ensemble des bornes (docs 1 et 2).
3. Précisez la condition nécessaire pour que le parcours s'allume lors d'une demande (doc. 3).
4. Expliquez l'intérêt de limiter à moins de 3 % le flux émis par la borne vers le ciel (doc. 3).
5. Précisez pourquoi les bornes présentées ne répondent pas au besoin exprimé dans le cahier des charges (docs 1 et 4).

Comment commander un éclairage public avec un téléphone ?

Méthode 1 Représenter les flux d'information et d'énergie

Pour décrire une solution technique, on peut représenter les échanges d'informations et d'énergie (flux) entre les différents composants d'un système et son environnement. Un **diagramme des flux** permet de distinguer les flux de la **chaine d'information** et ceux de la **chaine d'énergie**.

Démarche

Étape 1 Représenter le système par une bulle et indiquer son nom.

Étape 2 Représenter deux bulles pour distinguer les informations saisies par l'utilisateur et celles fournies par l'environnement.

Étape 3 Représenter une bulle pour préciser l'énergie qui alimente le système.

Étape 4 Représenter avec des blocs l'ensemble des composants qui participent à la solution.

Étape 5 Tracer des flèches pour repérer le sens des échanges d'informations et d'énergie entre les différents composants.

Conseil
Afin d'éviter le croisement des flèches :
- regroupez vers le haut du diagramme l'ensemble des éléments qui captent et traitent l'information (chaine d'information) ;
- regroupez vers le bas l'ensemble des composants qui participent à la réalisation d'une action (chaine d'énergie).

Application au système d'éclairage public

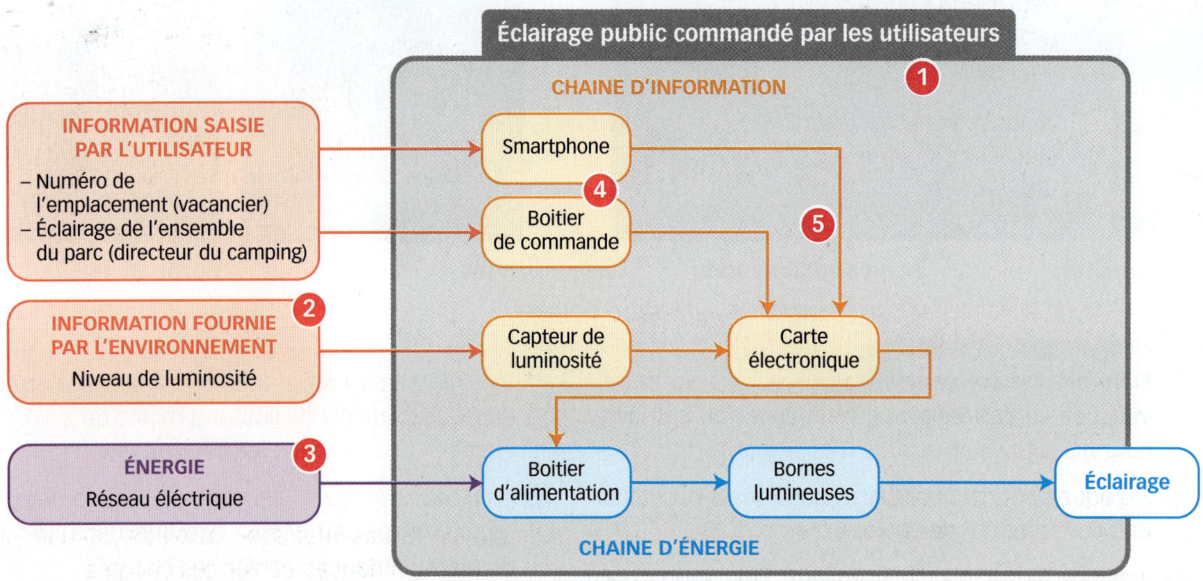

Diagramme des flux d'information et d'énergie

Méthode 2 Décrire le comportement d'un objet

Chaque message (information) reçu par l'objet technique provoque une réaction dans un ordre précis. **Le diagramme de séquence** détaille le comportement de l'objet. Celui-ci est assuré par un programme.

Démarche

Étape 1 Repérer les éléments qui interagissent.

Étape 2 Lister chronologiquement les messages (informations) que reçoit l'objet technique.

Étape 3 Lister chronologiquement les évènements (actions) qui sont déclenchés par les messages.

Application au système d'éclairage public

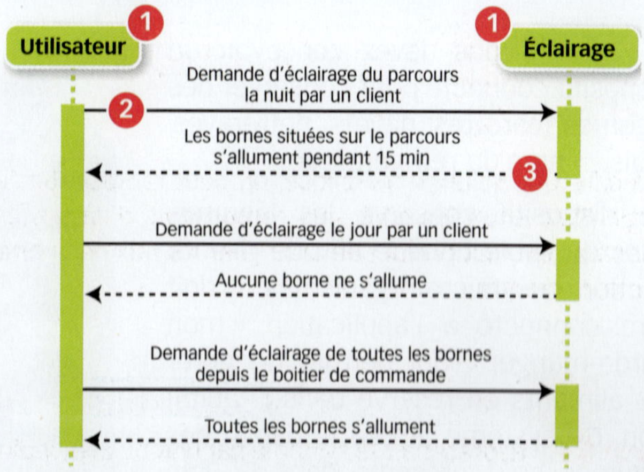

Diagramme de séquence

Méthode 3 Représenter un objet

lienmini.fr/t130-tutosketchup
tutoriel SketchUp

Une représentation volumique (3D) est réalisée grâce à un logiciel de conception assistée par ordinateur (CAO). On dessine des « esquisses » (surfaces en 2D) auxquelles on ajoute ou on enlève de la matière. L'outil 3D représente les formes et les dimensions avec précision.

Démarche

Étape 1 Identifier les différents volumes qui constituent l'objet.

Étape 2 Représenter les esquisses (2D) correspondant à ces volumes.

Étape 3 À partir des esquisses, on ajoute ou on enlève de la matière.

Application aux bornes du système d'éclairage

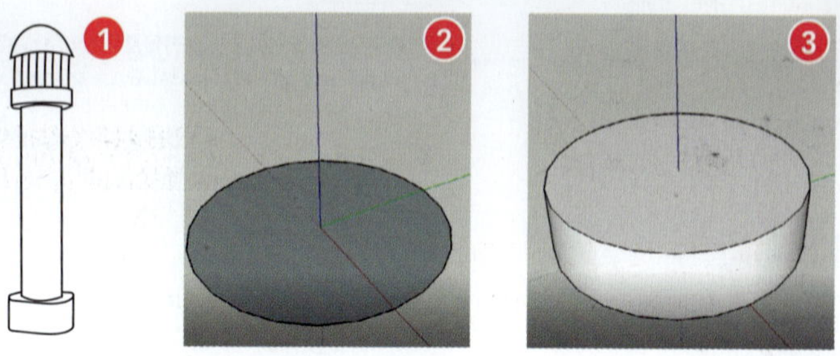

Je vérifie que j'ai bien compris la méthode

1. Nommez les composants de l'éclairage qui reçoivent des informations extérieures au système. ▸ Méthode 1
2. Expliquez pourquoi certains blocs sont de couleur bleue et d'autres de couleur orange. ▸ Méthode 1
3. Indiquez la différence entre les flèches en trait plein et celles en pointillés. ▸ Méthode 2
4. Expliquez le passage entre l'étape 2 et l'étape 3. ▸ Méthode 3

Mini-projet

Par groupe, représentez avec un logiciel 3D une forme de borne répondant au cahier des charges.

OBSERVER

COMPÉTENCES ASSOCIÉES
- Imaginer des solutions pour produire des objets et des éléments de programmes informatiques en réponse au besoin.
- Représenter des solutions.

Comment conserver des aliments sans réfrigérateur ?

Situation Vous devez concevoir un dispositif connecté pour conserver des légumes (carottes, navets, betteraves, radis…) hors du réfrigérateur.

Ce dispositif conserve les légumes dans du sable humide afin de ralentir l'action des micro-organismes. Il doit être connecté à l'application « mon garde-manger » qui permet de gérer les aliments en réserve dans l'habitation. Ce système arrose le bac si des légumes sont présents dans la liste de « mon garde-manger ». Il doit aussi s'intégrer à l'esthétique d'une cuisine contemporaine.

Problème **Comment imaginer et représenter une solution de bac à sable de conservation qui s'intègre dans une cuisine et qui soit gérée par une application ?**

lienmini.fr/t103-gardemanger
vidéo de présentation de l'application

L'application « Mon garde-manger »

doc. 1 Diagramme des exigences

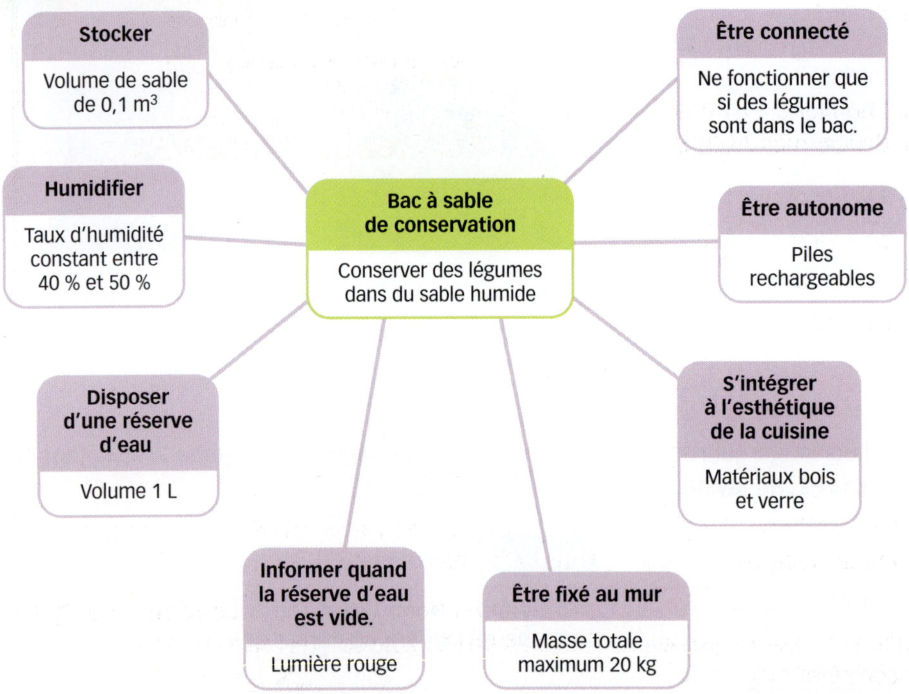

Une méthode ancestrale de conservation

doc. 2 Composants pour réaliser une solution

Tous les capteurs sont reliés au microcontrôleur qui délivre en sortie un signal électrique numérique.

Tension de référence :	5 V
Total CAN :	1 024 incréments
Résistance RT	47 kΩ
Température	20 °C

CAN
Convertisseur Analogique Numérique. Il permet d'obtenir une valeur numérique proportionnelle à la valeur analogique fournie à l'entrée.

Capteur d'humidité
La tension entre les électrodes varie en fonction de l'humidité. Il délivre une information analogique.

Humidité (% RH)	Résistance (kΩ)	Tension (V)	Valeur CAN
30	3 300	0,07	14
40	840	0,26	54
50	123	1,38	283

Capteur de niveau d'eau
Équipé d'un flotteur, le capteur délivre une information (logique).

Transistor
Le transistor alimente le moteur de la pompe en énergie électrique, suivant le signal électrique délivré par le microcontrôleur.

Pompe avec moteur
Le moteur électrique actionne une pompe qui aspire l'eau du réservoir.

doc. 3 Algorithme de maintien du taux d'humidité

L'arrosage du sable n'est pas activé
- **SI** réserve d'eau insuffisante **ALORS**
  - Allumer voyant rouge
- **SI** réserve d'eau suffisante **ET** humidité < à 40 % (valeur CAN 54) **ET** présence de légumes **ALORS**
  - Activer la pompe d'arrosage
- **SI** humidité > à 50 % (valeur CAN 283) **ALORS** Arrêter la pompe d'arrosage
  - **SINON** l'arrosage est désactivé

doc. 4 Début du programme de maintien du taux d'humidité

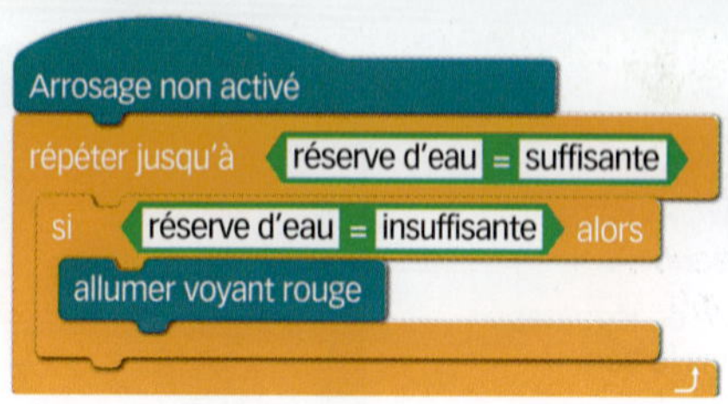

J'analyse la situation

1. Indiquez quelle information doit être transmise par l'application du smartphone au bac à sable (Situation et doc. 1).
2. Donnez la nature de l'information transmise par le capteur d'humidité au microcontrôleur (doc. 2).
3. Indiquez à quelle valeur numérique correspond un taux d'humidité de 40 % (doc. 2).
4. Relevez les trois conditions nécessaires pour que l'arrosage du sable soit réalisé (doc. 3).

Comment conserver des aliments sans réfrigérateur ?

Méthode 1 Décrire les flux d'information et d'énergie

- On décrit les échanges d'information ou d'énergie en indiquant leur nature et les transformations qui s'opèrent (mécanique en électrique, lumière en tension électrique…).
- **Le diagramme des flux** permet cette description.

Démarche

Étape 1 Réaliser un diagramme des flux du système.

Étape 2 Rechercher la nature de l'information reçue et émise par chaque composant de la chaine d'information (➤ Ressource, p. 260).

Étape 3 Rechercher la forme de l'énergie reçue et émise par chaque composant de la chaine d'énergie (➤ Ressource, p. 260).

Étape 4 Indiquer dans le diagramme la nature des échanges entre les blocs.

Application au bac de conservation de légumes connecté

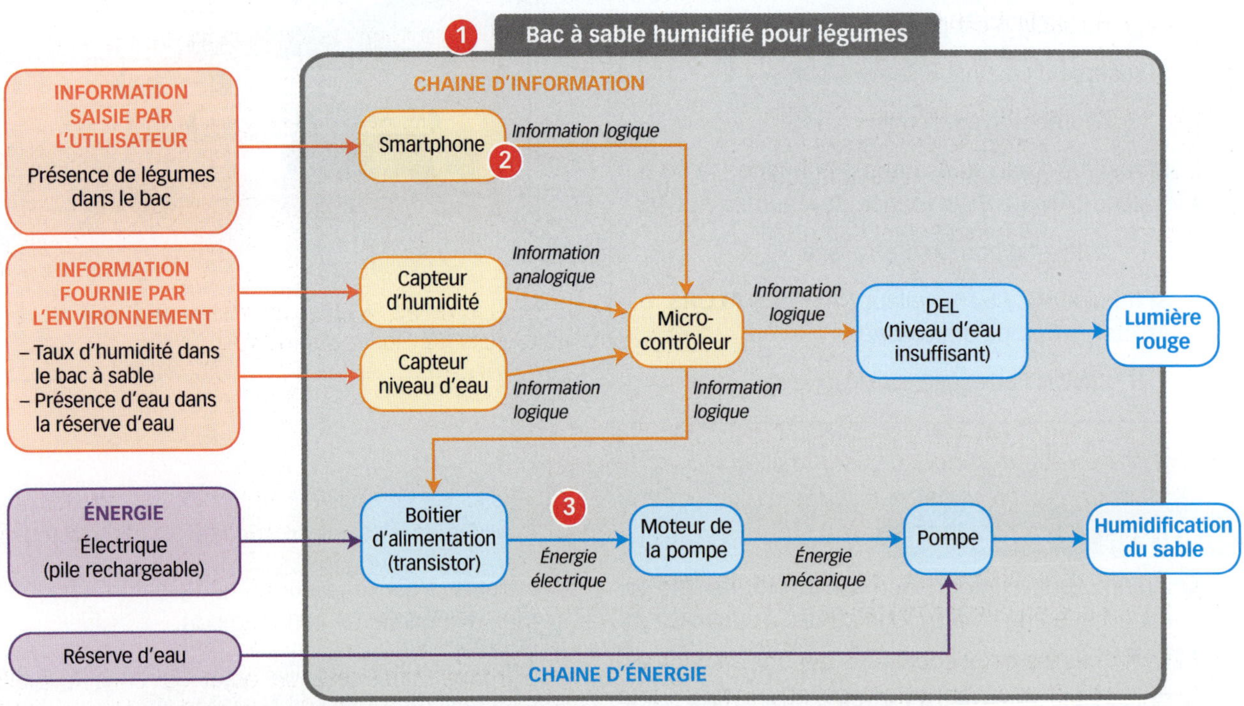

Diagramme des flux du système

Méthode 2 Compléter un programme

Les logiciels de programmation reposent sur une approche algorithmique. À chaque étape de l'algorithme correspond une étape du programme.

lienmini.fr/t130-tutoardublock
tutoriel ArduBlock

Démarche

Étape 1 Lister les actions à réaliser à partir de l'algorithme ou du programme.

Étape 2 Repérer pour chaque action (évènement) la condition qui va la déclencher.

Étape 3 Traduire l'algorithme en blocs d'instruction à l'aide du logiciel de programmation.

Application au bac de conservation

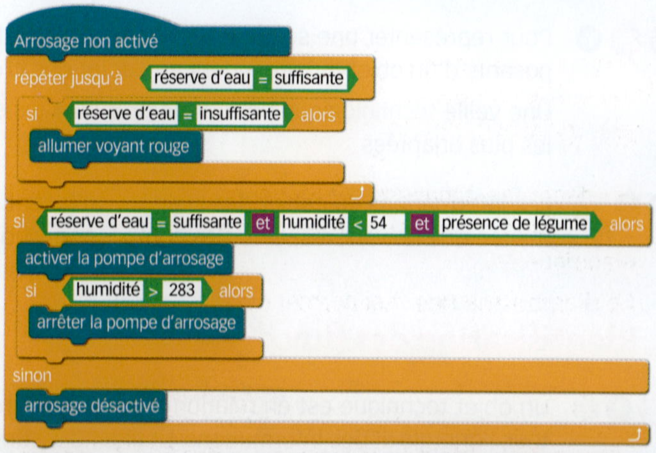

Exemple de programme de maintien de l'humidité

Méthode 3 Utiliser la réalité augmentée

Une fois que les dessins des objets techniques, ici le bac à légumes, ont été réalisés en 3D, ils sont exportés dans une application de réalité augmentée. Cette simulation permet de visualiser l'objet dans son environnement.

lienmini.fr/t130-tutoaugment
tutoriel Augment

Démarche

Étape 1 Dessiner l'objet technique en 3D et l'exporter dans un format compatible avec une application de réalité augmentée.

Étape 2 Lancer l'application de réalité augmentée et sélectionner le modèle dans la bibliothèque.

Étape 3 Positionner l'objet dans l'environnement réel.

Application au bac de conservation

Représentation du bac à sable en 3D et son intégration dans un logiciel de réalité augmentée

Je vérifie que j'ai bien compris la méthode

1. Relevez les deux natures d'information qui circulent dans le diagramme. ▸ Méthode 1
2. Désignez le composant qui transforme l'énergie électrique en énergie mécanique ? ▸ Méthode 1
3. Identifiez les deux conditions qui ont été ajoutées au programme permettant de déclencher l'arrosage. ▸ Méthode 2
4. Expliquez l'opération informatique qui doit être réalisée pour utiliser un modèle 3D dans un logiciel de réalité augmentée. ▸ Méthode 3

Mini-projet

Par groupe, choisissez un objet 3D dans la bibliothèque et placez-le dans votre environnement. Aidez-vous de la procédure du tutoriel en suivant le lien mini.

Je retiens

La recherche des composants d'une solution

Pour représenter une solution technique, on liste les principaux composants d'un objet qui répondent au cahier des charges.

Une veille technologique permet de proposer les solutions existantes les plus adaptées.

Les informations du cahier des charges précisent le niveau de performance que doivent respecter les composants choisis.

Identification des flux d'énergie et d'information

Un objet technique est en relation avec son environnement : l'utilisateur, l'énergie et des informations. La chaine d'information et la chaine d'énergie produisent l'effet attendu.

Un schéma permet de représenter une solution technique. Des flèches désignent les échanges (flux) d'information et d'énergie entre les différents composants.

Les flux d'énergie et d'information sont caractérisés de différentes manières : nature de l'information (logique ou analogique), forme de l'énergie (mécanique, électrique…), transformations opérées (mécanique en électrique, lumière en tension électrique…).

Le comportement de l'objet technique

Pour répondre au comportement attendu d'un objet technique, il faut lister chronologiquement l'ensemble des opérations qu'il doit réaliser. On définit ainsi l'algorithme du système.

Des logiciels de programmation graphique traduisent directement des algorithmes en programmes.

Design et représentation d'un objet technique

Une démarche d'innovation et de créativité intègre une dimension design. Il s'agit de déterminer les formes les mieux adaptées à l'usage (respect des contraintes fonctionnelles) au gout des utilisateurs (fonction d'estime, style) et aux contraintes d'ergonomie et de sécurité.

La représentation en 3D permet de définir avec précision les formes et les dimensions d'un objet. Elle est réalisée grâce à un logiciel de conception assistée par ordinateur (CAO). On dessine des « esquisses » ou croquis (surfaces en 2D) auxquels on ajoute ou on enlève de la matière.

L'usage de logiciels de réalité augmentée lors de la conception permet de valider les éléments physiques d'une solution.

Définitions

Veille technologique
Ensemble de méthodes et d'actions pour s'informer en permanence des inventions et des innovations technologiques.

Chaine d'information
Fonctions qui acquièrent, traitent et communiquent des informations.

Chaine d'énergie
Composants qui gèrent l'énergie nécessaire au fonctionnement de l'objet.

Nature de l'information
Elle peut être **analogique** et correspond alors à la variation d'une grandeur physique, ou **logique** (binaire 1 ou 0).

Algorithme
Suite ordonnée d'instructions qui permettent de décrire le comportement d'un objet.

Innovation et créativité
Faculté d'invention et d'imagination dans un processus de conception d'objet.

Design
Processus de conception qui prend en compte la technique, l'art et l'évolution de la société.

Croquis
Dessin rapide représentant l'essentiel des formes d'un objet.

Réalité augmentée
Superposition, en temps réel, d'un modèle virtuel (3D ou 2D) à la perception que nous avons naturellement de l'existant.

Je sais faire

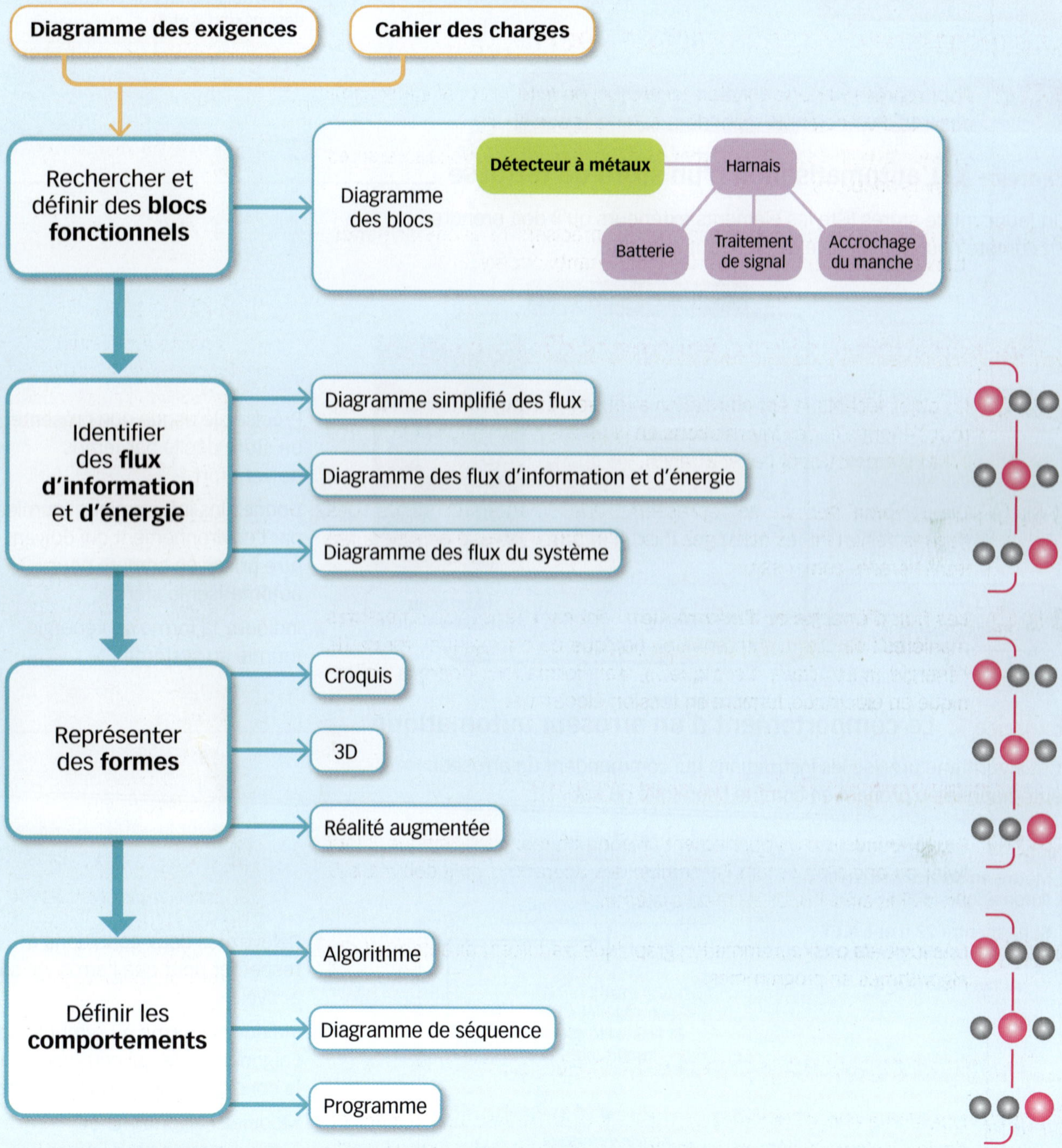

J'ai appris à

	😐	😁
▸ Rechercher des solutions techniques à un problème posé, expliciter mes choix et les communiquer en argumentant.		
▸ Identifier le(s) matériau(x), les flux d'énergie et d'information dans le cadre d'une production technique sur un objet et décrire les transformations qui s'opèrent.		
▸ Imaginer des solutions en réponse au besoin.		
▸ Traduire, à l'aide d'outils de représentation numérique, des choix de solutions sous forme de croquis, de dessins ou de schémas.		

S'ENTRAINER

QCM Je vérifie mes connaissances

lienmini.fr/t130-qcm31

COMPÉTENCES TRAVAILLÉES
- Identifier les flux d'énergie et d'information dans le cadre d'une production technique sur un objet et décrire les transformations qui s'opèrent (ex. 1).
- Traduire des choix de solutions sous forme de schémas, de croquis, de dessins (ex. 2 et 3).

J'utilise mes compétences

Exercice 1 L'automatisation d'un store de terrasse

Un fabricant de stores liste les éléments extérieurs qu'il doit prendre en compte pour son modèle de store automatique.

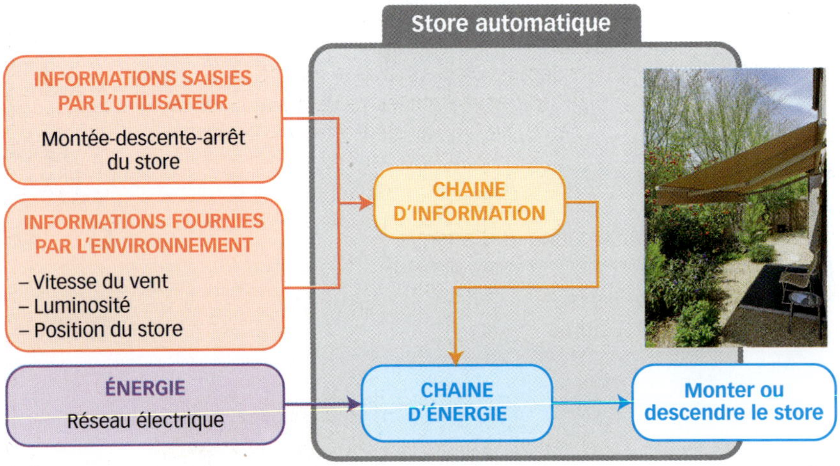

1. Précisez le risque que présente un store déplié par temps de vent fort.
2. Donnez les informations fournies par l'environnement qui doivent être prises en compte pour automatiser le store.
3. Indiquez la forme de l'énergie fournie au système.

Exercice 2 Le comportement d'un arroseur automatique

Cet algorithme précise les instructions qui commandent un arroseur automatique en prenant en compte l'humidité du sol.

Algorithme	Algorigramme
Mettre en service l'arroseur automatique **SI** il est entre 22 h et 6 h **ET** humidité insuffisante **ALORS** Activer l'arrosage	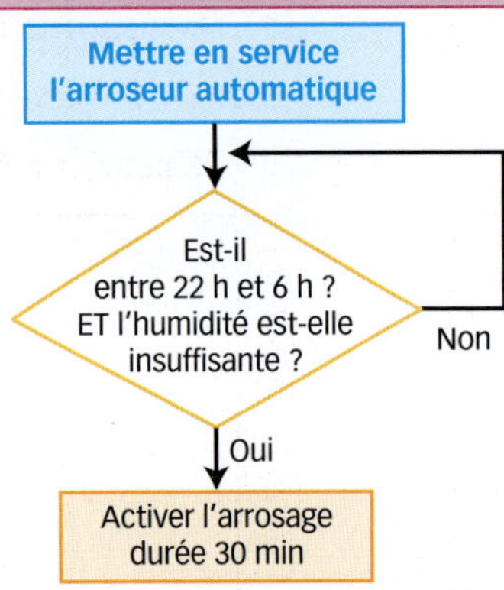

1. Relevez les deux conditions à respecter pour que l'arrosage soit activé.
2. Indiquez la forme du symbole dans l'algorigramme qui correspond à la condition « SI » de l'algorithme.
3. Modifiez l'algorithme et l'algorigramme pour limiter la durée d'arrosage à 30 min.

Exercice 3 La recherche d'une forme pour un babyphone-visiophone

Une designeuse a imaginé une forme sans danger et à l'esthétique simple pour un babyphone équipé d'un visiophone. La surface pour poser le babyphone est importante afin d'assurer une bonne stabilité.

1. Indiquez la solution retenue par la designeuse pour que l'objet puisse être manipulé sans danger par un enfant.
2. Proposez un croquis d'une autre forme qui respecte les mêmes contraintes.

Une mini-serre automatisée

Tâche complexe

VOTRE MISSION

Marie travaille dans une entreprise qui réalise des mini-serres automatisées pour les balcons. Pour ton collège, tu vas réaliser avec elle une nouvelle version pour entretenir les plantes pendant les vacances scolaires.

POUR RÉUSSIR

- Je représente l'ensemble des blocs qui permettent de réaliser une solution technique.
- Je représente un diagramme indiquant les informations fournies au système et les actions qu'il réalise.
- Je rédige un algorithme pour l'ouverture et la fermeture de la fenêtre en prenant en compte les contraintes exprimées.
- Je dessine un croquis de la fenêtre en position ouverte en plaçant les vis de maintien de la crémaillère afin qu'elle permette l'ouverture et la fermeture de la fenêtre.

VOS RESSOURCES

doc. 1 Contraintes fonctionnelles

- Conserver une température à l'intérieur de la serre entre 18 °C et 20 °C.
- Conserver un taux d'humidité de la terre entre 60 % et 70 %.
- Être relié au réseau électrique.
- Disposer d'une réserve d'eau d'un litre.
- Ne pas démarrer la pompe d'arrosage si la réserve d'eau est vide.
- Refroidir l'intérieur de la serre en ouvrant une fenêtre.

doc. 2 Description du fonctionnement de l'arrosage par un algorithme

SI le taux d'humidité est inférieur à 60 % **ET SI** présence d'eau dans le bac de réserve **ALORS**

Arroser

SI le taux d'humidité est supérieur à 70 % **ALORS**

Arrêter d'arroser

TANT QUE le système n'est pas mis hors tension

Répéter la même action

doc. 3 Recherche de la solution pour l'ouverture de la fenêtre

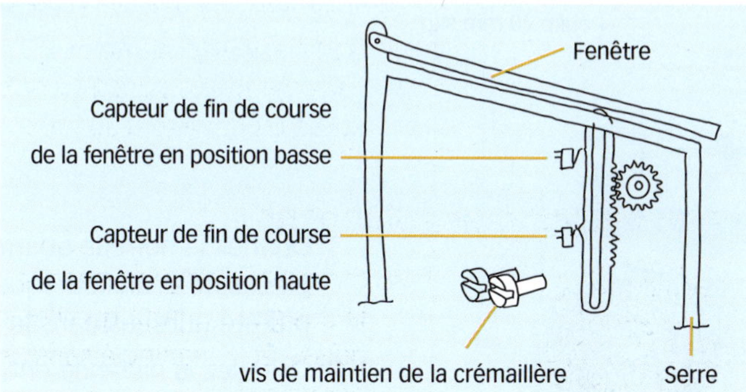

Croquis de la solution : fenêtre en position fermée

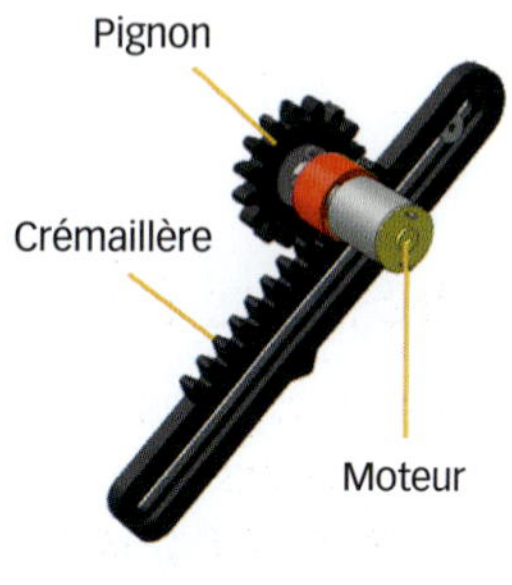

Mécanisme d'ouverture et de fermeture

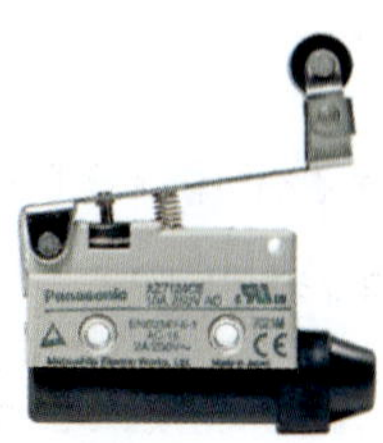

Capteur fin de course

S'ENTRAINER

QCM Je vérifie mes connaissances

lienmini.fr/t130-qcm32

COMPÉTENCES TRAVAILLÉES

- Identifier les flux d'énergie et d'information dans le cadre d'une production technique (ex. 1).
- Traduire, à l'aide d'outils de représentation numérique, des choix de solutions sous forme de dessins (ex. 2).

J'utilise mes compétences

Exercice 1 Les flux d'information et d'énergie pour un store automatique

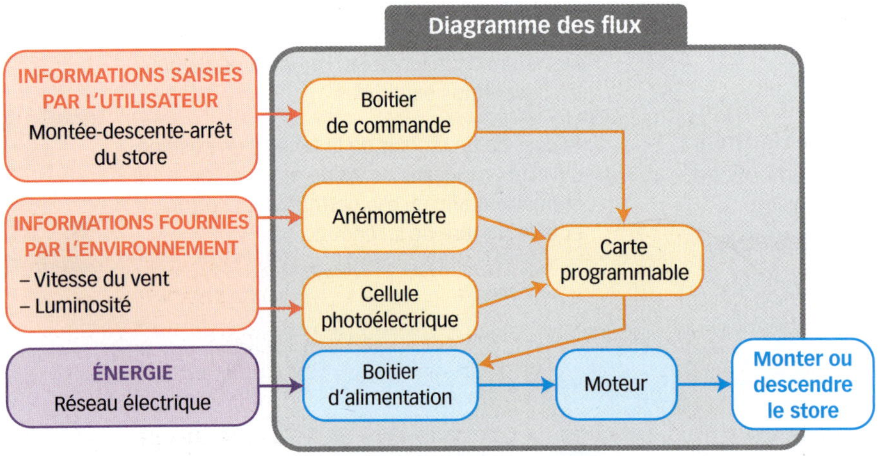

Diagramme de flux

1. Listez les éléments qui composent la chaine d'information, et ceux qui composent la chaine d'énergie.
2. Indiquez les deux éléments qui permettent à la carte électronique de traiter les informations fournies par l'environnement.
3. Précisez à quel élément de la chaine d'énergie sont transmises les informations traitées par la carte programmable.

Exercice 2 Une bibliothèque de dessins pour concevoir un robot

Pour représenter ce robot, il a été nécessaire d'importer d'une bibliothèque des éléments standards déjà dessinés et de les assembler au châssis du robot.

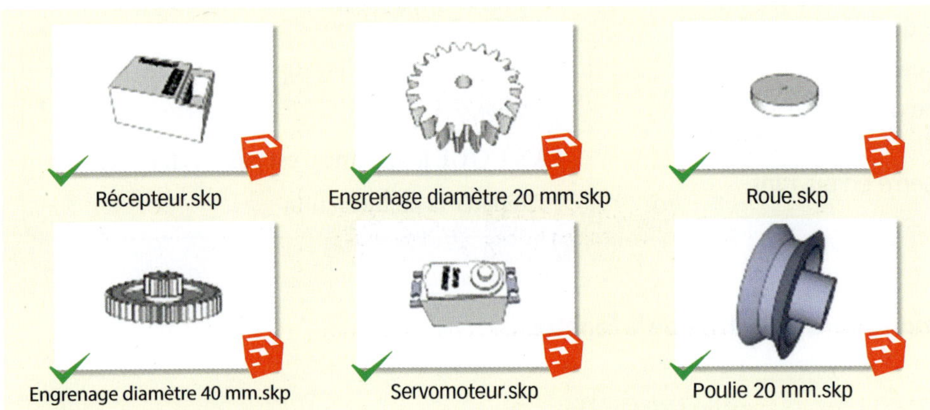

Bibliothèque de pièces

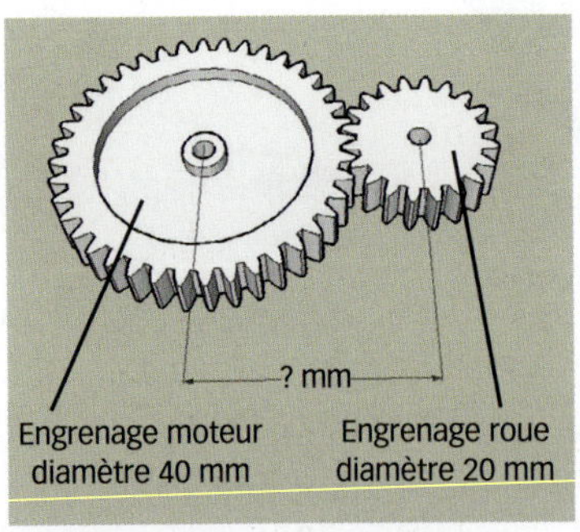

Assemblage des engrenages

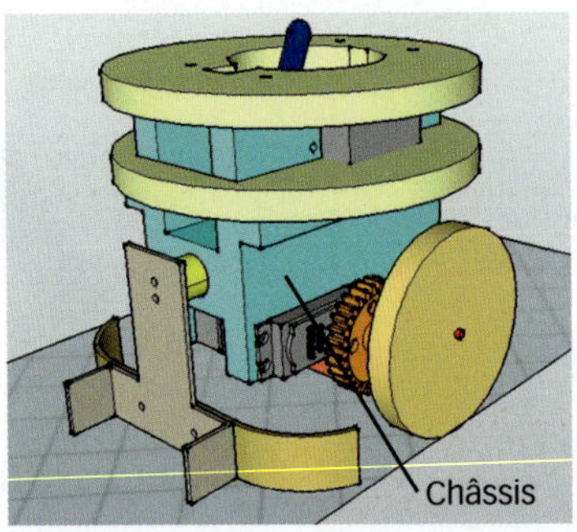

Robot

1. Donnez le nom de quatre pièces de la bibliothèque qui ont été utilisées dans le dessin.
2. Calculez la distance entre l'axe du moteur (engrenage de diamètre 40 mm) et l'axe de la roue (engrenage de diamètre 20 mm).

Vers le brevet

Un drone, livreur de pizzas

Vous travaillez chez un fabricant de drone. Une chaine de pizzas vous demande d'adapter un crochet sur un drone existant pour permettre la livraison de pizzas à domicile. Le système devra :
– maintenir la pizza accrochée pendant toute la durée du vol ;
– larguer la pizza à l'arrivée devant le domicile du client.

QUESTIONS

1. Rédigez un diagramme de séquence.
2. Représentez par un croquis le système d'accrochage des pizzas.
3. Indiquez les échanges d'informations et d'énergie entre les différents composants du système. Pour cela, réalisez le diagramme des flux.

VOS RESSOURCES

doc. 1 Cahier des charges

Fonctions (F) et contraintes (C)		Critères	Niveaux
F1	Transporter les boites de pizzas dans un filet.	Masse	1 000 grammes
C1	Le filet contenant la pizza et sa boite doit être libéré à destination.	Hauteur de largage	Entre 0 et 10 centimètres
C2	Le client doit être averti à la livraison.	Signal sonore Distance audibilité	À 2 mètres de l'arrivée 20 mètres
C4	Le dispositif d'accrochage doit être fermé et ne doit pas être alimenté en énergie pendant le vol.	Consommation électrique	Aucune énergie consommée en vol

doc. 2 Diagramme de définition des blocs du système de largage

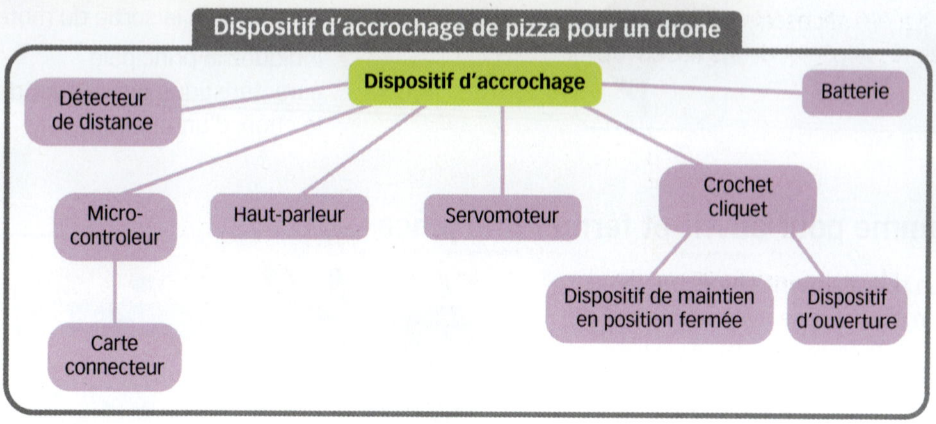

doc. 3 Solutions qui ne répondent pas au cahier des charges

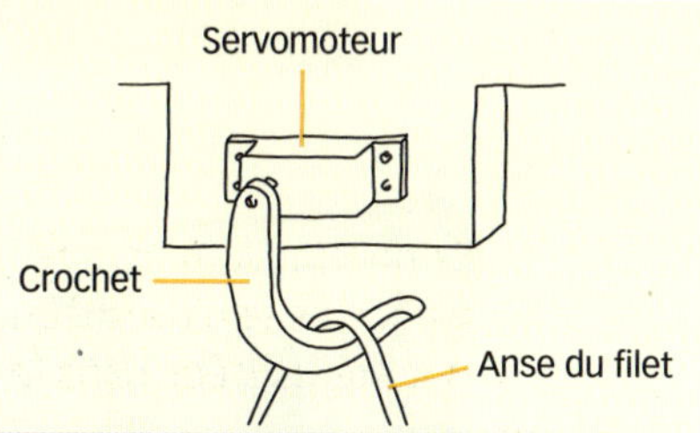

Solution 1 : le servomoteur doit être alimenté pendant toute la durée du vol.

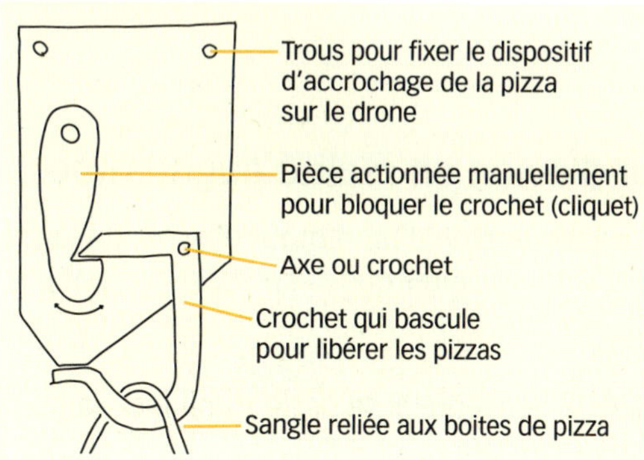

Solution 2 : le crochet doit être débloqué manuellement en faisant pivoter le cliquet.

S'ENTRAINER

QCM Je vérifie mes connaissances

lienmini.fr/t130-qcm33

COMPÉTENCES TRAVAILLÉES

- Identifier les flux d'information et d'énergie dans le cadre d'une production technique sur un objet et décrire les transformations qui s'opèrent (ex. 1 et 2).
- Imaginer des solutions en réponse au besoin (ex. 3).
- Lire, utiliser et produire des représentations numériques d'objets (ex. 4).

J'utilise mes compétences

Exercice 1 Un capteur de lumière

Un capteur de lumière permet l'allumage automatique des luminaires.

1. Indiquez l'information qui est transmise par le capteur.
2. Précisez la nature de l'information (analogique ou logique) en entrée et le signal en sortie du capteur de lumière.

Exercice 2 L'énergie en entrée et en sortie d'un moteur

Pour choisir les constituants de la chaine d'énergie, une conceptrice de moteur de store détermine les caractéristiques selon l'effet attendu.

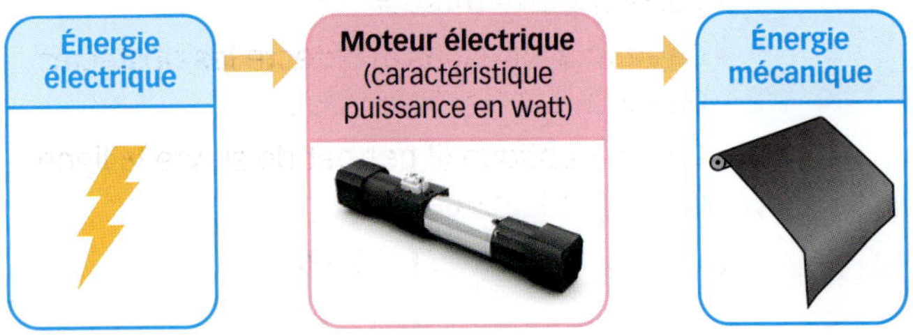

1. Indiquez la forme d'énergie à l'entrée et à la sortie du moteur.
2. Indiquez la principale caractéristique qui permet de faire le choix d'un moteur.

Exercice 3 Un programme pour ouvrir et fermer une pince

Pour motoriser la pince d'un robot à partir d'une télécommande, on a créé un programme avec un logiciel de programmation.

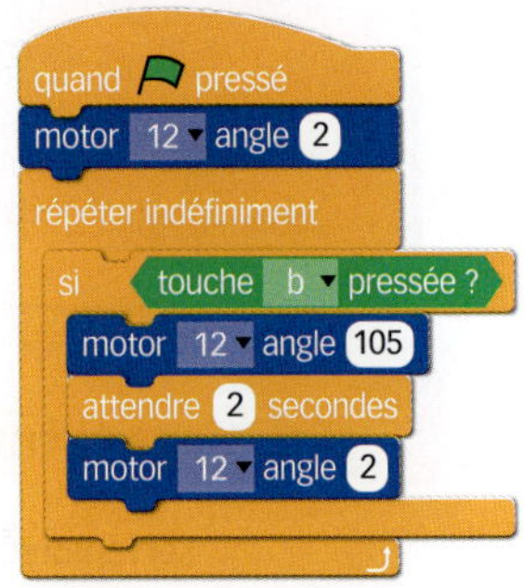

1. Indiquez la valeur de la position de l'angle du moteur à l'état initial.
2. Indiquez l'information que doit recevoir le programme pour que le moteur tourne.

Exercice 4 Un moteur d'avion en réalité augmentée

Avant de fabriquer cette nouvelle turbine d'un moteur d'avion, un logiciel de réalité augmentée a permis de s'assurer que celle-ci est compatible avec le moteur existant.

1. Indiquez ce qu'a pu vérifier le concepteur de cette turbine en la plaçant virtuellement sur le réacteur existant.
2. Lister les avantages d'utiliser un système de réalité augmentée.

Je prépare le brevet

Visite interactive avec caméra embarquée

Vous participez à la conception d'un robot avec une caméra embarquée. Ce robot permet au public de visiter les zones inaccessibles d'un monument historique. Le robot est piloté à distance et guidé en suivant une ligne noire tracée au sol. La télécommande permet de faire avancer ou reculer le robot ainsi que de faire pivoter la caméra.

QUESTIONS

1. Représentez un diagramme des flux. Il doit montrer tous les éléments répondant au cahier des charges, la nature des flux d'information et les formes d'énergie.

2. Déterminez les dimensions du support de la carte vidéo (repères 1 à 11) à partir des dimensions de l'équerre et de celles de la carte vidéo, pour préparer le dessin d'un modèle en 3D.

VOS RESSOURCES

doc. 1 Cahier des charges (extrait)

Fonctions (F) et contraintes (C)		Critères
F1	Se déplacer de manière autonome en respectant un parcours	Vitesse Distance du parcours Autonomie
F2	Afficher des images sur un smartphone	Distance de la portée Connexion
C1	Être capable d'éviter un obstacle	Distance de l'obstacle Distance de détection
C2	Franchir les dénivelés	Hauteur
C3	Faire tourner la caméra à distance	Angle de rotation Distance de la portée Pilotage

doc. 2 Principaux composants électroniques permettant une solution

- Carte microcontrôleur
- Carte vidéo et son support de connexion à la caméra (permet la transmission par Wi-Fi des images au smartphone).
- Carte pilotage moteur
- Capteur à ultrasons (il détecte les obstacles en mesurant les distances).
- Capteur optique (il permet de suivre la ligne qui définit le parcours).

(➤ Ressource, p. 260 à 262)

doc. 3 Éléments pour fixer la caméra sur le servomoteur

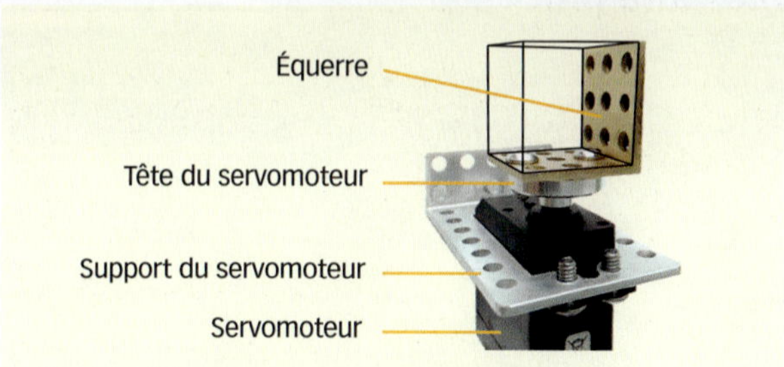

Fixation du servomoteur

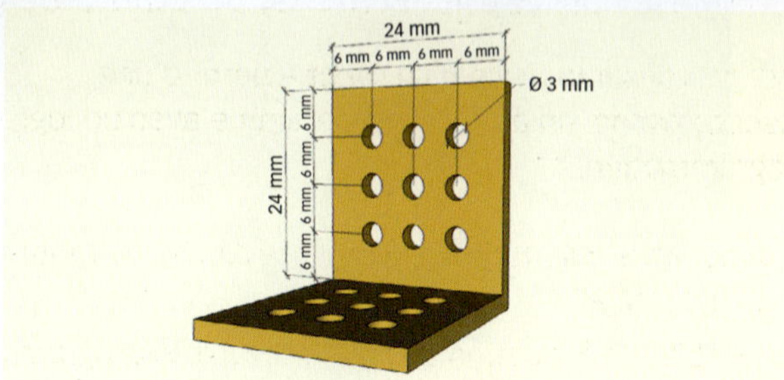

Dimensions de l'équerre

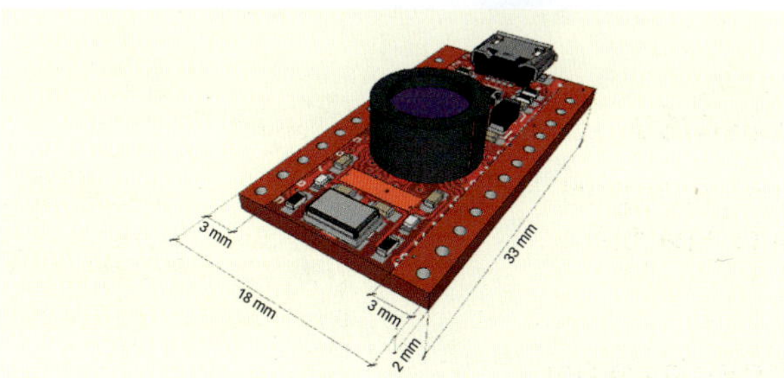

Dimensions de la carte vidéo

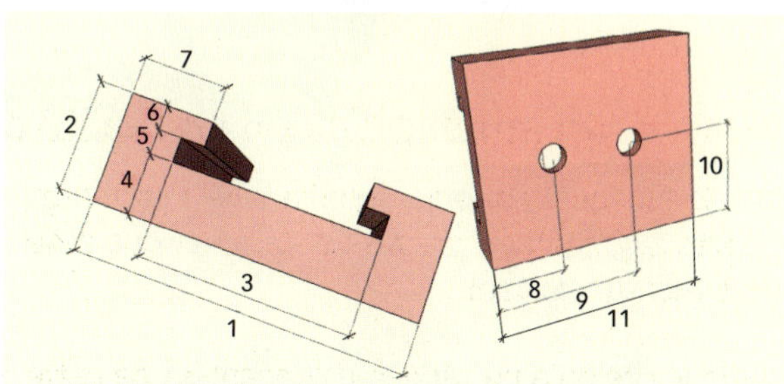

Support de la carte vidéo à concevoir

THÈME 1

Design, innovation et créativité

Comment obtenir rapidement un prototype ?

chapitre 4

Réaliser le prototype d'un objet

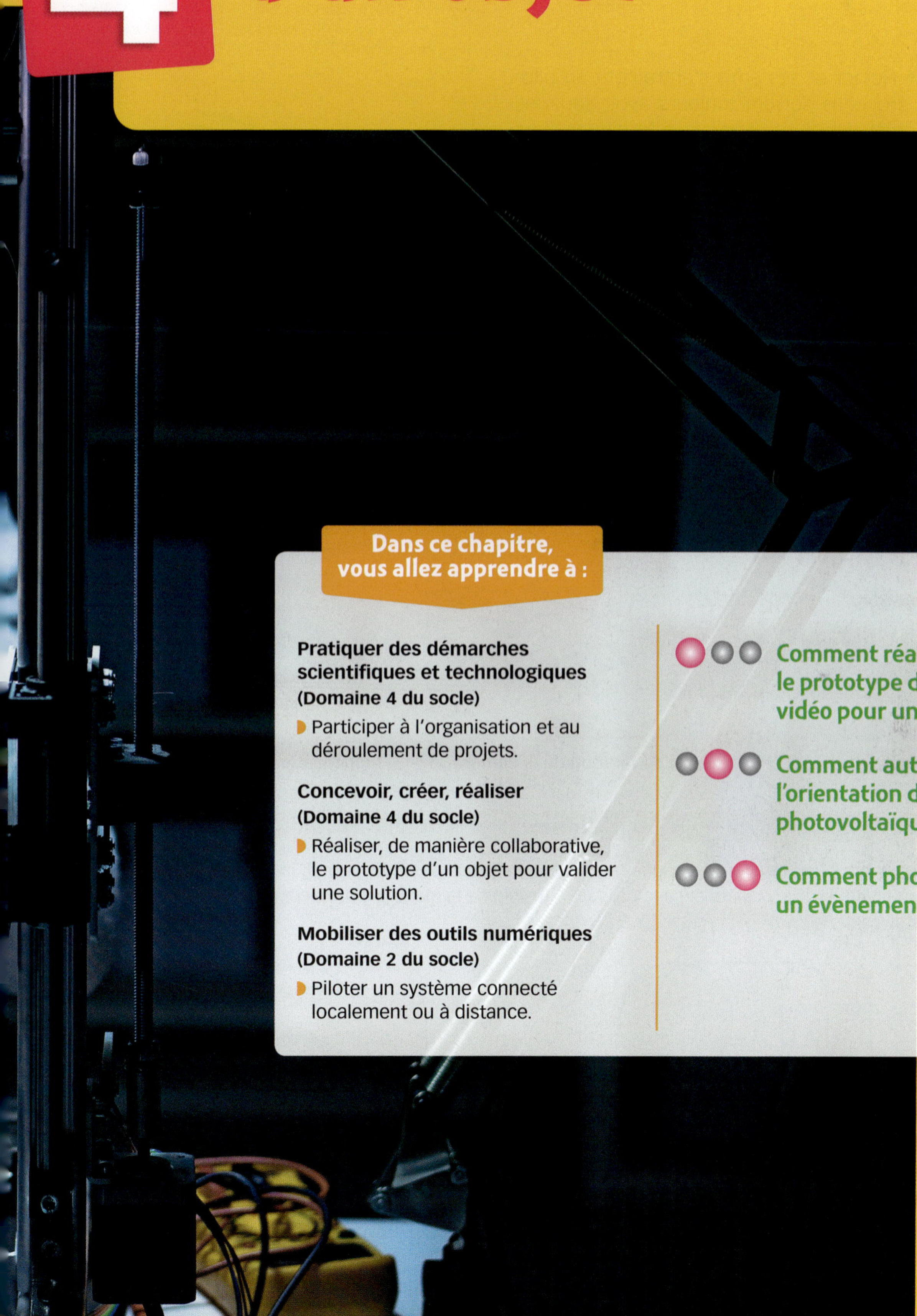

Dans ce chapitre, vous allez apprendre à :

Pratiquer des démarches scientifiques et technologiques
(Domaine 4 du socle)

- Participer à l'organisation et au déroulement de projets.

Concevoir, créer, réaliser
(Domaine 4 du socle)

- Réaliser, de manière collaborative, le prototype d'un objet pour valider une solution.

Mobiliser des outils numériques
(Domaine 2 du socle)

- Piloter un système connecté localement ou à distance.

- Comment réaliser le prototype d'un dispositif vidéo pour un drone ?
- Comment automatiser l'orientation d'un panneau photovoltaïque ?
- Comment photographier un évènement rapide ?

OBSERVER

COMPÉTENCE ASSOCIÉE
- Réaliser, de manière collaborative, le prototype d'un objet pour valider une solution.

Comment réaliser le prototype d'un dispositif vidéo pour un drone ?

Situation Hector et ses amis s'entrainent au pilotage d'un drone. Ils doivent toujours avoir sous les yeux cet objet volant et aimeraient le piloter avec des lunettes de réalité virtuelle.

Pour cela, ils doivent fixer une caméra sur le drone et lui téléverser un programme qui permette de le piloter. Hector a imaginé une pièce de fixation spécifique. Il doit maintenant la fabriquer et tester le fonctionnement du prototype.

Problème Comment choisir le moyen de prototypage du support de caméra ? Comment le réaliser et le tester sur le drone ?

Téléverser
Transférer un programme depuis un ordinateur pour l'implanter dans un autre support.

doc. 1 Recherche de solutions pour fixer la caméra

Drone sans caméra

Essai de fixation de la caméra

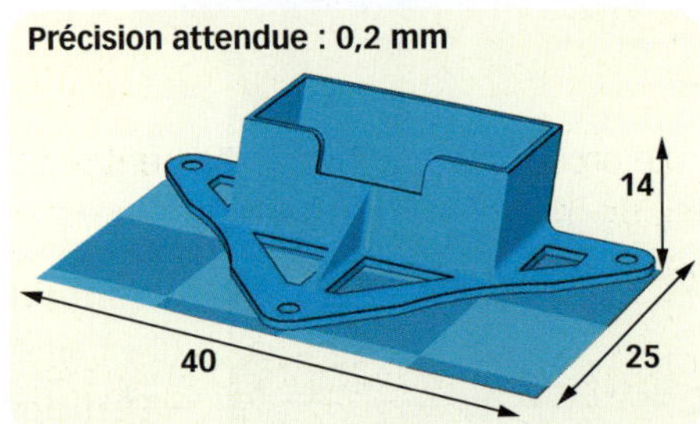

Modélisation d'un support de caméra

doc. 2 Principe de fonctionnement des machines de prototypage rapide

L'imprimante 3D, grâce à une résistance, chauffe la matière et la rend pâteuse. Elle l'ajoute ensuite par couches successives.

La fraiseuse possède un outil tranchant (fraise) qui enlève (usine) de la matière pour façonner un objet.

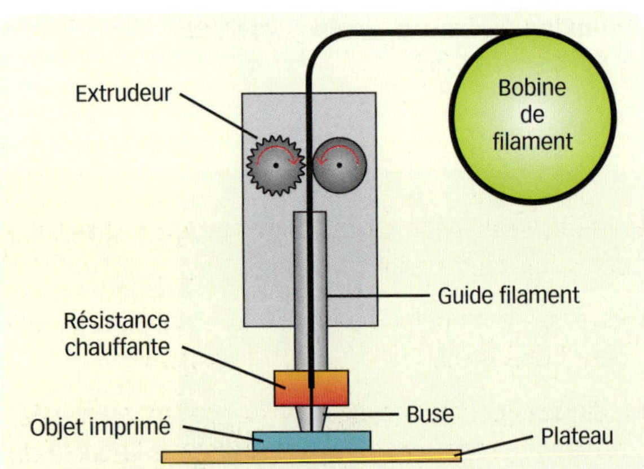

Imprimante 3D

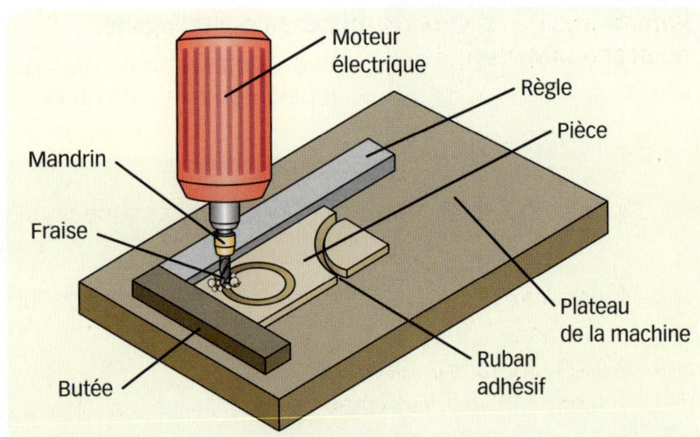

Fraiseuse à commande numérique

doc. 3 Pièces fabriquées par prototypage rapide

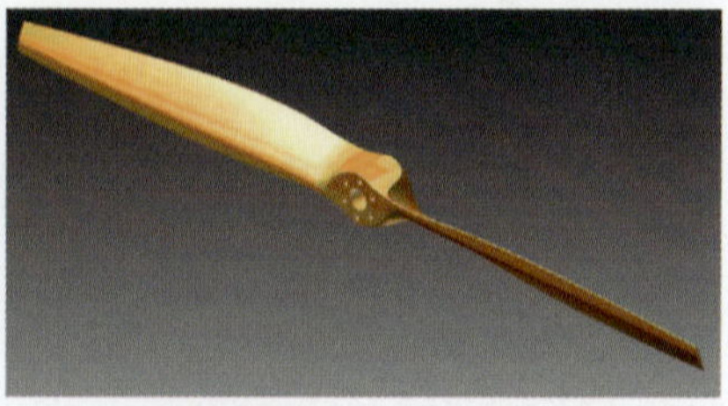

Pièces imprimées

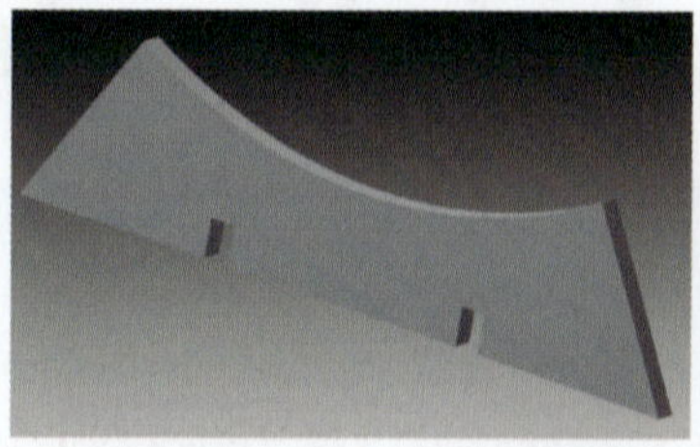

Pièces usinées

doc. 4 Caractéristiques de deux machines de prototypage

Caractéristiques	Imprimante 3D Up Plus 2	Fraiseuse Charly 4U
Durée de réalisation	De 15 min à plusieurs heures	De 2 à 10 min
Longueur et largeur maximales (axes X et Y)	De 100 à 250 mm	De 200 à 300 mm
Précision selon les axes X et Y	0,08 mm	0,02 mm
Hauteur maximale de la pièce (axe Z)	De 100 à 250 mm	Plaques de 1 à 20 mm
Précision selon l'axe Z	Couches de 0,15 à 0,4 mm	0,02 mm
Formats de fichier nécessaire	STL	GRL : CharlyGraal ISO (général)
Rebus (matière jetée)	Entre 10 et 20 %	Entre 20 et 80 %

doc. 5 Téléversement du programme dans le microcontrôleur du drone

Le prototype piloté virtuellement est équipé d'un microcontrôleur. Il faut téléverser le programme de pilotage dans le microcontrôleur.

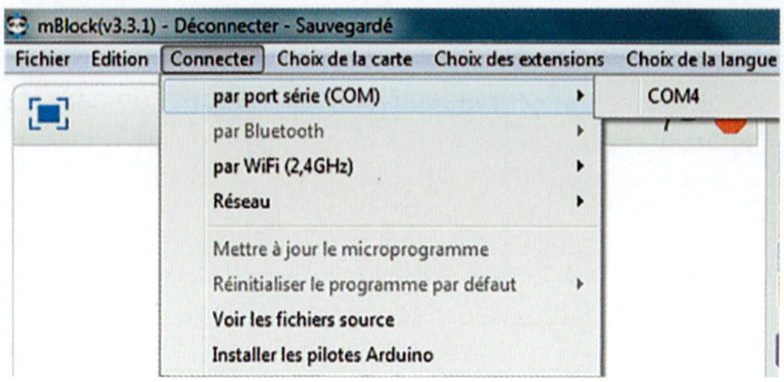

Paramètres de connexion proposés par le logiciel de programmation

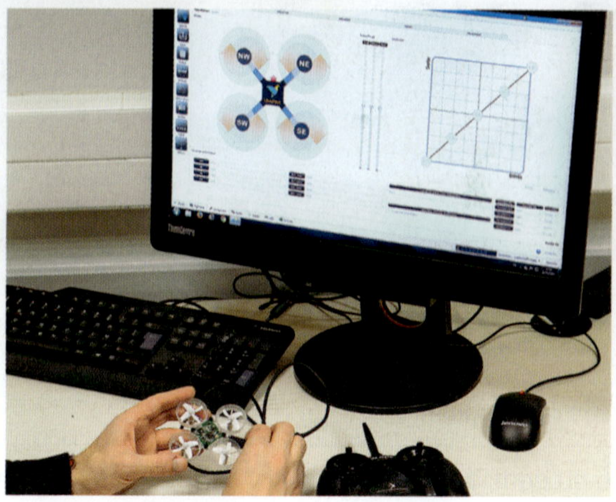

Connexion réalisée avec un câble USB par port série (COM)

J'analyse la situation

1. Relevez les dimensions maximales du support de caméra à réaliser (doc. 1).
2. Repérez la machine de prototypage qui réalise les pièces :
   - en ajoutant de la matière ;
   - en enlevant de la matière (docs 2 et 3).
3. Identifiez la machine qui a la meilleure précision selon les axes X et Y (doc. 4).
4. Relevez le principal danger de l'imprimante 3D pour l'utilisateur (➤ Ressource, p. 264).
5. Indiquez le type de connexion utilisé pour téléverser le programme de l'ordinateur à la carte du microcontrôleur (doc. 5).

Comment réaliser le prototype d'un dispositif vidéo pour un drone ?

Méthode 1 Choisir le procédé de prototypage

- Le procédé de prototypage consiste soit en un ajout de matière avec une imprimante 3D, soit en un enlèvement de matière avec une fraiseuse à commande numérique.
- Pour choisir le procédé, il faut vérifier que les caractéristiques de la machine (capacité, forme, temps d'usinage, précision…) correspondent à la pièce à fabriquer.

Démarche

Étape 1 Vérifier les dimensions maximales de la pièce à réaliser.

Étape 2 Rechercher la machine dont la précision est la plus adaptée au besoin de la fabrication.

Étape 3 S'assurer que la forme est réalisable. Pour cela, comparer cette forme à celles déjà réalisées.

Application au support de caméra

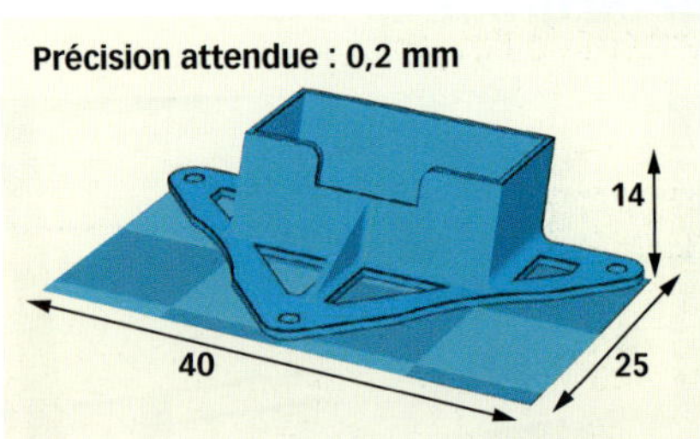

	Validation du choix en fonction des caractéristiques de la machine de prototypage	
	Imprimante 3D	**Fraiseuse CN**
1 **Dimensions** : 40 × 25 × 14 mm	☑	☑
2 **Précision** : 0,2 mm	☑	☑
3 **Forme** : complexe en trois dimensions	☑	☐

Le procédé de prototypage choisi sera l'imprimante 3D.

Méthode 2 Repérer les règles de sécurité

L'utilisation d'une machine présente des dangers pour l'utilisateur. Une fiche de procédure précise toutes les étapes d'utilisation et les règles de sécurité.

Démarche

Étape 1 Lire la fiche procédure de la machine de prototypage.

Étape 2 Repérer les symboles et les termes faisant référence à la sécurité.

Application pour une imprimante 3D

1

Fiche procédure — **IMPRIMANTE 3D UP Plus 2**

Utilisation

1. Placer le plateau d'impression et allumer la machine
2. Lancer le logiciel « UP »
3. Ouvrir le fichier de la pièce à imprimer
4. Initialiser la machine
5. Vérifier les paramètres d'impression en faisant un aperçu
6. Lancer l'impression
7. Sortir le plateau d'impression et décrocher la pièce

2

Ne laisser aucun objet sur la surface de travail

Ne pas tenter de stopper le travail en cours en ouvrant le capot ou en bloquant les parties mobiles

Mettre des gants pour retirer la pièce

Ne jamais toucher la buse d'extrusion à main nue, la température peut atteindre 280 °C

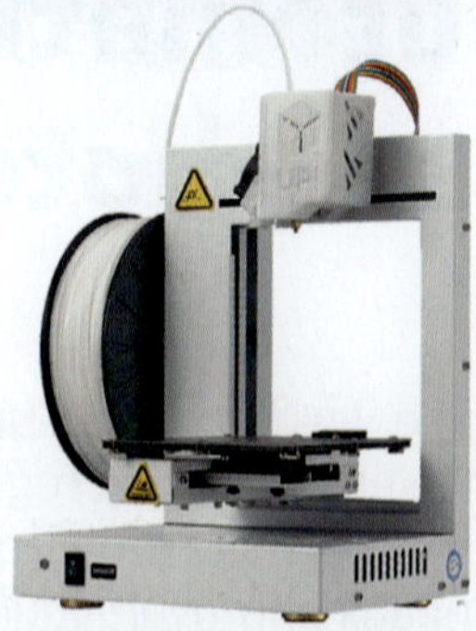

Méthode 3 Implanter un programme sur un microcontrôleur

Pour vérifier le fonctionnement d'un système programmable, il faut exécuter et tester le programme en l'implantant dans le système. Pour cela, on utilise les fonctions de connexion et de téléversement du logiciel fourni avec le système.

Démarche

Étape 1 Connecter l'ordinateur à la carte programmable.

Étape 2 Lancer le téléversement depuis le logiciel de programmation.

Étape 3 Démarrer le circuit de commande pour tester le fonctionnement de l'objet.

Application au câblage des éléments du drone

1

Câble USB

2

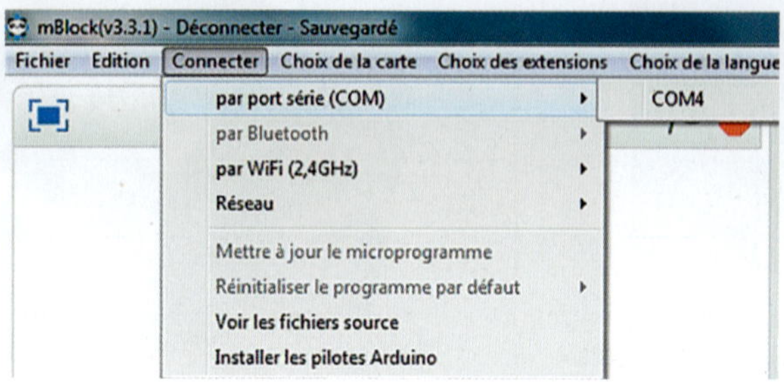

Téléversement

3

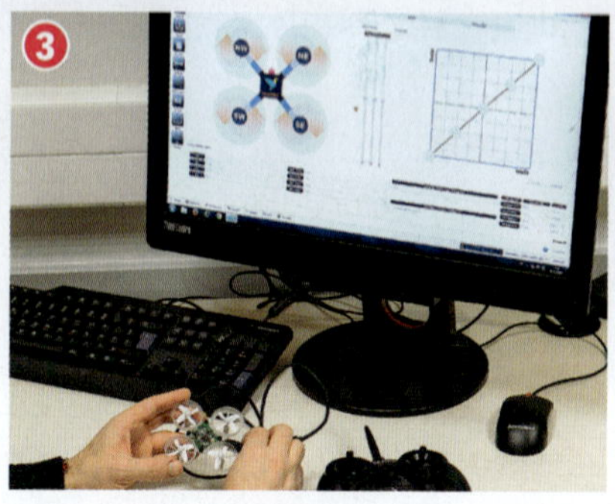

Mise sous tension et test

Je vérifie que j'ai bien compris la méthode

1 Démontrez que les capacités des machines de prototypage conviennent (**doc. 4**, p. 81). ▸ **Méthode 1**

2 Repérez les deux parties de l'imprimante 3D qui présentent un danger pour l'utilisateur. ▸ **Méthode 2**

3 Indiquez le choix de connexion à faire depuis l'écran du logiciel pour permettre le téléversement du programme avec un câble USB. ▸ **Méthode 3**

Mini-projet

L'hélice de votre drone est cassée (**doc. 1**). Par groupe, réalisez le prototype de l'hélice en appliquant les **méthodes 1** et **2** pour la réparer. Vous indiquerez ce qui permet de vérifier les paramètres de fabrication.

OBSERVER

COMPÉTENCE ASSOCIÉE
- Réaliser, de manière collaborative, le prototype d'un objet pour valider une solution.

Comment automatiser l'orientation d'un panneau photovoltaïque ?

Situation Arnaud participe au Sun Trip : une course de vélos à assistance électrique. Le règlement impose que les batteries soient uniquement rechargées à partir de panneaux photovoltaïques.

Mais régler l'orientation des panneaux tout en pédalant est compliqué. Arnaud décide alors de réaliser un système qui oriente les panneaux automatiquement afin qu'ils rechargent le plus vite possible les batteries. Il a réservé des machines de prototypage dans un FabLab pour fabriquer la maquette de son système.

Problème **Comment aider Arnaud à réaliser le prototype du système qui orientera les panneaux photovoltaïques ?**

lienmini.fr/t130-suntrip
vidéo de présentation du Sun Trip

doc. 1 Modélisation du prototype

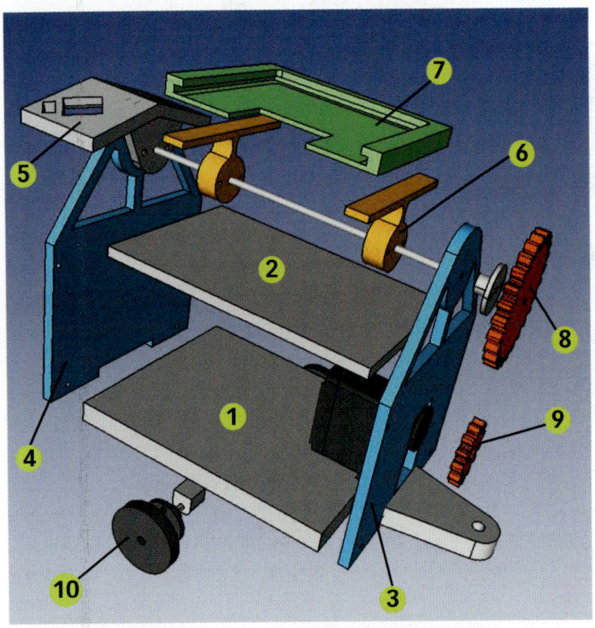

Cette modélisation est réalisée à une échelle réduite.

1 Châssis, 2 Couvercle, 3 Côté (servomoteur), 4 Côté 2, 5 Support capteur, 6 Amortisseur panneau photovoltaïque, 7 Support panneau photovoltaïque, 8 Roue dentée (26 dents), 9 Roue dentée (13 dents), 10 Roue de remorque

doc. 2 Prototype à échelle réduite

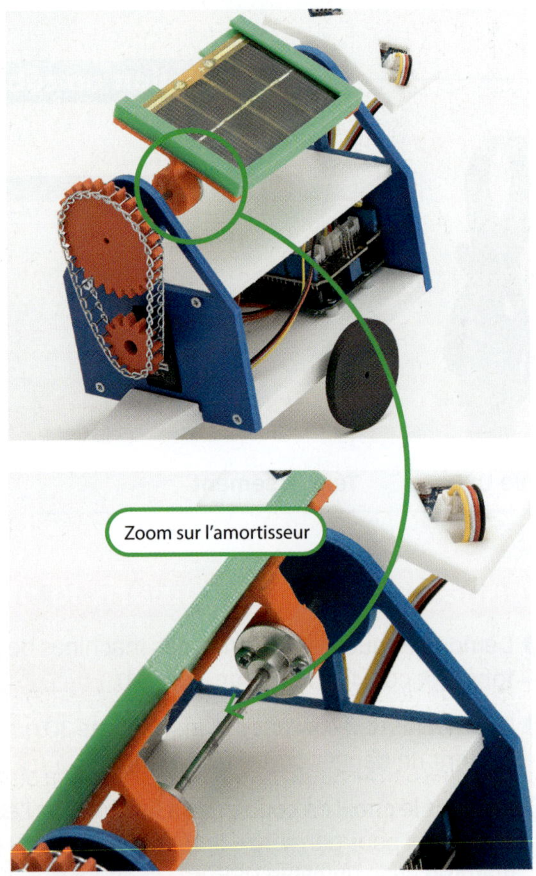

Amortisseur

doc. 3 Nomenclature des pièces du prototype

Repères	Désignations	Quantités	Contraintes à respecter	Procédés et temps de fabrication
1	Châssis	1	Rigidité et légèreté	Usinage (20 min)
2	Couvercle	1	Rigidité et légèreté	Usinage (10 min)
3	Côté 1 (servomoteur)	1	Rigidité et légèreté	Usinage (20 min)
4	Côté 2	1	Rigidité et légèreté	Usinage (20 min)
5	Support capteur	1	Rigidité	Impression 3D (2 h 30)
6	Amortisseur panneau photovoltaïque	2	Élasticité	Impression 3D pour 1 pièce (2 h)
7	Support panneau photovoltaïque	1	Rigidité	Impression 3D (1 h)
8	Roue dentée 26 dents module 2	1	Résistance mécanique	Usinage (10 min)
9	Roue dentée 13 dents module 2	1	Résistance mécanique	Usinage (10 min)
10	Roue de remorque	2	Légèreté	Usinage pour 2 pièces (10 min)

doc. 4 Disponibilité des machines

Imprimante 3D
• Lundi de 14 h à 16 h
• Mercredi de 14 h à 18 h
• Samedi de 09 h à 12 h

Fraiseuse à commande numérique
• Lundi de 14 h à 16 h
• Mercredi de 14 h à 18 h
• Samedi de 09 h à 12 h

doc. 5 Cartes du circuit de commande

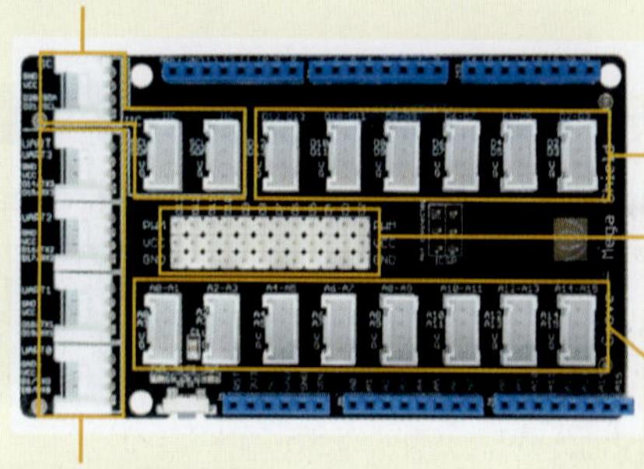

Carte connecteur Mega Shield

Capteur de luminosité

Servomoteur

J'analyse la situation

1. Listez le nombre de pièces à réaliser avec chacune des machines de prototypage (doc. 3).
2. Calculez combien d'heures dans la semaine chaque machine de prototypage est disponible (doc. 4).
3. Recherchez un matériau respectant les contraintes de chaque pièce à réaliser (doc. 3 et Ressource, p. 256).
4. Indiquez sur quels connecteurs doivent être branchés le capteur de luminosité et le servomoteur (doc. 5 et Ressource p. 260, 261, 262).

Comment automatiser l'orientation d'un panneau photovoltaïque ?

Méthode 1 Organiser la phase de prototypage

- Pour organiser la phase de prototypage d'un objet technique, il faut déterminer pour chaque pièce la machine la plus adaptée pour la fabriquer.
- Les logiciels qui pilotent la fraiseuse et l'imprimante 3D calculent le temps de fabrication et permettent ainsi d'établir le planning de fabrication.

Démarche

Étape 1 Lister les pièces à réaliser et indiquer avec quel type de machine elles peuvent être fabriquées (fraiseuse et/ou imprimante 3D).

Étape 2 Relever le temps de fabrication de chaque pièce. Il s'obtient à partir d'une simulation faite avec une fraiseuse ou une imprimante.

Étape 3 Établir un planning d'occupation des machines.

Application au système d'orientation des panneaux

3

Planning d'occupation des machines : chaque créneau est de 30 minutes.

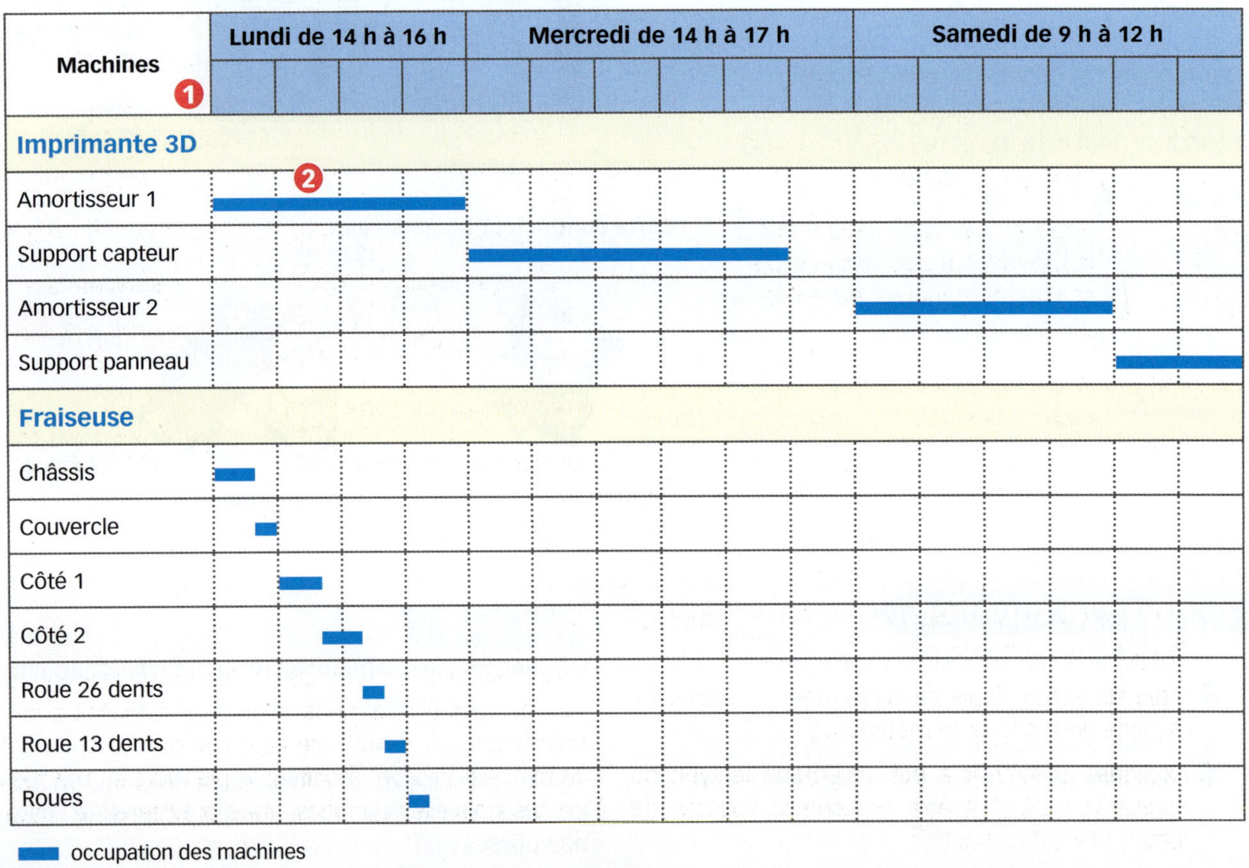

Méthode 2 Choisir le matériau d'un prototype

Les **critères de choix** d'un matériau sont déterminés à partir des **caractéristiques attendues** de la pièce à réaliser (résistance à la traction, élasticité, aspect esthétique…). Le choix du matériau doit également être compatible avec le moyen de prototypage prévu.

Démarche

Étape 1 Lister les caractéristiques attendues de la pièce.

Étape 2 Lister les matériaux compatibles avec la machine de prototypage utilisée (➤ Ressource, p. 256).

Étape 3 Justifier le choix de matériau : les propriétés correspondent aux caractéristiques attendues et à la machine de prototypage prévue.

Application pour l'amortisseur

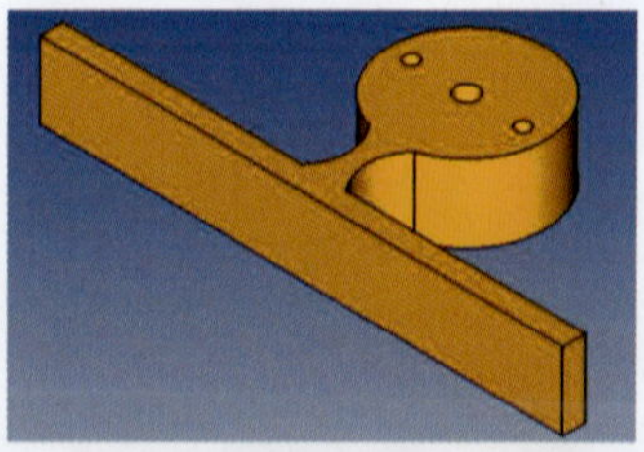

Amortisseur panneau (pièce 6)

Choix de matériau
1 Caractéristiques attendues : élasticité.
2 Matériaux compatibles avec l'impression 3D : PLA, ABS, NYLON, PET, TPE.
3 Le matériau qui convient le mieux pour réaliser cette pièce à l'aide de l'imprimante 3D est le TPE. C'est un matériau flexible qui permettra d'obtenir l'élasticité nécessaire.

Méthode 3 Câbler des cartes

- Pour relier correctement les cartes de prototypage, il faut connaitre le type de cartes à câbler et le type d'informations qui sont échangées.
- On distingue : les capteurs, les actionneurs, les modules de communication, les interfaces de connexion (Shield).

Démarche

Étape 1 Vérifier si les composants correspondent à des capteurs, des actionneurs ou des modules de communication.

Étape 2 Repérez des connecteurs correspondant à des entrées ou sorties numériques ou analogiques.

Étape 3 Choisir le ou les câbles de connexion (➤ Ressource, p. 260).

Application pour la partie programmable du système d'orientation

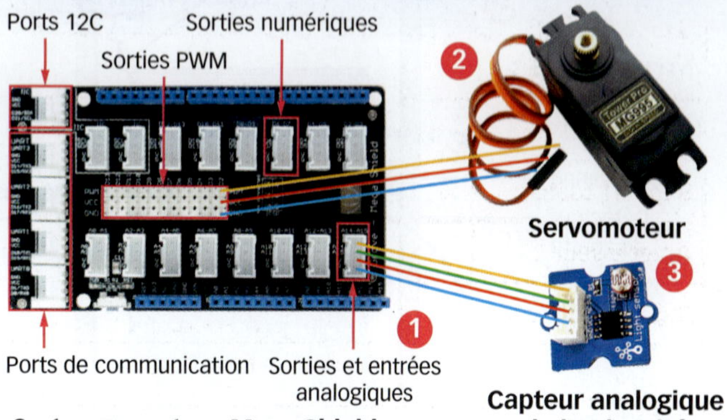

Servomoteur

Capteur analogique de luminosité

Carte connecteur Mega Shield

Je vérifie que j'ai bien compris la méthode

1. Expliquez comment sont déterminés les temps de fabrication de chaque pièce. ▸ Méthode 1
2. Indiquez la principale caractéristique attendue de la pièce pour choisir le matériau. ▸ Méthode 2
3. Expliquez comment a été déterminé le type de connecteur où doit être branché le capteur de luminosité. ▸ Méthode 3

Mini-projet

Pour des raisons de précision, les roues dentées ne peuvent pas être usinées. Elles sont réalisées par la même opération sur une autre imprimante 3D en 45 min. Par groupe, modifiez le planning en fonction de ces nouvelles données. Vous préciserez le matériau utilisé.

OBSERVER

COMPÉTENCE ASSOCIÉE
- Réaliser, de manière collaborative, le prototype d'un objet pour valider une solution.

Comment photographier un évènement rapide ?

Situation Julien et Anaïs réalisent des photos artistiques de gouttes d'eau de trois couleurs qui s'écrasent sur une surface. Pour obtenir la photo de cet instant précis, ils fixent sur une structure le matériel qui synchronise le passage des gouttes et le déclenchement de la prise de vue.

Ils conçoivent des supports pour les robinets (électrovannes) et sélectionnent les cartes électroniques pour le prototypage du circuit de commande.

Problème **Comment choisir les paramètres pour réaliser les pièces sur les machines ? Comment sélectionner les cartes du circuit de commande ?**

Goutte d'eau

doc. 1 Circuit de commande du système photographique

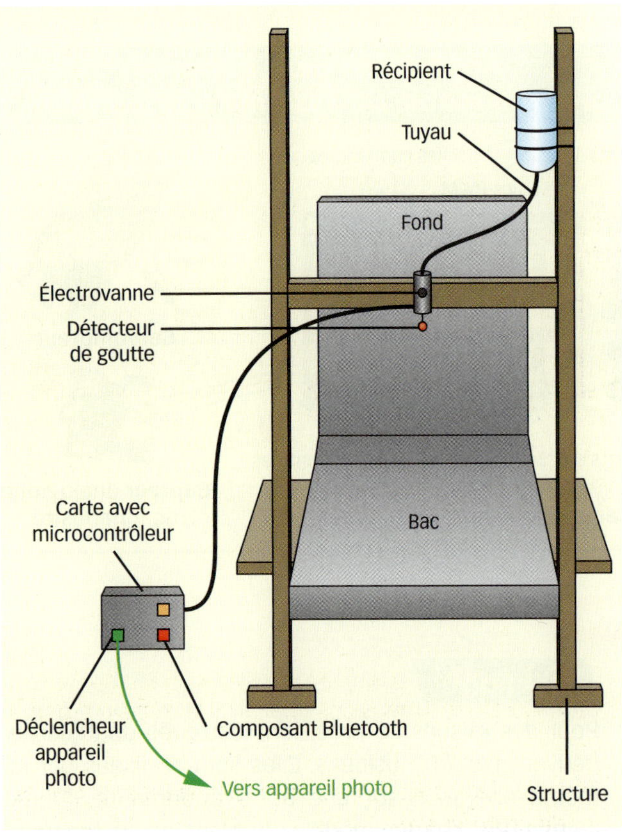

doc. 2 Interface graphique de pilotage

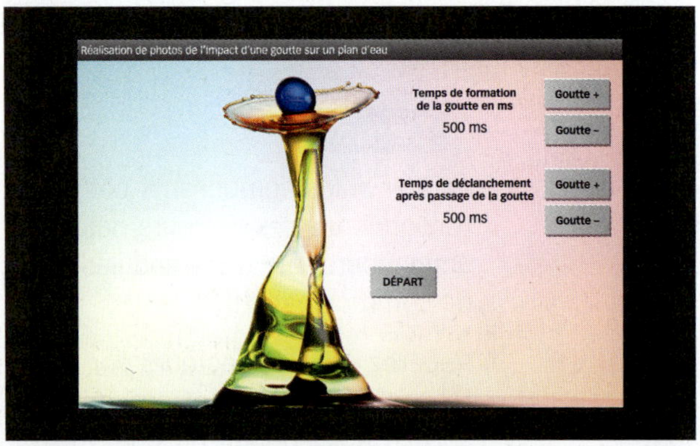

L'application App inventor est compatible avec les smartphones et les tablettes Android.

doc. 3 Cahier des charges du système

	Contraintes	Critères	Niveaux
C1	Faire tomber une goutte d'eau dans un plat	Volume de la goutte	entre 0,01 et 0,2 mL
C2	Supporter la masse de 3 électrovannes	Résistance mécanique	200 g < Masse < 400 g
C3	Communiquer avec une tablette ou un smartphone	Technologie Bluetooth	À partir de la version 4
C4	Les pièces doivent être réalisées rapidement	Temps d'impression 3D	t < 2 h

doc. 4 Dessins des pièces à réaliser

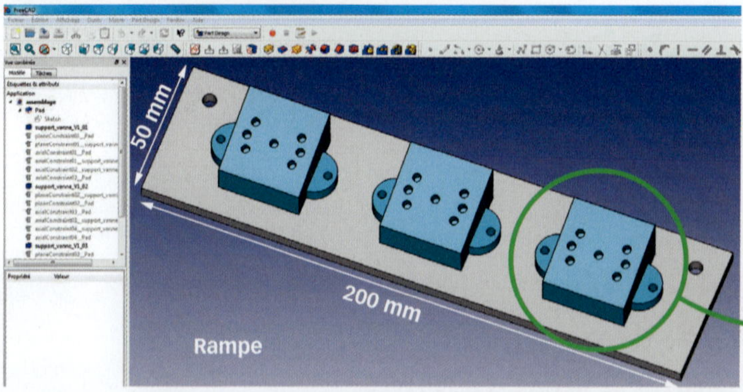

Dessin en perspective du support de l'électrovanne

Électrovanne

doc. 5 Les réglages d'une machine de prototypage rapide

Épaisseur des couches déposées (de 0,2 mm à 0,4 mm). Elle détermine l'état de surface et influe sur la vitesse d'impression.

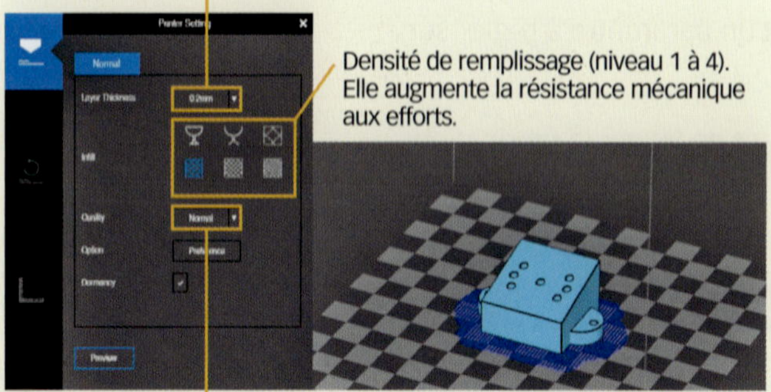

Densité de remplissage (niveau 1 à 4). Elle augmente la résistance mécanique aux efforts.

Qualité d'impression qui correspond à la vitesse de déplacement de la buse. Une vitesse lente permet de réaliser des détails précis.

Imprimante 3D

Vitesse de rotation de la broche où est fixée la fraise d'usinage.

Vitesse de déplacement de l'outil (pour avancer et descendre).

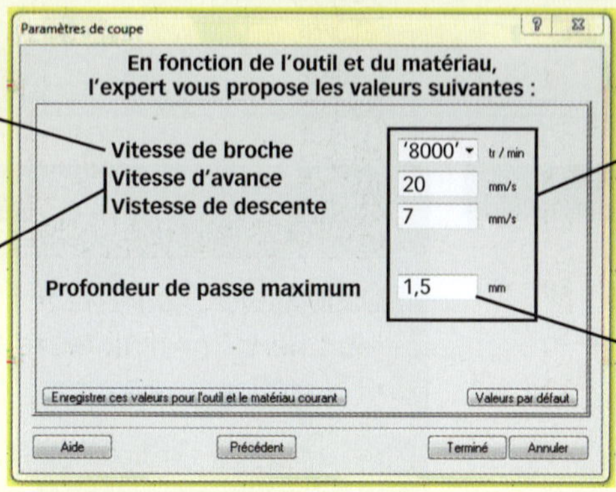

Réglages en fonction du matériau

Épaisseur de matière pouvant être enlevée à chaque passage de la fraise.

Fraiseuse à commande numérique

J'analyse la situation

1. Recherchez (➤ **Ressource**, p. 260) les références des composants nécessaires **(doc. 1)**.
2. Indiquez les deux paramètres qui peuvent être modifiés par l'interface du pilotage **(doc. 2)**.
3. Identifiez les critères et les niveaux nécessaires pour valider le prototype **(doc. 3)**.
4. Repérez les dimensions totales de la pièce « rampe » **(doc. 4)**.
5. Listez les paramétrages possibles sur les machines de prototypage **(doc. 5)**.

Comment photographier un évènement rapide ?

Méthode 1 Régler les paramètres des machines de prototypage

Les réglages des machines de prototypage rapide permettent de déterminer la **vitesse de réalisation** des pièces et leurs caractéristiques (résistance mécanique, état de surface, précision des dimensions).

Démarche

Étape 1 Relever les caractéristiques des pièces à réaliser.

Étape 2 Faire le lien entre chaque caractéristique et un paramètre à régler sur la machine de prototypage.

Étape 3 Réaliser une simulation de la réalisation avant de lancer la fabrication.

Application au support de l'électrovanne

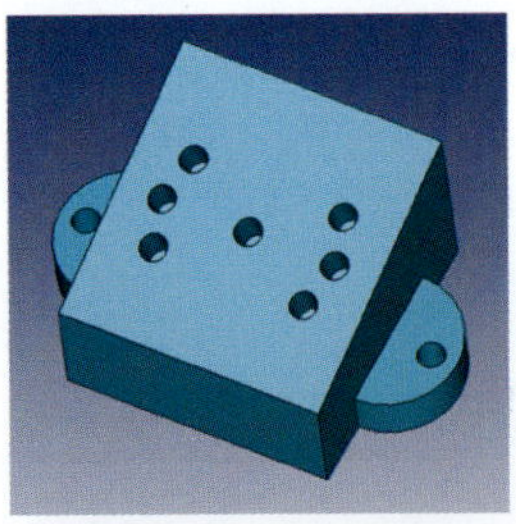

Caractéristiques 1	Paramètres imprimante 3D 2
Résistance mécanique	Régler le taux de remplissage sur niveau 3
Temps d'impression	Régler l'épaisseur des couches sur 0,4 mm

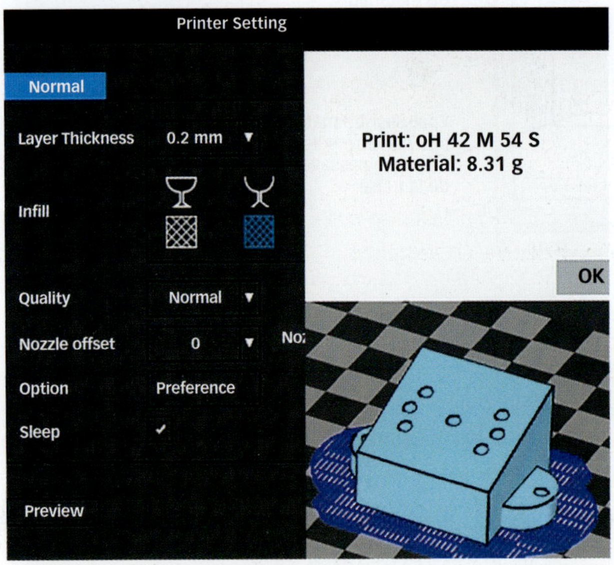

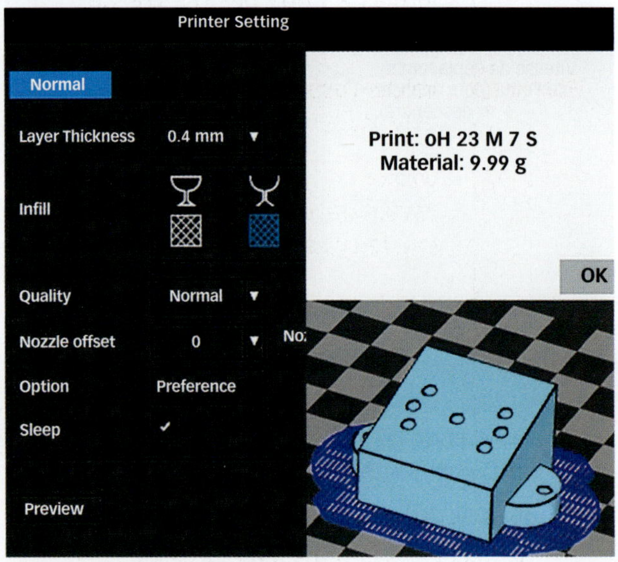

En augmentant la hauteur des couches de 0,2 mm à 0,4 mm, on divise le temps d'impression presque par deux, de 42 min à 25 min.

Méthode 2 Choisir les cartes de prototypage

- Le prototypage d'un circuit de commande correspond à une chaine d'information. On associe à chaque fonction technique de la chaine d'information le composant pour la réaliser.
  On distingue les fonctions techniques suivantes :
  - **acquérir** : réalisée par des **capteurs** ;
  - **traiter** : réalisée par des **cartes programmables** contenant le microcontrôleur ;
  - **communiquer** : réalisée par des **cartes de communication** (Wi-Fi, Bluetooth, radio…).
- Le circuit de commande permet de piloter la chaine d'énergie où sont présents les actionneurs.

Démarche

Étape 1 Choisir une carte microcontrôleur et le type de connexion.

Étape 2 Choisir les capteurs.

Étape 3 Choisir les actionneurs.

Étape 4 Choisir une carte de communication.

Application au circuit de commande

Types	Critères	Choix
1 Carte microcontrôleur et interface de connexion	Connecteurs faciles à brancher et à débrancher	Carte mCore
2 Grandeurs physiques à acquérir	Détection d'une goutte sans contact (infrarouge)	Cellule photoélectrique
3 Actions à réaliser	Création d'une goutte	Électrovanne
	Déclenchement appareil photo	Obturateur
4 Communication sans fil	Connexion dans un rayon de 10 m maximum	Bluetooth

Méthode 3 Valider un prototype

- Un prototype est validé lorsque les critères et les niveaux de performance définis dans le cahier des charges sont respectés.
- La validation de la structure du prototype prend en compte ses formes, ses dimensions, son aspect esthétique et son état de surface.
- La validation du prototypage des circuits de commande prend en compte le comportement du système technique.

Démarche

Étape 1 Valider les dimensions et les formes à l'aide des dessins de définitions.

Étape 2 Valider l'aspect esthétique et les états de surface visuellement.

Étape 3 Valider le fonctionnement du circuit de commande en testant le système technique.

Application

Contrôle de dimensions

Contrôle de l'état de surface

Je vérifie que j'ai bien compris la méthode

1. Déterminez la conséquence de l'augmentation de la hauteur des couches sur la qualité de la fabrication. ▸ Méthode 1
2. Indiquez les éléments qui permettent d'acquérir et de traiter des informations. ▸ Méthode 2
3. Indiquez le document utilisé pour valider les dimensions de l'objet technique. ▸ Méthode 3

Mini-projet

Par groupe, vous devez appliquer les méthodes 1 et 3 sur la base de la rampe avec trois électrovannes (doc. 4). Déterminez les paramètres de la machine utilisée et les contrôles à effectuer

APPRENDRE

Je retiens

Le prototypage d'une structure

Un procédé de prototypage est choisi en fonction de la forme et des dimensions de la pièce à réaliser. Le choix prend en compte : le temps de fabrication, la résistance des pièces et la précision.

On distingue deux moyens de prototypage rapide :
- par **ajout de matière** (imprimante 3D) ;
- par **enlèvement de matière** (fraiseuse à commande numérique).

Le choix du matériau est fait à partir des contraintes de chaque pièce (efforts en jeu, esthétique…). Le matériau doit être compatible avec la machine de prototypage.

Les paramètres de réglage des machines sont :
- **pour l'impression 3D** : la densité du remplissage, la hauteur de couche, la vitesse ;
- **pour le fraisage (MOCN)** : le choix du type d'outil, de la vitesse de rotation et d'avance de l'outil.

Le prototypage d'un circuit de commande

Pour implanter un programme dans le circuit de commande, on le téléverse vers la carte microcontrôleur.

Le prototypage rapide des circuits de commande est réalisé à partir du câblage de cartes standards. Les capteurs et les actionneurs sont reliés à la carte programmable à l'aide de connecteurs.

Pour réaliser le prototypage d'un circuit de commande (chaine d'information), il faut associer à chaque fonction technique un composant :
- **acquérir**, réalisée par des **capteurs** ;
- **traiter**, réalisée par des **cartes programmables** contenant le microcontrôleur ;
- **communiquer**, réalisée par des **cartes de communication** (Wi-Fi, Bluetooth, radio…).

Organiser, réaliser et valider le prototypage

L'utilisation de machines de prototypage doit respecter un **protocole** de réalisation :
- positionnement du plateau d'impression ou fixation de la pièce brute ;
- fermeture du capot de protection ;
- initialisation (prise d'origine) puis lancement de la fabrication ;
- suivi du déroulement et enlèvement de la pièce.

Il est obligatoire de respecter les **règles de sécurité** pour éviter les coupures, les brulures et les projections.

L'organisation de la fabrication d'un prototype respecte un planning d'occupation des machines (préparation, fabrication, nettoyage).

La validation du prototypage d'une **structure** permet de vérifier le respect des contraintes géométriques (dimensions), mécaniques (résistance, élasticité, dureté, état de surface) et esthétique (rendu, touché).

La validation du prototypage d'un **circuit de commande** vise à vérifier le choix et les connexions des capteurs, des actionneurs et des cartes de communication.

Définitions

Prototypage rapide de structures
Ce procédé consiste à réaliser rapidement des pièces afin de valider le fonctionnement et/ou l'esthétique d'un système technique.

Je sais faire

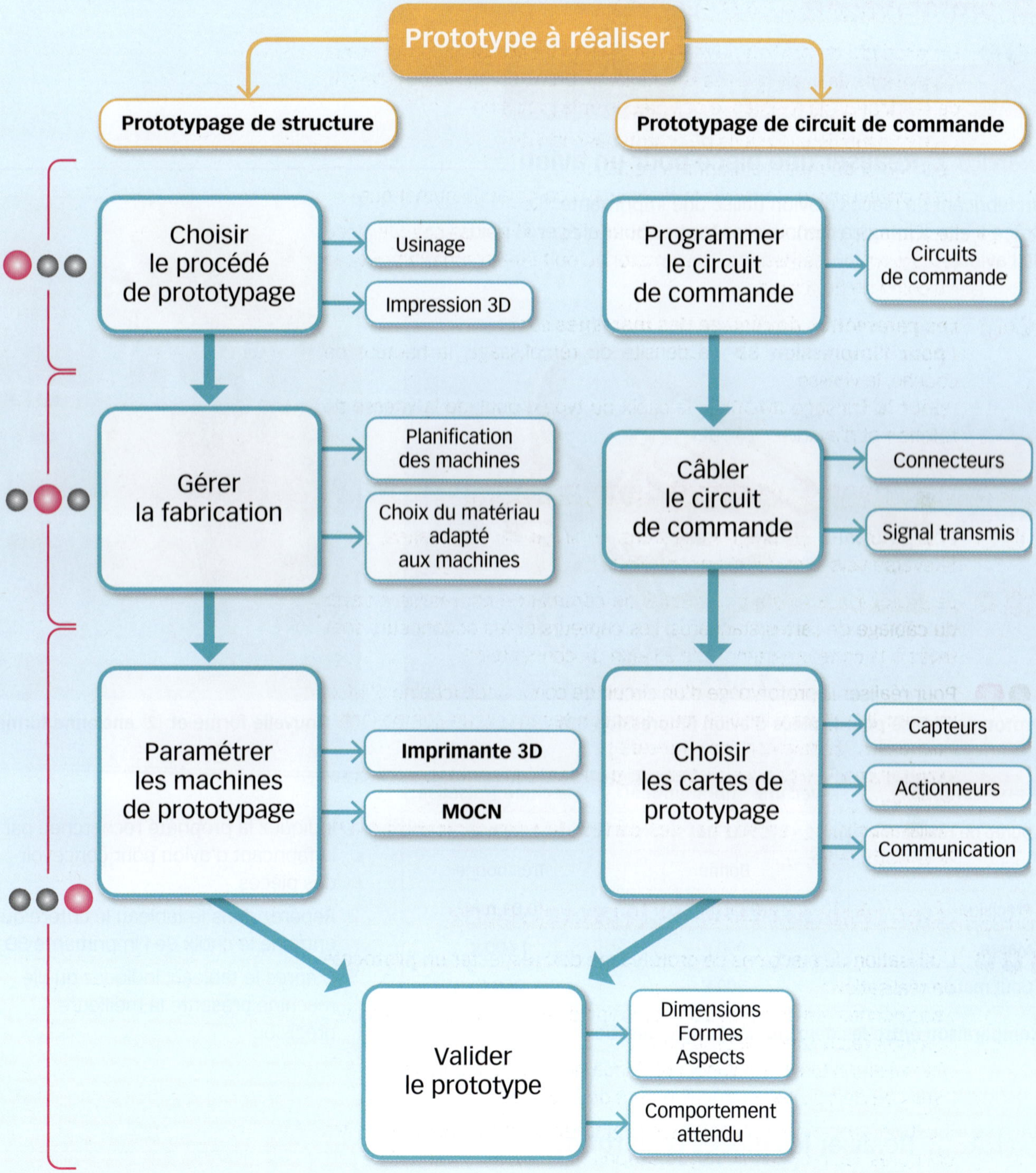

J'ai appris à

Participer à l'organisation et au déroulement de projet		
Réaliser, de manière collaborative, le prototype d'un objet pour valider une solution		
Piloter un système connecté localement à distance		

S'ENTRAINER

COMPÉTENCE TRAVAILLÉE

- Réaliser, de manière collaborative, le prototype d'un objet pour valider une solution (ex. 1 et 2).

QCM Je vérifie mes connaissances

lienmini.fr/t130-qcm41

J'utilise mes compétences

Exercice 1 Réaliser une pièce pour un avion

Un fabricant de pièces d'avion utilise une imprimante 3D. Grâce à elle, il imagine de nouvelles formes pour alléger le poids de l'avion.

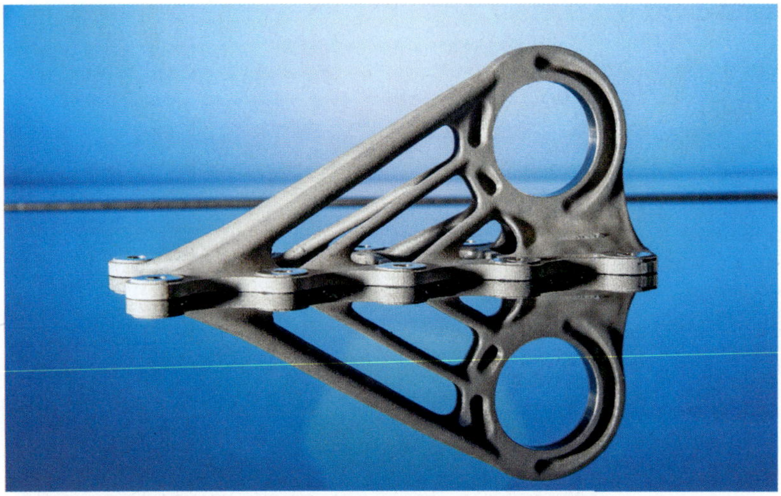

Prototype réalisé pour la pièce d'avion (impression 3D)

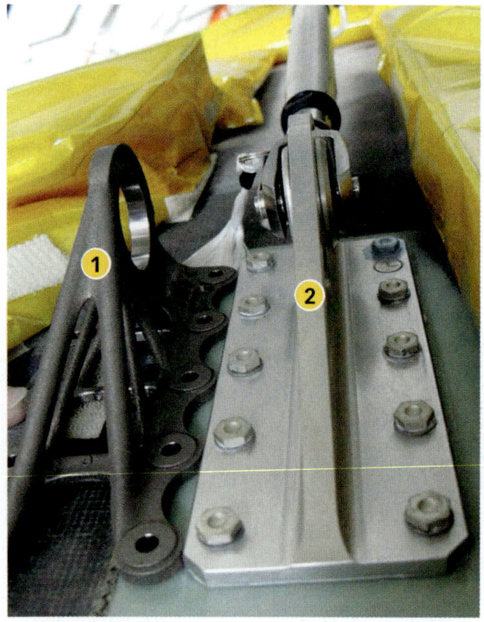

1 Nouvelle forme et 2 ancienne forme

Critères	Avec une imprimante 3D	Avec une fraiseuse
Durée de réalisation	12 h	9 h
Résistance	Bonne	Très bonne
Précision	0,05 mm	0,01 mm
Masse	900 g	1 600 g
Cout matière	300 €	350 €

Comparaison entre les deux procédés de réalisation

1. Indiquez la propriété recherchée par le fabricant d'avion pour concevoir des pièces.
2. Repérez dans le tableau le critère qui a entrainé le choix de l'imprimante 3D.
3. D'après le tableau, indiquez quelle machine présente la meilleure précision.

Exercice 2 Réaliser les pièces d'un robot

Le Loupiot est un petit robot ludique pour apprendre la programmation.

Le robot

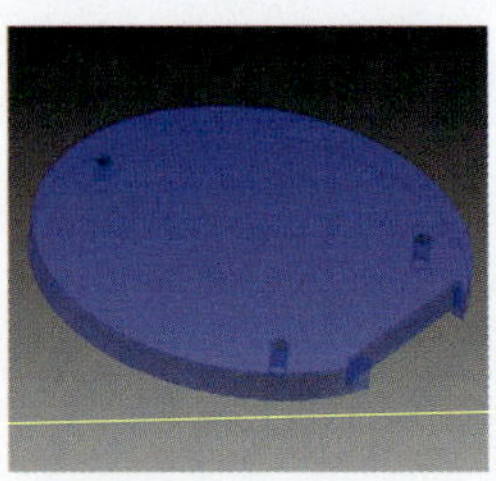

Le châssis

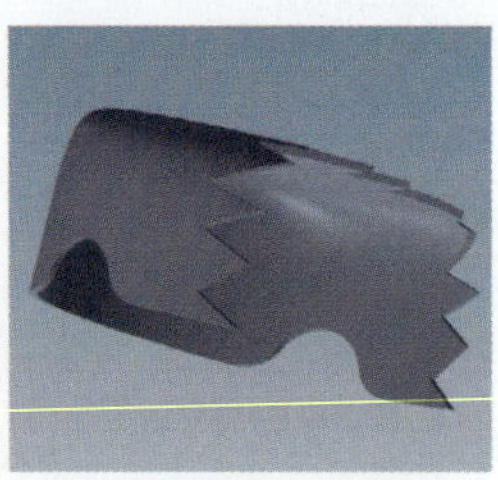

Une nouvelle coque

1. Repérez les différences entre le châssis et la coque du robot. Choisissez une méthode de prototypage.
2. Quelles machines utiliseriez-vous pour réaliser ces pièces (➤ Ressource, pp. 264-265) ?

Une mini-serre automatisée

VOTRE MISSION

Marc travaille dans une entreprise qui réalise des mini-serres pour balcons. Il travaille sur une nouvelle version capable d'entretenir les plantes en l'absence des utilisateurs.

POUR RÉUSSIR

- Je choisis la machine de prototypage pour chacune des pièces à réaliser.
- Je résume la procédure à suivre et les règles de sécurité à respecter pour chacune des machines (➤ **Ressource**, pp. 264-265).
- Je rédige la démarche d'implantation du programme dans le microcontrôleur de la carte programmable.

VOS RESSOURCES

doc. 1 Le pignon et la crémaillère

Crémaillère

Pignon

doc. 2 La base et le capot du capteur d'humidité

Base du capteur d'humidité

Capot du capteur d'humidité

doc. 3 Paramètres de téléversement du programme

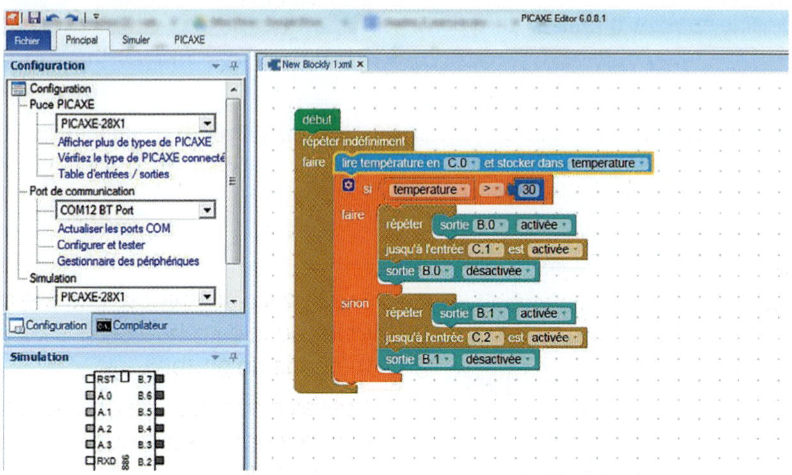

S'ENTRAINER

COMPÉTENCE TRAVAILLÉE
- Réaliser, de manière collaborative, le prototype de tout ou partie d'un objet pour valider une solution (ex. 1 et 2).
- Mesurer des grandeurs de manière directe ou indirecte (ex. 3).

QCM Je vérifie mes connaissances

lienmini.fr/t130-qcm42

J'utilise mes compétences

Exercice 1 Organiser la réalisation d'un prototype de roller

Un vendredi soir, un fabricant reçoit les fichiers de trois pièces pour réaliser une partie du prototype d'un roller en ligne. Il doit le livrer le mardi à midi. Dans son atelier, il dispose de deux imprimantes 3D. Pour respecter le délai, il a établi un planning de réalisation.

	LUNDI				MARDI				
Heures	8-12	12-16	16-20	20-24	0-4	4-8	8-12	12-16	16-20
Imprimante 3D n° 1	Pièces 1						Pièces 2		
Imprimante 3D n° 2	Pièce 3								

Planning de réalisation

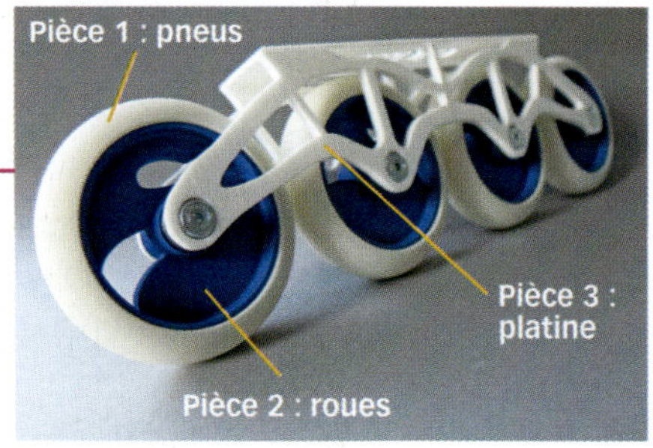

Les pièces à réaliser

1. Quelle est la durée de fabrication de chacune des pièces ?
2. Pourquoi le planning établi ne correspond-il pas aux délais de livraison ?
3. Modifiez le planning pour respecter les délais.

Exercice 2 Un matériau pour une prothèse auditive

Pour fabriquer des appareils auditifs par impression 3D, il a été nécessaire de développer des matériaux bio-compatibles qui respectent les contraintes suivantes :
– médicales (ne pas agresser la peau) ;
– d'élasticité (épouser la forme) ;
– esthétiques ;
– d'étanchéité ;
– de résistance à la sueur et au cérumen.

1. Identifiez la contrainte qui impose de choisir un matériau bio-compatible.
2. Indiquez la contrainte qui permet à certains sportifs d'utiliser ce type d'appareil auditif.
3. Choisissez le matériau le plus adapté pour réaliser l'embout translucide de cet appareil (➤ Ressource, p. 264).

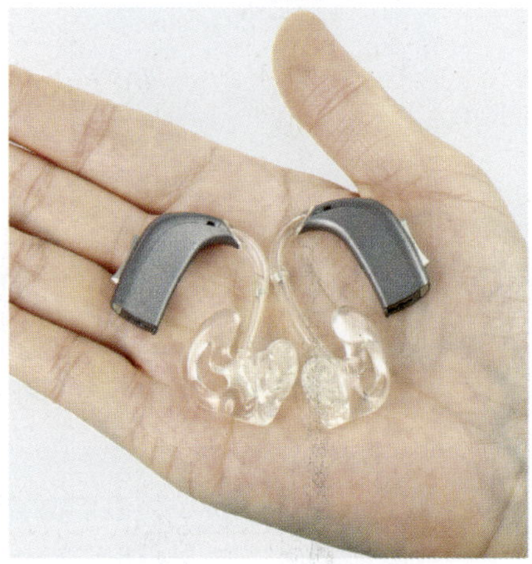

Pièces à réaliser (translucides)

Exercice 3 Capteurs et grandeurs physiques

Appuyez-vous sur la Ressource p. 260 pour répondre aux questions.
Humidité • Intensité lumineuse • Mesure d'une distance • Contact avec un objet.

1. Recherchez pour chaque grandeur physique, un capteur adapté.
2. Indiquez les capteurs qui doivent être connectés sur une entrée analogique.

Vers le brevet

Un drone, livreur de pizzas

Un fabricant de drones doit adapter un crochet sur un drone existant pour livrer des pizzas à domicile. C'est le début de la semaine.

Pour réaliser le prototype, l'entreprise possède une imprimante 3D, disponible à partir de 14 h le jeudi, et une fraiseuse disponible à partir de 8 h le vendredi. L'assemblage du prototype nécessite 2 h 30.

Le patron de la pizzeria souhaite savoir s'il pourra disposer du drone dès le vendredi à partir de 12 h afin d'effectuer des tests.

QUESTIONS

1. Établissez un planning de fabrication des pièces en gérant l'occupation des machines de prototypage.
2. Choisissez le matériau de chaque pièce à partir des caractéristiques attendues (➤ **Ressource**, pp. 256-257).
3. Choisissez le câble et son emplacement pour brancher le servomoteur sur la carte connecteur Mega Shield (➤ **Ressource**, p. 260).

VOS RESSOURCES

doc. 1 Nomenclature des pièces

Repères	Quantité	Nom	Caractéristiques	Procédé et temps de fabrication
1	1	Support	Pièce soumise au poids du colis	2 h 30 d'impression 3D
2	1	Servomoteur	Pièce du commerce	
3	1	Palonnier	Pièce du commerce	
4	1	Cliquet	Peu d'efforts	20 min de fraisage
5	1	Crochet	Pièce soumise au poids du colis	20 min de fraisage

doc. 2 Ensemble du système de largage

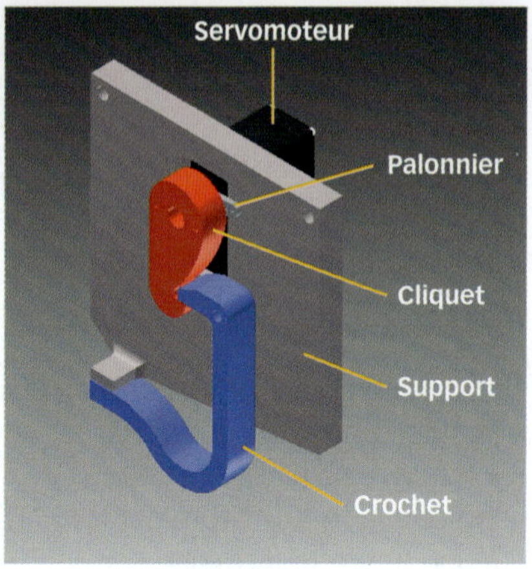

doc. 3 Carte connecteur Mega Shield

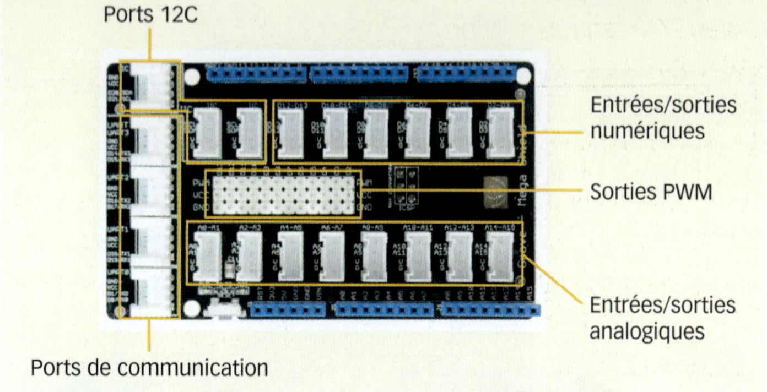

Le drone assistant n'est pas équipé d'un crochet, mais maintient la pizza grâce à des renforts latéraux.

S'ENTRAINER

COMPÉTENCE TRAVAILLÉE
Réaliser, de manière collaborative, le prototype de tout ou partie d'un objet pour valider une solution (ex. 1 et 2).

QCM Je vérifie mes connaissances

lienmini.fr/t130-qcm43

J'utilise mes compétences

Exercice 1 Une main robotisée

Une prothèse de main bionique imprimée en 3D est actionnée par un capteur placé sur l'avant-bras. Celui-ci réagit à la contraction du muscle. La prothèse doit être à la fois résistante et légère (maximum 80 grammes) et avoir un rendu esthétique agréable.

lienmini.fr/t130-bionique
vidéo de la main bionique

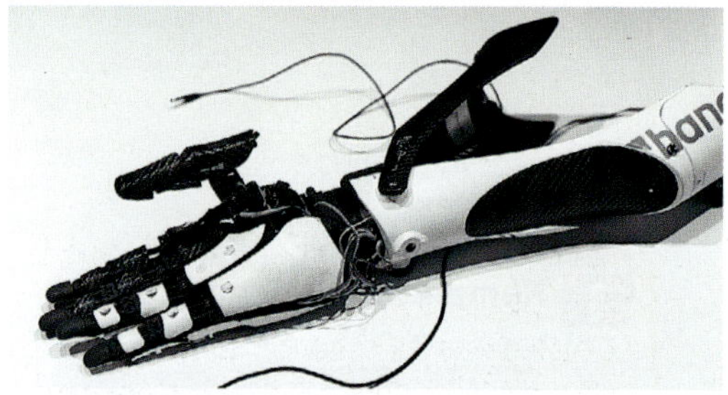

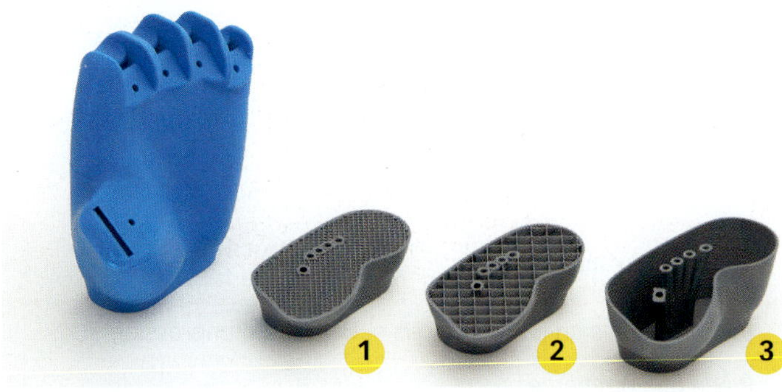

Structure de la main

Structures obtenues par trois réglages différents de la machine :
1 Masse de la pièce 1 = 105 g
2 Masse de la pièce 2 = 65 g
3 Masse de la pièce 3 = 20 g

1. Relevez deux caractéristiques importantes à prendre en compte pour fabriquer les pièces de ce prototype.
2. Associez à chaque pièce le réglage correspondant (➤ Ressource, p. 264).
3. Déterminez la pièce qui permet d'obtenir la prothèse de main correspondant aux contraintes indiquées dans l'énoncé.

Exercice 2 Le pilotage d'un volet roulant automatisé

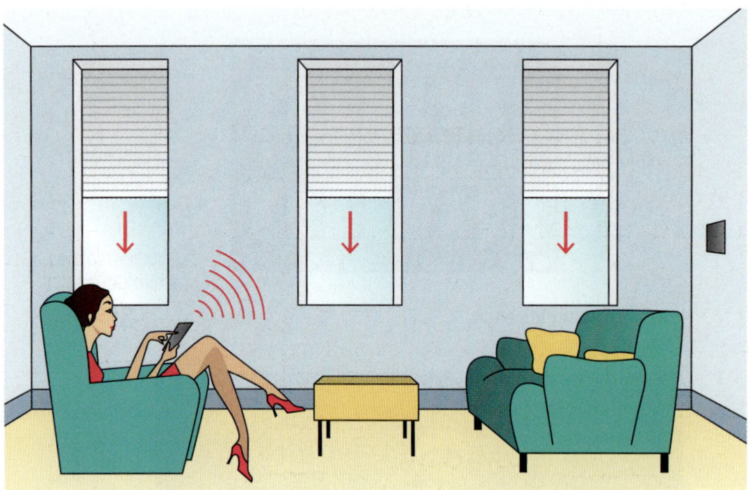

Cahier des charges du volet roulant automatisé (extrait)

Le programme permet d'ouvrir le volet :
– à la demande de l'utilisateur ;
– lorsque le soleil se lève ;
– à une heure déterminée sur une application pour smartphone.

Le programme permet de fermer le volet :
– à la demande de l'utilisateur ;
– lorsque le soleil se couche ;
– lorsque la température est trop froide ;
– à une heure déterminée sur une application pour smartphone.

1. Relevez les grandeurs physiques que l'on doit prendre en compte pour programmer le volet roulant.
2. Recherchez les cartes standards nécessaires à l'élaboration du circuit de commande (➤ Ressource, p. 260).
3. Indiquez le nom du composant qui permet d'actionner le volet roulant.

Je prépare le brevet

Une visite interactive avec caméra embarquée

Vous participez à la conception d'un robot avec une caméra embarquée. Grâce à ce système, le public peut visiter les zones inaccessibles d'un monument historique (chemin de ronde, galerie…).

Vous devez réaliser deux pièces de son prototype.

QUESTIONS

1. Choisissez les moyens de prototypage adaptés à la forme du support et de l'équerre à fabriquer.

2. Sélectionnez les paramètres de réglage des machines (➤ **Ressource**, pp. 264-265).

3. Choisissez les cartes de prototypage correspondant au diagramme des flux (➤ **Ressource**, p. 260).

VOS RESSOURCES

doc. 1 Support caméra

Contraintes

Le support caméra doit être le plus léger possible pour exercer le moins d'effort sur l'équerre.
Cette pièce va recevoir la carte vidéo intégrant une caméra. Ses dimensions doivent correspondre à celles indiquées sur le dessin à plus ou moins 0,1 mm.
Son état de surface doit être le plus lisse possible.

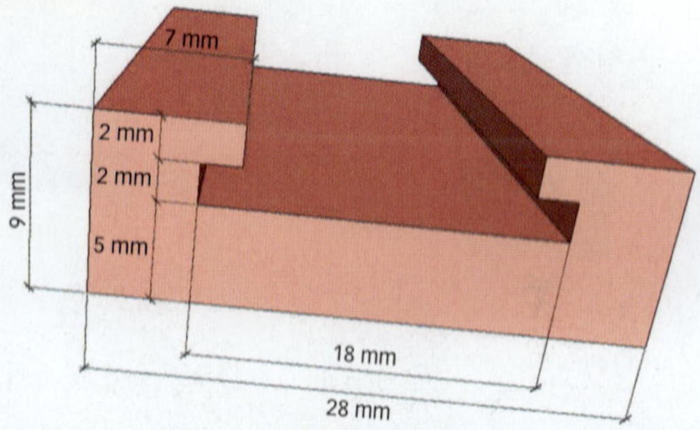

doc. 2 Équerre de fixation

Contraintes

L'équerre est une pièce qui, après fabrication, doit être pliée.
Le support de la caméra est fixé dessus. La caméra doit être réalisée dans un matériau plastique très rigide afin que son orientation ne change pas au cours du temps.

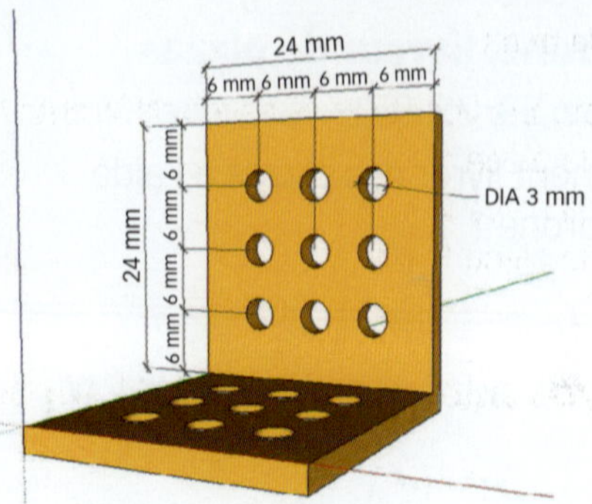

doc. 3 Diagramme des flux du robot

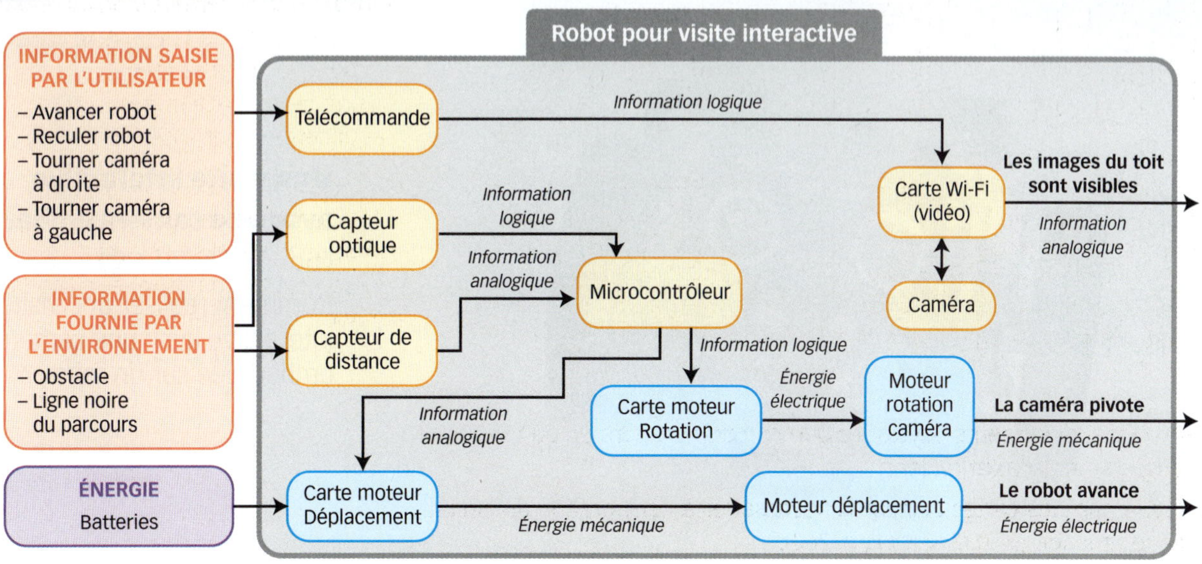

CONCEVOIR ET RÉALISER UN PROJET

Une mini-serre automatisée
(pp. 29, 51, 73, 95)

Comment entretenir des plantes quand on est absent ?

Un drone, livreur de pizzas
(pp. 31, 53, 75, 97)

Comment livrer des pizzas à l'aide d'un drone ?

Une visite interactive avec une caméra embarquée
(pp. 33, 55, 77, 99)

Comment réaliser une visite interactive avec une caméra embarquée sur un robot ?

Comment réaliser une mini-serre automatisée ?

Situation-problème

Comment entretenir ses plantes lorsque l'on est absent ?
Pour résoudre ce problème, Marc a eu l'idée de concevoir une mini-serre automatisée. Afin de développer son projet, il doit suivre certaines étapes.

RESSOURCES	ÉTAPES	PRODUCTIONS
• Diagramme des cas d'utilisation d'un modèle • Tableau des contraintes • Services spécifiques rendus par la mini-serre automatisée	1 **Appropriation du cahier des charges, du contexte et des objectifs du projet**	• Diagramme des cas d'utilisation • Carte mentale des contraintes
• Liste et durée des tâches des étapes du projet • Besoins de communication, entre les participants, via les services d'un ENT	2 **Organisation du projet, planification et définition des équipes**	• Planning du projet • Choix des services d'un ENT utiles au projet
• Extrait des contraintes fonctionnelles • Extrait des contraintes ergonomiques • Description du comportement du fonctionnement de l'arrosage par un algorithme • Recherche de la solution permettant l'ouverture de la fenêtre	3 **Recherche de solutions**	• Diagramme de définition des blocs • Diagramme identifiant les interactions entre la serre et son environnement • Algorithme des instructions pour baisser la température intérieure • Croquis du maintien de la crémaillère par deux vis
• Dessins des pièces du système d'ouverture de la fenêtre • Documentation sur les procédures de prototypage rapide • Paramètres de téléversement du programme	4 **Réalisation d'un prototype Tests et simulations Présentation finale**	• Choix des machines de prototypage • Résumé des procédures à utiliser • Démarche d'implantation du programme dans le microcontrôleur

Comment adapter un drone à un besoin ?

Situation-problème

Une chaine de pizzérias s'adresse à une entreprise de fabrication de drones pour adapter un crochet sur un modèle. Elle souhaite ainsi livrer ses pizzas au domicile de ses clients.

RESSOURCES	ÉTAPES	PRODUCTIONS
• Cahier des charges du drone existant • Diagramme des cas d'utilisation du drone existant • Étude du besoin et tests de livraison	**1 Appropriation du cahier des charges, du contexte et des objectifs du projet**	• Diagramme des cas d'utilisation exprimant le nouveau besoin • Cahier des charges avec critères et niveaux d'appréciation
• Planning du projet • Document présenté selon une charte graphique • Besoins de classement des ressources numériques	**2 Organisation du projet, planification et définition des équipes**	• Tableau de répartition des tâches au sein d'une équipe • Liste des éléments définissant la charte graphique • Tracé de l'arborescence des répertoires et sous-répertoires de stockage des données
• Extrait du cahier des charges • Diagramme de définition des blocs du système de largage • Solutions ne répondant pas au cahier des charges	**3 Recherche de solution**	• Diagramme de séquence • Croquis d'un système d'accrochage des pizzas • Diagramme de définition des blocs internes
• Dessin d'ensemble du système de largage • La nomenclature des pièces • Représentation carte connecteur Mega Shield • Ressources du manuel	**4 Réalisation d'un prototype Tests et simulations Présentation finale**	• Planning de réalisation • Choix du matériau des pièces à réaliser • Solution de câblage du servomoteur

Comment adapter une caméra sur un robot existant ?

Situation-problème

Le responsable d'un monument historique veut pouvoir faire visiter des zones du bâtiment inaccessibles au public (chemin de ronde, galerie…). Il s'adresse à des collégiens pour qu'ils adaptent un dispositif de vidéo sur un robot existant.

RESSOURCES	ÉTAPES	PRODUCTIONS
• Robot existant • Ronde (circuit) à parcourir par le robot • Cahier des charges du robot existant • Résultats des tests • Portée des ondes en fonction des normes de communication sans fil	**1 Appropriation du cahier des charges, du contexte et des objectifs du projet**	• Texte qui présente l'origine du projet • Besoin exprimé sous la forme d'un diagramme • Nouveau cahier des charges
• Planning prévisionnel de la fabrication du prototype • Aléas (incidents perturbateurs) • Règles d'accès aux ressources numériques • Contraintes pour l'organisation de la présentation orale	**2 Organisation du projet, planification et définition des équipes**	• Planning modifié d'organisation des tâches • Tableau des droits d'accès aux ressources numériques • Tableau d'organisation de la présentation orale du prototype
• Cahier des charges • Principaux composants électroniques permettant une solution • Éléments pour fixer la caméra sur le servomoteur • Blocs d'instructions disponibles	**3 Recherche de solution**	• Diagramme de définition des blocs internes • Programme pour orienter la caméra • Modèle 3D de la fixation de la caméra sur le servomoteur
• Cahier des charges • Dessin de définition du support caméra et de l'équerre de fixation • Diagramme de définition des blocs internes du robot • Ressources du manuel	**4 Réalisation d'un prototype Tests et simulations Présentation finale**	• Moyens et paramètres de prototypage des deux pièces • Cartes de prototypage correspondant au diagramme des blocs internes • Protocole de contrôle du prototype

Parcours

Le métier d'urbaniste

Anne et Ugo sont urbanistes. Leurs missions sont très diverses. Ils peuvent s'occuper d'un plan local d'urbanisme, d'un programme d'aménagement de lotissements, de voies de circulation, de la revalorisation d'un quartier ou d'une ville nouvelle.
Ils interviennent avant le travail de l'architecte ou de l'ingénieur que ce soit pour réhabiliter, développer ou protéger un lieu ou un espace. Anne et Ugo programment et préparent des projets alors que les architectes créent des plans et réalisent les constructions. De leur côté, les ingénieurs déterminent les procédés techniques à utiliser.

1. **Quelles sont les études pour devenir urbaniste ?**
2. **Quelles sont les différences entre architecte, ingénieur et urbaniste ?**

Les Halles ont fait peau neuve

« Ventre de Paris » depuis 1137, réaménagé de nombreuses fois, le quartier des Halles fait peau neuve avec l'ouverture, le 5 avril 2016, de la Canopée, toit aérien en forme de feuille.

Quatre moments de l'évolution de ce quartier

1852-1870 Reconstruction des Halles selon les plans de Baltard.

1969-1971 Transfert des Halles à Rungis et démolition des pavillons Baltard.

1979 Inauguration du forum des Halles

2016 Réaménagement du forum des Halles avec l'inauguration de la Canopée

1. **Recherchez des photos qui illustrent les quatre grands moments des Halles.**
2. **Les choix esthétiques dépendent des tendances artistiques et des possibilités des techniques d'une époque. Donnez quelques exemples à partir de l'évolution des Halles.**

Une raquette très spéciale !

Une pratique sportive régulière est recommandée pour préserver sa santé : elle renforce le cœur, les muscles et le squelette. Mais le sport malmène aussi souvent le corps ! C'est le cas du tennis qui sollicite fortement l'articulation de l'épaule en raison de la grande amplitude des mouvements. La répétition d'un même geste, comme les coups droits ou les services, déclenche souvent de vives douleurs dans cette partie du corps.
Pour y remédier, les ergonomes ont fait appel à la technologie. Ils ont conçu une raquette équilibrée ayant un cordage souple et un grip (revêtement du manche) adapté. Cette raquette corrige le geste du joueur et ménage l'articulation.

1. **Relevez les risques et les intérêts d'une pratique sportive.**
2. **Déterminez l'importance de l'ergonomie dans la conception d'objets destinés au sport.**

Fatou en STI2D option AC

Fatou s'intéresse à l'ingénierie industrielle et à l'innovation technologique. En bac technologique STI2D, spécialité Architecture et construction (AC), elle apprend à concevoir et à proposer des projets de construction. Elle recherche des solutions techniques dans le respect de la réglementation, des contraintes économiques et environnementales.

1. **Quels sont les métiers de la construction et des travaux publics ?**
2. **Quelles sont les possibilités d'études après un bac STI2D option AC ?**

THÈME 2

Les objets techniques, les services et les changements induits dans la société

➡ **Quelles sont les évolutions technologiques qui apparaissent sur cette photo ?**

chapitre 5

Les inventions et les innovations technologiques

Dans ce chapitre, vous allez apprendre à :

Se situer dans l'espace et dans le temps
(Domaine 5 du socle)

- Regrouper des objets en familles et lignées.
- Relier les évolutions technologiques aux inventions et innovations qui marquent des ruptures dans les solutions techniques.

- Quelles sont les sources d'énergie pour actionner un moulin ?
- Comment éclairer les rues ?
- Quelles évolutions ont permis l'automatisation des navettes ?

© Vincent Callebaut Architectures

OBSERVER

COMPÉTENCES ASSOCIÉES
- Regrouper des objets en familles et lignées.
- Relier les évolutions technologiques à des inventions ou innovations.

Quelles sont les sources d'énergie pour actionner un moulin ?

Situation Les céréales sont une des bases de l'alimentation humaine. L'opération de broyage des grains pour produire de la farine nécessite beaucoup d'énergie. Cette opération, à l'origine manuelle, a été remplacée par le travail des machines dès l'Antiquité.

Vous devez faire un bref exposé sur l'évolution des formes d'énergie utilisées dans les moulins de la fin de l'Antiquité (IIe siècle av. J.-C.) à la fin du Moyen Âge.

Problème Comment représenter l'évolution des techniques et de l'énergie utilisées pour obtenir de la farine ?

doc. 1 Moulin nordique (dit « grec »), Ier siècle av. J.-C.

Principe : ce moulin est actionné par une roue à aubes. Ce système a été inventé par les ingénieurs grecs vers – 200 av. J.-C. pour élever de l'eau (noria). L'utilisation de la roue à aubes pour actionner un moulin à farine constitue une innovation.

Invention
Création d'un objet, d'un dispositif, d'une méthode, d'un procédé qui n'existait pas.

Innovation
Introduction d'une nouveauté dans la conception ou la fabrication d'un objet technique.

Le grain est introduit dans la trémie 1.
La roue 2 entraine la meule 3 sans dispositif intermédiaire. En tirant sur la poutre 4, la roue s'élève hors de l'eau et arrête le moulin.

doc. 2 Moulin romain, IIIe siècle ap. J.-C.

Moulins utilisés du IIe siècle av. J.-C. jusqu'au Ve siècle, mus par des chevaux.

Principe : ces moulins fonctionnent grâce à l'énergie musculaire fournie par le cheval attelé à la charpente 1. Les grains tombent de l'auget 4 et sont broyés entre la meule tournante 2 et la meule fixe 3.

doc. 3 Moulin perse, VIIe siècle

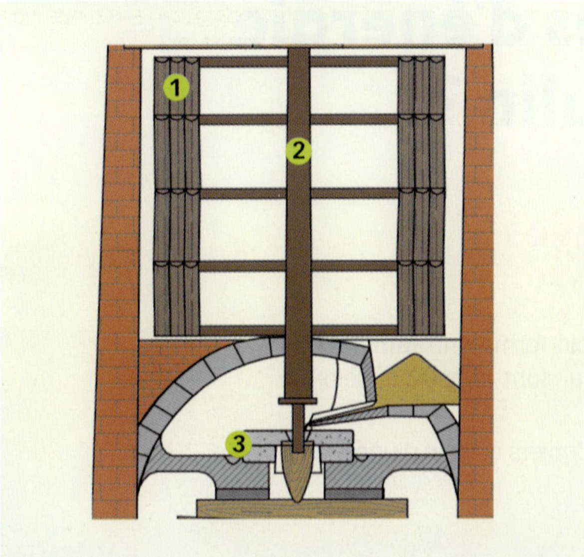

Principe : l'axe du moulin est vertical. Le vent fait tourner les pales 1 qui entrainent directement l'axe 2 et la meule tournante 3 sans engrenage intermédiaire.

Connu en Perse au VIIe siècle, le moulin à vent n'est introduit en Occident qu'au XIIe siècle.

doc. 4 Moulin pivot de Collioure, XIVe siècle

Le toit du moulin de Collioure pivote pour placer ses ailes face au vent dominant.

doc. 5 Moulins sur la Seine, Paris, XIVe siècle

Principe : l'énergie mécanique, d'origine hydraulique, est captée par les roues à aubes 1 qui transmettent leur mouvement de rotation aux meules 2 par un système d'engrenages.

Principe technique
Ensemble des transformations d'énergie et d'information mis en œuvre dans un objet technique afin qu'il remplisse les fonctions pour lesquelles il a été conçu.

J'analyse la situation

1. Précisez le besoin auquel répond l'ensemble des objets techniques présentés (docs 1 à 5).
2. Nommez les matériaux que vous reconnaissez sur ces documents.
3. Listez les sources d'énergie utilisées par les moulins.
4. Notez les innovations (énergie…) correspondant à ces modèles de moulins.

RÉSOUDRE

Quelles sont les sources d'énergie pour actionner un moulin ?

Méthode 1 Représenter des lignées d'objets techniques

- Un ensemble d'objets techniques qui répond au même besoin forme une **famille**. Une **lignée d'objets** regroupe les objets d'une même famille qui sont construits selon le même principe technique.
- Une **frise chronologique** permet de différencier des lignées d'objets au sein d'une même famille et de les situer dans le temps.

Démarche

Étape 1 Regrouper les objets d'une même famille selon un même principe technique (fonctionnement, transformation d'énergie, mode de commande…) pour former des lignées.

Étape 2 Déterminer la durée de chaque lignée.

Étape 3 Tracer l'axe du temps correspondant à la période étudiée.

Étape 4 Tracer les lignées et leur donner un nom.

Étape 5 Reporter les objets étudiés dans un cartouche (« bulle » ou « rectangle ») au-dessus des lignées d'objets. Indiquer leur nom, la date, la région, la caractéristique technique…

Conseil
Vous pouvez réaliser le tracé de la frise (étapes 3 à 5) à l'aide d'un logiciel spécialisé.

Application à l'évolution des moulins

lienmini.fr/t130-tutofrise
tutoriel Frise Chronos

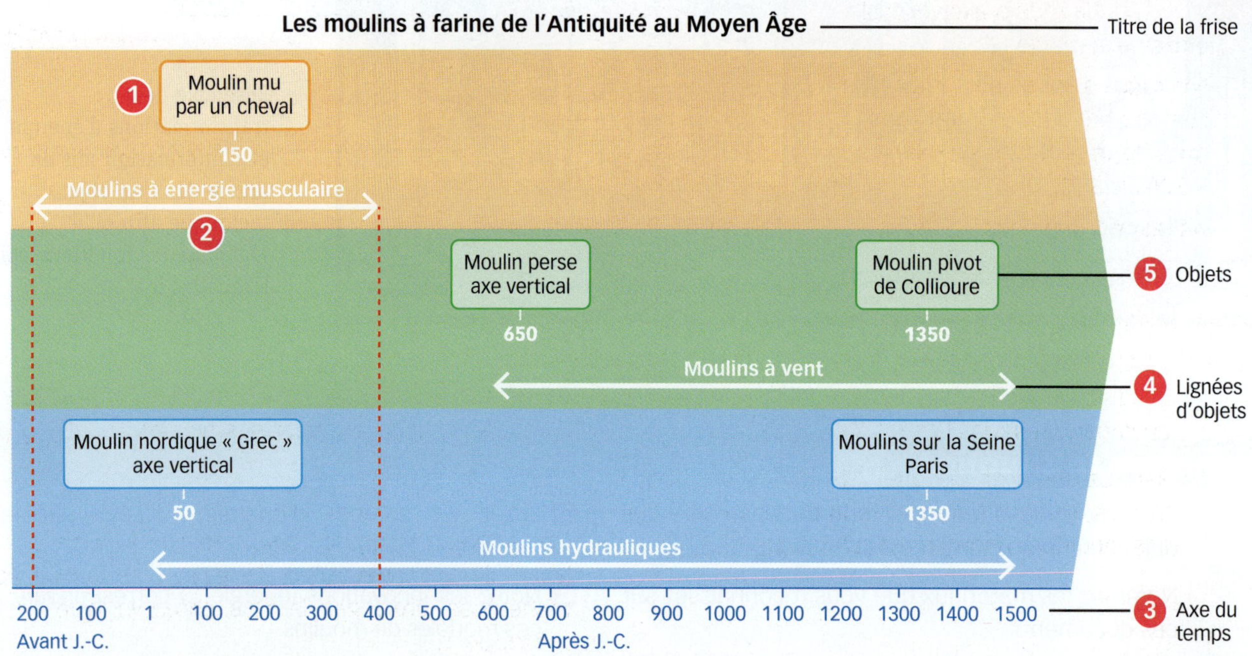

Méthode 2 Repérer des inventions ou des innovations

- Les lignées d'objets apparaissent ou disparaissent pour différentes raisons : découvertes scientifiques, nouveaux matériaux, **inventions techniques**, nouvelles sources d'énergie, évènement social…
- Une recherche documentaire permet d'enrichir la frise. On peut y ajouter en effet des explications sur l'évolution des techniques.

Démarche

Étape 1 Se documenter dans la presse ou sur Internet sur l'évolution des techniques. (➤ Ressource, p. 252-254)

Étape 2 Sélectionner les informations qui apportent un éclairage sur l'évolution des solutions techniques étudiées (matériaux, énergie, découvertes scientifiques…).

Étape 3 Reporter l'information dans un cartouche sous la frise chronologique.

Conseil
Mettez bien en relation une invention ou une innovation avec ce qui a été modifié dans le principe technique pour expliquer l'apparition ou la disparition d'une lignée d'objets.

Application à l'évolution des moulins

2 Principe : la roue à axe vertical entraine la meule.

Les roues à aubes pour élever de l'eau (noria) ont été **inventées par des ingénieurs grecs vers – 200 av. J.-C**.

Moulin nordique, dit « grec »

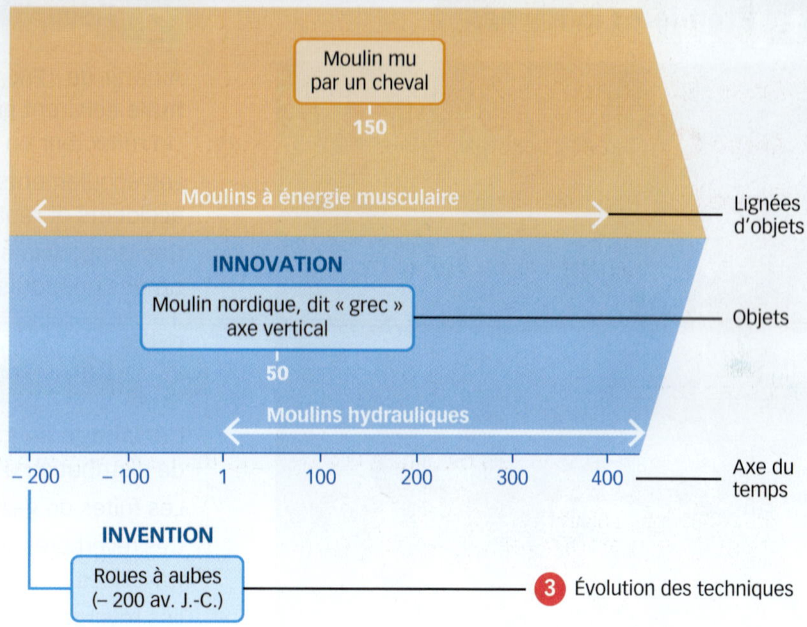

Frise chronologique enrichie

Je vérifie que j'ai bien compris la méthode

1. Indiquez la famille des objets étudiés et le principe de constitution des lignées. ▸ Méthode 1
2. Relevez à partir de quel document des pages **Observer** a été déterminée la durée de la lignée des moulins à énergie musculaire. ▸ Méthode 1
3. Déterminez en quoi l'invention de la roue à aubes intervient dans l'évolution des moulins. ▸ Méthode 2

Mini-projet

Par groupe, recherchez deux moulins à farine entre le XIVe siècle et aujourd'hui. Après avoir mutualisé vos recherches, prolongez la frise chronologique de la **méthode 1**.

OBSERVER

Comment éclairer les rues ?

COMPÉTENCES ASSOCIÉES
- Regrouper des objets en familles et lignées.
- Relier les évolutions technologiques à des inventions ou innovations.

Situation Les rues sont éclairées la nuit pour le confort et la sécurité de la population.

Au Moyen Âge, les habitants se déplaçaient avec des torches enduites de résines enflammées ou des lanternes. Ce n'est qu'en 1667 que les premières lanternes fixes ont été installées à Paris.

Vous devez expliquer l'évolution technologique des systèmes d'éclairage public du XVIIe siècle à nos jours en les associant à des inventions et innovations techniques.

Problème **Quels principes choisir pour constituer des lignées d'objets ? Quelles inventions et innovations marquent le passage d'une technologie à une autre ?**

doc. 1 Premières lanternes

À Paris, en 1667, des **lanternes garnies de chandelles** sont allumées manuellement. Leur lumière est émise par incandescence.

Les risques d'incendie sont très importants car beaucoup de constructions sont en bois et en chaume.

Incandescence
Émission de lumière due à la température d'un corps chauffé.

doc. 2 Réverbères à huile

À partir de 1766 et jusqu'en 1859, les **réverbères à huile** éclairent grâce à la combustion d'huile de colza. Un réflecteur en métal réverbère la lumière vers le sol.

Les écoulements d'huile brulante provoquent des accidents et répandent une mauvaise odeur.

Ces lampadaires présentent des potences en fer forgé ornées de motifs décoratifs.

doc. 3 Réverbères à gaz

L'**éclairage au gaz** est installé à partir de 1829 à un réseau de distribution d'énergie.

Les fuites de gaz constituent un nouveau risque.

Ces réverbères sont en fonte et présentent des formes très travaillées.

Les réverbères seront allumés manuellement jusqu'en 1950.

doc. 4 Éclairage électrique

Après 1878, l'**éclairage électrique** se généralise grâce au réseau de distribution d'énergie.

a. Les **lanternes de Jablochkoff** fonctionnent sur le principe de l'arc électrique par luminescence.

b. Elles sont remplacées dès 1880 par des lampes à incandescence, puis par des lampes basse consommation (lampe à vapeur de mercure, 1932). L'allumage est centralisé pour allumer un ensemble de lampadaires. Il est progressivement programmé pour devenir automatique dès le début du xxe siècle.

La sécurité contre les risques électriques est progressivement renforcée.

Les lampadaires sont en fonte. Leur style évolue selon celui des époques.

Luminescence
Émission de lumière résultant d'interactions entre des particules (atomes, molécules, cristaux) électriquement chargées.

doc. 5 Lampadaires autonomes et intelligents

a. Le **premier lampadaire autonome** (2008) est alimenté par une éolienne et fonctionne avec des lampes à diodes électroluminescentes. Des accumulateurs forment une réserve d'énergie en cas d'absence de vent. La commande reste centralisée.

La sécurité obéit à des normes internationales.

Le lampadaire est en acier, ses formes sont épurées.

b. Les **premiers réverbères automatiques, dits « intelligents »** (2014), sont commandés par une personne dans la rue. D'autres modèles, connectés à un réseau Internet, peuvent être commandés par une application sur un smartphone.

J'analyse la situation

1. Énoncez les différents combustibles utilisés jusqu'en 1878 pour éclairer les rues.
2. Montrez en quoi l'électricité améliore la sécurité des habitants.
3. Citez des éléments esthétiques des différents lampadaires.
4. Recherchez des inventions et des innovations (➤ Ressource, p. 252-254) nécessaires à la réalisation des lampadaires présentés.

Comment éclairer les rues ?

Méthode 1 Dégager un principe technique

L'évolution des techniques se caractérise par la manière dont un objet fonctionne avec ou sans **source d'énergie** (chaine d'énergie) et avec ou sans **commande** (chaine d'information). D'autres éléments caractérisent la solution technique mise en œuvre comme les matériaux ou l'esthétique.

Démarche

Étape 1 Lire la documentation rattachée à chaque objet pour caractériser la solution technique mise en œuvre (principe de fonctionnement, matériaux, énergie, éléments de commande, esthétique).

Étape 2 Construire un tableau listant les caractéristiques de chaque solution technique.

Étape 3 Déterminer les éléments les plus pertinents pour regrouper les objets en lignées.

Application à l'évolution des solutions d'éclairage

Objets	Caractéristiques des solutions techniques 2					Sécurité
	Principe de fonctionnement	Matériaux	Source d'énergie	Commande	Esthétique	
Lanternes à chandelle, 1667 (doc. 1)	Combustion de matières animales ou végétales (incandescence)	Verre Fer	Matière combustible formant la chandelle	Manuelle pour chaque chandelle		Risque d'incendie
Réverbères à huile, 1766-1859 (doc. 2)	Combustion d'huile de colza (incandescence)	Verre Fer	Réservoir d'huile et mèche	Manuelle pour chaque réverbère	Potences en fer forgé ornées de volutes	Écoulements d'huile brulante
Réverbères à gaz, 1829-1950 (doc. 3)	Combustion d'un gaz (incandescence)	Verre Fer Fonte	Réseau d'alimentation de gaz Robinet	Manuelle pour chaque réverbère	Formes très travaillées	Risques de fuites de gaz, explosions
Lampadaires à arc électrique, 1878-1880 (doc. 4a)	Arc électrique (luminescence)	Verre Fonte	Réseau d'alimentation d'électricité	Commande centralisée	Formes épurées	Limitation des risques électriques
Lampadaires à incandescence, 1880 (doc. 4b)	Lampe incandescente électrique (incandescence)	Verre Fonte	Réseau d'alimentation d'électricité	Commande centralisée progressivement programmée	Formes épurées	Sécurité contre les risques électriques renforcée
Lampadaires autonomes, 2008 (doc. 5a)	Diode électroluminescente (DEL) (luminescence)	Acier	Production d'énergie électrique par une éolienne	Commande centralisée programmable	Formes au design épuré	Sécurité selon des normes internationales
Lampadaires « intelligents », 2014 (doc. 5b)	Diode électroluminescente (DEL) (luminescence)	Acier	Réseau électrique ou production d'énergie électrique (autonome)	Objet connecté Commande par un réseau informatique	Formes au design épuré	Sécurité selon des normes internationales

Le tableau distingue deux lignées : les lampadaires qui fonctionnent par combustion, et les lampadaires électriques.

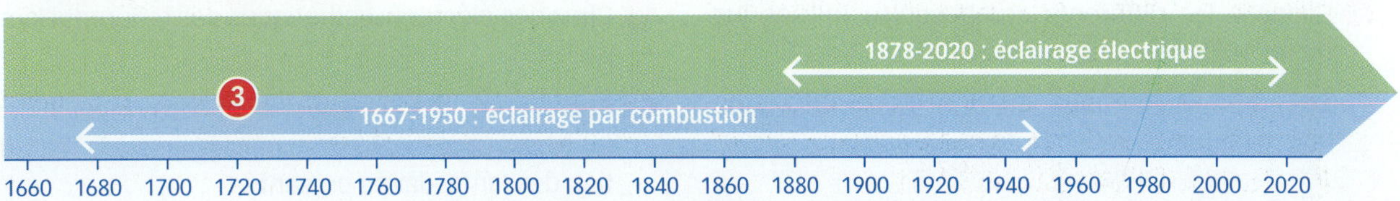

Méthode 2 Déterminer les conditions d'une innovation

L'analyse de l'objet technique permet de déterminer les conditions nécessaires à sa réalisation : découvertes, inventions, disponibilité des matériaux et des techniques de fabrication.

Démarche

Étape 1 Analyser les matériaux employés, les sources d'énergie, les commandes utilisées et les principes scientifiques ou techniques mis en œuvre qui constituent des innovations.

Étape 2 Rechercher dans la presse, dans les livres, sur Internet, des informations sur les découvertes scientifiques ou les inventions.

Étape 3 Tracer une frise chronologique et reporter les principales inventions et découvertes qui expliquent les ruptures technologiques.

Conseil
Concentrez-vous sur les principes scientifiques ou les découvertes directement liés à l'innovation étudiée.

Rupture technologique
Innovation technologique qui remplace une solution technique jusque-là très largement utilisée (passage d'une lignée à une autre).

Application à la lanterne de Jablochkoff

Dans les villes, les lampes à arc ont été remplacées par des lampes à décharge basse consommation. De nos jours, on les trouve le plus souvent le long des routes ou sur les stades.

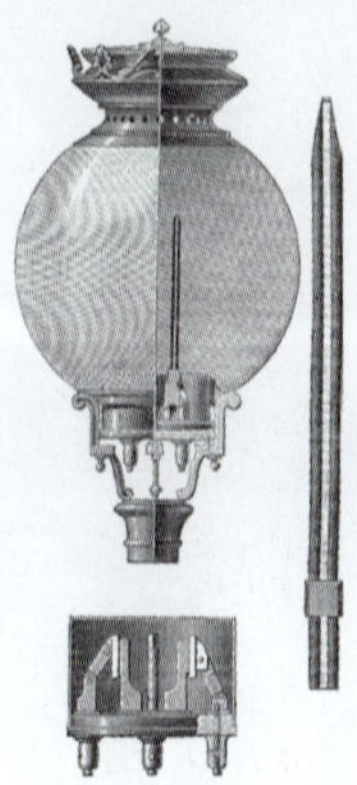

Innovation : arc électrique

Matériaux	Verre, métal, charbon (électrodes)
Énergie	Alimentation électrique
Commande	Centralisée

Principes scientifiques ou techniques	Arc électrique

Analyse de la solution technique 1

1813 : Humphry Davy découvre les principes de l'arc électrique.

1817 : Humphry Davy réalise une lampe de sureté pour les mineurs.

1831 : Michael Faraday découvre l'induction électromagnétique.

1869 : invention par Zénobe Gramme de la dynamo.

1871 : première génératrice industrielle de courant continu.

1876 : invention par Jablochkoff des électrodes en charbon isolées par un revêtement d'argile.

Découvertes ou inventions 2

Je vérifie que j'ai bien compris la méthode

1. Relevez les éléments qui constituent une solution technique. ▸ Méthode 1
2. Indiquez le critère choisi pour former les deux lignées retenues. ▸ Méthode 1
3. Choisissez les critères du principe physique de l'incandescence et de la luminescence pour former deux lignées d'objets. ▸ Méthode 1

Mini-projet

À l'aide des documents des pages 112 et 113 et des ressources (pp. 252-254), complétez la frise chronologique des deux lignées de la méthode 1 en l'enrichissant des inventions ou innovations qui expliquent l'évolution des lampadaires.

OBSERVER

COMPÉTENCES ASSOCIÉES
- Regrouper des objets en familles et lignées.
- Relier les évolutions technologiques à des inventions ou innovations.
- Élaborer une synthèse.

Quelles évolutions ont permis l'automatisation des navettes ?

Situation Pour partager l'espace urbain entre les différents usagers (piétons, cyclistes, automobilistes, transports en commun…) et préserver l'environnement, il faut développer de nouveaux moyens de transport.

La ville de Sion, en Suisse, projette d'utiliser des navettes automatiques. Le conseiller municipal chargé des transports doit préparer un diaporama pour expliquer l'évolution des techniques dans les transports en commun de surface.

Problème Comment exposer les conditions techniques nécessaires à la mise en service de navettes automatiques ?

doc. 1 Frise chronologique des transports en commun de surface

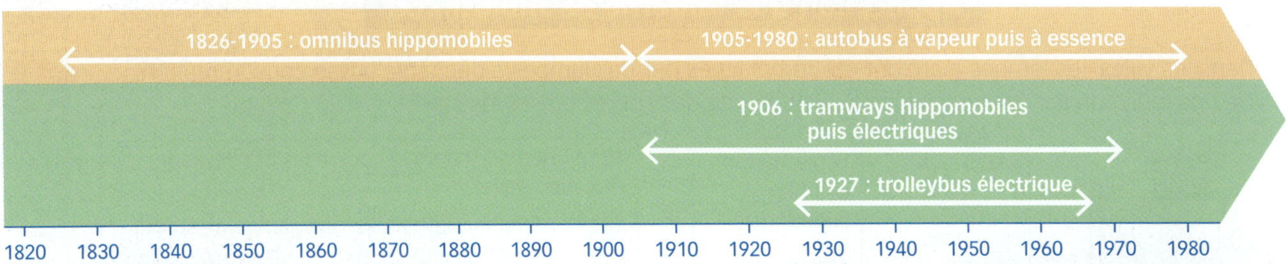

1826 : les premiers **omnibus hippomobiles** marquent le début de lignes régulières. L'usage d'autres sources d'énergie (essence, gaz…) a transformé les omnibus en autobus.

1927 : les **trolleybus** sont des véhicules électriques roulant sur pneumatiques. Ils sont alimentés par un réseau de fils électriques tendus au-dessus des chaussées.

1870 : les premiers **tramways** sont hippomobiles. Ils sont électrifiés depuis 1890 en France.

doc. 2 Moyens de transport innovants

L'engorgement des villes rend nécessaire d'inventer ou de réinventer d'autres moyens de transport.

Nouveaux moyens de transport	Source d'énergie	Voie de roulement	Commande	Réseaux d'information
Les trolleybus-tramways Nancy (2002)	Électricité par caténaires (fils électriques suspendus)	Sur pneumatiques mais guidé par un rail au sol	Chauffeur	– Signalisation pour le chauffeur – Information en temps réel des heures de passage des rames pour les passagers
Les tramways Nantes (1985)	Électricité par caténaires (fils électriques suspendus) ou par les rails	Voies ferrées sur la chaussée en zone propre, interdite aux autres véhicules	Chauffeur	– Signalisation pour le chauffeur – Information en temps réel des heures de passage des rames pour les passagers
Les bus à haut niveau de service TEOR Rouen (2001)	Gazole ou gaz naturel	Sur pneumatiques en zone propre, interdite aux autres véhicules	Chauffeur	– Signalisation pour le chauffeur – Information en temps réel des heures de passage des bus pour les usagers
Les navettes automatiques : premiers essais La Rochelle (2015-2016)	Électrique autonome par accumulateurs électriques	Sur pneumatiques, sur la chaussée au milieu de la circulation urbaine	Automatique sans chauffeur	– Réseau GPS – Capteurs d'obstacles (laser et ultrason) – Poste de contrôle centralisé (Wi-Fi)

Tramway, Nantes

Navette automatique, La Rochelle

TEOR, Rouen

J'analyse la situation

1. Listez les différentes sources d'énergie (chimique, électrique) utilisées dans les transports en commun de surface depuis le XIXe siècle (docs 1 et 2, Ressource, p. 259).
2. Indiquez un avantage et un inconvénient des « zones propres » en milieu urbain (doc. 2).
3. Relevez quelques innovations technologiques nécessaires au fonctionnement d'une navette automatique qui roule sur la chaussée (doc. 2).

Quelles évolutions ont permis l'automatisation des navettes ?

Méthode 1 Situer un objet technique dans une lignée

L'analyse des solutions techniques détermine les principes techniques de fonctionnement des objets. Il est alors possible de les situer dans des lignées existantes ou dans de nouvelles lignées d'objets.

Démarche

Étape 1 À partir des principes techniques, analyser les objets pour définir leur place dans les lignées existantes.

Étape 2 Créer, si besoin, de nouvelles lignées correspondant à des objets techniques innovants.

Étape 3 Illustrer la frise d'objets significatifs.

Application aux transports en commun depuis 1980

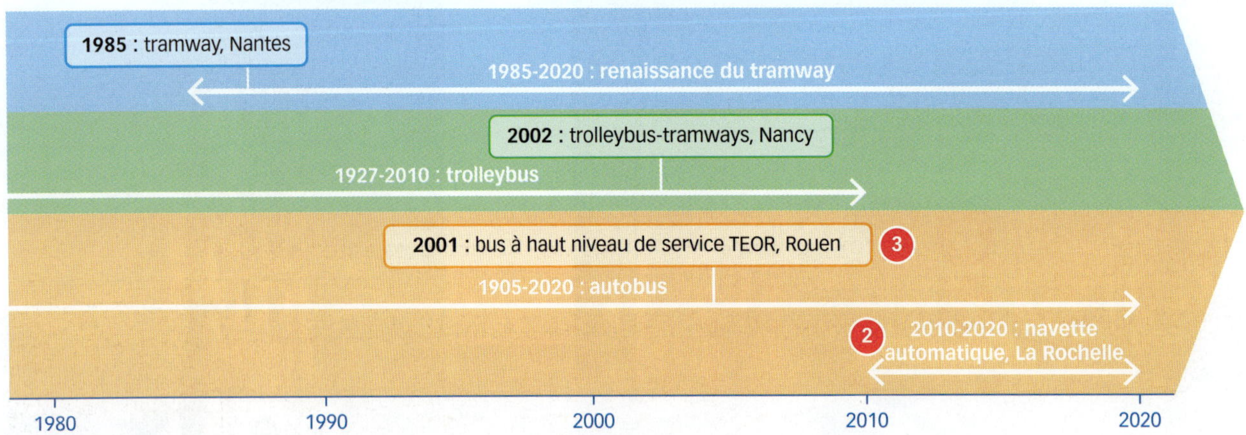

Méthode 2 Rédiger un document de synthèse

Les découvertes scientifiques et les inventions ont donné naissance à des innovations techniques. Elles marquent des ruptures dans l'évolution des solutions. Une innovation technique entraine de nouvelles solutions techniques qui favorisent à leur tour l'émergence d'une nouvelle lignée d'objets.

Démarche

Étape 1 Rédiger une introduction présentant l'origine de l'étude et la problématique.

Étape 2 Analyser la solution technique de l'objet étudié (matériaux, source d'énergie, commande) en vous appuyant sur votre documentation.

Étape 3 Situer l'objet étudié dans l'évolution des lignées des objets de la même famille.

Étape 4 Présenter l'évolution technologique en expliquant les apports scientifiques et technologiques nécessaires à la conception et la réalisation de l'objet étudié.

Étape 5 Rédiger la conclusion en apportant une ou des réponses au problème posé.

Application à l'étude des navettes automatiques

Plan du diaporama sur la naissance des navettes automatiques

1 Introduction orale

La mise en service de navettes automatiques dans la circulation urbaine pose de nombreux défis technologiques : en priorité la sécurité des passagers et des usagers des voies de circulation.
Comment se situe cette innovation dans l'évolution des transports en commun ? Quelles sont les conditions technologiques nécessaires à la réalisation de ce type d'objet technique ?

2 Analyse de la solution technique

Besoin (diapositive 1)

– Petit autobus sans chauffeur.
– Parcours régulier et stations déterminées.
– Circule sur la voie publique.

La solution technique retenue (diapositive 2)

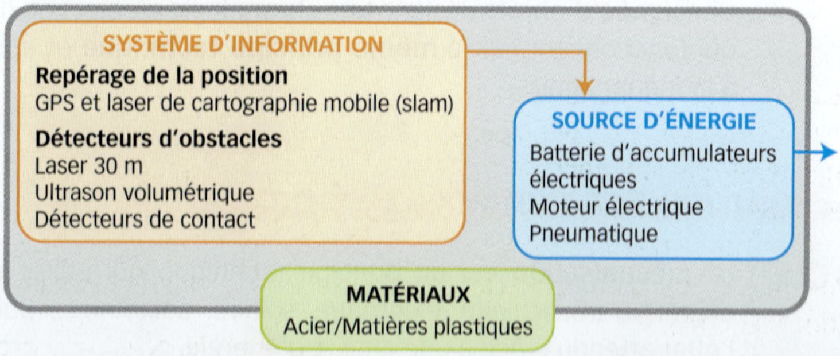

3 Évolution des lignées (diapositive 3)

Les lignées de transports en commun de surface depuis 1975

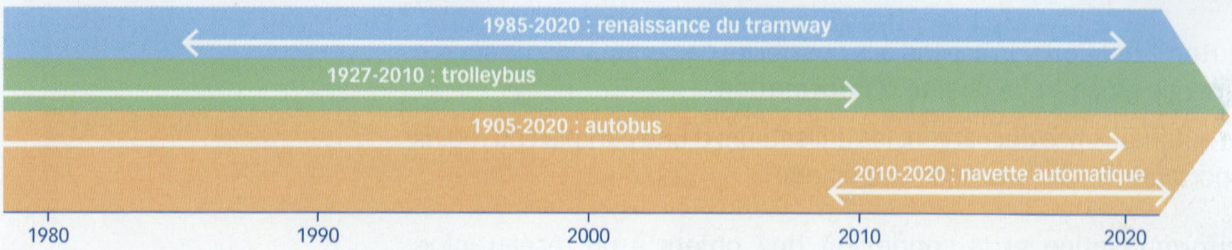

4 Évolution technologique (diapositive 4)

Évolutions technologiques ayant permis la mise en service de navettes automatiques

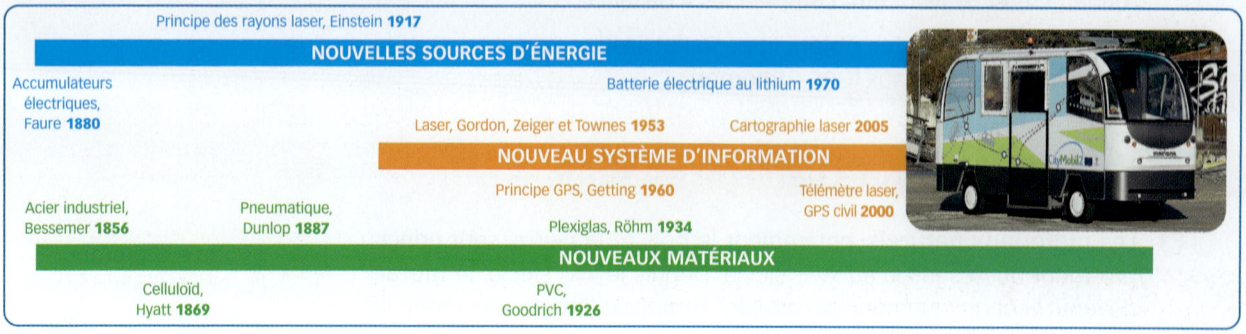

5 Conclusion orale

Les expérimentations de la navette automatisée préparent les transports en commun du futur. La navette vise à rendre les centres-villes plus agréables, plus silencieux et plus sains en diminuant fortement la présence de l'automobile.

Je vérifie que j'ai bien compris la méthode

1. Justifiez le placement de la navette dans la lignée des autobus. ▸ Méthode 1
2. Relevez les trois parties qui décrivent la solution technique. ▸ Méthode 2
3. Expliquez en quoi les évolutions 4 sont en relation avec la solution retenue 2. ▸ Méthode 2

Mini-projet

Par groupe, menez une enquête pour retracer l'évolution des transports en commun dans une grande ville de votre région. Décrivez-la à l'aide des outils utilisés dans ce chapitre.

Je retiens

Familles et lignées d'objets techniques

Une **famille d'objets** désigne des objets techniques qui répondent au **même besoin** (usage).

Une **lignée d'objets** désigne une chronologie d'objets ou de systèmes qui fonctionnent sur le **même principe technique** et appartiennent à la même famille.

Évolution des principes techniques

La **mécanisation** est un principe technique qui utilise une source d'énergie (musculaire, électrique, solaire, éolienne…) pour produire l'effet attendu grâce à une chaine d'énergie.

Les machines permettent de soulager les utilisateurs d'efforts physiques importants ou répétitifs.

L'**automatisation** correspond à la possibilité de commander la source d'énergie grâce à une **chaine d'information**.

Les automatismes déchargent les utilisateurs d'une part plus ou moins importante de la commande des objets.

L'**informatisation** et la **connexion des objets** à un réseau informatique permettent l'échange de données numériques. Les objets communicants s'adaptent facilement aux modifications de leur environnement et peuvent être commandés à distance.

L'**autonomie totale des objets** impose l'utilisation de capteurs et la connexion à des réseaux (GPS – Internet).

Évolution des structures et de l'esthétique

Les **matériaux naturels**, notamment le bois et la pierre, sont principalement utilisés jusqu'au XVIIIe siècle. Depuis le XIXe siècle, le **métal**, devenu économiquement accessible, remplace progressivement le bois. Les **matières plastiques synthétiques** sont de plus en plus utilisées depuis le début du XXe siècle.

L'**esthétique des objets** se développe en ajoutant des détails artistiques aux formes fonctionnelles des objets. Depuis le XXe siècle, l'usage des matériaux plastiques permet de masquer la structure et l'intérieur des objets.

Les nouveaux matériaux intègrent des matières et des micro-objets permettant de les connecter à des réseaux d'information (affichage d'information).

Les objets sont conçus selon une **démarche design** qui intègre les aspects fonctionnels et esthétiques. Les designers choisissent les principales caractéristiques esthétiques (formes, couleurs, aspect) des objets en veillant à la satisfaction des usagers.

Définitions

Source d'énergie
Phénomène physique ou chimique naturel duquel il est possible d'exploiter l'énergie.

L'évolution des objets
On peut caractériser l'évolution des objets par différents stades :
- objets mécanisés ;
- objets automatisés ;
- objets connectés.

Grâce à ces évolutions, l'usage des objets est modifié, ainsi que leur impact sur leur environnement et leurs relations aux utilisateurs.

Je sais faire

Documentation sur la famille d'objets étudiés

Objets techniques d'une même famille

→ Regrouper les objets en lignées selon un même principe technique

Documentation sur l'évolution des sciences et techniques

Moteur de recherche Web

→ Repérer les innovations et les inventions liées à l'évolution des objets

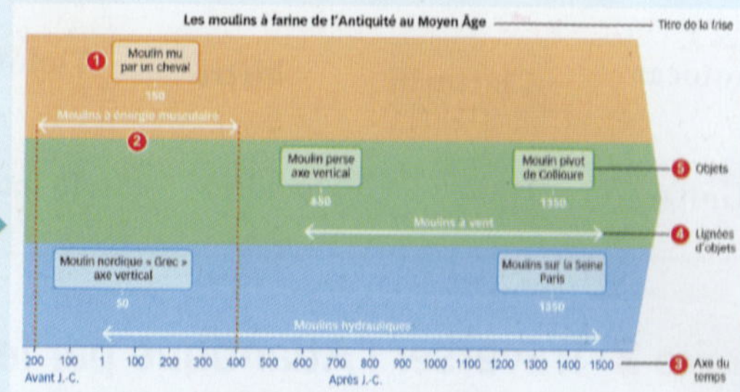

Frise chronologique

→ Situer le degré d'évolution des solutions et dégager un principe technique

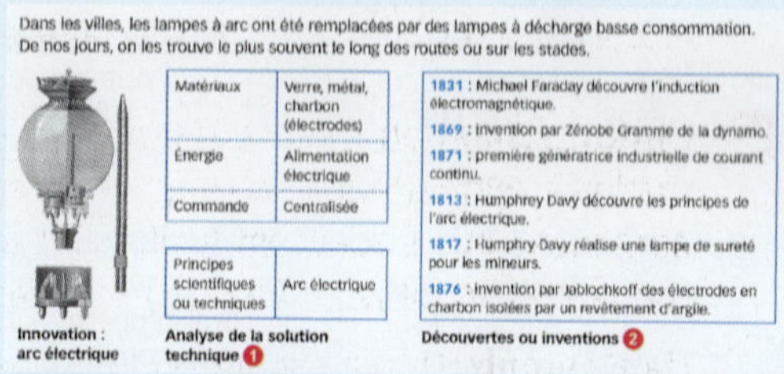

Tableau d'analyse des solutions techniques

→ Justifier les ruptures technologiques retenues

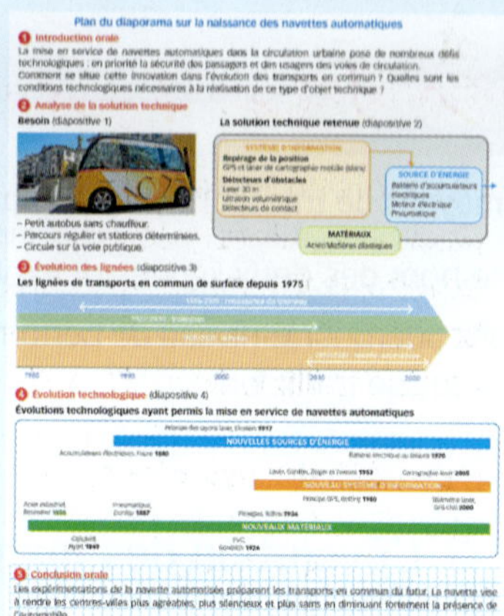

Fiche de synthèse

J'ai appris à

	😐	😄
Regrouper des objets en familles et lignées.		
Relier les évolutions technologiques aux inventions et innovations qui marquent des ruptures dans les solutions techniques.		

S'ENTRAINER

COMPÉTENCES TRAVAILLÉES
- Regrouper des objets en familles et lignées (ex. 1 et 2).
- Relier les évolutions technologiques aux inventions et innovations qui marquent des ruptures dans les solutions techniques (ex. 3).

QCM Je vérifie mes connaissances

lienmini.fr/t130-qcm51

J'utilise mes compétences

Exercice 1 Trois familles d'objets

Saxophone — Tramway — Trolleybus — Stylo-plume
Autocar — Clarinette — Métro — Violon — Voiture
Guitare — Train — Stylo bille — Stylo feutre — Crayon

1. Classez ces objets en trois familles.
2. Donnez un nom à chaque famille.
3. Proposez une autre famille d'objets en donnant cinq exemples d'objets.

Exercice 2 Traverser l'Atlantique par les airs

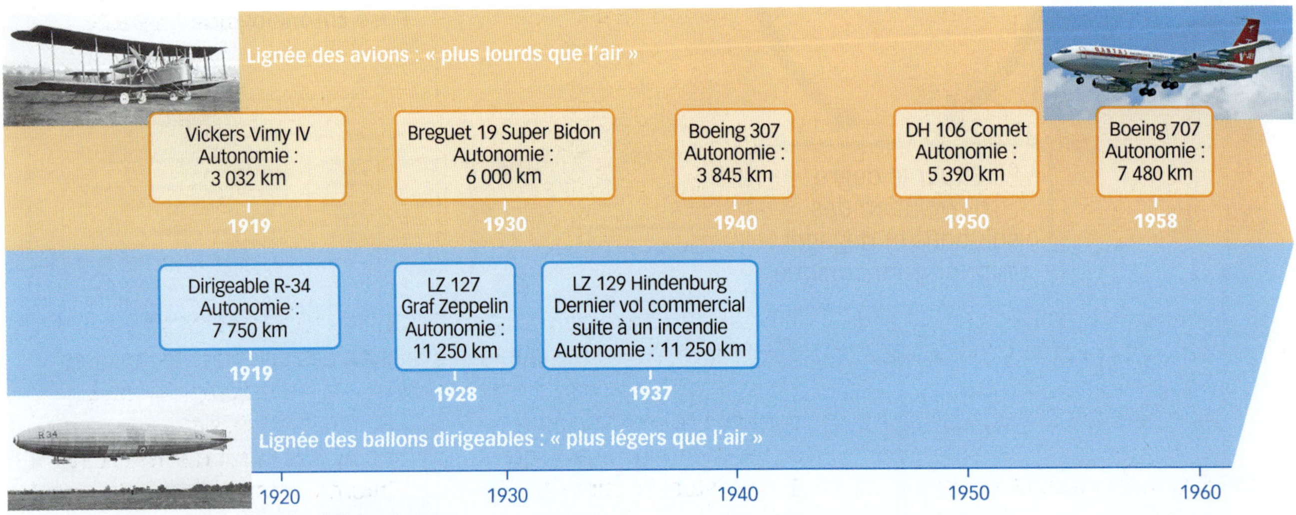

Premiers moyens de transport volants capables de traverser l'Atlantique

1. Notez le nom des deux lignées et expliquez selon quel principe elles ont été constituées.
2. Expliquez pourquoi le niveau de performance relatif à l'autonomie est essentiel pour ces moyens de transport.
3. Indiquez quel évènement a mis fin à l'utilisation des ballons dirigeables.

Exercice 3 L'évolution des matériaux de construction

Moulin
Structure en métal comblée par des briques.

Maison à colombage
Structure en bois comblée par un mélange de terre et de paille.

1. Relevez, pour chaque construction, les matériaux utilisés.
2. Sachant qu'un bâtiment date de 1472, l'autre de 1872, attribuez la date qui convient à chacun en justifiant votre réponse (➤ Ressource, pp. 252-254).

La photographie : de l'argentique au numérique

Tâche complexe

VOTRE MISSION

Votre collège organise une exposition sur l'histoire de la photographie. Elle illustrera l'évolution des techniques qui se sont succédé pour faciliter son usage.

Vous devez réaliser une frise chronologique qui montre deux lignées d'objets ayant le même principe technique. Votre frise sera enrichie d'éléments qui ont marqué des ruptures technologiques.

POUR RÉUSSIR

- Je trace une frise chronologique qui montre deux lignées selon le principe technique utilisé pour conserver une image photographique.
- Je nomme chaque lignée en indiquant le principe technique retenu.
- Je place sur la frise les innovations, inventions et découvertes expliquant les ruptures dans les solutions techniques utilisées.

VOS RESSOURCES

doc. 1 Trois appareils photographiques

1888 Kodak (Eastman)

Premier appareil photographique grand public. Technologie argentique : l'image traverse l'objectif et s'imprime sur le film celluloïd recouvert de sel d'argent.

1989 Xapshot (Canon)

Premier appareil grand public équipé d'un capteur photographique. L'image est capturée sous forme d'un signal électrique analogique. Elle est stockée sur une disquette magnétique.

1992 Fotoman (Logitech)

Innovation : les images analogiques, provenant du capteur photographique, sont numérisées et enregistrées sur des mémoires internes. Les photos sont visionnées sur un ordinateur.

doc. 2 Chronologie

- **1802 Sels d'argent**
  Wedgwood obtient des images fugitives par l'usage d'une chambre noire et de papier imbibé de nitrate d'argent.
- **1819 Fixateur**
  Herschel découvre les propriétés de l'hyposulfite de sodium comme fixateur des photographies.
- **1826 Photographie**
  Niépce invente la photographie.
- **1839 Daguerréotypes**
  Daguerre propose un procédé permettant d'afficher des photographies de façon permanente.
- **1856 Celluloïd**
  Première matière plastique artificielle.
- **1885 Film photographique**
  Eastman invente le film photographique sur une bande de celluloïd transparent et flexible.
- **1969 Capteur photographique**
  Smith et Boyle inventent le capteur photographique.
- **1975 Appareil à capteur photographique**
  Sasson invente l'appareil photo numérique.
- **2006 Déclin de la technologie argentique.**

S'ENTRAINER

QCM Je vérifie mes connaissances

lienmini.fr/t130-qcm52

> **COMPÉTENCES TRAVAILLÉES**
> - Regrouper des objets en familles et lignées (ex. 1).
> - Relier les évolutions technologiques aux inventions et innovations qui marquent des ruptures dans les solutions techniques (ex. 2).

J'utilise mes compétences

Exercice 1 La recherche d'un principe technique

a. Première tondeuse mécanique (Budding, 1830)

Innovation : mécanisation d'une opération qui s'effectuait à la faux. Un rouleau de lames coupe l'herbe. La tondeuse est actionnée par l'énergie musculaire de l'utilisateur.

b. Première tondeuse à gazon thermique (Wolf, 1958)

Innovation : système de coupe par lames rotatives entrainées par un moteur à explosion à essence (énergie thermique).

c. Première tondeuse à gazon robotisée (Husqvarna, 1995)

Innovation : automatisation du déplacement. Les lames rotatives sont entrainées par un moteur électrique alimenté par une batterie d'accumulateurs.

1. Indiquez dans les trois cas la source d'énergie utilisée pour mettre en mouvement la tondeuse.
2. Proposez trois possibilités pour regrouper ces objets en deux lignées selon le principe technique de la coupe et selon la source d'énergie et de la chaine d'information.

Exercice 2 L'esthétique des téléphones

a. Modèle Dachshund, Ericsson 1892

b. Téléphone des années 1970

1. Dressez la liste des matériaux que vous reconnaissez (a).
2. Indiquez les moyens esthétiques utilisés pour donner une apparence précieuse à l'objet (a).
3. Déterminez en quoi le matériau qui forme l'enveloppe de l'appareil (b) contribue à son esthétique.

Vers le brevet

De la draisienne au vélo

La bicyclette a été une source importante d'innovations techniques qui ont contribué au développement de l'automobile.

Vous analyserez les solutions techniques qui permettent de regrouper les objets en lignées. Vous les placerez ensuite sur une frise chronologique. Vous indiquerez également sur cette frise les innovations et les inventions qui ont marqué des ruptures technologiques.

QUESTIONS

1. Réalisez un tableau d'analyse des solutions techniques en regroupant les objets, selon les types de roues, la transmission et les matériaux utilisés.
2. Tracez une frise chronologique montrant trois lignées de bicyclettes.
3. Placez sur la frise les innovations expliquant les ruptures dans les solutions techniques utilisées (➤ **Ressource**, pp. 252-254).

VOS RESSOURCES

doc. 1 Évolution des solutions

	1818 Draisienne (utilisée jusqu'en 1850)	1867 Vélocipède de Michaux	1869 Grand-Bi (commercialisé jusqu'en 1890)	1885 Rover Safety Bicycle	2017 Vélo actuel
Roues	Deux roues en bois d'égal diamètre.	Deux roues en bois cerclées de fer d'égal diamètre.	Deux roues en métal de diamètre 1,5 m à l'avant et 0,5 m à l'arrière.	Deux roues en métal d'égal diamètre.	Deux roues en acier ou aluminium d'égal diamètre.
Transmission	Action alternative des pieds sur le sol.	Rotation des pédales solidaires de l'axe de la roue avant.	Rotation des pédales solidaires de l'axe de la roue avant.	Rotation des pédales, chaine et pignons.	Rotation des pédales, chaine et pignons.
Matériaux	Cadre en bois	Cadre métal et bois.	Cadre en lames d'acier.	Cadre en tubes d'acier.	Cadre en tubes d'acier, d'aluminium ou matériaux composites.

doc. 2 Illustrations

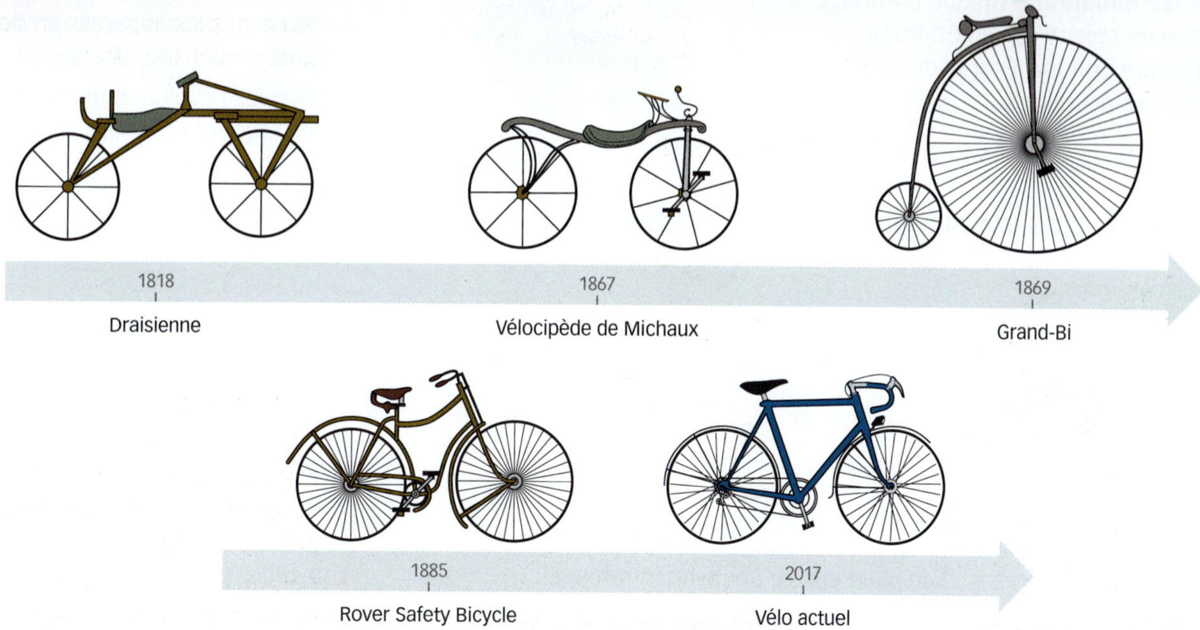

S'ENTRAINER

COMPÉTENCES TRAVAILLÉES

- Relier les évolutions technologiques aux inventions et innovations qui marquent des ruptures dans les solutions techniques (ex. 1 et 2).
- Regrouper des objets en familles et lignées (ex. 3).

QCM Je vérifie mes connaissances

lienmini.fr/t130-qcm53

J'utilise mes compétences

Exercice 1 La tondeuse à gazon connectée

lienmini.fr/t130-connect
vidéo de l'application

Un système GPS (Global Positioning System) embarqué établit une carte de l'espace à tondre.
Une liaison Wi-Fi permet une connexion à une application de pilotage à distance sur smartphone.

1. Indiquez les réseaux mis en œuvre dans cette installation.
2. Expliquez l'intérêt des deux réseaux pour l'usage de la tondeuse.

Exercice 2 Des objets nomades reproducteurs du son

Chronologie des appareils nomades reproducteurs du son

1964 Magnétophone portatif
Son enregistré sur une bande en polyester recouverte d'un pigment magnétique contenue dans une cassette.
Diffusion du son par un haut-parleur.

1979 Baladeur à cassette
Son enregistré sur une bande en polyester recouverte d'un pigment magnétique contenue dans une cassette.
Écoute du son par des écouteurs.

1982 Baladeur à disque compact
Son enregistré sur un CD-Rom.
Lecture optique. Écoute du son par des écouteurs.

1. Citez de manière chronologique deux supports de stockage du son.
2. Regroupez les appareils en deux lignées selon leur usage.
3. Décrivez l'évolution du design et de l'ergonomie de ces appareils.

Exercice 3 Les essuie-glaces automatiques

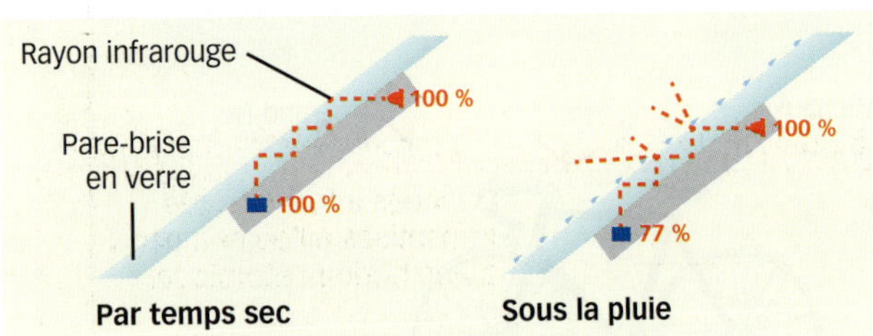

Principe de fonctionnement

Un détecteur de présence de pluie envoie un rayon infrarouge dans l'épaisseur du pare-brise. S'il y a des gouttes de pluie, le rayon arrive au capteur affaibli, ce qui déclenche les essuie-glaces.

1. Relevez la nature du rayon utilisé et la cause de son affaiblissement sous la pluie.
2. Expliquez à partir de quels types de phénomènes physiques le détecteur de pluie a été imaginé et en quoi il constitue une invention.
3. Justifiez l'intérêt de ce dispositif pour assister le conducteur d'une voiture.

Je prépare le brevet

La naissance des montres connectées

Une montre connectée utilise une liaison Bluetooth ou Wi-Fi pour être liée à un téléphone ou à une carte SIM et une connexion 3G ou 4G pour accéder directement à Internet. Elle possède plusieurs fonctionnalités : notifications de messages ou appels téléphoniques, prise de photo, tracking d'activités et de sport… Sous son aspect classique, elle s'apparente à un smartphone.

Montre Gear S3
Samsung

QUESTIONS

1. Analysez les solutions techniques des différentes lignées de montres dans un tableau.
2. Situez les montres connectées dans une lignée existante ou une nouvelle lignée.
3. Recherchez des inventions et découvertes reliées au fonctionnement des montres connectées (➤ **Ressource**, pp. 252-254).
4. Rédigez une synthèse sur la naissance des montres connectées (fonction principale, usage, contraintes). Plan proposé : solution technique, frise, inventions et découvertes, conclusion.

VOS RESSOURCES

doc. 1 Frise chronologique des montres-bracelet

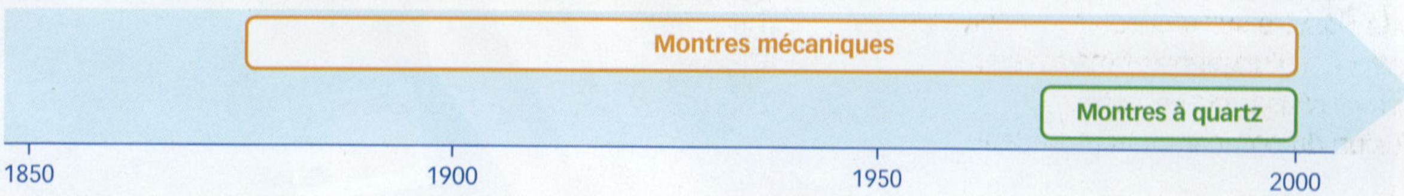

doc. 2 Mécanisme d'une montre mécanique

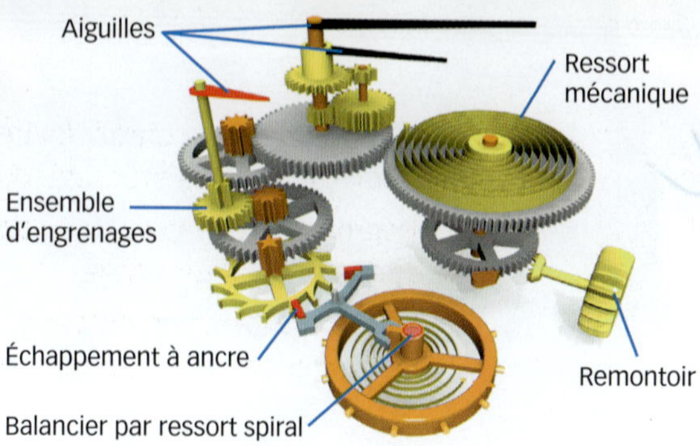

doc. 3 Mécanisme d'une montre à quartz

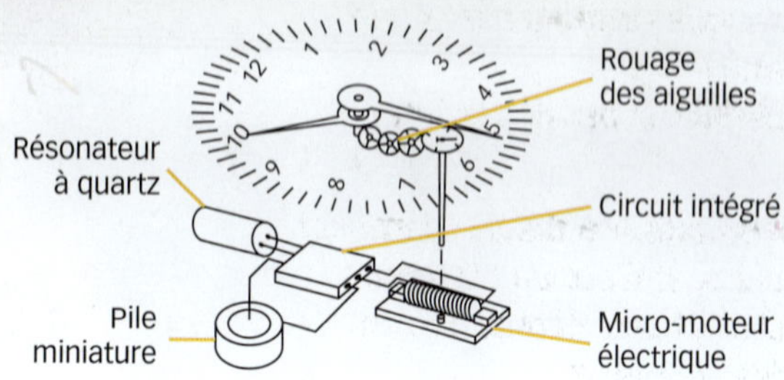

doc. 4 Analyse des solutions techniques

Fonction	Montre à balancier, 1675	Montre à quartz, 1969	Montre connectée, 2003
Régulateur	Balancier par ressort spiral et échappement à ancre	Quartz	Données informatiques transmises à l'objet à partir d'une horloge atomique.
Comptage	Ensemble d'engrenages	Circuit intégré	
Énergie	Ressort mécanique	Pile électrique	Accumulateur électrique rechargé par induction
Affichage	Aiguilles	Micro-moteur électrique Rouages Aiguille ou écran à cristaux liquides (LCD)	Écran à cristaux liquides (LCD)

THÈME 2

Les objets techniques, les services et les changements induits dans la société

Selon vous, quels sont les impacts des progrès techniques sur les habitudes des gens ?

chapitre 6 L'évolution des objets et leur impact

Dans ce chapitre, vous allez apprendre à :

Vous approprier des outils et des méthodes
(Domaine 2 du socle)

- Exprimer votre pensée à l'aide d'outils de description adaptés.

Adopter votre comportement éthique et responsable
(Domaines 3 et 5 du socle)

- Développer les bonnes pratiques de l'usage des objets communicants.
- Analyser l'impact environnemental d'un objet et de ses constituants.
- Analyser le cycle de vie d'un objet.

Comment ont évolué les consoles de jeux vidéo ?

Comment ont évolué les techniques cartographiques ?

Comment décrire l'impact du livre numérique ?

OBSERVER

COMPÉTENCES ASSOCIÉES
- Commenter les évolutions fonctionnelles, structurelles et économiques d'un objet.
- Élaborer une synthèse de ces comparaisons.

Comment ont évolué les consoles de jeux vidéo ?

Situation Catherine raconte à Léa, sa petite fille, qu'elle passait de longs moments à jouer aux jeux vidéo quand elle était enfant. Léa lui explique qu'aujourd'hui les consoles de jeux donnent accès à des contenus multimédias, au même titre qu'une tablette, un smartphone ou un ordinateur.

Problème Comment décrire les progrès des consoles de jeux vidéo ? Comment déterminer leur impact environnemental ?

doc. 1 Schéma d'une console actuelle

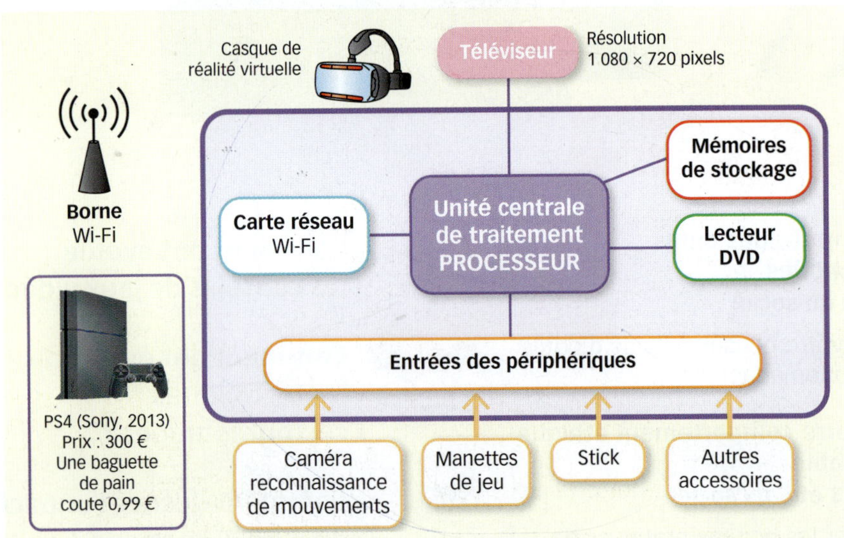

Les consoles de jeux présentent les mêmes blocs fonctionnels qu'un ordinateur mais sont adaptées à leur usage : unité centrale de traitement, périphériques de sortie et d'entrée, périphériques de lecture, de stockage ou d'échange de données.

Périphérique
Dispositif connecté à un ordinateur ou à une console de jeux qui lui ajoute des fonctionnalités (clavier, souris, écran, visiocasque, imprimante, haut-parleur…).

doc. 2 Évolution des consoles de jeux vidéo

lienmini.fr/sp130-odyssey
vidéo de promotion de la console Odyssey

1972 Odyssey (Magnavox)
- Pas de logiciel, pas de mémoire pas d'unité centrale
- Composants électroniques analogiques
- Deux manettes
- **Prix** : 99 euros
- Une baguette de pain coute 0,14 euro.

1998 Dreamcast (Sega)
- Unité centrale
- Carte mémoire externe
- Jeux sur support CD-Rom
- Modem externe pour connexion à un réseau informatique
- **Résolution** : 640 × 480 pixels
- Nombreux accessoires : tapis de danse, canne à pêche…
- **Prix** : 260 euros
- Une baguette de pain coute 0,63 euro.

doc. 3 Cycle de vie d'une console de jeux vidéo

Certaines étapes du cycle de vie de la console consomment beaucoup d'énergie et produisent des rejets polluants notamment du dioxyde de carbone (gaz à effet de serre).

COUP DE POUCE

Reportez-vous à la **Ressource**, Matériaux, p. 256. Elle indique les possibilités de valorisation des différentes familles de matériaux.

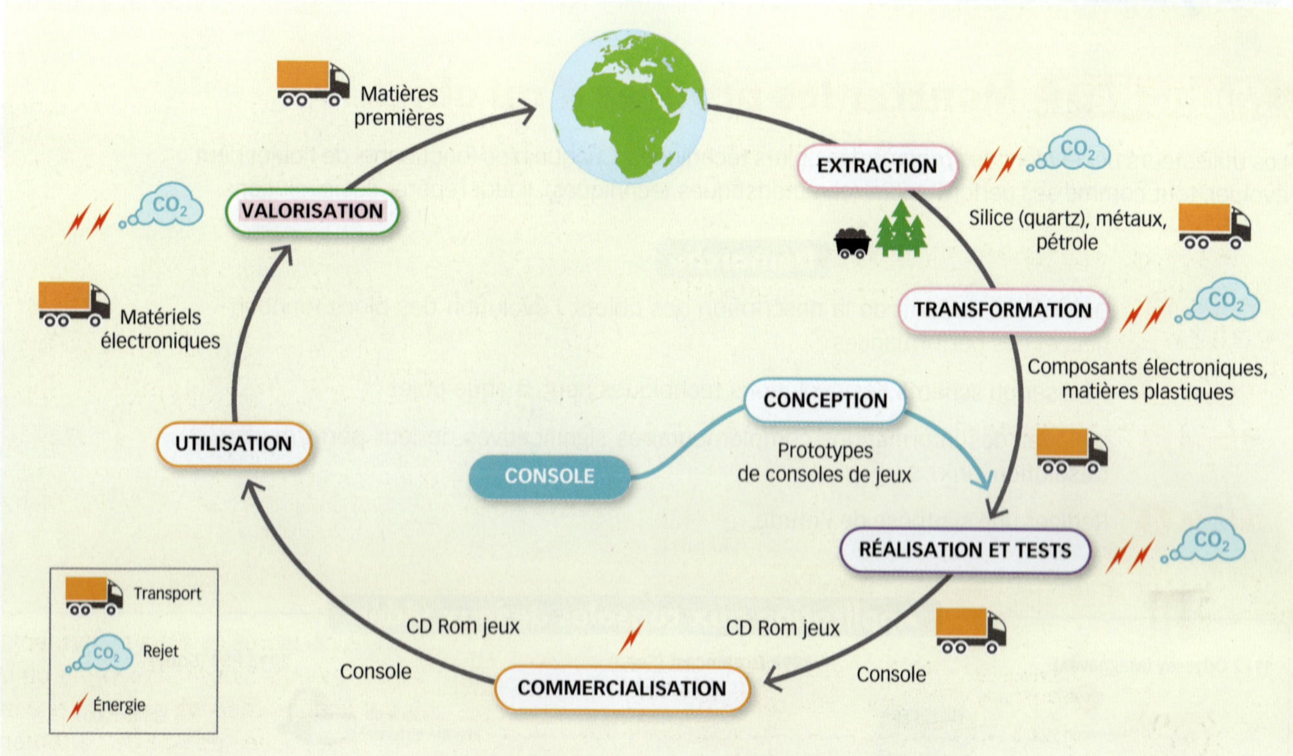

Gaz à effet de serre
Gaz responsables de l'augmentation de la température moyenne de l'atmosphère.

Valorisation
Le fait de donner une valeur aux matériaux des objets usagés par un réemploi, un recyclage ou une incinération pour produire de l'énergie.

doc. 4 Dix conseils de la CNIL pour rester net sur le Web

lienmini.fr/t130-cnil
note de la CNIL

1. Réfléchissez avant de publier.
2. Respectez les autres.
3. Ne dites pas tout.
4. Sécurisez vos comptes.
5. Créez plusieurs adresses e-mail.
6. Attention aux photos et aux vidéos.
7. Utilisez un pseudonyme.
8. Attention aux mots de passe.
9. Faites le ménage dans vos historiques.
10. Vérifiez vos traces.

J'analyse la situation

1. Listez les différents périphériques qui composent une console de jeux vidéo (doc. 1).
2. Relevez les éléments qui montrent l'évolution des moyens de connexion des trois consoles à un réseau informatique (docs 1 et 2).
3. Relevez les étapes propres à la transformation de la matière (doc. 3).
4. Listez, pour chaque conseil de la CNIL, le danger qu'il permet d'éviter (doc. 4).

Comment ont évolué les consoles de jeux vidéo ?

Méthode 1 Montrer les progrès d'un objet

Les utilisateurs bénéficient des progrès des objets techniques. Chaque bloc fonctionnel de l'objet peut évoluer, tout comme ses performances (caractéristiques techniques). Il faut repérer ces évolutions.

Démarche

Étape 1 Déterminer, à partir de la description des objets, l'évolution des blocs fonctionnels et des performances.

Étape 2 Réaliser un schéma des évolutions techniques pour chaque objet.

Étape 3 Indiquez des informations complémentaires significatives de leur performance (résolution, prix…).

Étape 4 Rédiger une synthèse de l'étude.

Application aux consoles de jeux vidéo

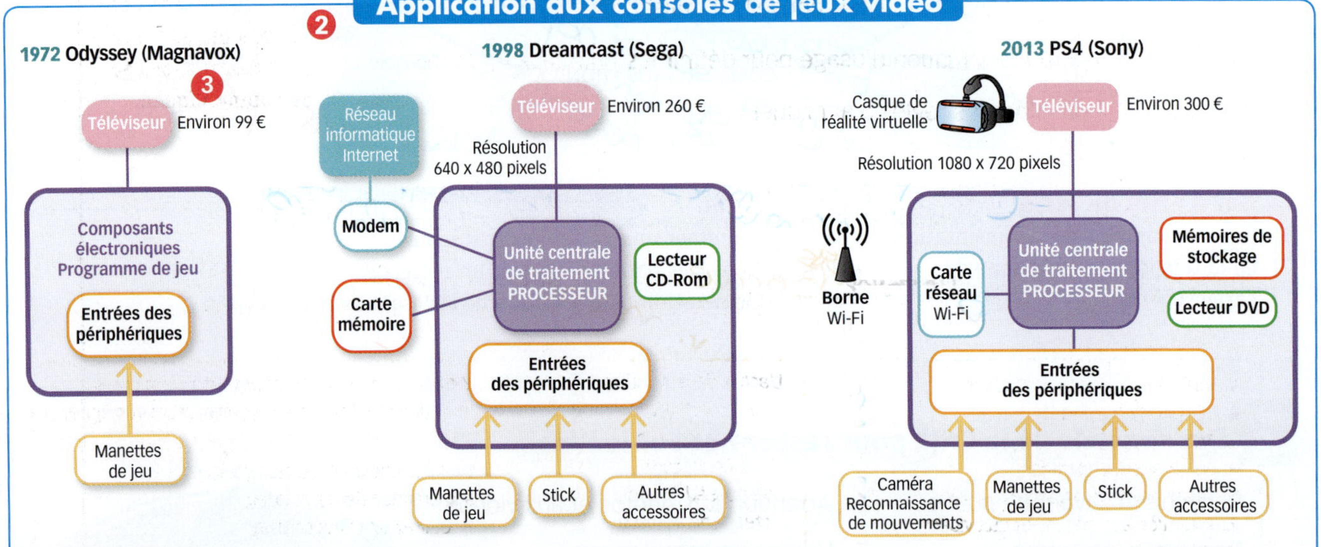

4 Au cours de leur évolution, les consoles ont acquis plus de blocs fonctionnels, dont un accès au réseau Internet, la reconnaissance du mouvement et la réalité augmentée. La résolution de l'image a progressé. Le prix doit être resitué dans le contexte économique de l'époque.

Méthode 2 Lire le cycle de vie d'un objet

Le **cycle de vie d'un objet** est constitué de différentes étapes depuis sa production jusqu'à sa destruction. On le représente grâce à un schéma qui montre l'énergie consommée, le cycle des matières premières et les rejets dans l'environnement.

Démarche

Étape 1 Lister les matières premières nécessaires.

Étape 2 Relever les étapes qui réclament le plus d'énergie, de transports et émettent des rejets polluants.

Étape 3 Déterminer les matériaux recyclables à partir des familles de matériaux (➤ Ressource, Matériaux, p. 256).

Application aux consoles de jeux vidéo

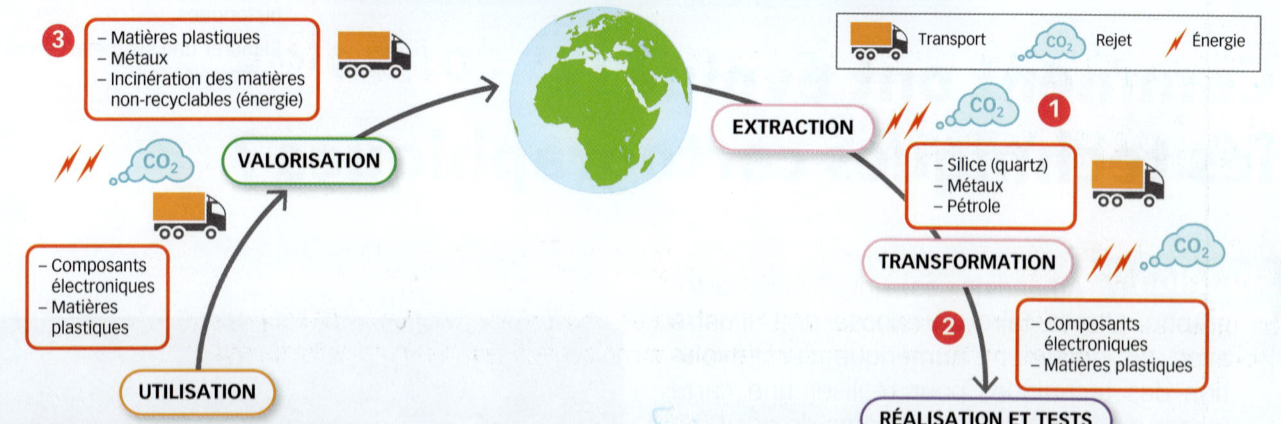

Cycle de vie d'une console de jeux

Méthode 3 Bien utiliser les objets communicants

Lorsqu'on utilise un objet communicant, il est recommandé d'étudier les conseils de la CNIL et d'utiliser ceux qui s'appliquent à l'usage de cet objet.

Démarche

Étape 1 S'informer auprès de la CNIL pour connaitre les dangers des objets connectés et recevoir des conseils d'utilisation.

Étape 2 Analyser la situation d'usage pour définir les points de vigilance.

Étape 3 Déterminer les règles à appliquer.

Objet communicant
Objet technique capable de recevoir et d'envoyer de l'information, donc de communiquer.

Application aux consoles de jeux vidéo connectées

1 Recommandations de la CNIL → **2 Point de vigilance dans la pratique des jeux vidéo** → **3 Règles à adopter**

1 Recommandations de la CNIL

1. Réfléchissez avant de publier.
2. Respectez les autres.
3. Ne dites pas tout.
4. Sécurisez vos comptes.
5. Créez plusieurs adresses e-mail.
6. Attention aux photos et aux vidéos.
7. Utilisez un pseudonyme.
8. Attention aux mots de passe.
9. Faites le ménages dans vos historiques.
10. Vérifiez vos traces.

2 Point de vigilance dans la pratique des jeux vidéo

L'achat de jeux vidéo et les échanges entre joueurs nécessitent de posséder ou de créer une adresse électronique (e-mail).

3 Règles à adopter

- **3 et 4.** Indiquez le minimum d'informations sur vous dans les fiches de renseignements en ligne.
- **5.** Créez une adresse électronique spécifique à la pratique des jeux vidéo.
  7. Utilisez un pseudonyme.
- **8.** Créez un mot de passe spécifique pour les jeux vidéo suffisamment compliqué mélangeant différents types de caratères.

Je vérifie que j'ai bien compris la méthode

1 Expliquez pourquoi l'augmentation de la résolution de l'image constitue un progrès. ▸ Méthode 1

2 Listez les différentes étapes du cycle de vie d'un objet. ▸ Méthode 2

3 Relevez les étapes qui utilisent le plus d'énergie. ▸ Méthode 2

4 Précisez pourquoi certaines recommandations de la CNIL n'ont pas été retenues dans le cas d'une console de jeux ? ▸ Méthode 3

Mini-projet

Par groupe, recherchez des informations sur Internet sur la console hybride Switch de Nitendo (2017). Faites un schéma qui montre les progrès apportés par cette console.

OBSERVER

COMPÉTENCES ASSOCIÉES
- Commenter les évolutions techniques, scientifiques et historiques.
- Élaborer une synthèse de ces comparaisons.

Comment ont évolué les techniques cartographiques ?

Situation Amandine est ingénieur cartographe. Elle va faire un exposé oral, illustré avec un document numérique sur l'évolution des techniques pour réaliser une carte (observation des étoiles, système de positionnement par satellite, photographie aérienne). Amandine doit préciser que la photographie aérienne peut être contraire à la vie privée de chacun.

Problème **Comment montrer l'évolution des techniques de la cartographie ? Indiquez les limites d'utilisation de ces techniques au regard du respect de la vie privée ?**

doc. 1 Technique de relevé par triangulation

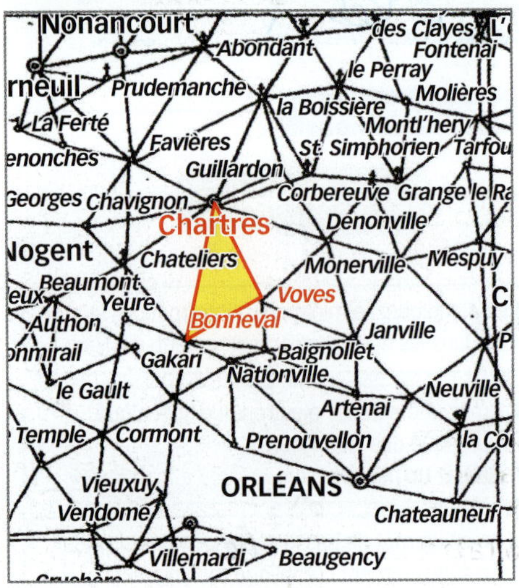

Plan triangulé avant 1751

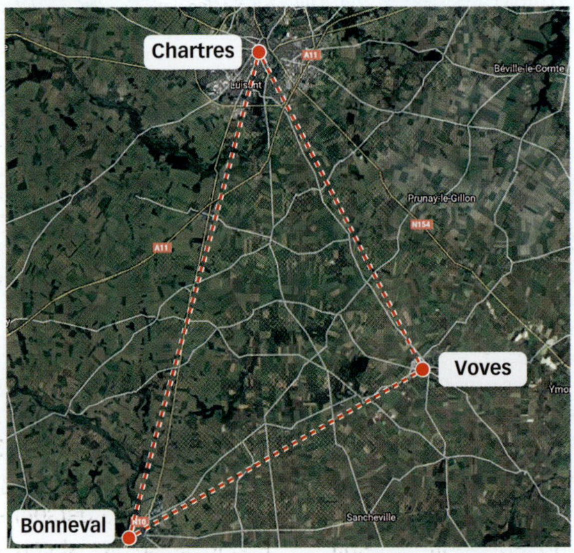

Vue par satellite

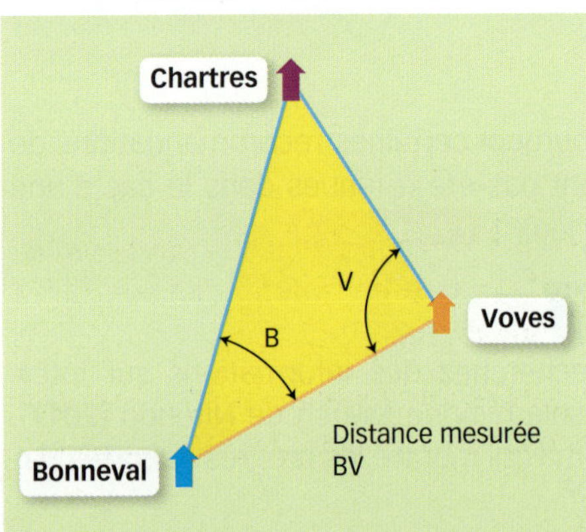

La triangulation est une technique permettant de déterminer la position d'un point en mesurant les angles entre ce point et d'autres points de référence dont la position est connue.

Ce point peut être considéré comme étant le troisième sommet d'un triangle dont on connait deux angles et la longueur d'un côté comme ici : Bonneval et Voves.

Par ce procédé, on obtient une carte par maillage de triangles.

doc. 2 Évolution des instruments de cartographie

Les techniques cartographiques utilisent des instruments manuels ou de l'énergie. Ces instruments sont constitués de matériaux plus ou moins recyclables.

Au XVIIIe siècle, les ingénieurs en campagne utilisaient des planchettes et une boussole pour mesurer des angles et des distances. Aujourd'hui, ils dressent en temps réel la carte du terrain grâce à leur ordinateur ou à un drone. Ils sont équipés d'un GPS et d'un télémètre.

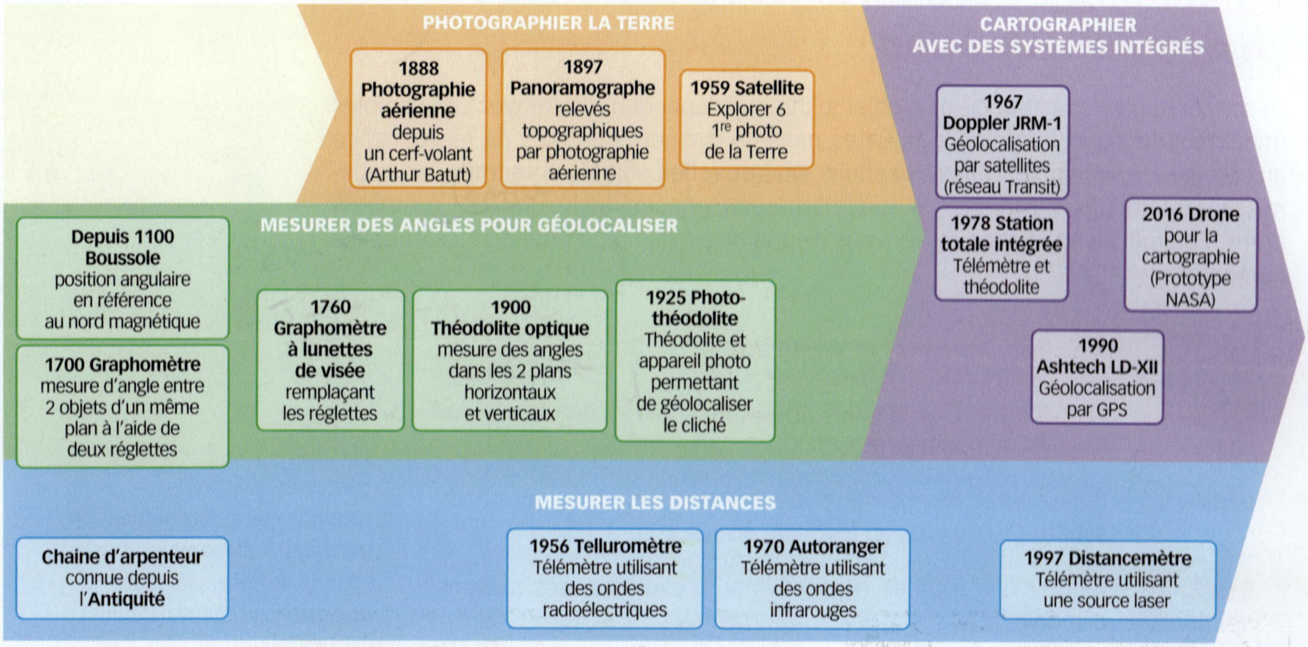

doc. 3 Limites dans la prise de vue et la présentation des images

Le cadre juridique

La prise et la diffusion des images sont soumises à différents textes de lois.

- Filmer ne doit pas porter atteinte à l'intimité d'autrui.
- Il est interdit de filmer chez les voisins.
- Avant toute diffusion publique d'une photographie par voie de presse ou autre (site Internet, télévision, revue, journaux, blogs, etc.), le diffuseur doit obtenir l'autorisation de diffusion des personnes concernées.
- Une personne peut se saisir de la loi pour s'opposer à l'utilisation de son image.
- Il n'est pas interdit de photographier ou filmer sur la voie publique. Mais la diffusion ou la publication des images, où à la fois le contexte et une personne sont aisément reconnaissables, est condamnable.

Image Google Maps

J'analyse la situation

1. Décrivez la technique de triangulation pour déterminer la position d'un point dans un espace (doc. 1).
2. Nommez les évolutions techniques des instruments de cartographie (doc. 2).
3. Indiquez en quoi la géolocalisation par des réseaux satellites constitue une innovation décisive dans les méthodes employées (doc. 2).
4. Déterminez quelles précautions sont prises par Google Maps pour diffuser des images prises sur la voie publique (doc. 3).

Comment ont évolué les techniques cartographiques ?

Méthode 1 Comparer des techniques à différentes époques

La conception et la réalisation d'un objet technique dépendent des moyens disponibles (matériaux, énergie, informations…). Ces moyens évoluent au cours du temps grâce aux progrès scientifiques et aux inventions. De **nouvelles solutions techniques** apparaissent (matériaux, flux d'énergie et d'information, principe technique…). Un schéma permet de mettre en relation les moyens disponibles à des moments donnés et de les comparer.

Démarche

Étape 1 En s'appuyant sur une documentation fournie, déterminer les moyens disponibles aux époques considérées.

Étape 2 Représenter les éléments de comparaison sous forme de schéma ou de tableau à double entrée.

Étape 3 Ajouter une légende explicative sur l'évolution des moyens disponibles.

Étape 4 S'informer sur les matériaux disponibles mis en œuvre et leurs possibilités de valorisation après usage (➤ Ressource, Les évolutions, p. 252 et Matériaux, p. 256).

Conseil
Prenez en compte le contexte pour déterminer les moyens disponibles à une époque donnée, car toute invention ou innovation met de nombreuses années à se généraliser.

Application aux moyens cartographiques

2

	1900		2000
MESURER LES DISTANCES	1 **Chaine d'arpenteur** connue depuis l'Antiquité		**1997 Télémètre** avec une source laser
	+		+
GÉOLOCALISER	**1900 Le théodolite** est optique		**1990 Ashtech LD-XII** GPS de géolocalisation
	+		+
PHOTOGRAPHIER LA TERRE	**1897 Panoramographe** Thiélé – 1re cartographie aérienne		**1950 Explorer 6** 1er satellite à avoir pris des photos de la Terre

3

1900 : l'ingénieur utilise toujours la méthode de triangulation pour effectuer les relevés sur le terrain. Les instruments ont peu évolué depuis le XVIIIe siècle. La photographie aérienne en est à ses débuts.

2000 : l'ingénieur utilise des instruments électroniques et le système de positionnement global (GPS). L'usage des satellites a permis de prendre des photos de la Terre et de faire fonctionner le GPS.

Méthode 2 Définir les limites pour le respect d'autrui

L'usage des objets communicants impose de bonnes pratiques pour garantir le respect d'autrui. La **diffusion des photographies** est soumise à différents textes de loi. Il faut donc s'informer auprès d'organismes compétents pour déterminer le cadre juridique de l'utilisation que l'on souhaite en faire. En pratique, il s'agit de rendre non reconnaissables les personnes ou de leur demander une autorisation.

Démarche

Étape 1 Définir l'utilisation des images ou séquences vidéo.

Étape 2 S'informer sur le cadre juridique à respecter.

Étape 3 Adopter les mesures qui s'imposent pour respecter les lois et règlements concernant la diffusion d'images fixes ou animées.

Conseil
Renseignez-vous auprès de la CNIL (Commission Nationale Informatique et Liberté). C'est une source d'information fiable sur l'utilisation de l'image des personnes.

Application à une prise de vue dans l'espace public

Il n'est pas interdit de photographier ou filmer sur la voie publique mais la diffusion ou la publication des images, où à la fois le contexte et une personne sont aisément reconnaissables, est condamnable.

Image Google Maps

Je vérifie que j'ai bien compris la méthode

1. Selon la méthode étudiée, déterminez quels étaient les moyens disponibles aux ingénieurs cartographes en 1700. ▸ Méthode 1
2. Indiquez l'impact de l'évolution des moyens sur le cycle de vie d'une carte. ▸ Méthode 1
3. Justifiez le cadre juridique pris en référence dans l'application. ▸ Méthode 2

Mini-projet

Par groupe, ajoutez un élément de comparaison à l'application de la **méthode 1** en déterminant les moyens qui permettent de lire une carte en 1700 et en 2000.

OBSERVER

COMPÉTENCES ASSOCIÉES
- Commenter les évolutions environnementales et sociales d'un objet technique.
- Élaborer une synthèse de ces comparaisons.

Comment décrire l'impact du livre numérique ?

Situation Développé depuis 1971, le livre numérique est peut-être plus respectueux de l'environnement que le livre imprimé. Ce dernier est en effet un gros consommateur de transport, de bois et d'eau. Les études comparant l'impact écologique et social des livres numériques ou imprimés sont cependant peu précises.

Les Français lisent en moyenne 16 livres par an sous forme papier ou numérique. Les livres numériques nécessitent un support électronique multiusage (tablette) ou spécifique (liseuse). La durée de vie d'une liseuse est estimée à 4 ans.

Pour la semaine du développement durable, vous devez rédiger une synthèse de ces impacts sur la société et l'environnement.

Problème **Comment évaluer les impacts sur la société et l'environnement des livres numériques ? Quelles sont les répercussions sur les métiers de l'édition et sur le respect des droits d'auteur ?**

doc. 1 Cycles de vie des livres en papier et des livres numériques

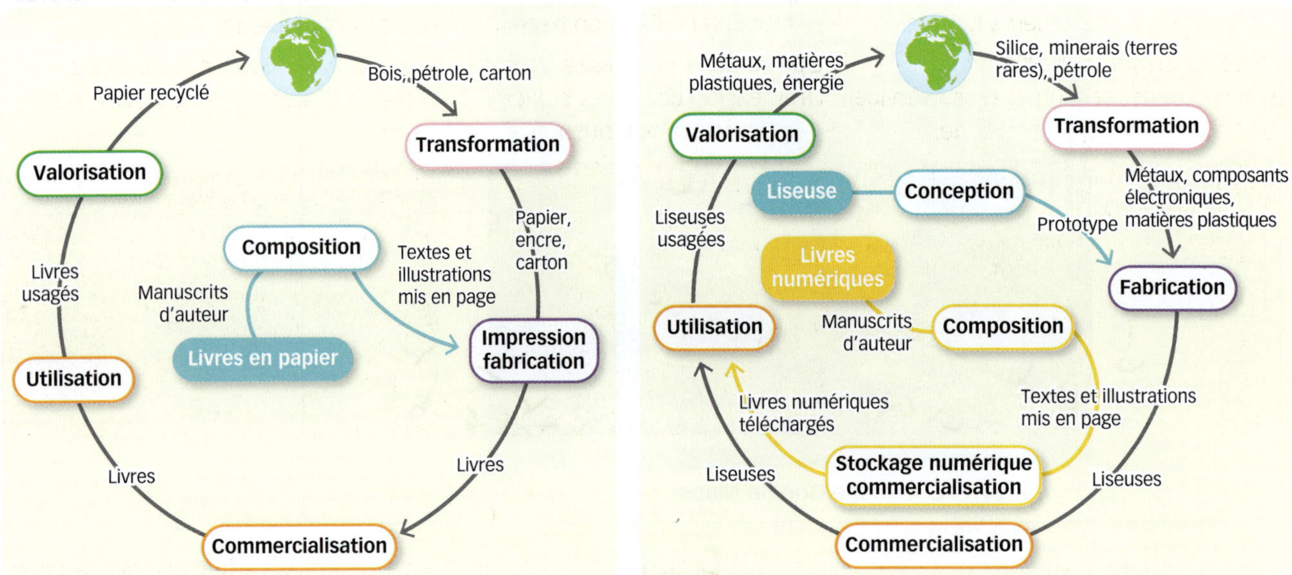

L'**émission de dioxyde de carbone** pour les cycles de vie des deux formes de livres varie selon les études. La fabrication émettrait de 1 kg à 7,5 kg de CO_2 pour un livre imprimé, de 30 kg à 160 kg de CO_2 pour une liseuse.

doc. 2 Bibliothèque gratuite

Lorsqu'une œuvre tombe dans le domaine public, elle peut être utilisée par un éditeur sans verser de droits d'auteur. En **droit de la propriété intellectuelle**, le domaine public est l'ensemble des œuvres et des connaissances qui n'est plus soumis à la loi. Cette loi précise que l'exploitation d'une œuvre est réservée à son auteur durant toute sa vie, puis aux héritiers durant 70 ans après la mort de l'auteur.

doc. 3 Impacts environnementaux

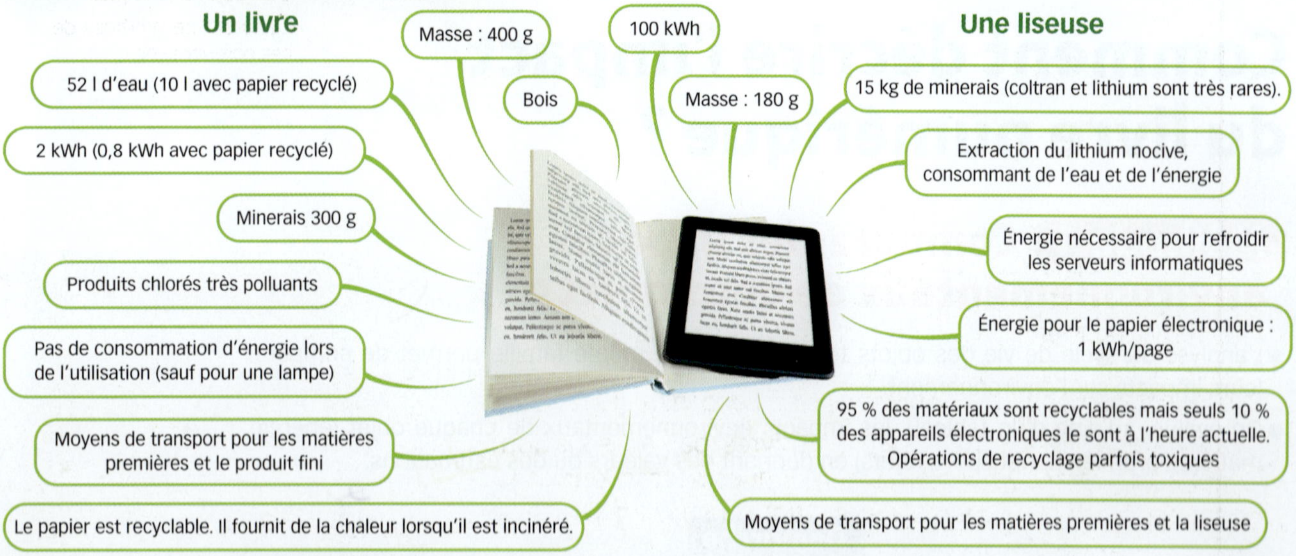

doc. 4 Quelques métiers du livre

CONCEPTION

Éditeur : développe à partir d'un manuscrit fourni par l'auteur les ouvrages. Il suit la vie du livre de sa conception jusqu'à sa publication.

Maquettiste : conçoit un modèle de pages en précisant le choix des polices de caractères, les couleurs utilisées…

Chef de projet numérique : spécialiste des technologies au service de l'édition numérique en ligne.

FABRICATION

Producteur de papier et de carton : réalise la fabrication industrielle de papier destiné à l'édition.

Technicien de fabrication : organise et coordonne la production de l'édition papier.

Conducteur de presse : assure l'impression des livres papier sur une machine industrielle.

COMMERCIALISATION

Chef de projet e-commerce livre : chargé de la structuration technique et du développement commercial des contenus numériques (e-books, applications…).

Délégué commercial édition : assure la diffusion des nouveaux titres auprès des points de vente.

Libraire : vend des livres, accueille, conseille et guide le lecteur dans ses choix.

J'analyse la situation

1. Calculez combien de livres numériques peuvent être lus, en moyenne, sur une liseuse (Situation).

2. Déterminez à combien de livres imprimés correspond l'émission de CO_2 nécessaire à la fabrication d'une liseuse. Faites le calcul pour les estimations d'émissions de CO_2 basses, puis pour les estimations hautes (Situation et doc. 1).

3. a. Parmi les informations du doc. 3, retrouvez la quantité d'énergie nécessaire pour chaque objet (doc. 3).
b. Indiquez à quelles étapes du cycle de vie cette information correspond (doc. 1).

4. Relevez le nombre d'années de protection d'une œuvre après la mort de son auteur selon le droit à la propriété intellectuelle (doc. 2).

5. Dressez la liste des nouveaux métiers apparus avec le développement du livre numérique (doc. 4).

RÉSOUDRE

Comment décrire l'impact du livre numérique ?

Méthode 1 Comparer les impacts environnementaux de deux objets

- L'analyse du cycle de vie des objets techniques d'une même famille permet de comparer leurs impacts sur l'environnement.
- On évalue, à l'aide d'un tableau, les impacts environnementaux de chaque objet (énergie, matières premières, transport, rejets) en donnant des valeurs ou des estimations.

Démarche

Étape 1 Collecter les données de l'impact environnemental des objets à chaque étape de leur cycle de vie.

Étape 2 Classer ces données en quatre catégories : matières premières, énergie, transport, rejets polluants (dont le dioxyde de carbone).

Étape 3 Dresser un tableau comparatif pour les deux objets.

Étape 4 Rédiger une synthèse des résultats obtenus.

Conseil
Pour comparer deux objets, vous devez lister leurs caractéristiques. Un tableau permet de les mettre en évidence.

Application aux modes de production des livres

Éléments de l'impact environnemental	2 Un livre imprimé	3 Une liseuse + x livres numériques
Matières premières	– Bois pour pâte à papier – Minerais : 300 g – Eau : 52 litres – Valorisation : bon recyclage du papier, énergie thermique	– Minerais : 15 kg, dont des minerais rares – Opérations très toxiques – Valorisation : 95 % des matériaux peuvent être recyclés, seuls 10 % le sont en 2016.
Énergie	2 kWh	100 kWh + énergie des centres de données + énergie lors de l'utilisation
Transport	– Matières premières : bois, papier carton – Produit fini : livre imprimé, 400 g	– Matières premières : minerais, composants électroniques – Produit fini : liseuse, 180 g
Rejets de CO_2	Émission de 1 kg à 7,5 kg de CO_2	Émission de 30 kg à 160 kg de CO_2

4

Les livres numériques peuvent paraitre une alternative intéressante aux livres imprimés du point de vue strictement écologique. Ils économisent :
- la consommation de papier ;
- les processus de fabrication industrielle ;
- le transport.

Mais un appareil électronique engendre l'utilisation d'autres matières premières et d'énergie. Il produit également des rejets toxiques.
L'avantage d'une liseuse tient surtout au nombre de livres qui y sont stockés.
Plus il est possible de lire de livres sur une liseuse, et plus l'impact environnemental de son cycle de vie est compensé.

Méthode 2 Déterminer les impacts sociaux des nouvelles techniques

Les évolutions technologiques ont des impacts sur la société (mode de vie, transports, métiers, droits, santé, usage…). La comparaison du cycle de vie de différents objets techniques aide à estimer ces évolutions.

Démarche

Étape 1 Collecter les données montrent une évolution des usages, des métiers, du droit…

Étape 2 Rédiger une synthèse des données sous forme de schémas, de textes, de tableau ou de graphiques.

Conseil

Vérifiez que les auteurs des informations données soient fiables. Consultez de préférence des instituts comme l'Institut national pour la propriété intellectuelle (INPI).

Application au livre numérique

Les métiers les plus affectés par l'avènement du livre numérique sont ceux de la fabrication et de la commercialisation.
Le développement des liseuses fait apparaitre d'autres métiers liés au secteur électronique.

1

	Métiers menacés par le développement du livre numérique	Nouveaux métiers développés par le livre numérique	Métiers modifiés par le développement du livre numérique
Conception		Chef de projet numérique	– Maquettiste – Illustrateur – Compositeur
Fabrication	– Producteur de papier et de carton – Technicien de fabrication – Conducteur de presse	Métiers de la production d'objets connectés	
Commercialisation	Libraire	Chef de projet e-commerce livre	Délégué commercial édition

Évolution des métiers de l'édition avec l'augmentation des livres numériques

2

La loi sur la propriété intellectuelle n'a pas été modifiée par l'émergence des livres numériques. Les livres numériques libres de droits (70 ans après la mort de l'auteur) sont parfois gratuits.

Je vérifie que j'ai bien compris la méthode

1 Retrouvez les étapes du cycle de vie du livre et de la liseuse qui ont un impact sur l'environnement. ▸ Méthode 1

2 Expliquez d'où provient l'écart des chiffres indiqués pour les émissions de dioxyde de carbone. ▸ Méthode 1

3 Indiquez les impacts sociaux pris en considération. Proposez un autre type d'impact à étudier dans le cas du livre numérique. ▸ Méthode 2

Mini-projet

Par groupe, trouvez d'autres métiers qui se développent grâce au livre numérique, en dehors du domaine de l'édition.

APPRENDRE

Je retiens

L'analyse du cycle de vie

Le cycle de vie désigne l'ensemble des étapes de la vie d'un objet technique. Il montre la consommation d'énergie et de matières premières ainsi que l'émission de rejets plus ou moins polluants, pour chaque étape.

Son analyse permet de dresser la liste des moyens nécessaires à la réalisation d'un objet technique.

La recherche de progrès grâce aux avancées technologiques doit être compatible avec la préservation de l'environnement et de la santé des personnes. Il s'agit de l'inscrire dans une démarche de **développement durable**.

Les points de vue sur l'évolution d'un produit

Du point de vue de l'utilisateur, la notion de **progrès technique** est liée à sa satisfaction. Elle traduit l'évolution des **performances** des objets techniques d'une même famille dans le service rendu.

Du point de vue de l'ingénieur, la conception d'un objet technique dépend des moyens disponibles (matériaux, énergie, information). Ces moyens évoluent grâce aux découvertes scientifiques et/aux inventions. Ils permettent la réalisation de **nouvelles solutions techniques**.

Du point de vue de la société, les progrès apportés par des avancées technologiques ont des impacts sur les modes de vie et les rapports sociaux (travail, mobilité, vie de famille, sécurité, loisirs…). Le progrès s'accompagne de la recherche d'un meilleur vivre-ensemble.

Les bons usages des objets communicants

Un bon usage des objets communicants conduit à se protéger soi-même par un temps d'utilisation limité, pour éviter les addictions, et une discrétion dans la diffusion de ses **données personnelles**.

L'usage des objets communicants doit se faire dans le cadre des lois et des règles qui garantissent le **respect de la vie privée**.

Un bon usage des objets communicants conduit à ne pas s'approprier des ressources disponibles sur la toile qui appartiennent à d'autres (textes, images…). Il s'agit de respecter la **propriété intellectuelle**.

Définitions

Cycle de vie
Le cycle de vie correspond à la succession des étapes de conception, fabrication, utilisation, transport et élimination d'un objet technique.

Impacts sociétaux et environnementaux dus aux objets
Par les possibilités qu'ils offrent, les objets techniques influencent la société à travers l'organisation du travail, les modes de vie, de consommation et de communication.
Leurs impacts sur l'environnement sont de deux natures :
- pollution de l'air, de l'eau et des sols ;
- épuisement des réserves énergétiques et des matières premières non renouvelables.

Les règles d'un usage raisonné des objets communicants
Elles garantissent le respect de la propriété intellectuelle et l'intégrité d'autrui comme de soi-même lors de l'usage d'objets connectés.

Je sais faire

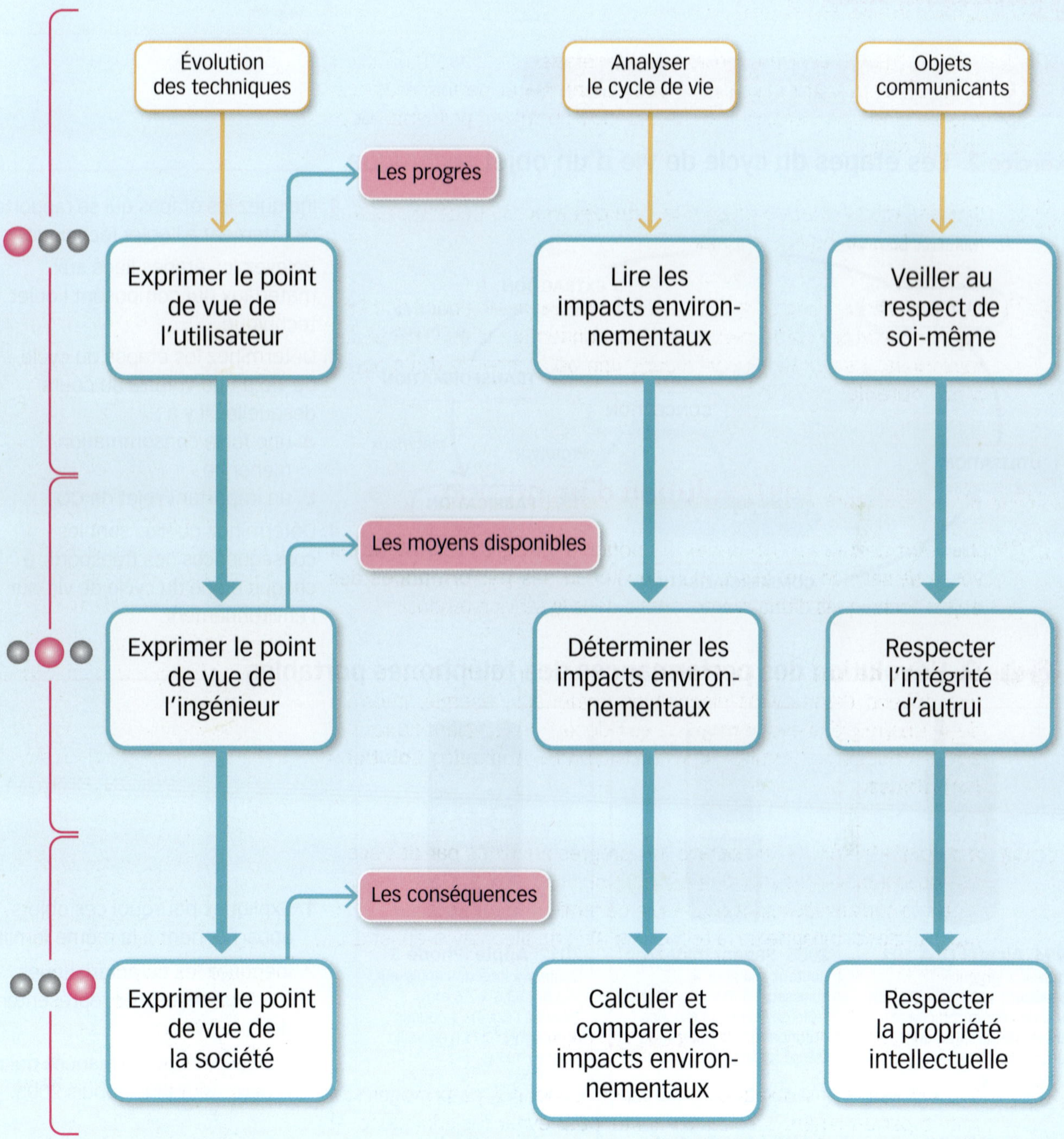

J'ai appris à

Exprimer ma pensée à l'aide d'outils de description adaptés : croquis, schémas, graphes, diagrammes, tableaux (représentations non normées).		
Développer les bonnes pratiques de l'usage des objets communicants.		
Analyser l'impact environnemental d'un objet et de ses constituants.		
Analyser le cycle de vie d'un objet.		

S'ENTRAINER

QCM Je vérifie mes connaissances

lienmini.fr/t130-qcm61

COMPÉTENCES TRAVAILLÉES
- Analyser le cycle de vie d'un objet (ex. 1).
- Comparer et commenter les évolutions des objets en articulant différents points de vue (ex. 2).
- Développer les bonnes pratiques de l'usage des objets communicants (ex. 3).

J'utilise mes compétences

Exercice 1 Les étapes du cycle de vie d'un objet technique

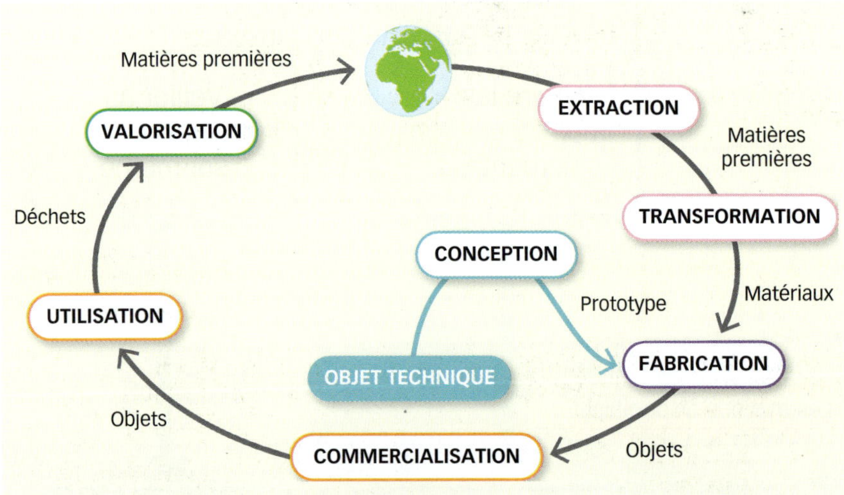

1. Indiquez les étapes qui se rapportent directement à l'objet technique.
2. Relevez les étapes liées aux matériaux qui composent l'objet technique.
3. Déterminez les étapes du cycle de vie d'une voiture au cours desquelles il y a :
   a. une forte consommation d'énergie ;
   b. un important rejet de CO_2.
4. Déterminez quelles sont les conséquences des transports, à chaque étape du cycle de vie, sur l'environnement.

Exercice 2 L'évolution des performances des téléphones portables

1996 Alcatel OLA 101
Hauteur × largeur × épaisseur : 143 × 53 × 28 mm
Taille de l'écran : affichage 2 lignes de 12 caractères
Autonomie : 100 h en veille
Masse : 215 g

2005 Sagem myV-76
Hauteur × largeur × épaisseur : 110 × 47 × 19 mm
Taille de l'écran : 1,8 pouce
Autonomie : 350 h en veille
Masse : 104 g

2012 Apple iPhone 5
Hauteur × largeur × épaisseur : 123,8 × 58,6 × 7,6 mm
Taille de l'écran : 4 pouces
Autonomie : 225 h en veille
Masse : 112 g

1. Expliquez pourquoi ces objets appartiennent à la même famille.
2. Identifiez les caractéristiques (performances) qui représentent des progrès.
3. Indiquez les performances qui ne progressent plus depuis 2005.

Exercice 3 Le respect d'autrui et de soi sur Internet

10 conseils de la CNIL pour rester Net sur le web

CNIL Commission Nationale de l'Informatique et des Libertés

2 Respecte les autres!
Tu es responsable de ce que tu publies en ligne alors modère tes propos sur les réseaux sociaux, forums... Ne fais pas aux autres ce que tu n'aimerais pas que l'on te fasse.

3 Ne dis pas tout!
Donne le minimum d'informations personnelles sur Internet. Ne communique ni tes opinions politiques, ni ta religion, ni ton numéro de téléphone...

1. Définissez ce qu'est la CNIL. Faites une recherche sur Internet.
2. Voici deux conseils dispensés par la CNIL. Recherchez-en deux autres sur le site.
3. Expliquez pourquoi il faut rester discret(ète) sur Internet.
4. Expliquez pourquoi il faut modérer ses propos sur les réseaux sociaux.

Les caméras d'action

VOTRE MISSION

Dans le cadre de l'atelier cinéma de votre collège, vous menez une réflexion sur l'usage des caméras. Utilisées par le grand public depuis les années 1960, les caméras à pellicule photographique ont touché un large public. Celui-ci s'est encore élargi avec l'arrivée du magnétoscope en 1967.
Vous préparez alors pour votre atelier un exposé qui montrera l'impact de cette évolution sur l'environnement.

POUR RÉUSSIR

- Je détermine et j'expose les principaux critères qui améliorent les caméras d'action.
- J'indique les conséquences de la miniaturisation et de l'allègement des matériels sur l'apport d'énergie.
- Je repère les principaux rejets émis au cours du cycle de vie.
- Je précise au moins deux règles qui s'imposent lors de la diffusion d'images sur Internet.

VOS RESSOURCES

doc. 1 Évolution des caméras grand public

- Enregistrement analogique sur cassette vidéo de 8 mm.
- Durée enregistrement : 4 h maxi
- Dimensions L × H × P : 106 × 107 × 175 mm
- Masse : caméscope 790 g, batterie 50 g et cassette 20 g
- Résolution vidéo : 560 × 480 (268 800 pixels)

1989 CCD-TR55 Handycam 55

2015 Sony Action Cam AS200V

- Enregistrement numérique sur disque dur
- Wi-Fi et GPS
- Durée d'enregistrement : 90 minutes
- Dimensions L × H × P : 24,2 × 46,5 × 81,5 mm (dont batterie fournie)
- Poids : 93 g (batterie 25 g fournie comprise)
- Résolution vidéo : 1 920 × 1 080 60p/50p (2 073 600 pixels)
- Édition : application sur ordinateur ou appareil nomade
- Publication : vidéos partagées sur les réseaux sociaux

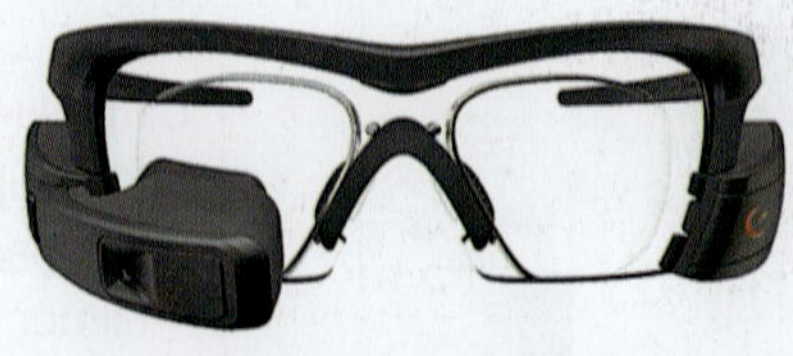

2015 Lunettes connectées Recon Jet

- Enregistrement numérique sur carte mémoire 8 Go
- Résolution : vidéo Go HD 720 pixels × 480 pixels
- Durée enregistrement vidéo : 30 minutes
- Connectivité : GPS, Bluetooth, Wi-Fi, Micro USB
- Masse : 92 g (batterie incluse)
- Édition : application sur ordinateur ou appareil nomade
- Publication : vidéos partagées sur les réseaux sociaux

doc. 2 Dix conseils de la CNIL pour rester Net sur le Web

Rendez-vous sur le site de la CNIL pour consulter les conseils. www.cnil.fr

COUP DE POUCE

Pour vous aider à formuler les étapes du cycle de vie d'un caméscope, appuyez-vous sur l'exemple de la console de jeux p. 131.

S'ENTRAINER

QCM Je vérifie mes connaissances

lienmini.fr/t130-qcm62

COMPÉTENCES TRAVAILLÉES
- Analyser l'impact environnemental d'un objet et de ses constituants (ex. 1).
- Développer les bonnes pratiques de l'usage des objets communicants (ex. 2).
- Analyser le cycle de vie d'un objet (ex. 3).

J'utilise mes compétences

Exercice 1 Un comparateur de moyens de transport

Martin planifie un aller-retour Bordeaux-Paris. Le comparateur calcule la consommation d'énergie correspondant à l'étape « Utilisation » dans le cycle de vie des transports.

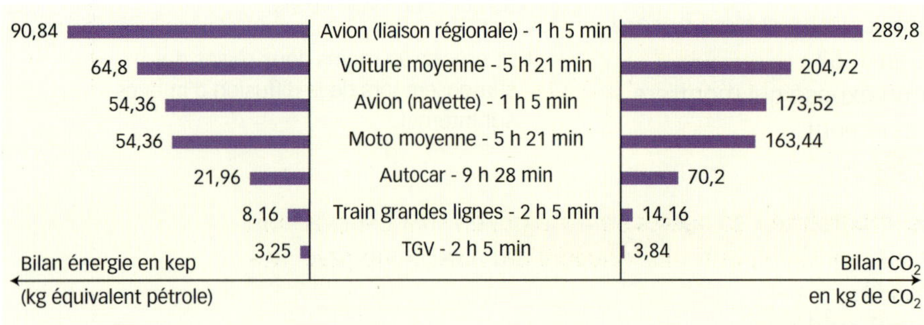

1. Calculez la consommation d'énergie pour un trajet aller-retour en autocar. Quel est le bilan d'émission de CO_2.
2. Indiquez le temps, la consommation d'énergie et le dégagement de CO_2 du moyen de transport le plus polluant.

Exercice 2 Le cadre juridique de la vidéo-surveillance

Cadre juridique
- L'installation de caméras dans un lieu privé ne doit pas porter atteinte à la vie privée d'autrui.
- Filmer ne doit pas porter atteinte à l'intimité d'autrui.
- Il est interdit de filmer chez les voisins.
- La vidéo-surveillance des lieux publics ou ouverts au public est strictement réglementée.
- Les caméras de surveillance doivent être signalées.
- Des caméras peuvent être installées dans les parties communes d'un immeuble en copropriété.

Puis-je installer une caméra sur ma façade pour filmer la rue ?
Non.
J'ai placé une caméra dans mon salon pour surveiller la baby-sitter. Est-ce légal ?
Non.

- Justifiez les deux réponses à l'aide des éléments du cadre juridique.

Exercice 3 Les nouveaux matériaux

Un matériau dit « intelligent » modifie ses propriétés physiques et peut interagir avec son environnement en captant des signaux.

Béton transparent pour la construction

Vêtement connecté pour le sport

1. Indiquez les domaines dans lesquels les matériaux dits « intelligents » sont présentés.
2. Expliquez pourquoi le vêtement doit être connecté à un réseau.
3. Précisez le principal intérêt esthétique de ce type de béton.

Vers le brevet

La radio

La radio a été le premier moyen de diffusion d'émissions. La télévision puis Internet ont permis une diffusion plus large des contenus. Cette large diffusion auprès du public impose un règlement et un respect d'autrui dans le but d'encadrer la liberté d'expression.

QUESTIONS

1. Indiquez les matériaux et les techniques disponibles en les justifiant par des découvertes, inventions ou innovations (➤ **Ressource**, Évolution, p. 252).

2. Comparez les cycles de vie des deux lignées de postes de radio en termes d'économie d'énergie et de possibilité de valorisation des matières premières. (➤ **Ressource**, Matériaux, p. 256).

3. Déterminez les limites à la liberté d'expression les plus appropriées au respect d'autrui.

VOS RESSOURCES

doc. 1 Frise chronologique des postes de radio

L'invention du transistor est très importante. Les postes de radio qui en sont équipés sont moins volumineux et consomment moins d'énergie. Ils fonctionnent ainsi de nombreuses heures avec le même jeu de piles électriques.

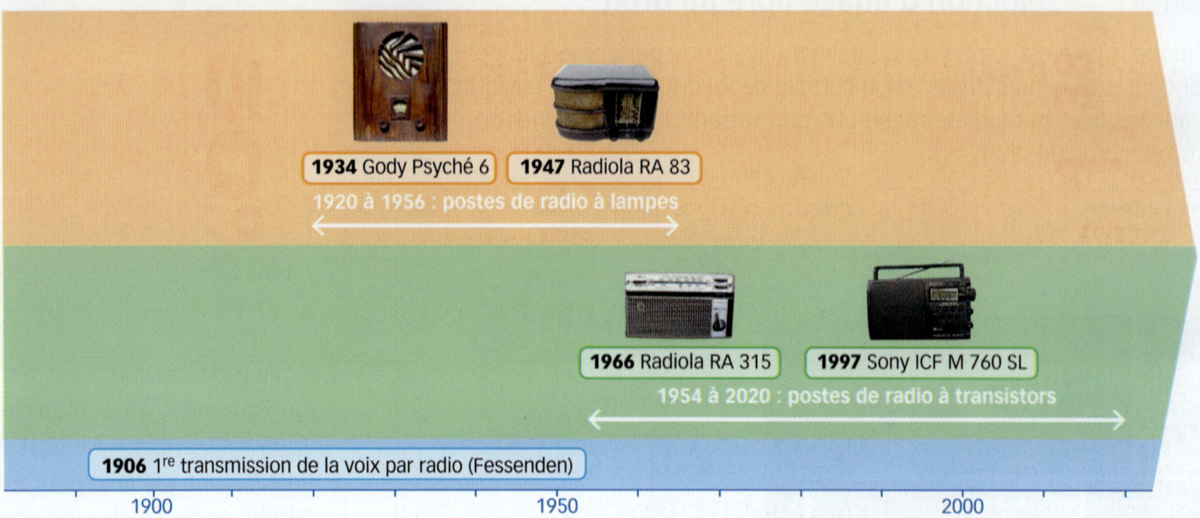

doc. 2 Composants, matériaux et énergie des postes de radio

1934 GODY Psyché 6
Boitier : bois palissandre, tissu
Composants : 6 lampes
Consommation : 27 Wh

1947 RADIOLA RA 83
Boitier : plastique bakélite brune, grille dorée
Composants : 4 lampes
Consommation : 7 Wh

1966 RADIOLA RA 315
Boitier : matières plastiques Havana ou gris clair
Composants : 7 semi-conducteurs (transistors)
Consommation : 18 Wh

1997 SONY ICF M 760 SL
Boitier : plastique noir
Composants : 10 transistors et un circuit intégré
Consommation : 5 Wh

doc. 3 Liberté d'expression et limites

En France, la liberté d'expression est précisée par l'article 11 de la Déclaration des droits de l'homme et du citoyen. Elle n'est pas un droit absolu et présente des limites que les internautes ne doivent pas ignorer. (Éduscol, 4 octobre 2016)

Limite 1 - Ne pas porter **atteinte à la vie privée et au droit à l'image** d'autrui.
Limite 2 - Ne pas tenir certains **propos interdits par la loi**.
Limite 3 - Ne pas tenir de **propos diffamatoires**.
Limite 4 - Ne pas tenir de **propos injurieux**.
Limite 5 - Observer les limites spécifiques telles que le **secret professionnel**.
Limite 6 - Observer un « **devoir de réserve** » pour les fonctionnaires par exemple.

S'ENTRAINER

Compétences travaillées
- Analyser l'impact environnemental d'un objet et de ses constituants (ex. 1).
- Développer les bonnes pratiques de l'usage des objets communicants (ex. 2 et 3).

QCM Je vérifie mes connaissances

lienmini.fr/t130-qcm63

J'utilise mes compétences

Exercice 1 Impact environnemental de pots de peinture

Un portillon en bois doit être peint pour une durée de 10 ans. Il présente une surface à couvrir d'un mètre carré.

	Indice de l'impact environnemental de fabrication	Pouvoir couvrant	Durée de vie de la surface peinte
Bilan peinture A	2	18 m^2	10 ans
Bilan peinture B	1	9 m^2	4 ans

1. Relevez la peinture la moins polluante à utiliser.
2. Indiquez la peinture ayant le meilleur pouvoir couvrant.
3. Relevez la peinture qui a l'impact environnemental le plus faible pour le même besoin exprimé. Expliquez pourquoi.

Exercice 2 Sélection d'image libre de droit

Chaque image est la propriété intellectuelle d'une personne. Elle peut donc faire valoir ses droits selon l'article de loi qui les définit. Les options avancées des moteurs de recherche permettent de sélectionner des images libres de droit.

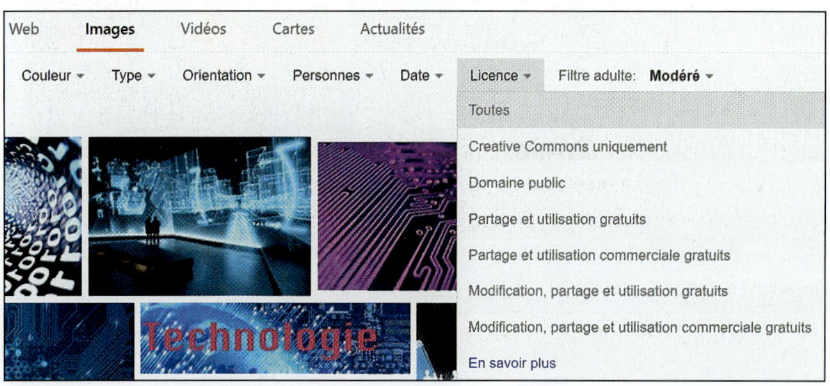

1. Expliquez pourquoi il est juridiquement illégal d'utiliser des images trouvées sur Internet.
2. Relevez une solution pour être certain(e) de télécharger une image libre de droit.

Exercice 3 Outils de communication nomades au travail

Le **télétravail** représente un gain de temps dans les transports mais demande de concilier vie professionnelle et personnelle.
Le **travail au gris** correspond au temps passé à travailler en dehors du bureau et aux heures de travail effectuées en utilisant un smartphone ou un ordinateur portable.

1. En vous aidant de la photo et de sa légende, imaginez trois avantages et trois inconvénients au télétravail.
2. Rédigez un paragraphe de trois à quatre lignes expliquant en quoi les nouveaux outils de communication nomade ont modifié les modes de travail.

Je prépare le brevet

Cycle de vie du bâtiment

L'évolution des normes en matière d'énergie vise à réduire le carbone émis par la consommation des bâtiments mais aussi celui relâché lors de leur construction (carbone gris). Cette part de carbone gris devient prépondérante dans les maisons à énergie passive ou positive. Les recherches actuelles tendent à réduire les émissions de carbone lors de la construction, les rénovations et la démolition des bâtiments en fin de vie.

QUESTIONS

1. Comparez les bilans du cycle de vie des deux maisons présentées (➤ Ressource, Matériaux, p. 256 et Les énergies, p. 259).
2. Montrez l'évolution de la part de l'énergie grise dans les constructions.
3. Précisez l'intérêt à réduire l'énergie et les émissions de gaz à effet de serre dans le bâtiment.
4. Proposez des matériaux émettant moins de CO_2 au cours de leur cycle de vie (➤ Ressource, Matériaux, p. 256).

VOS RESSOURCES

doc. 1 Deux constructions : l'une avant 1950 et l'autre après 2012

Construction avant 1950

F : 400 F : 79

Construction après 2012

B : 55 B : 7

Cep (kWhEP/m² an)	GES (kg eq CO²/m² an)
A : Inférieur à 51	A : Inférieur à 6
B : 51 à 90	B : 6 à 10
C : 91 à 150	C : 11 à 20
D : 151 à 230	D : 21 à 35
E : 231 à 330	E : 36 à 55
F : 400	F : 79
G : Supérieur à 450	G : Supérieur à 80

kWhep (kilowatt heure équivalent pétrole) = 1 395 kJ

doc. 2 Énergie grise sur un cycle de vie de 80 ans

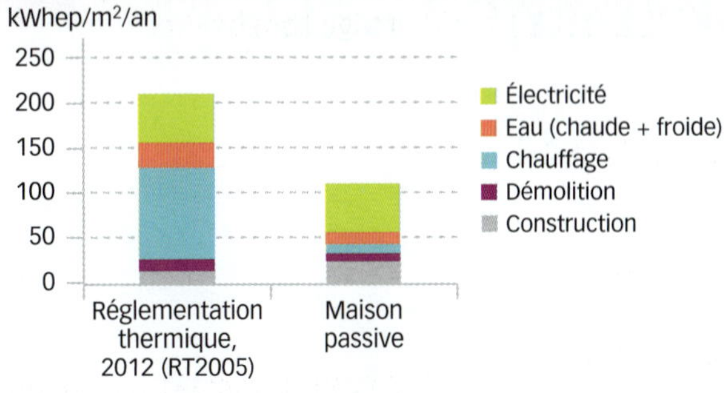

doc. 3 Consommation d'énergie par secteur en France, 2014

Les bâtiments participent pour 43 % de l'énergie consommée en France et 22 % des émissions de GES*

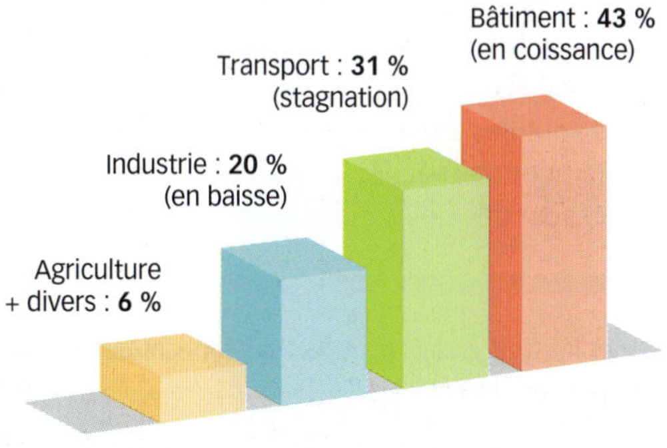

* GES : Gaz à effet de serre

doc. 4 Réglementation thermique en France

RT2020 : 0 kWhep*/m².an, 2020
RT2012 : ≤ 50 kWhep/m².an, 2013
RT2005 : 51 à 90 kWhep/m².an, 2006
RT2000 : 91 à 150 kWhep/m².an, 2001

* kWhep : kilowattheure équivalent pétrole.

Parcours

Éducation aux médias et à l'information (EMI)

Les encyclopédies collaboratives en ligne peuvent-elles pratiquer la censure ou participer à des formes subtiles de propagande ?

Les encyclopédies collaboratives en ligne offrent une source infinie d'informations. Les moteurs de recherche les propulsent au sommet des réponses sur la plupart des sujets. Mais attention, ces encyclopédies ne sont pas sans failles ! En effet, basées sur la collaboration d'internautes anonymes et bénévoles, ces encyclopédies en ligne prennent le risque de divulguer des contenus faux ou calomnieux. Il est donc important qu'une information soit vérifiée, contrôlée et validée avant sa diffusion.

C'est pourquoi un groupe d'administrateurs contrôle à présent les contenus proposés par les contributeurs. Ce système évite ainsi la manipulation de l'information, la création de rumeurs, la propagande, que ce soit par des agences gouvernementales, des individus isolés, des entreprises, des sectes, des partis politiques, etc.

1. **Recherchez le système que les encyclopédies en ligne ont mis en place pour contrôler les contenus diffusés.**
2. **Comment s'assurer de la véracité d'une information ?**

Environnement et développement durable : quels métiers s'offrent à vous ?

Les entreprises engagées en faveur de l'environnement et du développement durable ont pour mission la prévention et la réduction des pollutions. Aussi, les activités liées à ces métiers s'exercent-elles en grande partie dans les villes où les problèmes d'environnement sont cruciaux. Ces métiers sont liés à la protection des espaces naturels (la faune et la flore), au traitement de l'eau, et surtout au contrôle et à la sécurité de l'environnement au sein des pôles industriels.

1. **Relevez les trois grands domaines qui forment les métiers de l'environnement et du développement durable.**
2. **Expliquez pourquoi la plupart des métiers de l'environnement s'exercent en ville.**
3. **Recherchez et présentez un exemple de métier de l'environnement par grand domaine.**

Chaises et fauteuils : un objet design par excellence

Au milieu du XIXe siècle, l'industrie se développe considérablement et touche l'ensemble des secteurs d'activités. Le design nait de cet essor industriel. « La chaise n° 14 » de Michael Thonet (1859) symbolise ce moment. Elle a été imaginée pour meubler un café avec des chaises élégantes, peu encombrantes et pratiques. Ces chaises pouvaient en effet s'empiler pour être rangées. Le succès fut immédiat et les chaises rapidement produites en série à plusieurs de dizaine de millions d'exemplaires.

1. **Relevez la fonction et les qualités attendues de la chaise de Thonet.**
2. **Comparez des sièges d'au moins trois des designers suivants : Le Corbusier, Panton, Eames, Paulin et Starck.**
3. **Choisissez un de ces designers et montrez que son influence s'exerce dans de nombreux domaines.**

Que désigne la spécialité EE du bac STI2D ?

Il s'agit de la spécialité « Énergie et Environnement » du bac STI2D. Elle explore le domaine de l'énergie et sa gestion. Son apprentissage est expérimental et repose sur la réalisation de projets. Les problématiques que les élèves sont amenés à résoudre portent sur l'analyse et la création de solutions techniques relatives au transfert de l'énergie et à l'optimisation de sa consommation. Cette option explore les domaines dans lesquels l'énergie est très présente et s'interroge sur son influence environnementale.

1. **Quel est le volume horaire de cette option en première et terminale ?**
2. **Recherchez le nom de cinq grandes entreprises dont l'activité nécessite la gestion de l'énergie.**

THÈME 3

La modélisation et la simulation des objets et systèmes techniques

Comment s'assurer qu'un objet technique fonctionne correctement ?

chapitre 7

Analyser le fonctionnement et la structure d'un objet

Dans ce chapitre, vous allez apprendre à :

Pratiquer des démarches scientifiques et technologiques (Domaine 4 du socle)

- Imaginer, synthétiser, formaliser et respecter une procédure, un protocole.
- Mesurer des grandeurs de manière directe ou indirecte.

Concevoir, créer, réaliser (Domaine 4 du socle)

- Identifier le(s) matériau(x), les flux d'énergie et d'information dans le cadre d'une production technique sur un objet et décrire les transformations qui s'opèrent.
- Associer des solutions techniques à des fonctions.

Pratiquer des langages (Domaine 1 du socle)

- Décrire, en utilisant les outils et langages de description adaptés, la structure et le comportement des objets.

OBSERVER

Comment surveiller un ouvrage d'art ?

COMPÉTENCES ASSOCIÉES
- Associer des solutions techniques à des fonctions.
- Analyser le fonctionnement d'un objet.
- Identifier les flux d'énergie.
- Mesurer des grandeurs de manière directe ou indirecte.
- Utiliser des outils et langages de description adaptés.

Situation Après avoir visité le service chargé d'assurer la surveillance et la maintenance du viaduc de Millau, votre groupe est chargé de réaliser un compte rendu de cette visite.

Problème Comment aider votre groupe à faire le compte rendu en précisant :
- les éléments qui participent à la surveillance du pont ;
- comment s'abaisse la barrière et s'allument les feux de signalisation si des risques ont été détectés ;
- les matériaux des principaux éléments du pont et leurs caractéristiques ?

doc. 1 Capteurs de mesure directe placés sur le pont

Ces capteurs mesurent directement une grandeur physique en temps réel : la largeur des fissures, la force du vent, l'allongement ou la rétractation du tablier, l'angle d'inclinaison du tablier.

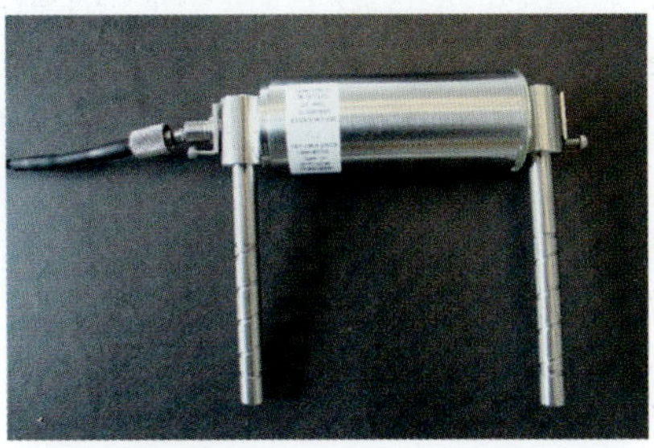

Fissuromètre

Anémomètre

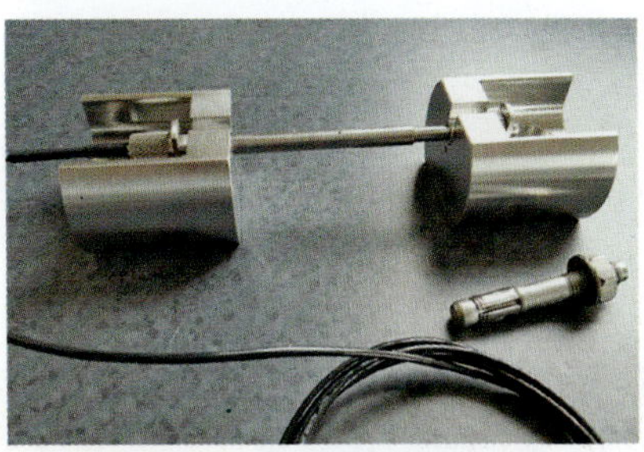

Extensomètre

Inclinomètre

doc. 2 Capteurs de mesure indirecte implantés dans le sol

Des capteurs implantés dans le sol mesurent indirectement la masse présente sur le pont. Ils comptent le nombre de véhicules présents et déterminent leur type (voiture, camion…) en fonction de leur longueur. Un système en déduit la masse de l'ensemble.

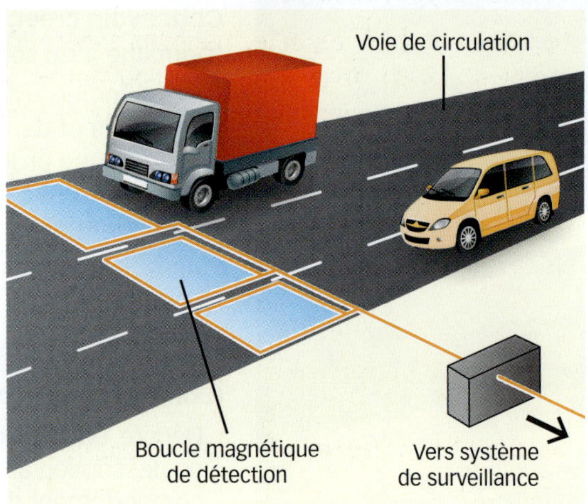

doc. 3 Moyens pour interdire l'accès au pont

Pour interdire l'accès au pont si un vent important est annoncé, les feux de signalisation s'allument et la barrière 1 s'abaisse.

Le viaduc de Millau

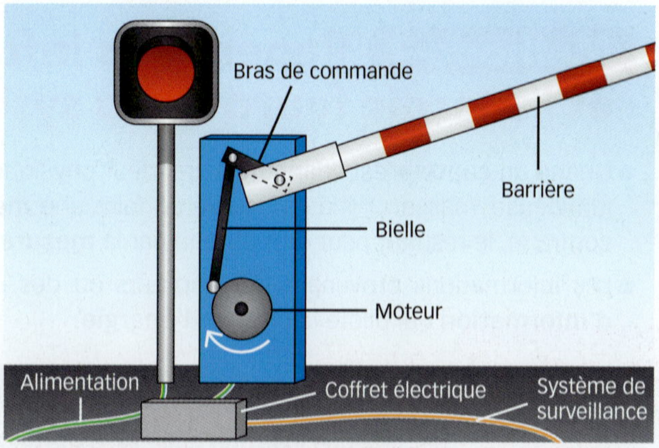

Le fonctionnement de la barrière

doc. 4 Principaux matériaux du pont

Le viaduc de Millau est constitué de quatre éléments principaux : les piles, les pylônes, le tablier et les haubans.

Pylône : aspect observé

Le tablier, les pylônes, et les haubans sont réalisés avec un même matériau, de couleur grise, souvent recouvert de peinture. Ce matériau est un conducteur électrique et attire les aimants.
Le choix de ce matériau, qui résiste bien aux efforts de traction, a permis d'alléger la structure du pont.

Pile : aspect observé

Les piles sont très rigides, elles supportent le poids de l'ensemble du pont et sont ancrées dans le sol. Le matériau visible de l'extérieur est de couleur grise, il n'est ni transparent ni conducteur électrique. Il supporte bien les efforts de compression mais, utilisé seul, il peut être cassant. Pour le renforcer on y insère des tiges en acier.

J'analyse la situation

1. Relevez les informations mesurées par les capteurs (doc. 1).
2. Expliquez le choix de la prise de mesures indirectes sur le pont (doc. 2).
3. Précisez le rôle des feux et de la barrière (doc. 3).
4. Précisez le nom des deux éléments qui permettent de transmettre le mouvement du moteur à la barrière (doc. 3).
5. Repérez les trois principaux éléments qui sont réalisés avec le même matériau (doc. 4).

RÉSOUDRE

Comment surveiller un ouvrage d'art ?

Méthode 1 Repérer les informations et l'énergie fournies au système

- Quand un **capteur** est adapté à la grandeur physique à mesurer (courant électrique, intensité lumineuse, masse…), il est possible de faire une **mesure directe de sa valeur**. Dans le cas contraire, le résultat peut être obtenu par la **mesure indirecte** d'autres grandeurs.
- Les informations provenant des capteurs ou des utilisateurs sont transmises à la **chaine d'information** qui pilote la **chaine d'énergie**.

Démarche

Étape 1 Représenter par une bulle le système en indiquant son nom avec un titre.

Étape 2 Lister dans une bulle les informations fournies au système par l'environnement.

Étape 3 Indiquer dans une bulle l'énergie qui alimente le système.

Étape 4 Indiquer les actions, les services ou les effets produits par le système.

Application au viaduc de Millau

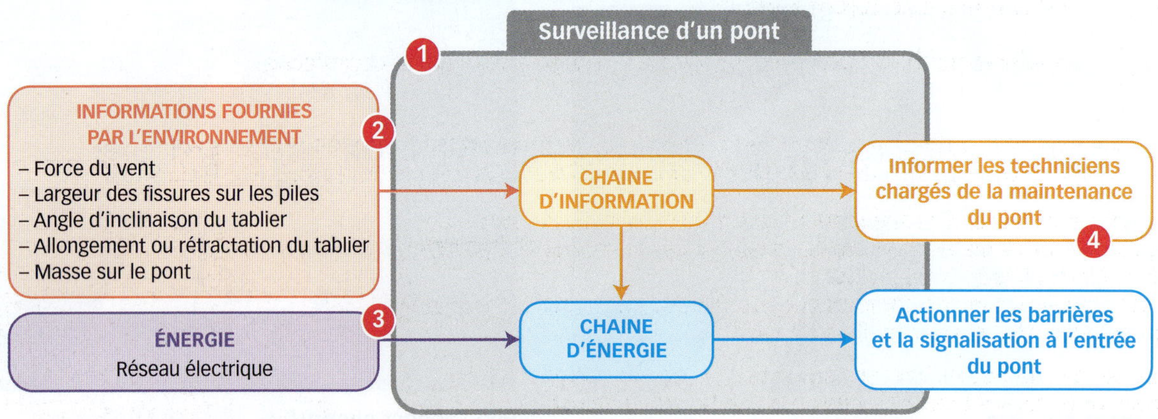

Diagramme des flux d'information et d'énergie

Méthode 2 Identifier la chaine d'énergie

Plusieurs éléments gèrent l'énergie qui fait fonctionner un objet technique. Ils constituent la **chaine d'énergie**. Elle assure les fonctions permettant :
- d'**alimenter** l'objet en énergie ;
- de **distribuer** l'énergie (interrupteur, variateur…) pour la réguler ;
- de **convertir** la forme de l'énergie (moteur, résistance électrique…) ;
- de **transmettre** l'énergie d'un élément à un autre.

Démarche

Étape 1 Indiquer dans une bulle l'énergie qui alimente le système.

Étape 2 Identifier les fonctions techniques correspondant aux effets attendus.

Étape 3 Associer à chaque fonction technique l'élément qui la compose.

Application au viaduc de Millau

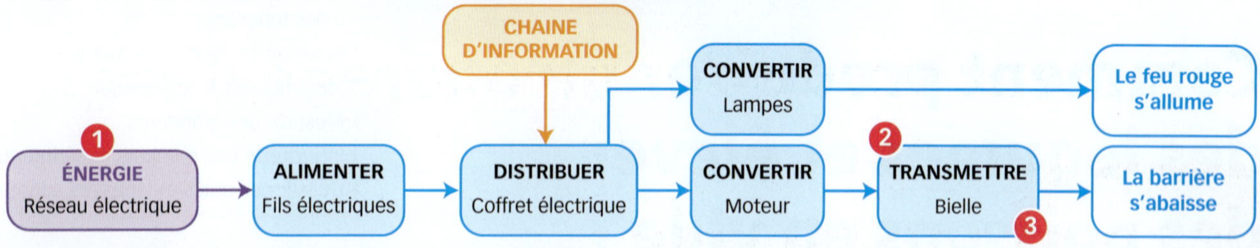

Chaine d'énergie pour abaisser la barrière et allumer les feux de signalisation

Méthode 3 Identifier et caractériser des matériaux

Un objet technique peut présenter des matériaux différents. L'observation et les tests permettent de repérer leur famille. Les matériaux usuels se regroupent en trois familles :

– **les matériaux organiques** (bois, caoutchouc, laine, cuir, plastique…) ;
– **les matériaux métalliques** (aluminium, fer, cuivre…) ;
– **les matériaux céramiques** (verre, porcelaine, grés…).

Démarche

Étape 1 Repérer les caractéristiques de la matière utilisée pour réaliser l'objet.

Étape 2 Placer une suite de points dans l'outil d'identification des matériaux proposé (➤ Ressource, Matériaux, p. 250).

Étape 3 Tracer une flèche reliant les points.

Étape 4 Relever le nom du matériau et sa famille indiquée à l'extrémité de la flèche.

Application aux matériaux utilisés pour construire le viaduc de Millau

1

Les piles sont très rigides, elles supportent le poids de l'ensemble du pont et sont ancrées dans le sol. Le matériau visible de l'extérieur est de couleur grise, il n'est ni transparent ni conducteur électrique.
Il supporte bien les efforts de compression mais, utilisé seul, il peut être cassant.
Pour le renforcer, on y insère des tiges en acier.

Le tablier, les pylônes, et les haubans sont réalisés avec un même matériau.
De couleur grise, souvent recouvert de peinture. Ce matériau est un conducteur électrique et attire les aimants.
Le choix de ce matériau, qui résiste bien aux efforts de traction, a permis d'alléger la structure du pont.

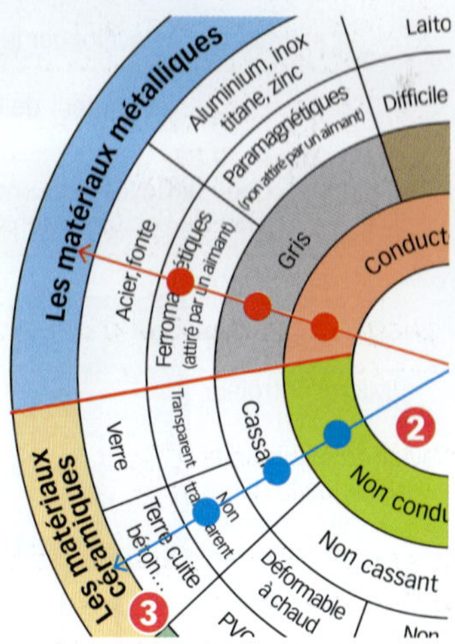

4

Identification : le matériau utilisé est du béton, il appartient à la famille des matériaux céramiques.
Remarque : associé à du métal, il est considéré comme un matériau composite.
Identification : Le matériau utilisé est de l'acier, il appartient à la famille des matériaux métalliques.

Je vérifie que j'ai bien compris la méthode

1 Listez les informations transmises au système de surveillance du pont. ▸ Méthode 1

2 Indiquez les effets produits par la chaine d'énergie. ▸ Méthode 2

3 Indiquez les quatre fonctions techniques représentées dans la chaine d'énergie. ▸ Méthode 2

Mini-projet

Par groupe, décrivez un test simple à réaliser pour vérifier si un matériau est conducteur d'électricité. Appuyez-vous sur la **méthode 3**.

OBSERVER

Comment produire des légumes et élever des poissons en ville ?

COMPÉTENCES ASSOCIÉES
- Respecter une procédure.
- Associer des solutions techniques à des fonctions.
- Analyser un fonctionnement.
- Identifier des flux d'énergie.
- Mesurer des grandeurs.
- Interpréter des résultats expérimentaux.
- Utiliser des outils et langages adaptés.

Situation Joséphine s'est lancée dans l'aquaponie. C'est une technique de culture qui utilise les déjections des poissons comme engrais naturel pour les légumes. L'eau circule en circuit fermé et est entièrement recyclée.

Joséphine anime un blog : elle souhaite ajouter trois articles :
- la description de tous les éléments du système de pompage ;
- l'explication du choix d'une pompe ;
- le choix des matériaux des éléments de son système.

Problème Comment aider Joséphine à rédiger ses articles ?

doc. 1 Système d'aquaponie de Joséphine

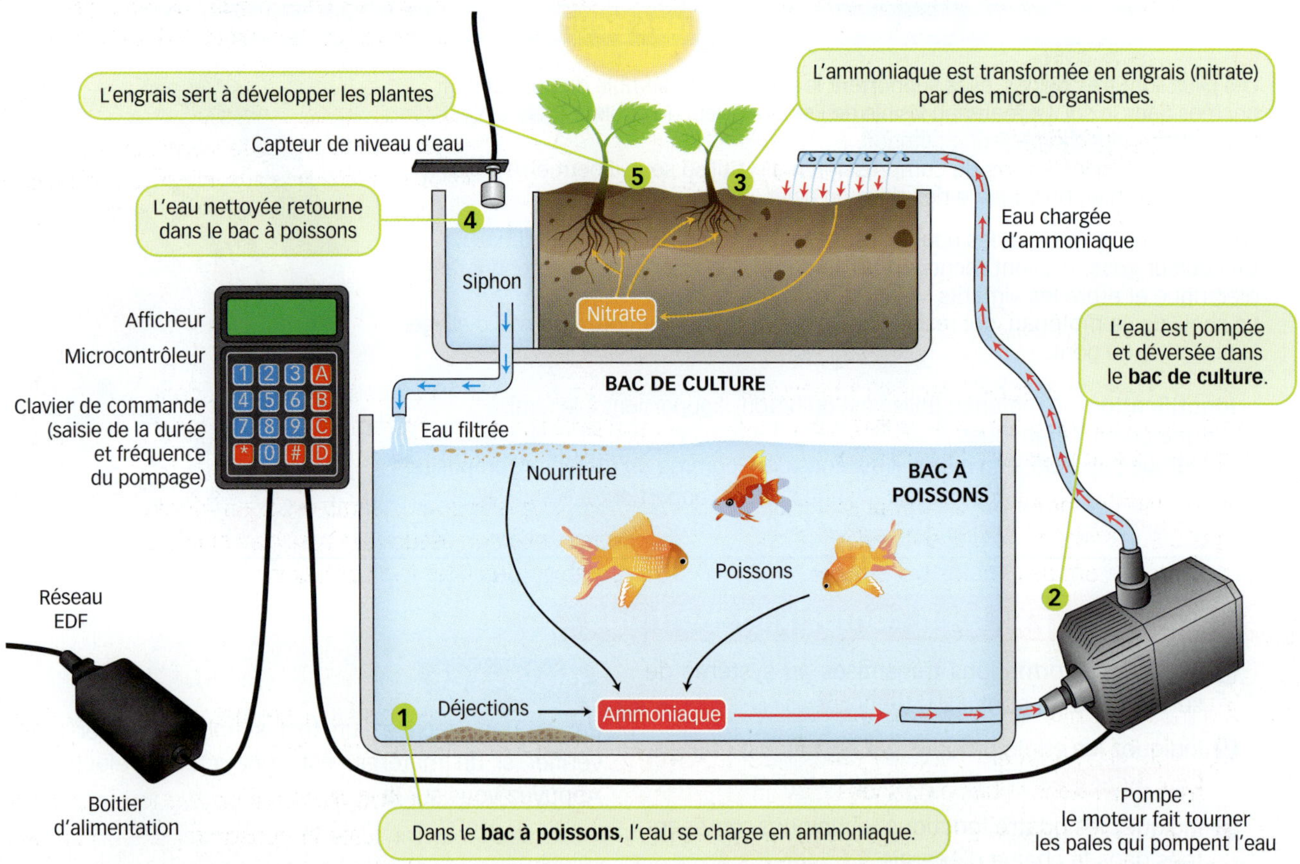

doc. 2 Éléments participant au pompage

Capteur de niveau d'eau

Ce capteur est équipé d'un flotteur associé à un contact électrique, qui informe d'un risque de débordement.

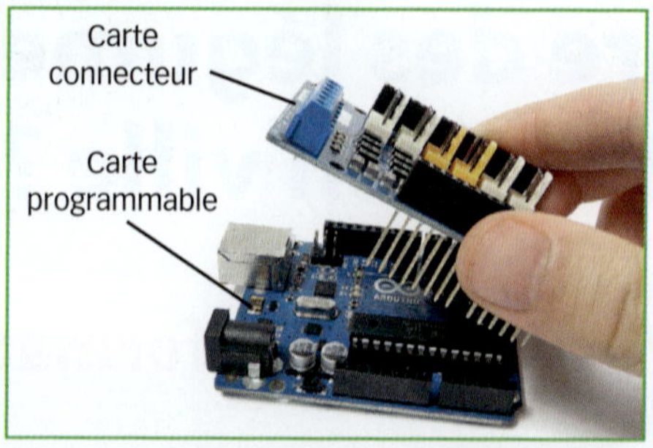

Carte programmable, microcontrôleur

La carte du microcontrôleur est associée à une carte qui lui permet de communiquer avec les autres éléments du système (relais de la pompe, clavier de programmation des cycles de pompage, capteur de niveau d'eau, afficheur).

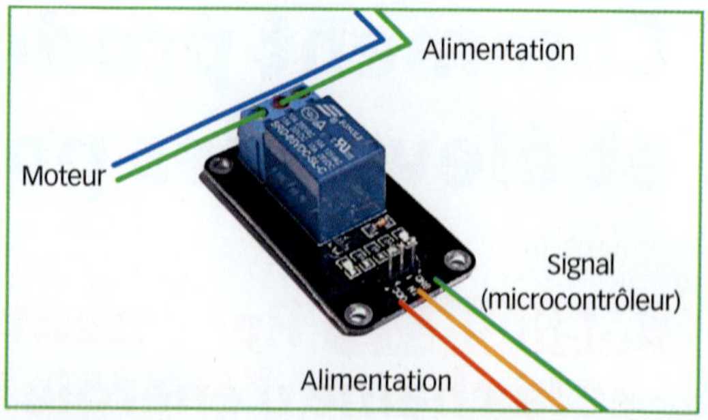

Relais

Un relais est un interrupteur qui distribue du courant électrique aux éléments de la chaine d'énergie (moteur, éclairage). Il est commandé par un signal électrique de faible intensité en provenance du microcontrôleur.

doc. 3 Choix d'une pompe selon son efficacité énergétique

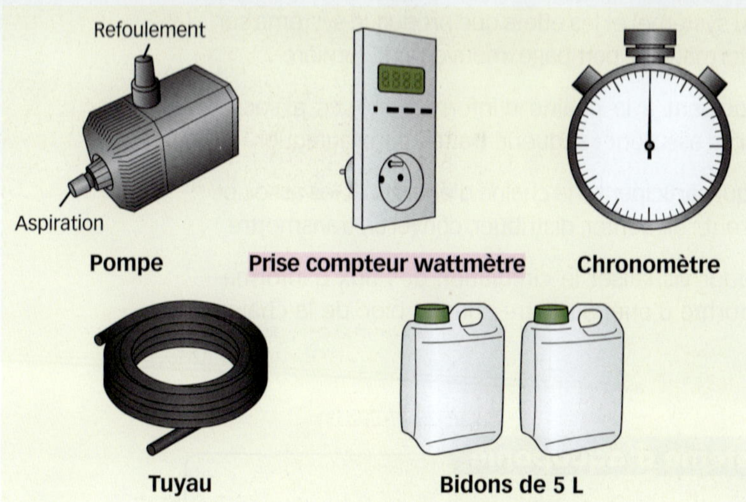

Efficacité énergétique
Rapport entre la quantité d'énergie consommée (ex. : nombre de watts par heure) par un système et l'effet attendu (ex. : pomper 5 L d'eau).

Prise compteur wattmètre
Placée entre la prise de courant et la prise d'un système électrique, elle permet d'indiquer sa consommation en watt par heure.

doc. 4 Aptitudes recherchées des matériaux

- **Bac à poissons** : destiné à recevoir un volume important d'eau, ses parois ne doivent pas se déformer. Il doit résister à la corrosion.
- **Tuyaux** : suffisamment rigides pour éviter un risque d'écrasement, ils doivent résister à la corrosion. Ils sont assemblés par collage.
- **Enveloppe extérieure** : esthétique, elle donne un aspect naturel au système. Elle se découpe facilement avec une scie.
- **Visserie** : utilisée pour assembler les différents éléments, elle doit assurer un maintien solide de l'ensemble et résister à la corrosion.

J'analyse la situation

1. Expliquez d'où provient le nitrate (doc. 1).
2. Expliquez comment l'eau est purifiée avant d'être renvoyée dans le bac à poissons (doc. 1).
3. Indiquez l'élément qui actionne la pompe à partir d'un signal délivré par le microcontrôleur (doc. 2).
4. Nommez l'élément qui permet d'éviter que l'eau déborde du bac à légumes (doc. 2).
5. Notez où doit être placée la prise compteur wattmètre pour mesurer la consommation électrique du système électrique (doc. 3).

RÉSOUDRE

Comment produire des légumes et élever des poissons en ville ?

Méthode 1 Représenter la chaine d'information et la chaine d'énergie

- La **chaine d'énergie** d'un objet technique décrit le flux d'énergie entre les différents blocs de constituants (fonction technique) d'un objet technique. Ce flux est caractérisé par la **forme de l'énergie** à l'entrée et à la sortie de chaque fonction technique. Cette énergie (mécanique, électrique, thermique…) est parfois convertie par les composants de l'objet technique.
- La **chaine d'information** d'un objet technique assure les fonctions techniques **acquérir**, **traiter**, **communiquer** fournies par différents composants (capteurs, interfaces, microcontrôleur…).

Démarche

Étape 1 Identifier les éléments qui interagissent avec le système (informations fournies par l'environnement, énergie fournie au système) et les effets que produit le système sur son environnement (affichage d'informations, pompage, mouvement, lumière…).

Étape 2 Repérer les composants qui participent à la chaine d'information. Les associer ensuite à la fonction technique qu'ils assurent : acquérir, traiter, communiquer.

Étape 3 Repérer l'ensemble des éléments qui participent à la chaine d'énergie et les associer à la fonction technique qu'ils assurent : alimenter, distribuer, convertir, transmettre.

Étape 4 Relier les blocs par des flèches pour visualiser la circulation des flux d'information et d'énergie en indiquant la forme d'énergie entre chaque bloc de la chaine d'énergie.

Application au système d'aquaponie

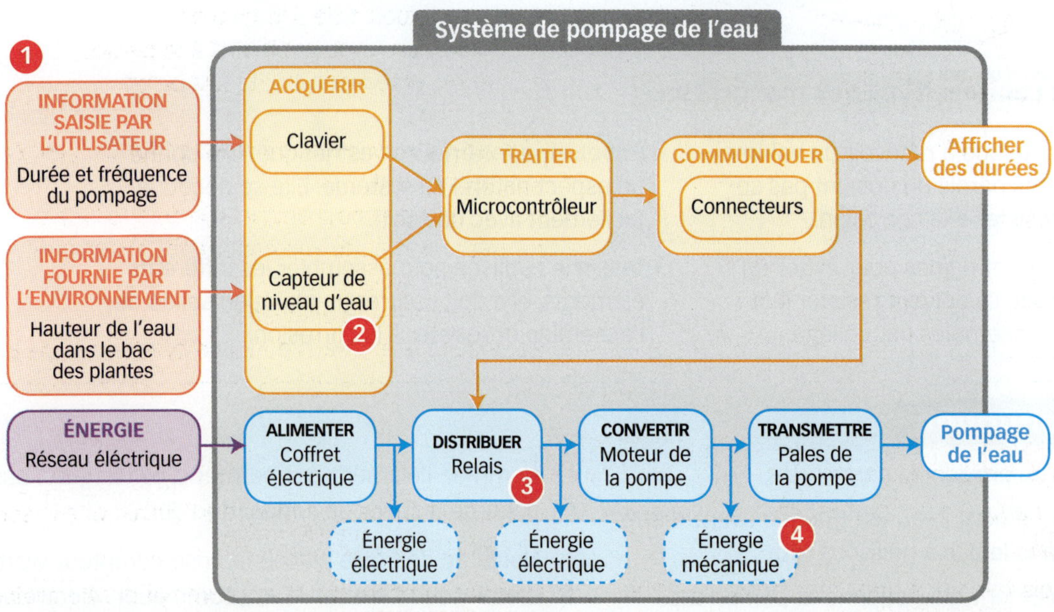

Diagramme des flux d'information et d'énergie

Méthode 2 Déterminer les matériaux

La structure d'un système désigne l'ensemble des composants réalisés à partir des matériaux. L'enveloppe extérieure donne les formes générales et l'esthétisme de l'objet.

Démarche

Étape 1 Lister, pour chaque élément de l'objet, les propriétés recherchées du matériau.

Étape 2 Rechercher si les propriétés du matériau sont adaptées aux aptitudes recherchées.

Application au système d'aquaponie

Élément 1	Aptitudes recherchées 1	Matériau possible	Propriétés 2	Famille du matériau
Tuyaux	Résistance à la corrosion Assemblage par collage	**PVC**	Dureté 👍👍👍 Assemblage par collage 👍👍👍	Organique
Enveloppe extérieure	Esthétique Découpe avec une scie	**Bois**	Esthétique 👍👍👍 Découpe avec une scie 👍👍👍	Organique
Visserie	Rigidité Résistance à la corrosion	**Aluminium**	Rigidité 👍👍👍 Résistance à la corrosion 👍👍👍	Métallique

Méthode 3 Définir un protocole expérimental

La mise en place d'un **protocole expérimental** nécessite de définir, par des schémas et des instructions, les conditions précises de réalisation d'une expérience (➤ **Ressource**, Les protocoles, p. 255).

Démarche

Étape 1 Identifier l'objectif et définir les étapes de l'expérience.

Étape 2 Illustrer le protocole par un croquis légendé.

Étape 3 Préparer un document permettant de relever les résultats obtenus.

Application au choix d'une pompe

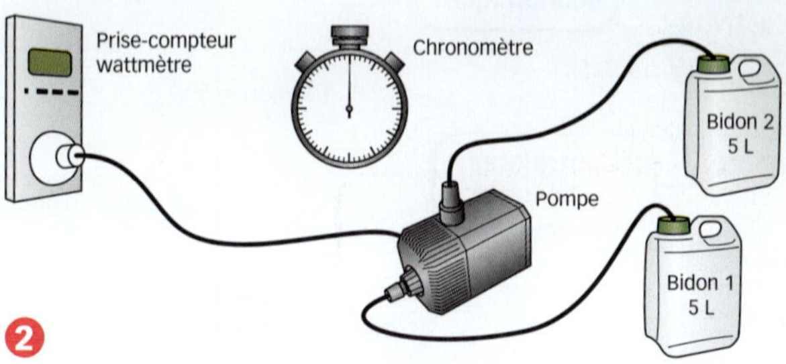

2

Résultats 3	Pompe A	Pompe B
Consommation	... Wh	... Wh
Efficacité énergétique	... litre par /W	... litres par /W
Durée	... secondes	... secondes

1 Comparer l'efficacité énergétique de plusieurs pompes : protocole.

1. Remplir le bidon 1 de 5 litres d'eau.
2. Relier avec un tuyau le bidon 1 à la partie aspiration, et le bidon 2 vide à la partie refoulement.
3. S'assurer que la prise compteur wattmètre est en fonctionnement.
4. Démarrer la pompe A et lancer le chronomètre.
5. Arrêter la pompe et le chronomètre dès que le bidon 1 est vide.
6. Relever les valeurs affichées.
7. Reproduire la même expérience avec la pompe B.

Je vérifie que j'ai bien compris la méthode

1 Indiquez la nature des informations transmises. ▸ **Méthode 1**

2 Listez les trois fonctions présentes dans la chaine d'information. ▸ **Méthode 1**

3 Indiquez la forme de l'énergie à l'entrée et à la sortie de la pompe. ▸ **Méthode 1**

4 Indiquez la nécessité d'employer plusieurs matériaux. ▸ **Méthode 2**

OBSERVER

Comment fonctionne une corde à sauter connectée ?

COMPÉTENCES ASSOCIÉES
- Interpréter des résultats expérimentaux.
- Mesurer des grandeurs.
- Identifier le(s) matériau(x), les flux d'énergie et d'information.
- Associer des solutions techniques à des fonctions.

Situation Sirine et Amir ont imaginé un prototype de corde à sauter connectée. Ils doivent communiquer leurs solutions techniques.
Ils présentent un schéma qui décrit les échanges et les interactions de la corde à sauter avec son environnement. Ce schéma doit préciser la nature des informations transmises.
Leur argumentaire, réalisé à partir d'une expérience, montre que le choix de la batterie permet une autonomie de 16 heures (le dispositif ne fonctionne plus si la tension de la batterie est inférieure à 3 V).
Ils ont validé le choix des matériaux utilisés.

Problème Comment les aider à produire le document ?

doc. 1 Carte mentale des contraintes

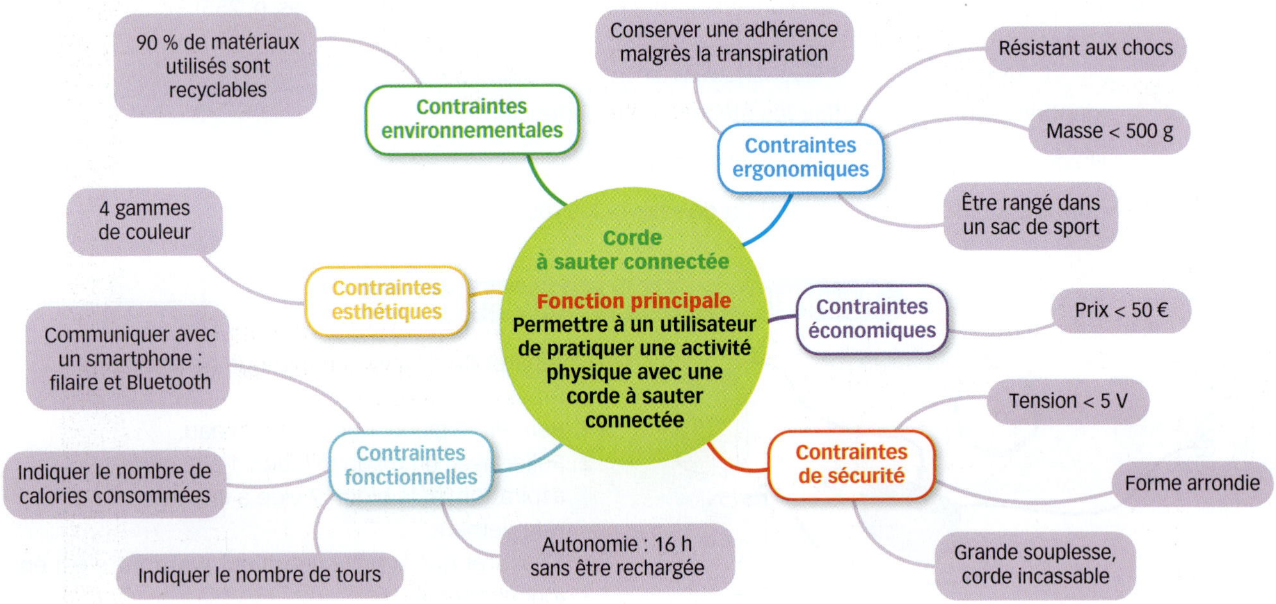

doc. 2 Éléments de la corde à sauter

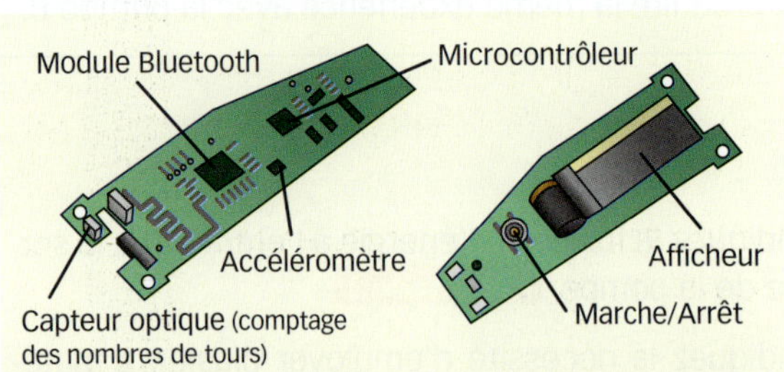

Carte vue du dessous — Carte vue du dessus

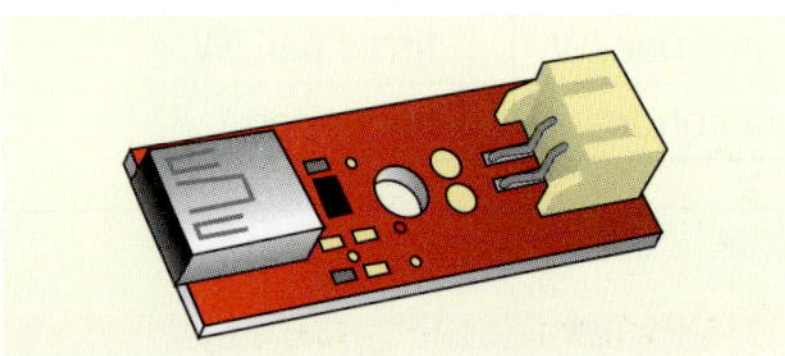

Cette carte électronique placée dans la poignée dispose d'un port micro USB permettant de réguler la charge de la batterie afin d'éviter une surcharge pouvant la détériorer.

Le chargeur de batterie

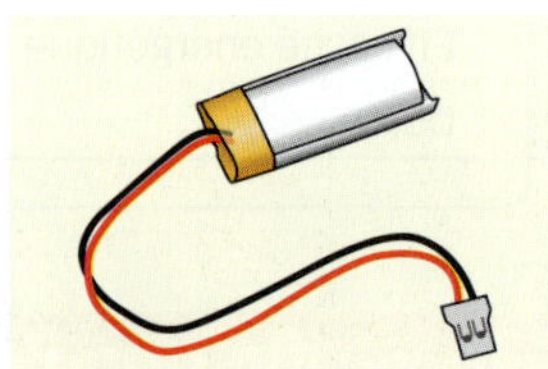

La taille réduite de ces batteries permet de les insérer dans la poignée.

Batterie LYPO 3,7 V 150 mAh

doc. 3 Chaine d'information et d'énergie

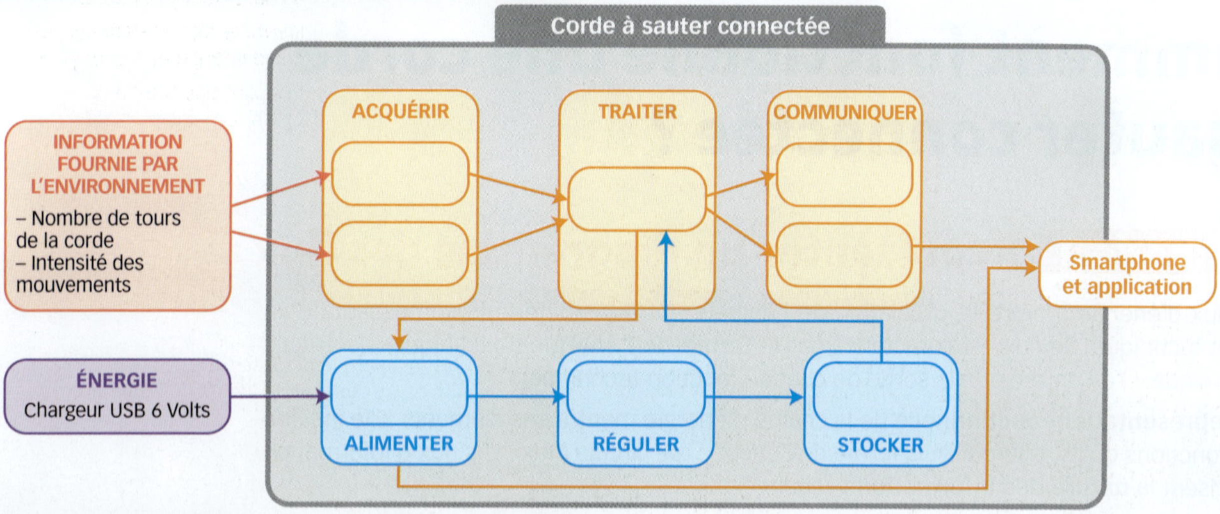

Diagramme des flux

doc. 4 Fonctionnement de l'accéléromètre (pour un axe)

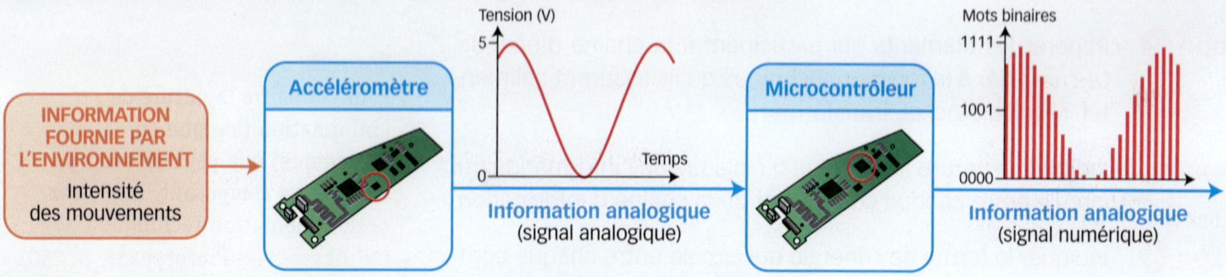

doc. 5 Résultat du test de décharge des batteries A et B

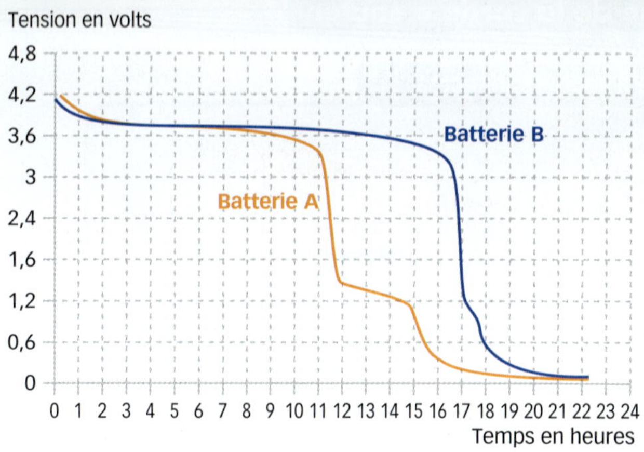

Protocole du test

1. Charger les batteries A et B pendant 8 heures.
2. Réaliser les branchements correspondant au schéma ci-dessous.

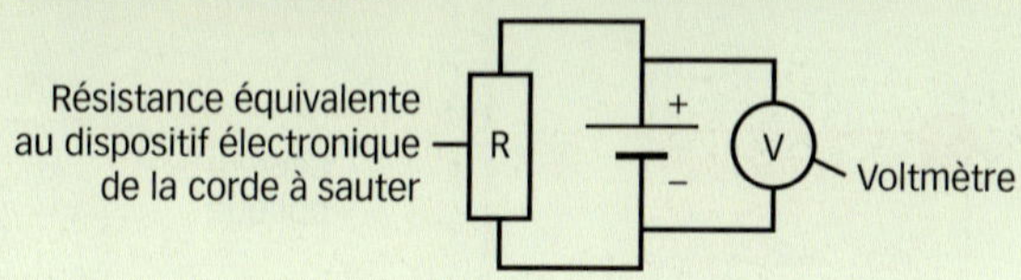

3. Faire un relevé de la tension toutes les heures.
4. Arrêter les relevés dès que la tension est inférieure à 0,1 V.

J'analyse la situation

1. Listez les contraintes de fonctionnement (doc. 1).
2. Repérez les deux informations fournies par l'environnement au système. Identifiez le capteur associé à chaque information (docs 2 et 3).
3. Indiquez la nature de l'information (logique ou analogique) fournie par l'accéléromètre au microcontrôleur (doc. 4).
4. Précisez la nature du signal (numérique ou analogique) fournie par l'accéléromètre au microcontrôleur (doc. 4).
5. Citez les deux éléments mesurés lors du test de décharge des batteries (doc. 5).

Comment fonctionne une corde à sauter connectée ?

Méthode 1 Représenter un diagramme des flux

- Le flux d'énergie montre la circulation de l'énergie entre les différents composants d'un objet technique. Ce flux est caractérisé par la **forme de l'énergie** (mécanique, électrique, thermique…) à l'entrée et à la sortie de chaque fonction technique.
- La **représentation fonctionnelle** de la chaine d'énergie montre ses éléments. Elle indique les fonctions qu'ils assurent et la forme de l'énergie qui circule (flux). Les flux d'information précisent la **nature des informations** échangées.

Démarche

Étape 1 Repérer les éléments qui participent à la chaine d'information. Les associer à la fonction technique qu'ils assurent : acquérir, traiter, communiquer…

Étape 2 Repérer les éléments qui participent à la chaine d'énergie. Les associer à la fonction technique qu'ils assurent : alimenter, réguler, stocker, transformer…

Étape 3 Indiquer la nature analogique ou logique de l'information qui circule entre chaque composant de la chaine d'information.

Étape 4 Indiquer la forme de l'énergie qui circule entre chaque composant de la chaine d'énergie.

Conseil
Pour connaitre la nature de l'information (logique ou analogique) que peut recevoir ou émettre un composant, consultez sa documentation technique (➤ Ressource, Prototypage, p. 260).

Application au diagramme de la corde à sauter

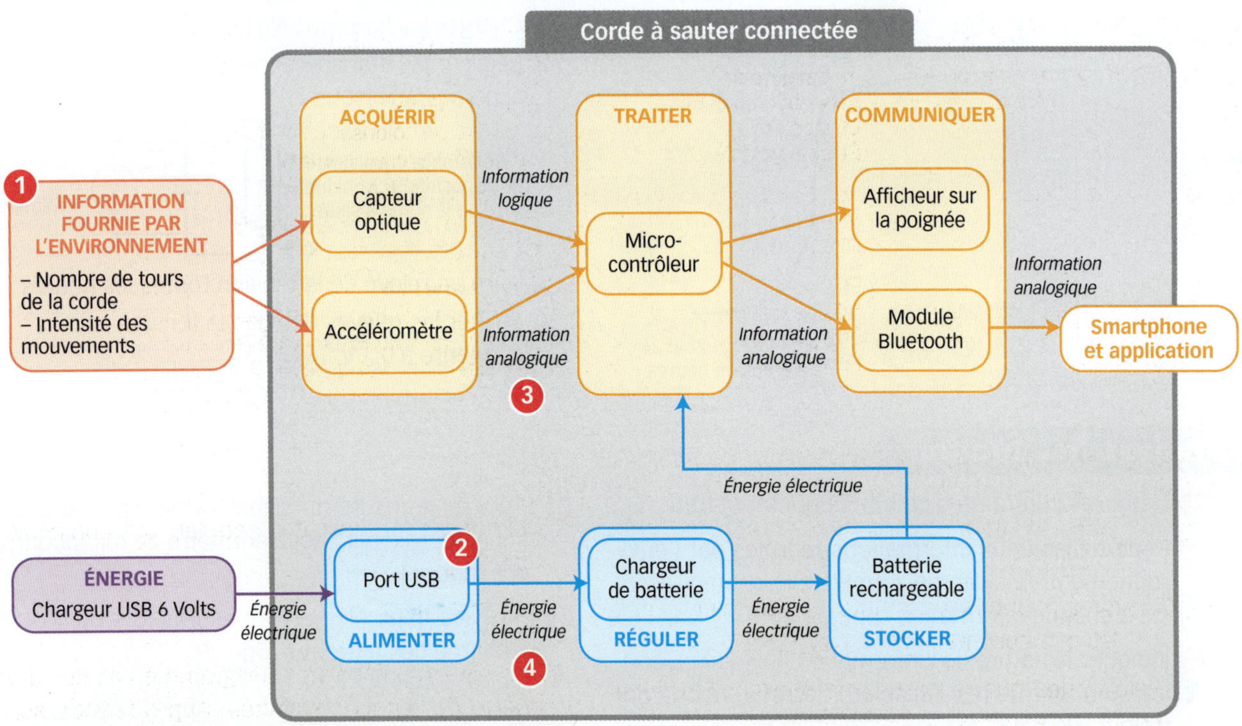

Diagramme des flux d'information et d'énergie

Méthode 2 Interpréter des résultats expérimentaux

Un protocole expérimental peut servir à tester une solution technique. Son élaboration dépend des résultats attendus. L'analyse des informations recueillies permet d'obtenir une réponse à une problématique (➤ **Ressource**, Les protocoles, p. 255).

Démarche

Étape 1 Analyser le protocole de test.

Étape 2 Extraire les informations utiles des résultats de l'expérience.

Étape 3 Comparer les résultats obtenus.

Étape 4 Répondre à la problématique.

Application aux batteries de la corde à sauter

1 Introduction Formuler l'objectif de l'expérience	Quelle batterie permet une autonomie de 16 h ?
2 Interprétation Extraire et analyser les informations recueillies	La courbe montre une chute de tension en fonction du temps d'utilisation. La corde à sauter ne fonctionne plus dès que la tension est inférieure à 3 V.
3 Argumentation Relier entre eux les résultats obtenus et mesurer les écarts	La tension descend en dessous de 3 volts après 11 heures d'utilisation pour la batterie A et de 17 heures d'utilisation pour la batterie B.
4 Conclusion Réponse à la problématique	La batterie B a une autonomie supérieure à 16 h, elle doit être choisie.

Méthode 3 Valider le choix des matériaux

Les matériaux choisis ont des caractéristiques qui doivent répondre au cahier des charges.

Démarche

Étape 1 Repérer les éléments qui composent l'objet technique et identifier le matériau à utiliser pour réaliser chaque élément.

Étape 2 Repérer les propriétés recherchées des matériaux.

Étape 3 Vérifier si les propriétés des matériaux choisis respectent les aptitudes attendues.

Application aux matériaux d'une corde à sauter

1 Élément	1 Matériau	2 Propriétés recherchées	3 Caractéristiques
Poignées	TPE (élastomère thermoplastique)	Être transporté Absorber les chocs Être coloré Être recyclable	Densité 👍👍 Élasticité 👍👍👍 Capacité de colorisation 👍👍👍 Capacité de recyclage 👍👍
Grip sur les poignées	Cuir	Ne pas glisser dans les mains Être coloré Être recyclable	Adhérence 👍👍👍 Capacité de colorisation 👍👍👍 Capacité de recyclage 👍👍
Corde	PP (polypropylène)	Être souple Ne pas casser Être coloré Être recyclable	Flexibilité 👍👍👍 Résistance à la traction 👍👍👍 Capacité de colorisation 👍👍👍 Capacité de recyclage 👍👍

Je vérifie que j'ai bien compris la méthode

1. Indiquez les informations fournies au système. ▸ Méthode 1
2. Indiquez, pour chaque fonction de la chaine d'énergie, les composants utilisés. ▸ Méthode 1
3. Relevez les quatre parties permettant l'exploitation d'une expérience. ▸ Méthode 2
4. Expliquez le choix du matériau qui constitue la corde. ▸ Méthode 3

Mini-projet

Par groupe, représentez le diagramme des flux d'une raquette de tennis connectée. Appuyez-vous sur la **méthode 1**.

Je retiens

La recherche des composants d'un objet technique

Quand l'instrument de mesure est adapté à la grandeur physique à mesurer (courant électrique, intensité lumineuse, masse...), il est possible de faire une **mesure directe** de cette grandeur. Sinon le résultat peut être obtenu par **mesure indirecte** : on mesure une autre grandeur, puis on en déduit celle recherchée par calcul.

Un **protocole expérimental** définit les conditions de réalisation d'une expérience et le choix des appareils de mesure. Il précise les consignes de sécurité des personnes et du matériel.

Lorsque la problématique d'un protocole expérimental consiste à faire une comparaison, **on mesure les écarts obtenus** lors de deux essais.

Chaine et flux d'énergie

Un objet technique fonctionnant avec de l'énergie possède plusieurs éléments pour la gérer et produire l'effet désiré (chaleur, mouvement, lumière). Leur ensemble constitue une chaine d'énergie.

Les **flux d'énergie** montrent la circulation de l'énergie entre les différents composants (fonction technique) d'un objet technique. Ce flux est caractérisé par la forme de l'énergie à l'entrée et à la sortie de chaque fonction technique.

La représentation fonctionnelle de la chaine d'énergie montre ses composants. Elle indique les fonctions qu'ils assurent et les flux d'énergie circulant dans l'objet.

Chaine et flux d'information

La chaine d'information pilote la chaine d'énergie (arrêter, mettre en marche, réguler) à partir d'informations transmises à l'objet technique par l'utilisateur ou par des capteurs (luminosité, présence, chaleur...).

Elle est constituée des fonctions techniques **acquérir**, **traiter**, **communiquer**, assurées par différents composants (capteurs, interfaces, microcontrôleur...).

Les flux d'information précisent la nature des informations qui circulent entre les composants. Une information est portée par un signal dont la nature peut être analogique ou numérique.

Les matériaux et la structure des objets techniques

Les matériaux utilisés dans un objet technique sont de natures différentes. Une observation, associée à des tests, permet de repérer à quelle famille de matériaux ils appartiennent.

Pour répondre aux exigences d'un objet technique, les principales propriétés des matériaux utilisés doivent correspondre à l'aptitude recherchée.

Une **solution technique** répond aux exigences exprimées dans un cahier des charges. Les matériaux, dont les propriétés permettent d'y répondre, peuvent être utilisés.

Définitions

Protocole
Un protocole expérimental comporte des instructions qui reproduisent une expérience pour vérifier ou comparer des données.

Chaine d'énergie
Composants qui gèrent l'énergie nécessaire au fonctionnement de l'objet (alimenter, distribuer, convertir, communiquer).

Forme de l'énergie
L'énergie peut se manifester sous différentes formes (mécanique, chimique, thermique, rayonnante, électrique...).

Chaine d'information
Fonctions qui acquièrent, traitent et communiquent des informations.

Nature d'une information
Elle peut être analogique (variation d'une grandeur physique, température, luminosité, vitesse...) ou logique (binaire 1 ou 0, vrai ou faux, marche ou arrêt, ouvert ou fermé, jour ou nuit...).

Nature d'un signal
Un signal porte l'information sous forme de grandeur physique (tension, onde électromagnétique, lumière) qui varie de façon continue (analogique) ou discontinue (numérique).

Je sais faire

Rechercher les composants d'un objet technique

- Mesure physique de manière directe ou indirecte
- Expérimenter en respectant une procédure
- Expérimenter en imaginant une procédure

Repérer les composants de la chaine d'information et de la chaine d'énergie

- Identifier les entrées et sorties d'un système
- Associer des solutions techniques à des fonctions
- Associer des solutions techniques à des fonctions Identifier le flux d'énergie
- Décrire les transformations qui s'opèrent dans une chaine d'information et dans une chaine d'énergie

Identifier les matériaux composant la structure des objets techniques

- Identifier les matériaux des principaux éléments d'un objet
- Identifier et caractériser les matériaux constituant la strucutre d'un objet technique

J'ai appris à

Imaginer, synthétiser, formaliser et respecter une procédure, un protocole.		
Mesurer des grandeurs de manière directe ou indirecte.		
Identifier le(s) matériau(x), les flux d'énergie et d'information dans le cadre d'une production technique sur un objet et décrire les transformations qui s'opèrent.		
Associer des solutions techniques à des fonctions.		
Décrire, en utilisant les outils et langages de descriptions adaptés, la structure et le comportement des objets.		

S'ENTRAINER

COMPÉTENCES TRAVAILLÉES
- Mesurer des grandeurs de manière directe ou indirecte (ex. 1).
- Traduire des choix de solutions sous forme de schémas (ex. 2).
- Identifier les matériaux sur un objet (ex. 3).

QCM Je vérifie mes connaissances

lienmini.fr/t130-qcm7-1

J'utilise mes compétences

Exercice 1 Mesure d'une tension électrique

Pour vérifier le câblage d'un coffret électrique, une installatrice mesure la valeur de la tension aux bornes du disjoncteur. Elle utilise un multimètre en mode voltmètre. Une valeur située entre 220 et 230 V indique que le câblage est correct.

1. Indiquez le nom de l'appareil de mesure utilisé.
2. Repérez sur quelle position est placé le commutateur rotatif.
3. Précisez si la valeur obtenue permet de valider le câblage.
4. Indiquez s'il s'agit d'une mesure directe ou indirecte.

Exercice 2 La chaine d'énergie d'un véhicule électrique

Comme tous les véhicules 100 % électriques, la *Smart Electric Drive* est composée de différents composants qui assurent chacun une fonction technique.

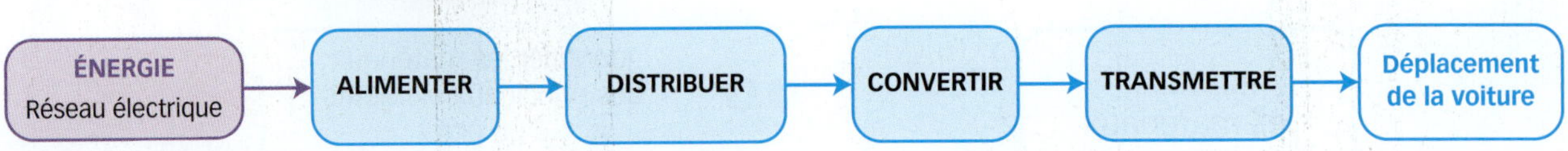

Chaine d'énergie

1. Indiquez la provenance de l'énergie électrique qui recharge les batteries.
2. Listez les quatre fonctions techniques qui composent la chaine d'énergie de ce véhicule.
3. Associez à chaque fonction technique le composant de la voiture qui convient.

Exercice 3 Les composants d'un vélo

1. Identifiez trois familles de matériaux dans l'outil d'identification des matériaux (➤ **Ressource**, Matériaux, p. 256).
2. Identifiez le test qui montre qu'un matériau est un conducteur électrique.
3. Identifiez le test qui distingue l'acier de l'aluminium.
4. Identifiez le matériau et sa famille pour chaque composant de ce vélo.

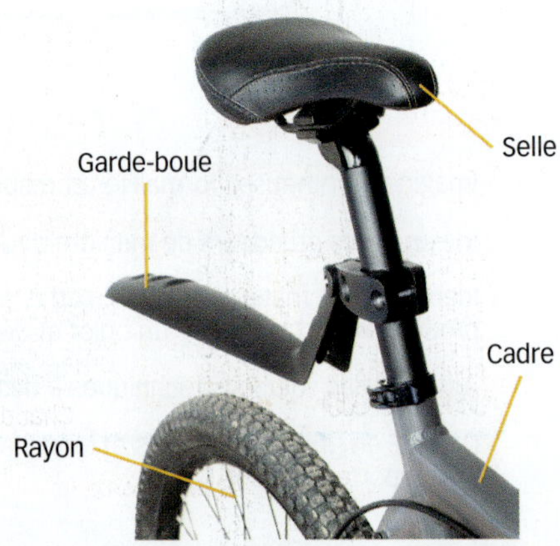

Un chauffage central au gaz

Tâche complexe

VOTRE MISSION

Jeanne a acheté l'appartement attenant au sien. Elle dispose chez elle du chauffage dit « central » au gaz, et son nouvel appartement est équipé de convecteurs électriques. Elle souhaite étendre son installation de chauffage central au nouvel appartement.

Des bricoleurs, sur un forum, proposent de l'aider. Pour cela elle doit compléter un document décrivant son installation existante et préciser le matériau utilisé pour les tuyaux.

POUR RÉUSSIR

- Je complète le document : information saisie par l'utilisateur, information fournie par l'environnement, énergie fournie, effet produit, composant de chacune des fonctions de la chaine d'énergie.
- Je détermine, grâce à la **Ressource**, p. 256, le matériau de chacun des trois types de tuyau utilisés.

VOS RESSOURCES

lienmini.fr/t130-chauffage

doc. 1 Document à compléter

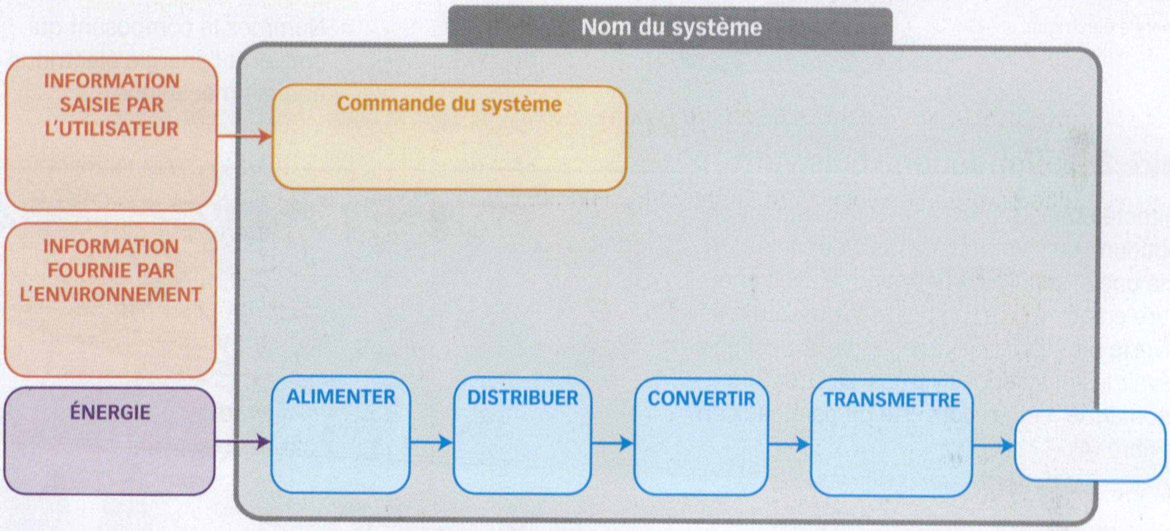

doc. 2 Schéma de l'installation de chauffage existante

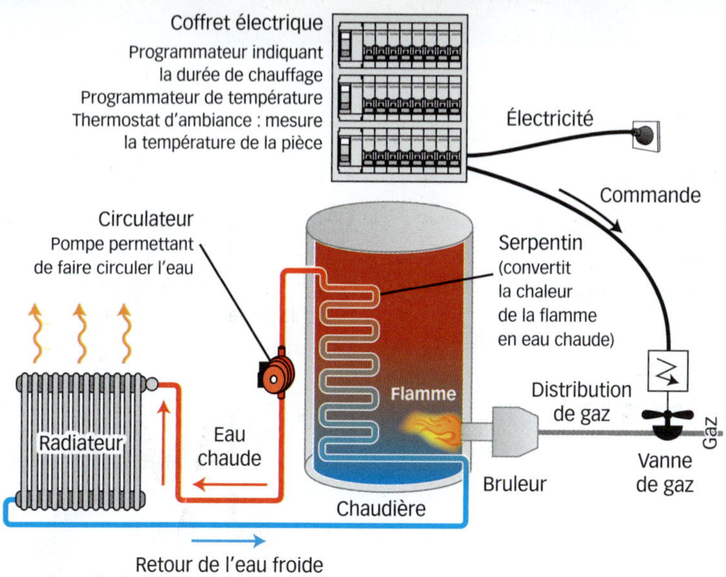

doc. 3 Types de tuyaux utilisés dans l'installation

Tuyau 1
Matériau conducteur électrique de couleur brune, facile à déformer.

Tuyau 2
Matériau conducteur électrique de couleur grise, attiré par un aimant.

Tuyau 3
Matériau non conducteur électrique, non cassant, déformable à chaud.

S'ENTRAINER

QCM Je vérifie mes connaissances

lienmini.fr/t130-qcm7-2

COMPÉTENCES TRAVAILLÉES
- Identifier les flux d'énergie sur un objet et décrire les transformations qui s'opèrent (ex. 1).
- Associer des solutions techniques à des fonctions (ex. 1).
- Identifier les matériaux sur un objet (ex. 2).

J'utilise mes compétences

Exercice 1 Des flux d'énergie différents

Entrée	Fonction	Sortie
Énergie électrique alternative (prise 220 V) →	**ALIMENTER** chargeur de téléphone	→ Énergie électrique continue 12 V
Énergie électrique →	**CONVERTIR** (résistance d'une bouilloire électrique)	→ Énergie thermique
Énergie électrique →	**CONVERTIR** (moteur d'un tapis roulant)	→ Énergie mécanique

1. Donnez le nom de la fonction technique qui convertit l'énergie électrique en énergie thermique.
2. Indiquez la différence entre l'énergie fournie en entrée et l'énergie en sortie du chargeur de téléphone.
3. Nommez le composant qui convertit l'énergie électrique en énergie mécanique.

Exercice 2 La fondation Louis Vuitton

L'architecte Frank Gehry a conçu le bâtiment de la fondation Louis Vuitton à Paris. Pour cela, il a associé une structure en béton armé avec une ossature en acier **1** et en bois **2**. L'ossature est recouverte d'une charpente en inox **3** destinée à recevoir les enveloppes vitrées. La structure en béton armé a été recouverte de panneaux en béton fibré **4**.

Béton armé	Matériau composite : béton (gravier, sable et ciment) et barres d'acier. Il associe la résistance à la compression du béton et la résistance à la traction de l'acier. Il est souvent recouvert d'un autre matériau pour des raisons esthétiques.
Béton fibré	Béton dans lequel sont incorporées des fibres de verre ou de métal. Cet ajout évite au béton de se fissurer.
Ossature acier	Assemblage de poutres en métal qui permet une grande liberté de formes architecturales. Elle doit être protégée par une peinture pour éviter la corrosion. Elle se déforme lors d'un incendie.
Ossature bois	Assemblage de poutres en bois qui donne à la structure un aspect naturel. Elle est plus légère qu'une structure en acier. Elle doit être traitée pour résister aux intempéries.
Charpente inox	Assemblage de poutrelles. Sa résistance aux efforts est proche de celle de l'acier. Elle résiste bien à la corrosion. L'inox est également utilisé pour son esthétique (aspect brillant).

1. Listez les quatre principaux matériaux utilisés pour réaliser le bâtiment de la fondation Louis Vuitton.
2. Indiquez à quelle famille appartient chaque matériau.
3. Énoncez les principales aptitudes attendues en utilisant une charpente en inox.
4. Nommez les deux principales propriétés du béton armé.

Vers le brevet

Adapter une assistance électrique

Zoé souhaite adapter sur son vélo un kit lui permettant de bénéficier d'une assistance électrique pour ses déplacements quotidiens en ville.
Elle ne recherche pas un niveau de performance élevé, le poids du vélo n'a pas trop d'importance pour elle. Elle l'utilise peu par temps de pluie.
Le vélo, garé soit à l'extérieur soit dans un local à vélos, reçoit de nombreux chocs.

QUESTIONS

1. Repérez les éléments qui participent à la chaine d'information et associez-les à la fonction technique qu'ils assurent.
2. Repérez les éléments qui participent à la chaine d'énergie et associez-les à la fonction technique qu'ils assurent.
3. Indiquez, pour chaque liaison entre les composants de la chaine d'énergie, la forme d'énergie qui circule.
4. Recherchez les caractéristiques du matériau (acier ou aluminium) correspondant à l'utilisation du vélo par Zoé (➤ Ressource, p. 256).

VOS RESSOURCES

doc. 1 Éléments du kit d'assistance électrique

1 Moteur et pédalier remplaçant le pédalier existant.
Moteur 36 V/250 W en courant alternatif.
Boitier en acier ou en aluminium.

2 Contrôleur incluant :
- un onduleur pour alimenter le moteur en courant alternatif ;
- un capteur de mesure de charge de la batterie ;
- un microcontrôleur pour traiter les informations provenant du capteur.

3 Capteur à fixer sur le pédalier pour acquérir deux informations :
- la force exercée sur la pédale ;
- la vitesse du vélo.

4 Écran d'affichage des informations provenant du microcontrôleur :
- vitesse ;
- distance parcourue ;
- état de charge de la batterie.

5 Bouton de commande sur le guidon pour :
- faire fonctionner l'assistance au pédalage ;
- régler le niveau d'assistance (trois niveaux).

6 Batterie 36 V/14 Ah fixée sur le cadre, rechargée sur le réseau électrique. Elle délivre un courant continu.

doc. 2 Représentation fonctionnelle des chaines d'information et d'énergie

lienmini.fr/t130-velo

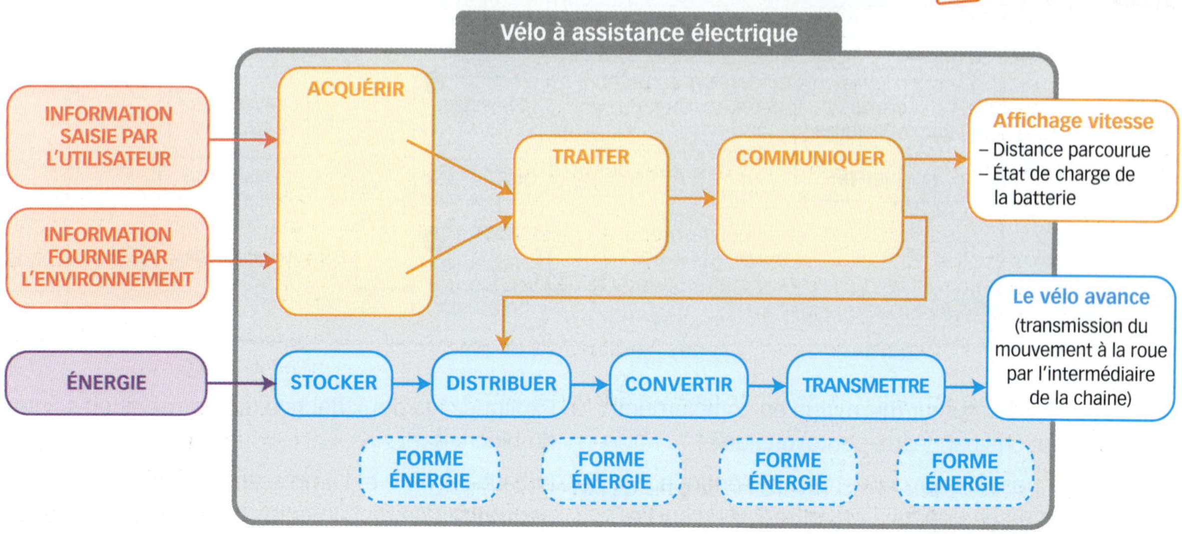

S'ENTRAINER

QCM Je vérifie mes connaissances

lienmini.fr/t130-qcm7-3

COMPÉTENCES TRAVAILLÉES

- Imaginer, synthétiser, formaliser et respecter une procédure, un protocole (ex. 1).
- Identifier les flux d'énergie dans un objet et décrire les transformations qui s'opèrent (ex. 2).

J'utilise mes compétences

Exercice 1 Un protocole de test pour l'aéronautique

Pour valider une contrainte de sécurité de l'Airbus A350 sur piste fortement détrempée, on réalise des tests sur une piste inondée selon un protocole précis.
Une partie de ce protocole consiste à créer un bac à eau sur la piste d'atterrissage de 100 × 29 m et d'une profondeur d'eau d'au moins 22 mm. L'avion doit franchir ce bac à différentes vitesses s'échelonnant entre 110 et 260 km/h.

1. Précisez l'intérêt d'effectuer ce test.
2. Expliquez quel élément de ce protocole doit rester identique lors des essais à différentes vitesses.
3. Indiquez le danger que peut provoquer la présence d'eau dans les moteurs.

Exercice 2 Les flux d'énergie d'une maison autonome

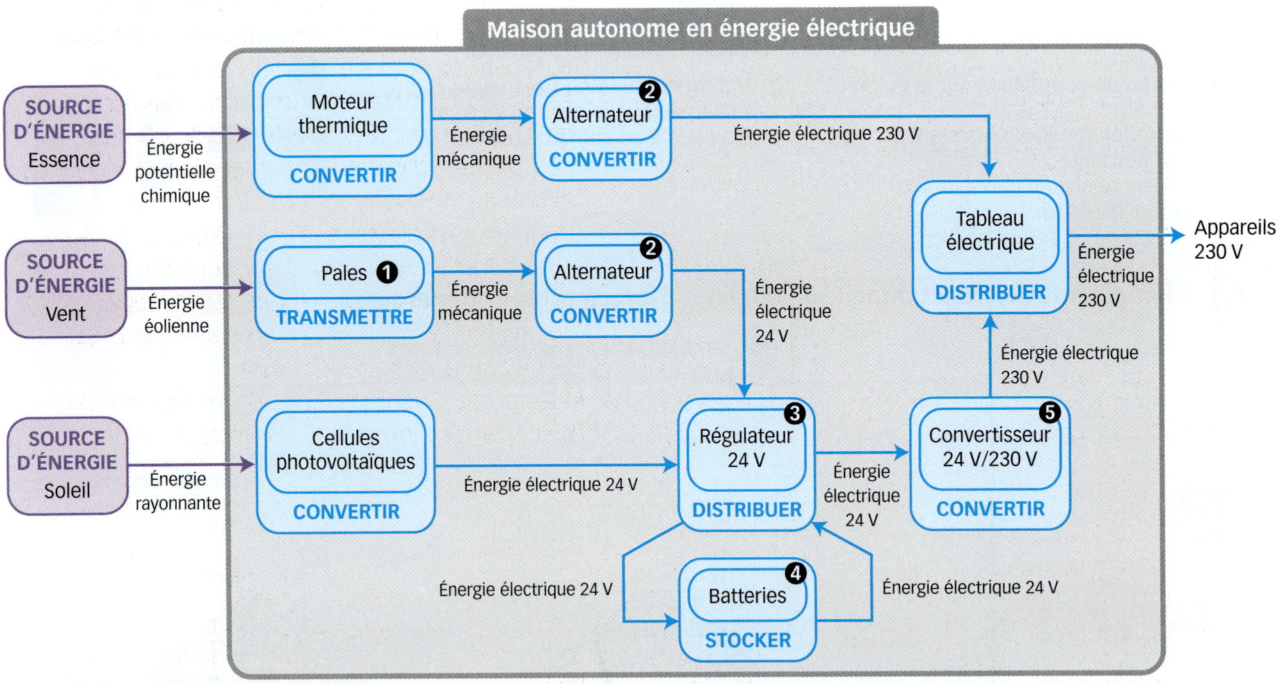

1. Indiquez l'utilité du moteur thermique en complément de l'éolienne et des panneaux photovoltaïques.
2. Listez les composants qui convertissent l'énergie. Indiquez la forme de l'énergie en entrée et en sortie pour chacun d'eux.
3. Expliquez les deux flèches (en entrée et en sortie) du bloc « Batteries ».
4. Indiquez le nom et l'emplacement de l'élément qui permettrait de recharger les batteries à partir de l'énergie électrique produite par l'alternateur du moteur thermique.

Je prépare le brevet

Une ventilation double flux

La ventilation double flux connectée d'un logement mesure le taux de CO_2 produit par les occupants pour adapter automatiquement son débit. Elle passe automatiquement d'un fonctionnement avec ou sans échange thermique suivant les températures intérieure et extérieure.
Farid veut publier un diagramme des flux destiné aux clients professionnels, ainsi qu'un argumentaire destiné aux particuliers. Pour cela, il a réalisé des tests sur des systèmes déjà installés.

QUESTIONS

1. Représentez la chaine d'information et d'énergie de ce système.
2. Rédigez un argumentaire montrant les avantages de ce dispositif : introduction, interprétation des données, argumentation, conclusion.

VOS RESSOURCES

doc. 1 Éléments de l'interface de pilotage

- Programmation de la période de fonctionnement par l'utilisateur
- Mise en marche manuelle par l'utilisateur
- Indication de la température extérieure
- Indication de la température intérieure
- Indication du taux de CO_2 dans le logement
- Affichage du mode de fonctionnement
- Connexion Bluetooth

doc. 2 Principe de fonctionnement du ventilateur double flux

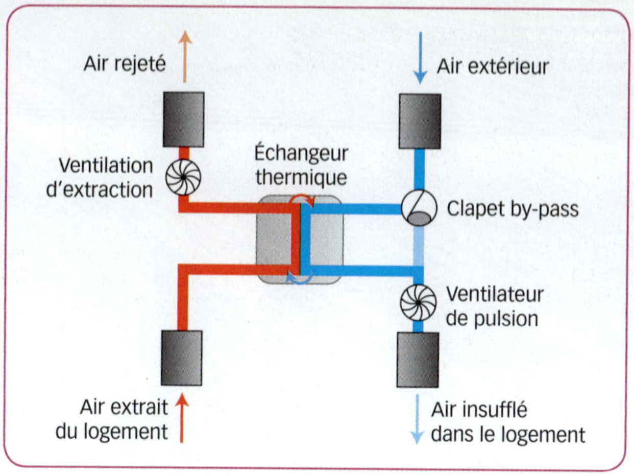

Le clapet by-pass est constitué d'une vanne (robinet) commandée par un moteur électrique qui ouvre ou ferme le circuit double flux. Les échanges thermiques se font entre l'air provenant de l'intérieur et l'air provenant de l'extérieur.
L'air provenant de l'extérieur est réchauffé par l'air extrait du logement.
Deux coffrets électriques complètent le système :
– le coffret du microcontrôleur qui traite les informations de l'utilisateur et des capteurs.
Il transmet la commande à la chaine d'énergie (ventilateurs et clapet by-pass) ;
– le coffret d'alimentation 220 V qui permet de brancher les moteurs des ventilateurs et du clapet.

doc. 3 Résultats obtenus lors de l'expérimentation

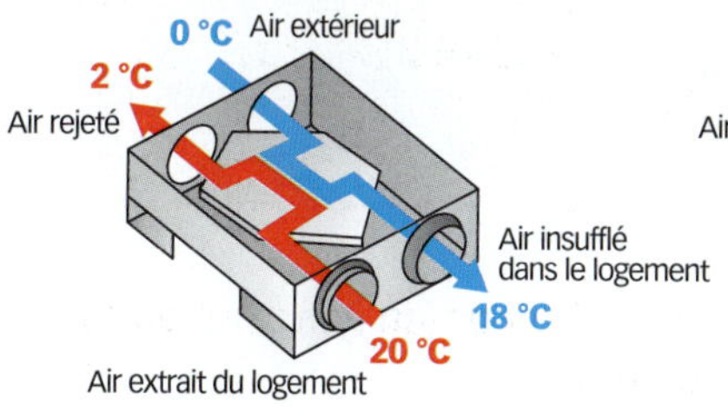

Test 1 Réalisé en hiver (by-pass fermé)

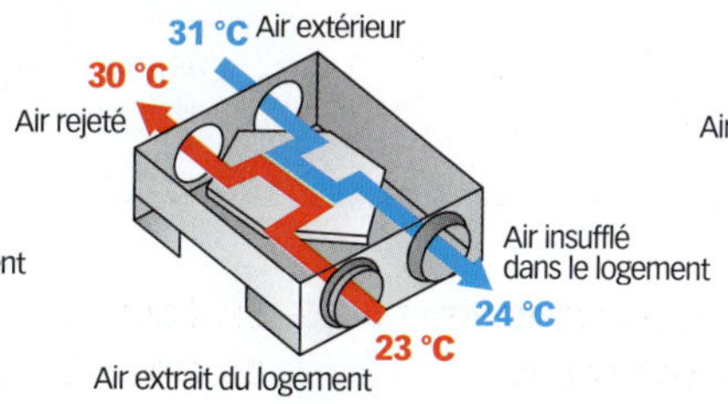

Test 2 Réalisé le jour en été (by-pass fermé)

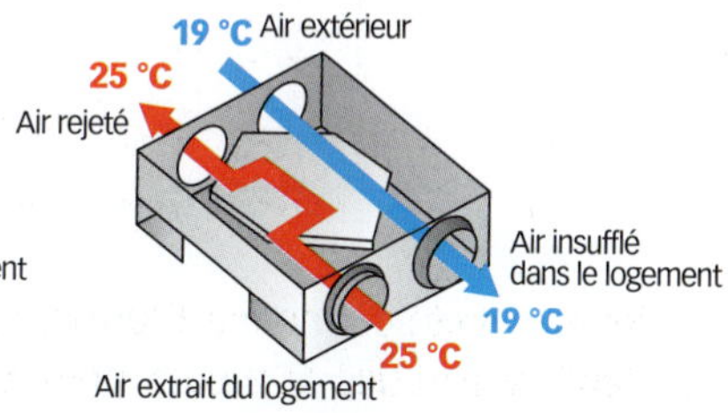

Test 3 Réalisé la nuit en été (by-pass ouvert)

THÈME 3

La modélisation et la simulation des objets et systèmes techniques

Quel intérêt peut présenter une simulation numérique de comportement d'un avion ?

chapitre

8 Simuler une structure et un comportement

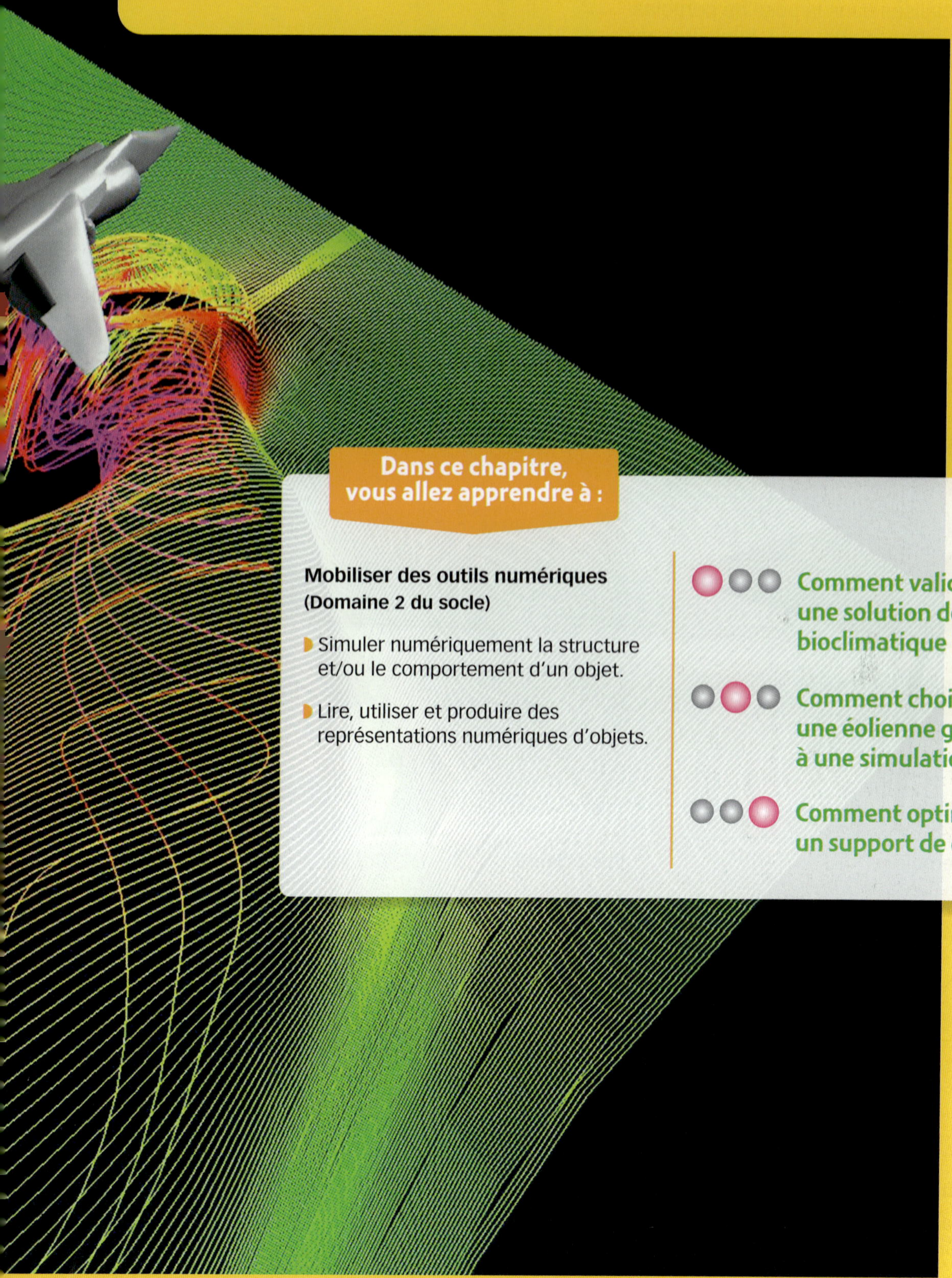

Dans ce chapitre, vous allez apprendre à :

Mobiliser des outils numériques (Domaine 2 du socle)

- Simuler numériquement la structure et/ou le comportement d'un objet.
- Lire, utiliser et produire des représentations numériques d'objets.

- Comment valider une solution de pergola bioclimatique ?
- Comment choisir une éolienne grâce à une simulation ?
- Comment optimiser un support de caméra ?

OBSERVER

Comment valider une solution de pergola bioclimatique ?

COMPÉTENCES ASSOCIÉES
- Utiliser une modélisation pour prouver.
- Simuler numériquement la structure et/ou le comportement d'un objet.
- Interpréter le comportement de l'objet et le communiquer en argumentant.

Situation Le-Yin travaille dans une entreprise spécialisée dans la pose de pergolas. Il a réalisé une étude pour implanter un modèle bioclimatique automatisé pour la terrasse d'un particulier.

Le-Yin utilise des logiciels de simulation pour vérifier que la solution technique répond à la demande du client. Il doit rédiger un document qui résume cette étude et le montrer à son client.

Problème Comment utiliser une modélisation pour justifier et présenter la solution technique retenue ?

doc. 1 Représentation de la pergola

lienmini.fr/t130-pergola
vidéo du mouvement des lames

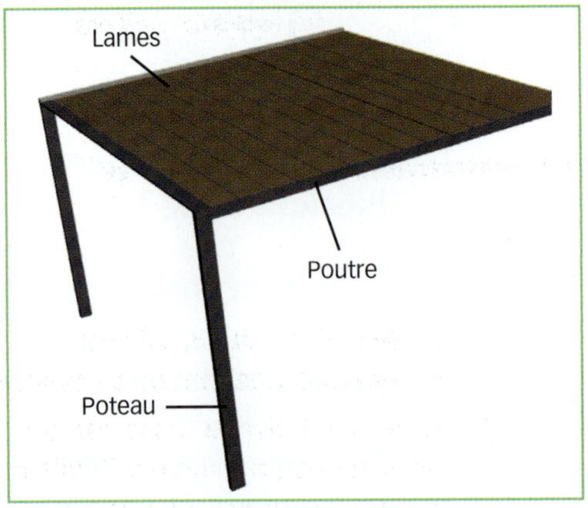

Vue d'ensemble

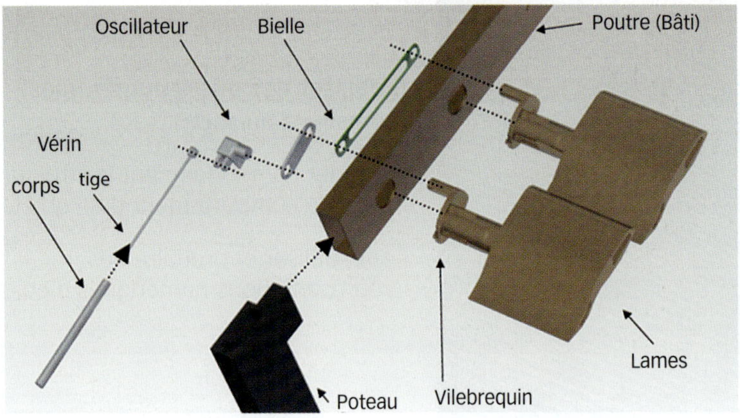

Vue éclatée

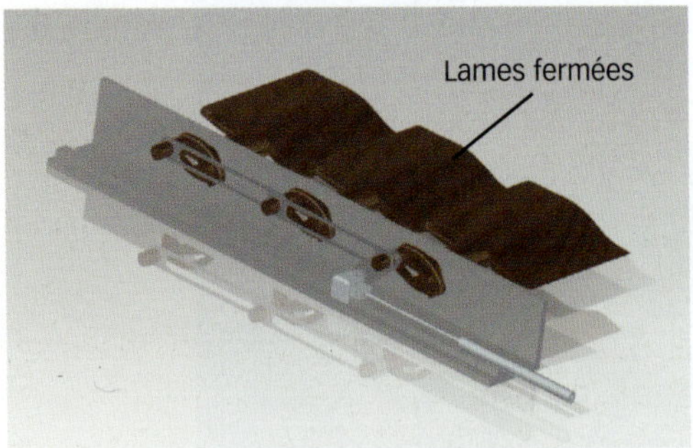

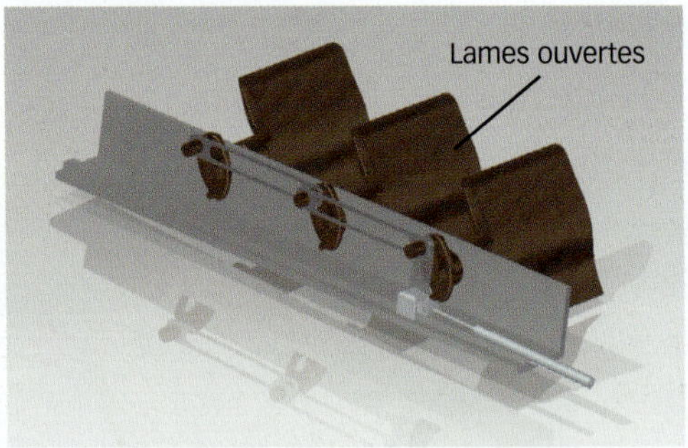

Vue du fonctionnement

Le toit de la pergola est constitué de lames pivotantes en matière plastique. Elles obscurcissent plus ou moins la terrasse.

doc. 3 Architecture du réseau informatique local du collège

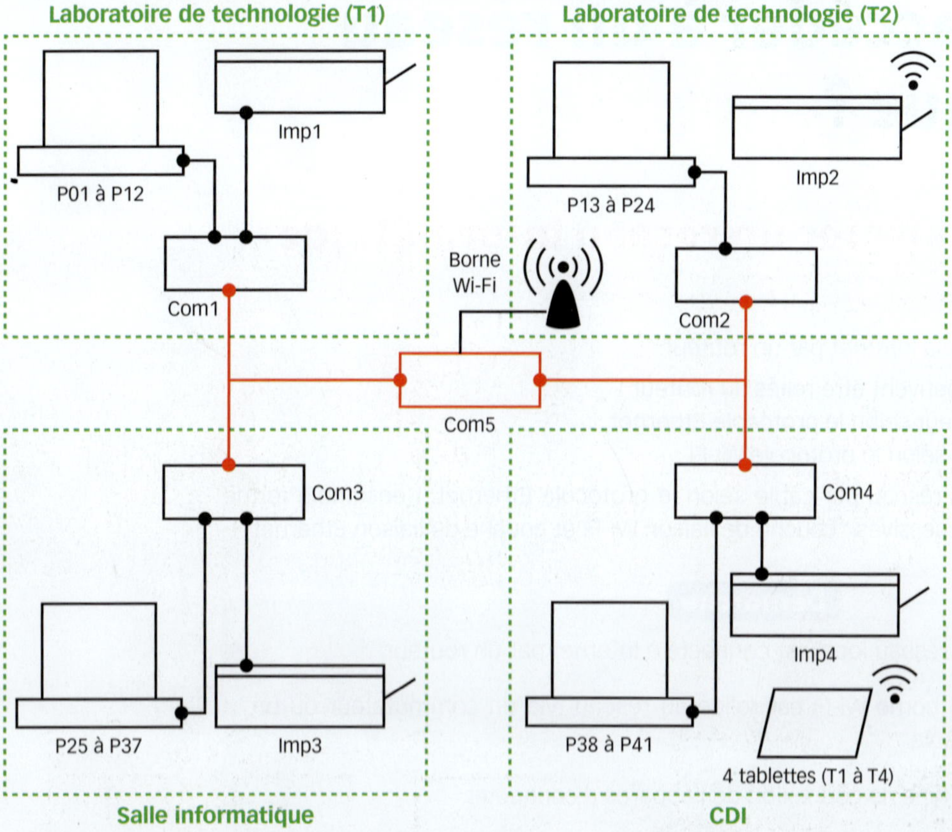

Les différents espaces informatiques du collège sont reliés par un commutateur central.

doc. 4 Représentation des composants d'un réseau Internet

Le **commutateur central** du réseau local est relié à un routeur.

Le **routeur** est relié à des réseaux informatiques étendus comme Internet. Il met en œuvre un **algorithme de routage** qui détermine le chemin que les données doivent emprunter pour circuler le plus rapidement possible dans le réseau.

Le **serveur** stocke des ressources informatiques communes à l'ensemble du réseau. Il est connecté au commutateur central.

> **Réseau informatique étendu**
> Ensemble de réseaux interconnectés sur de grandes distances géographiques, dont le plus connu est Internet.

➤ **Ressource**, Composants des réseaux informatiques, p. 263.

J'analyse la situation

1. Indiquez les deux types de connexion qu'on peut utiliser pour se connecter au réseau du collège (doc. 1).
2. Montrez que la connexion à Internet d'un composant du réseau sans fil nécessite deux protocoles successifs (doc. 1).
3. Précisez le nom du réseau Wi-Fi disponible (doc. 2).
4. Indiquez le rôle d'un commutateur dans un espace d'un réseau local (doc. 1).
5. Déterminez le rôle d'un commutateur central dans un réseau local (docs 3 et 4).
6. Précisez la forme qui symbolise un routeur lorsqu'on le représente dans une architecture réseau (doc. 4).

RÉSOUDRE

Comment accéder à un réseau informatique ?

Méthode 1 Connecter un réseau informatique local à Internet

- Un réseau local est connecté à Internet par un routeur.
- Les composants du réseau peuvent être reliés au routeur :
  - par câble via un commutateur selon le protocole Ethernet,
  - sans fil via une borne Wi-Fi selon le protocole Wi-Fi.
- La borne Wi-Fi est reliée au réseau par câble selon le protocole Ethernet. L'ensemble forme deux couches de réseau successives : couche de liaison Wi-Fi et couche de liaison Ethernet.

Démarche

Étape 1 Vérifier que le réseau local est connecté à Internet par un routeur.

Étape 2 Vérifier que la borne Wi-Fi est reliée au réseau (via un commutateur ou un routeur) par câble.

Étape 3 Déterminer le type de connexion de l'appareil à connecter.

Étape 4 S'il s'agit d'une connexion par câble : brancher une extrémité du câble sur le poste informatique et l'autre extrémité sur le commutateur.

Étape 5 S'il s'agit d'une connexion sans fil : choisir et activer le type de protocole réseau (Bluetooth, Wi-Fi), sélectionner le réseau disponible et saisir le mot de passe dans l'interface utilisateur.

Application au réseau informatique du collège

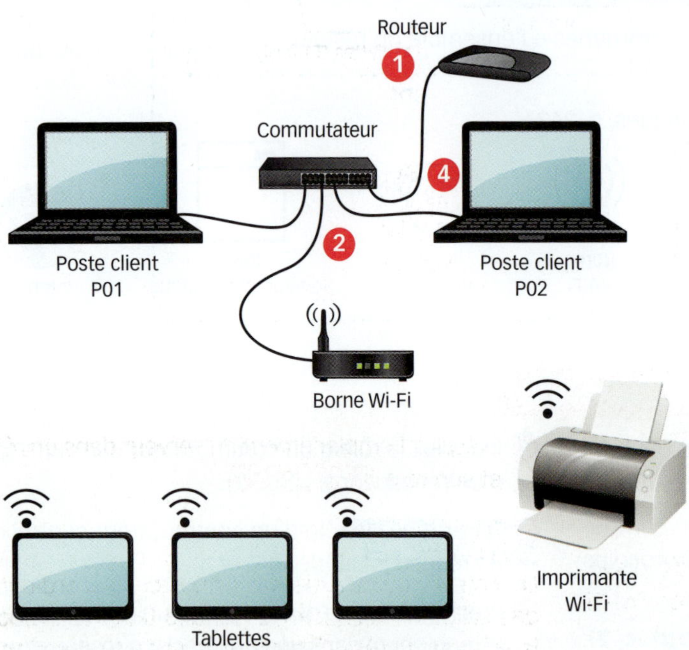

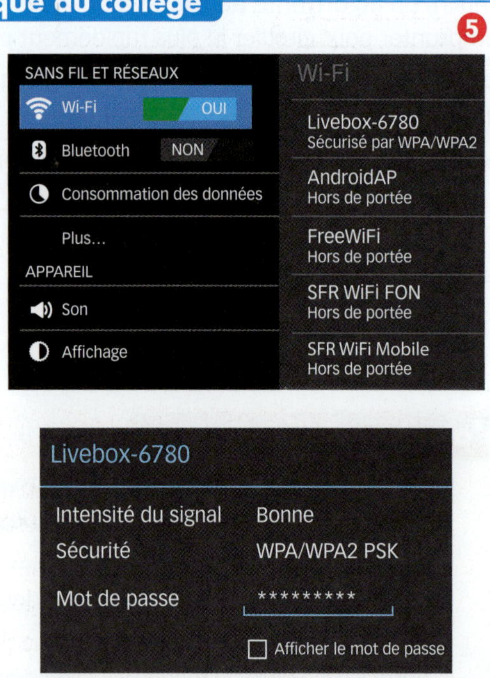

Méthode 2 Représenter l'accès au réseau Internet

Un **schéma** regroupe les informations sur le fonctionnement du réseau informatique. Un **routeur** permet d'accéder à Internet. Il est connecté au **commutateur** central du réseau local formant ainsi un réseau étendu. Un **serveur**, relié au routeur via le commutateur assure la sécurité informatique par un filtrage des données échangées. Il stocke les ressources informatiques communes à l'ensemble du réseau local.

Démarche

Sur papier ou à l'aide d'un logiciel de simulation réseau :

Étape 1 Relier le commutateur de chaque espace à un commutateur central.

Étape 2 Relier le serveur au commutateur central.

Étape 3 Relier le routeur au commutateur central.

Étape 4 Donner un titre et légender le schéma.

Application au réseau informatique du collège

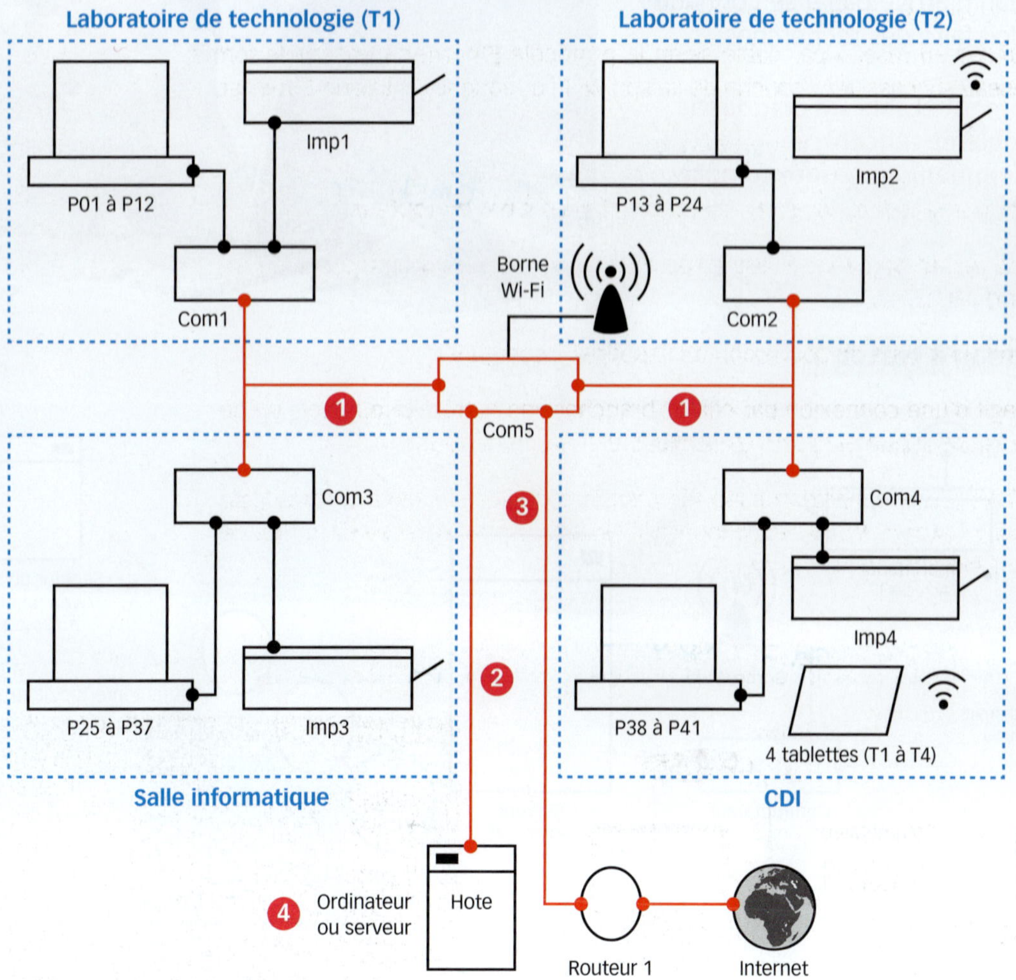

Schéma d'un réseau étendu

Je vérifie que j'ai bien compris la méthode

1. Indiquez la procédure à suivre avec un protocole Ethernet pour connecter un composant informatique. ▸ Méthode 1

2. Indiquez les deux informations dont doit disposer un utilisateur pour se connecter en Wi-Fi. ▸ Méthode 1

3. Précisez l'emplacement du serveur dans un réseau et son rôle. ▸ Méthode 2

Mini-projet

Le conseil départemental remplace les ordinateurs des salles de technologie par des tablettes. Modifiez le schéma du réseau pour intégrer cette dotation.

OBSERVER

COMPÉTENCE ASSOCIÉE
- Comprendre le fonctionnement d'un réseau informatique.

Comment les données sont échangées sur Internet ?

Situation Lors d'une séance en salle informatique, certains élèves rencontrent des difficultés. Antonin veut sauvegarder son fichier mais n'arrive pas à se connecter au réseau du collège autrement que par une liaison Wi-Fi. Sofia n'arrive pas à éditer son document sur une imprimante Wi-Fi. Nolan n'arrive pas à se connecter sur le site où il doit faire des recherches.

Problème **Comment établir un diagnostic pour chaque problème rencontré sur le réseau ? Comment en rendre compte avec un schéma ?**

doc. 1 Partie du réseau à tester

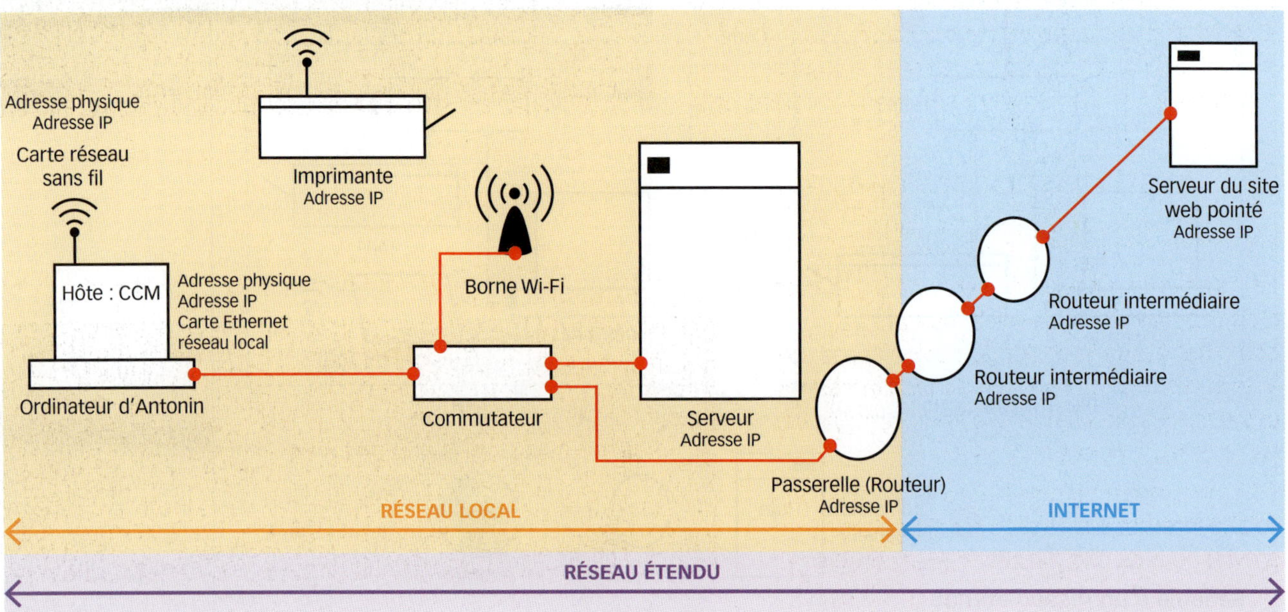

doc. 2 Accès à l'invite de commandes

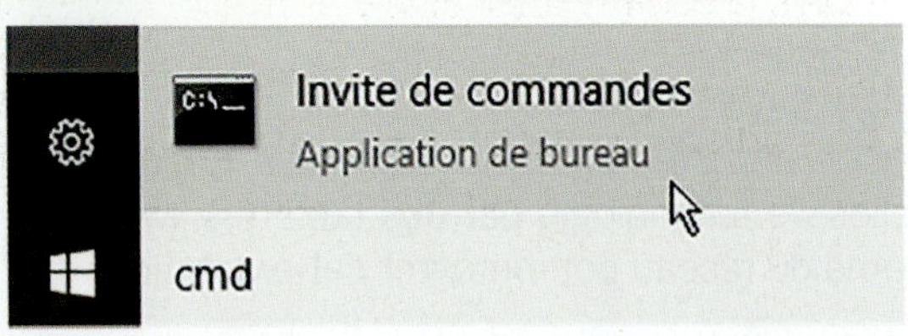

L'invite de commandes est une interface qui permet d'effectuer des tests sur l'état du réseau informatique à l'aide d'instructions (commandes).

Pour accéder à l'invite de commande, saisir « **cmd** » dans le menu « Rechercher » ou « Exécuter » du poste de travail.

doc. 3 Propriétés d'un poste informatique à tester

Pour connaitre les propriétés d'un poste informatique connecté à un réseau, on utilise la commande « **ipconfig/all** » depuis l'invite de commande.

C:\ Invite de commandes

```
C:\>ipconfig/all
    Nom de l'hôte            : CCM
    Routage IP activé        : Non
    Proxy WINS activé        : Non
Carte Ethernet connexion réseau sans fil :
    Description              : Intel® PRO/Wireless
    Adresse physique         : 00-0C-F1-54-05-2C
    DHCP activé              : Non
    Adresse IP               : 192.168.1.3
    Passerelle par défaut    : 192.168.1.1
    Serveurs DNS             : 193.19.219.210
Carte Ethernet Connexion au réseau local :
    Statut du média          : Média déconnecté
    Description              : Broadcom 570x Gigabit
    Adresse physique         : 0F.0F.1F.C8.99.87
```

Pour connaître les propriétés d'un poste informatique connecté à un réseau, on utilise la commande « **ipconfig/all** » depuis l'invite de commande.

Cette commande fournit des informations concernant le nom de l'ordinateur (hôte), le nom de la carte réseau Wi-Fi et le nom de la carte réseau Ethernet. À chaque type de carte réseau est affecté une adresse physique (Mac) et une adresse IP (Internet Protocol).

Carte réseau
Assure l'interface entre le composant dans lequel elle est installée (ordinateur, imprimante, console de jeux, télévision...) et un réseau informatique (local Ethernet, Wi-Fi, Bluetooth...).
Un même composant informatique peut être équipé de plusieurs cartes réseaux pour communiquer selon différents protocoles.

doc. 4 Accessibilité de l'imprimante

Pour vérifier qu'un composant informatique est joignable sur un réseau informatique, on utilise la commande « **ping** » associée à l'adresse IP de ce composant.

Si le composant informatique désigné par l'adresse IP est injoignable mais bien sous tension, il faut reconfigurer sa connexion au réseau soit en le redémarrant soit en utilisant son menu paramètres.

C:\ Invite de commandes

```
C:\Users\>Ping 192.168.1.41
Envoi d'une requête ' Ping ' 192.168.1.41 avec 32 octets de données :
Délai d'attente de la demande dépassé.
Réponse de 192.168.1.94 : impossible de joindre l'hôte de destination.
Réponse de 192.168.1.94 : impossible de joindre l'hôte de destination.
Réponse de 192.168.1.94 : impossible de joindre l'hôte de destination.
Statistiques Ping pour 192.168.1.41 :
        Paquets : envoyés = 4, reçus = 3, perdus = 1 (pertes 25 %)
```

doc. 5 Itinéraire des données vers un site

La commande « **tracert** » associée à l'adresse d'un site Internet (adresse IP ou nom de domaine) vérifie la connexion entre l'ordinateur et le serveur de ce site. Elle donne l'itinéraire des données circulant entre deux composants sur le réseau Internet.

Si l'itinéraire est complet jusqu'au destinataire (le site Internet visé), alors les difficultés proviennent du site lui-même (inaccessibilité, lenteur...).

C:\ Invite de commandes

```
C:\>tracert 216.58.217.195
Détermination de l'itinéraire vers site de recherche google [216.58.217.195]
avec un maximum de 30 sauts :
1  < 10 ms  < 6 ms   < 7 ms   routeur [192.168.1.1]
2  < 17 ms  < 14 ms  < 18 ms  routeur [212.194.172.189]
3  < 15 ms  < 22 ms  < 29 ms  routeur [216.239.54.195]
4  < 13 ms  < 20 ms  < 24 ms  [216.58.217.195]
Itinéraire déterminé
```

J'analyse la situation

1. Listez les composants à tester, représentés dans le schéma du réseau local (doc. 1).
2. Indiquez la procédure pour accéder à l'invite de commandes (doc. 2).
3. Précisez le nom de fabricant (description) de la carte réseau Ethernet sans fil (doc. 3).
4. Indiquez l'adresse IP du composant informatique testé avec la commande « ping » (doc. 4).
5. Précisez le nombre de routeurs intermédiaires entre le routeur du réseau local et le serveur du site Internet testé avec la commande « tracert » (docs 1 et 5).

Comment les données sont échangées sur Internet ?

Méthode 1 Diagnostiquer des dysfonctionnements

Pour comprendre les difficultés rencontrées dans l'utilisation d'un réseau, on réalise des tests à partir de l'écran « invite de commandes » d'un poste informatique. Les résultats renvoient aux adresses physiques (MAC) et Internet (IP) des différents composants et donnent leurs états (connecté, joignable…).

Démarche

Étape 1 Saisir **ipconfig/all** dans l'invite de commande d'un poste relié au réseau pour obtenir les propriétés informatiques de ce poste.

Étape 2 Inscrire dans un tableau de résultats l'état de la connexion de ce poste. Elle est effective sur le réseau avec fil ou sans fil si on lit une adresse physique et une adresse IP.

Étape 3 Saisir **ping** suivi de l'adresse IP du composant à tester pour déterminer s'il est présent sur le réseau.

Étape 4 Repérer si le composant est joignable et compléter le tableau.

Étape 5 Saisir **tracert** suivi de l'adresse IP du site pour observer l'itinéraire des données sur Internet.

Étape 6 Relever si l'itinéraire aboutit bien au serveur recherché et compléter le tableau.

Application au réseau du collège

Problème	Résultats du test	Analyse du résultat
Antonin n'arrive pas à se connecter au réseau du collège à partir d'un ordinateur connecté par câble au réseau.	Test : **ipconfig/all** (1) **Nom de l'hôte** : CCM **Carte Ethernet réseau sans fil** adresse physique : 00-0C-F1-54-D5-2C adresse IP : 192.168.1.3 **Carte Ethernet connexion au réseau local** (câble) adresse physique : 0F-0F-1F-C8-99-87 adresse IP : Néant **Passerelle par défaut (routeur) IP** : 192.168.1.1 **Serveur DNS IP** : 193.19.219.210	(2) L'ordinateur est connecté au réseau par Wi-Fi. L'ordinateur n'est pas connecté au réseau par câble. Présence d'un routeur Présence d'un serveur
Sofia n'arrive pas à éditer son document sur une imprimante Wi-Fi alors que le réseau fonctionne correctement.	Test : **ping + adresse IP de l'imprimante** (3) L'imprimante avec l'adresse IP : 192.168.1.41 n'est pas joignable.	(4) Il est possible que l'imprimante soit hors tension ou qu'elle ne soit pas reconnue sur le réseau suite à un problème de configuration.
Nolan n'arrive pas à se connecter sur le site Internet où il doit faire des recherches.	Test : **tracet + adresse IP Site** (5) L'itinéraire jusqu'au serveur du site passe par : – le routeur du réseau local avec l'adresse IP 192.168.1.1 – deux routeurs situés sur le Web avec les adresses IP : 212.194.172.189 et 216.239.54.195 – le serveur du site visé avec l'adresse 216.58.217.195	(6) L'itinéraire décrit jusqu'au serveur du site internet pointé est correct : les difficultés de consultations proviennent du site internet lui-même.

Méthode 2 Représenter les dysfonctionnements

Un schéma représentant la structure d'un **réseau informatique étendu** permet de décrire l'ensemble des composants du réseau et la nature des liaisons (filaire ou sans fil). L'indication des adresses physiques et Internet des cartes réseau des différents composants permet de vérifier leur état.

Démarche

Étape 1 Représenter les composants du réseau sur un schéma.

Étape 2 Noter le nom de chaque composant et les adresses physiques et IP de leur(s) carte(s) réseau.

Étape 3 Représenter les liaisons entre les composants du réseau.

Étape 4 Noter d'une croix les liaisons interrompues.

Conseil

Vous pourrez vous dispenser de l'étape 1 s'il existe un plan du réseau local. Comparez-le alors au matériel réellement installé avant de passer aux autres étapes.

Application au réseau du collège

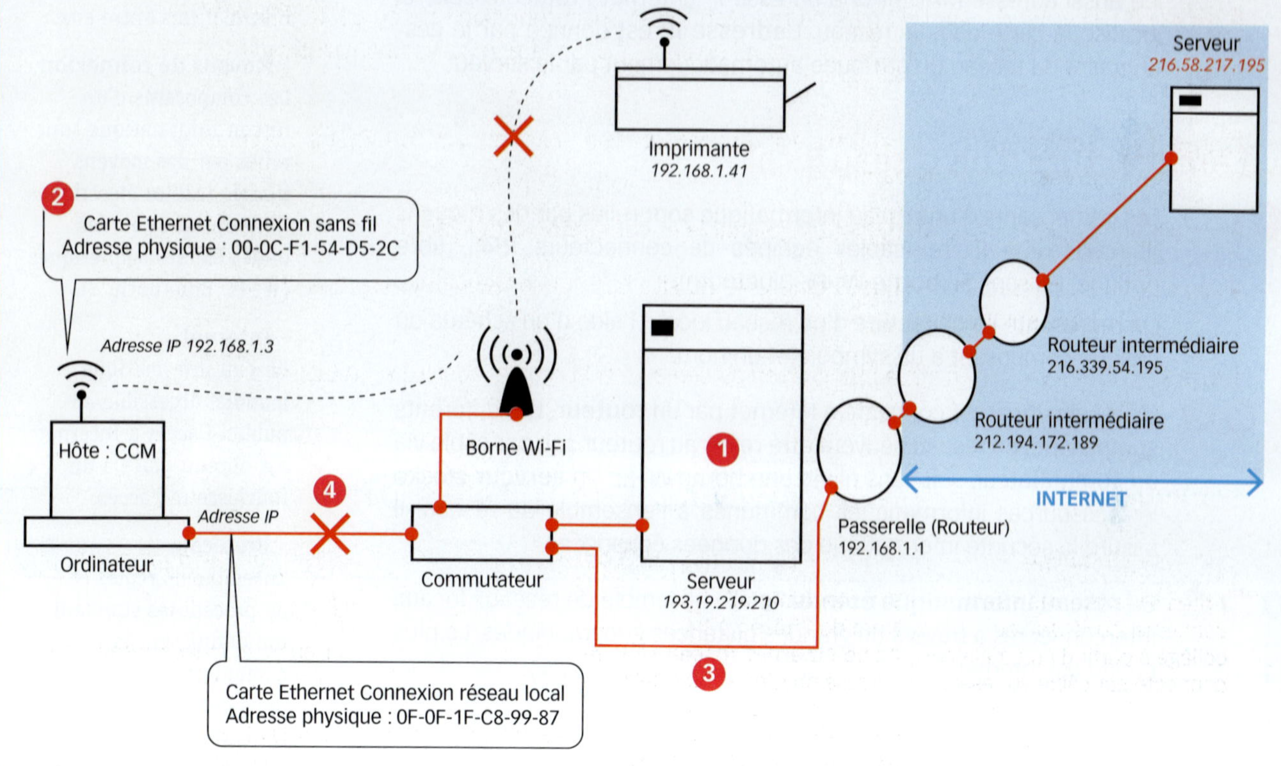

Je vérifie que j'ai bien compris la méthode

1. Indiquez le nom de la commande qui permet de vérifier si un composant est joignable sur le réseau. ▸ Méthode 1
2. Indiquez la source des informations qui complète la colonne « résultats du test ». ▸ Méthode 1
3. Listez les informations associées à chaque symbole pour vérifier leur état de fonctionnement dans le réseau. ▸ Méthode 2
4. Indiquez le symbole du schéma qui repère les dysfonctionnements du réseau. ▸ Méthode 2

Mini-projet

Saisissez la commande ipconfig/all sur un poste informatique et relevez les résultats obtenus en prenant appuis sur la **méthode 1**.

APPRENDRE

Je retiens

Les composants d'un réseau

Un réseau informatique local est constitué de composants informatiques reliés entre eux.

Le **commutateur** est un équipement réseau qui relie les composants d'un même espace. Un commutateur supplémentaire relie chaque commutateur des différents espaces pour former un seul réseau.

La **carte réseau** d'un composant lui permet d'échanger des données avec les autres composants du réseau. Les bornes Wi-Fi relie les composants sans fil, par ondes électromagnétiques. Le **routeur** est un composant qui connecte un réseau local à d'autres réseaux informatiques éloignés type Internet.

Chaque carte réseau est identifiée par une **adresse physique** appelée aussi adresse MAC et une adresse IP (Internet Protocol). Celle-ci localise la carte dans le réseau. L'**adresse IP** est donnée par le gestionnaire du réseau ou attribuée automatiquement par le serveur.

L'architecture d'un réseau local

Les composants d'un réseau informatique sont reliés par des moyens de connexion filaire (câbles équipés de connecteurs RJ45, fibre optique) ou sans fil (**borne Wi-Fi,** Bluetooth).

On représente l'architecture d'un réseau local à l'aide d'un schéma où chaque composant a un symbole et un nom.

Un réseau local est connecté à Internet par un **routeur**. Les différents composants du réseau peuvent être reliés au routeur soit par câble via un commutateur, soit sans fil via une borne Wi-Fi. Un **serveur** stocke les ressources informatiques communes à l'ensemble du réseau. Il assure la sécurité informatique des données échangées.

Un **réseau informatique étendu** est un ensemble de réseaux locaux interconnectés à travers de grandes distances géographiques. Le plus connu est Internet.

L'organisation des protocoles en couche

Les protocoles de communication permettent la communication entre les composants informatiques.

Le **protocole Ethernet** et le **protocole Wi-Fi** permettent d'échanger des données entre des composants disposant d'une carte réseau et d'une adresse physique (MAC).

Dans le cas du Wi-Fi, la borne Wi-Fi est elle-même reliée au réseau par câble, selon un protocole Ethernet. On a alors **deux** couches de protocole successives : couche liaison Wi-Fi et couche Ethernet.

Les routeurs utilisent des algorithmes de routage qui permettent à deux réseaux informatiques distants d'échanger des données quel que soit l'itinéraire emprunté.

Définitions

Architecture d'un réseau local
Ensemble d'ordinateurs interconnectés dans un même espace (habitation, collège, entreprise, etc.) afin de faire circuler des informations entre eux.

Moyens de connexion
Les composants d'un réseau informatique sont reliés par des moyens filaires (câbles électriques, fibre optique) ou des ondes électromagnétiques (Wi-Fi, Bluetooth...).

Internet
Réseau informatique mondial accessible au public. L'accès à Internet est obtenu grâce à un fournisseur d'accès.

Protocole
Ensemble de règles et de procédures standard qui définissent la communication entre deux composants d'un réseau local ou étendu.

Couches de protocole
Successions de protocoles permettant de faire transiter l'information par les différents composants d'un réseau informatique.

Algorithme de routage
Processus défini automatiquement par le routeur, qui détermine le chemin que les données doivent emprunter pour circuler dans un réseau.

Je sais faire

Réseau informatique local

Identifier les composants d'un réseau informatique local et leur connexion

Représenter l'architecture d'un réseau informatique local

Schéma de l'architecture du réseau

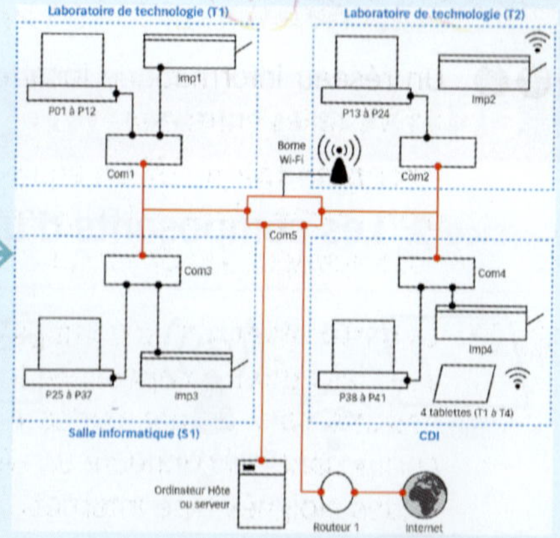

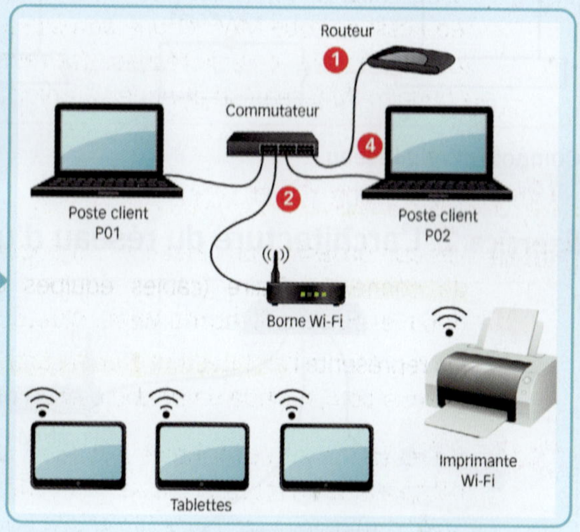

Types et protocoles de connexion

Documentation sur les moyens de connexion

Connecter des composants à un réseau local et à Internet

Moyens d'analyse du fonctionnement du réseau

Représenter le fonctionnement du réseau

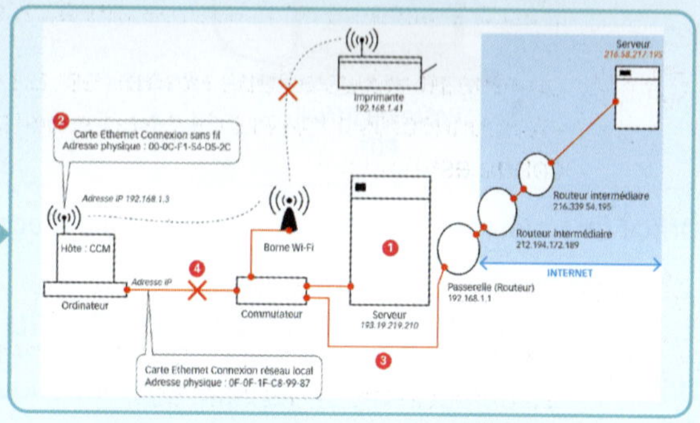

Schéma de fonctionnement du réseau

J'ai appris à

	😕	😄
Comprendre le fonctionnement d'un réseau informatique		
Observer et décrire sommairement la structure du réseau informatique d'un collège, se repérer dans ce réseau.		
Exploiter un moyen informatique diversifié dans différents points du collège.		
Simuler un protocole de routage dans une activité déconnectée.		

S'ENTRAINER

COMPÉTENCE TRAVAILLÉE
- Comprendre le fonctionnement d'un réseau informatique (ex. 1, 2, 3).

QCM Je vérifie mes connaissances

lienmini.fr/t130-qcm91

J'utilise mes compétences

Exercice 1 Les composants d'un réseau familial et leurs connexions

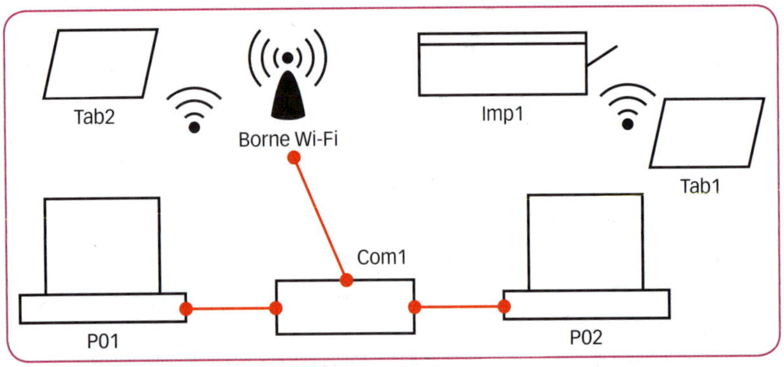

Composants du réseau

1. Repérez le nombre de postes de travail qui sont reliés au réseau.
2. Précisez le nombre de composants informatiques qui utilisent une liaison sans fil.
3. Classez les composants de ce réseau en trois catégories : les postes de travail, les équipements réseaux et les périphériques. (➤ Ressource, Composants d'un réseau informatique, p. 263)

Exercice 2 L'architecture du réseau d'un office du tourisme

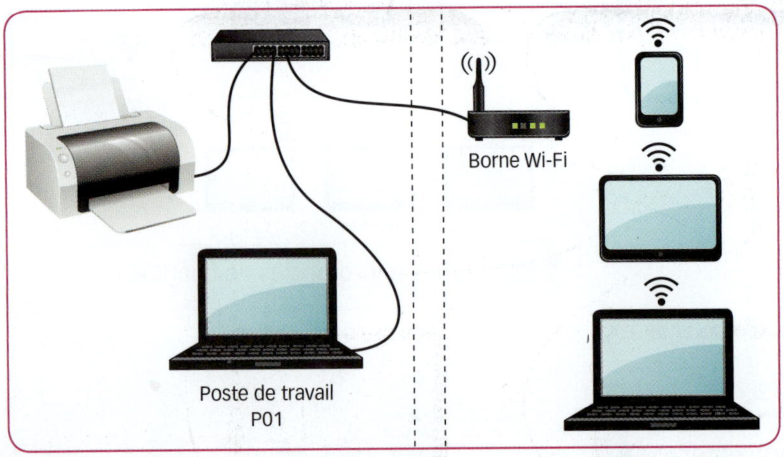

Office de tourisme **Zone d'accès libre**

Un office de tourisme dispose d'une zone d'accès libre pour que les touristes puissent se connecter au réseau Wi-Fi.

1. Précisez le type des composants informatiques qui accèdent au réseau Wi-Fi.
2. Déterminez le rôle de la borne Wi-Fi.
3. Indiquez le rôle du commutateur dans ce réseau informatique local.
4. Dessinez le schéma de ce réseau (➤ Ressource, Composants des réseaux informatiques, p. 263)

Exercice 3 L'architecture du réseau du club de natation

Un club de natation possède un réseau informatique avec les composants suivants.

Composant	Nom	Rôle	Type de connexion
Ordinateur portable	P1 et P2	Poste de travail	Sans fil Wi-Fi
Commutateur	Com 1	Communication réseau	Câble
Borne Wi-Fi	BW1	Communication réseau	Câble ou Sans fil Wi-Fi
Imprimante	Imp1	Impression	Câble
Tablette	Tab1	Appareil nomade	Sans fil Wi-Fi

Espace informatique : bureau

1. Précisez le nombre de composants qui sont reliés par câble à ce réseau informatique local.
2. Dessinez le schéma du réseau informatique local de cette entreprise à l'aide des symboles présentés page 263.
3. Indiquez si les utilisateurs d'une tablette peuvent utiliser l'imprimante. Justifiez votre réponse.

Tâche complexe

L'architecture du réseau informatique du collège

VOTRE MISSION

Le CDI d'un collège possède un espace de travail composé de six postes informatiques reliés en réseau. Un second espace de travail sera bientôt équipé. Avec votre classe, vous allez réfléchir au meilleur moyen de relier ces deux espaces pour former un seul et même réseau.

POUR RÉUSSIR

- Je fais l'inventaire du matériel des deux espaces sous forme d'un tableau.
- Je trace le schéma de l'architecture de l'ensemble des deux espaces du réseau du CDI en reportant le nom des équipements.

lienmini.fr/t130-schemareseaucollege

VOS RESSOURCES

doc. 1 Représentation du réseau existant

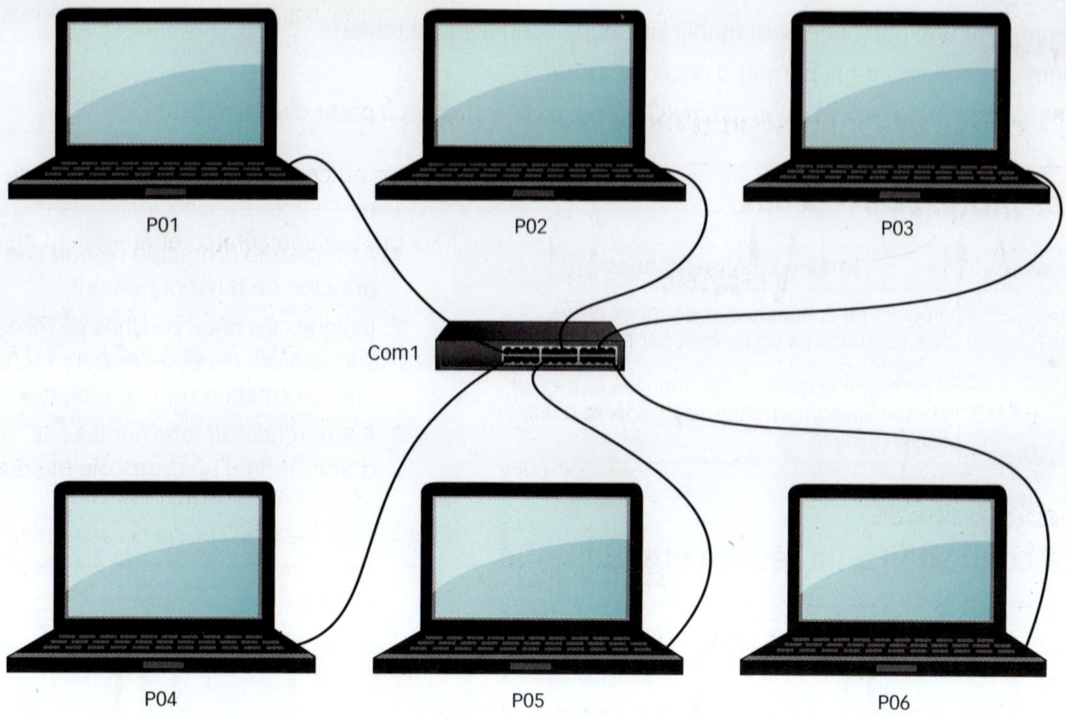

doc. 2 Commande d'équipements pour le second espace

Composant	Nombre	Nom	Rôle	Type de connexion
Ordinateur fixe	3	P07 à P09	Poste de travail	Filaire (Ethernet)
Ordinateur portable	3	P10 à P12	Poste de travail	Sans fil Wi-Fi
Imprimante	1	Imp1	Impression réseau	Filaire (Ethernet)
Commutateur	2	Com2 et Com 3	Communication réseau	Filaire (Ethernet)
Borne Wi-Fi	1	W1	Communication réseau	Sans fil Wi-Fi

S'ENTRAINER

COMPÉTENCE TRAVAILLÉE
- Comprendre le fonctionnement d'un réseau informatique (ex. 1, 2, 3).

QCM Je vérifie mes connaissances

lienmini.fr/t130-qcm92

J'utilise mes compétences

Exercice 1 L'accès au réseau Internet

Réseau du collège – Borne Wi-Fi

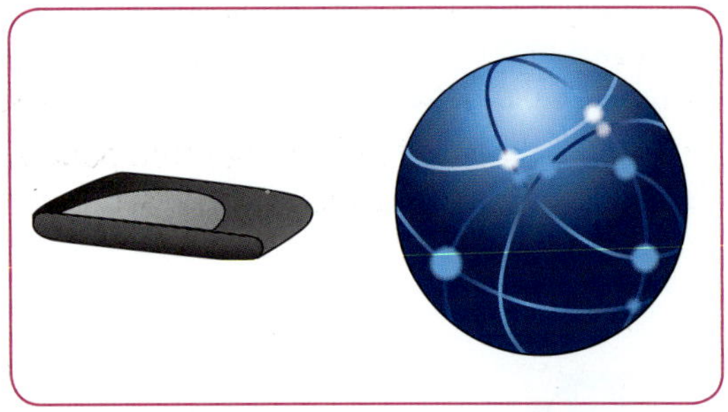

Routeur et modem Internet

1. Déterminez comment une personne peut établir une connexion avec sa tablette.
2. Précisez le nom du composant qui permet d'accéder à Internet.
3. Décrivez le cheminement de l'information lors de l'accès à un site Internet à partir d'une tablette.

Exercice 2 Les protocoles réseaux

Protocole réseau	Principe de fonctionnement
Protocole Ethernet	Il permet d'échanger des données entre des composants connectés par câble.
Protocole Wi-Fi	Il permet d'échanger des données entre des composants informatiques disposant d'une liaison sans fil.

1. Associez au protocole réseau son principe de fonctionnement.
2. Indiquez les deux couches de réseau successives nécessaires pour rechercher une information sur une tablette.
3. Rechercher sur Internet les cas d'utilisation d'un protocole Bluetooth.

Exercice 3 La connexion à un réseau étendu

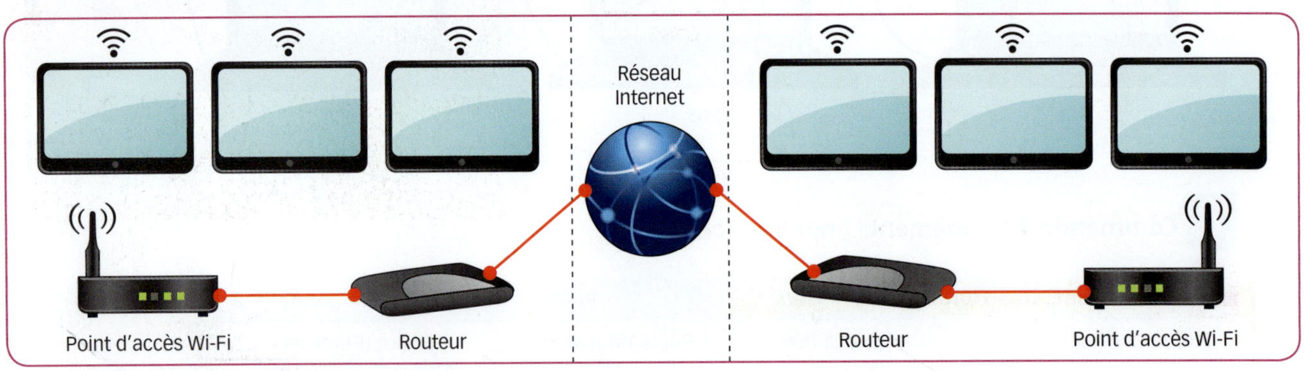

Réseau collège

Réseau domicile

1. Précisez comment procède l'utilisateur d'une tablette dans le réseau du collège pour accéder à Internet.
2. Décrivez le chemin par lequel passe une information pour accéder à un autre réseau local.
3. Indiquez le rôle d'un routeur dans un réseau local informatique.

Vers le brevet

Un nouvel espace informatique à la bibliothèque

La bibliothèque municipale réorganise son réseau informatique pour créer deux zones : l'une pour les bibliothécaires et l'autre pour le public.
La zone pour les bibliothécaires ne comportera plus que trois ordinateurs en réseau. La zone pour le public comportera le reste des ordinateurs fixes et un point d'accès Wi-Fi relié à Internet.
Ces deux zones sont connectées à un commutateur central (**com 3**).
Vous êtes chargé de réaliser le plan de l'architecture du nouveau réseau local et de décrire la procédure pour connecter différents composants du réseau informatique à Internet.

QUESTIONS

1. Complétez le schéma du réseau informatique local en indiquant sa connexion au réseau Internet.
2. Décrivez les deux protocoles de communication pour connecter les ordinateurs du réseau informatique à Internet.

VOS RESSOURCES

doc. 1 Schéma du réseau existant

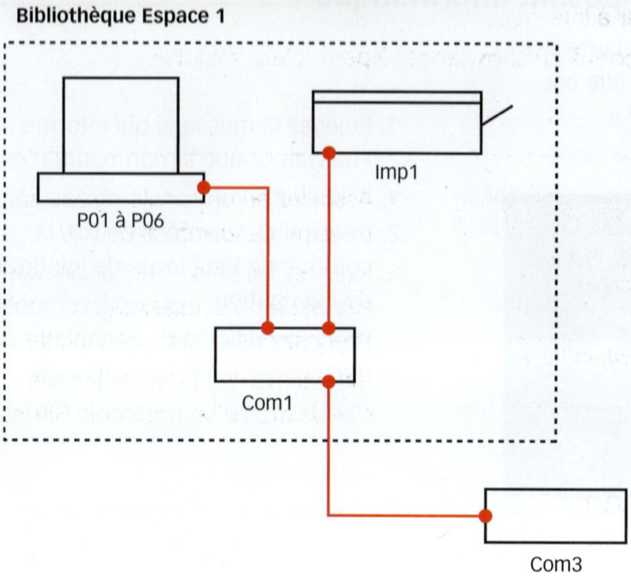

doc. 2 Paramètres de connexion Wi-Fi

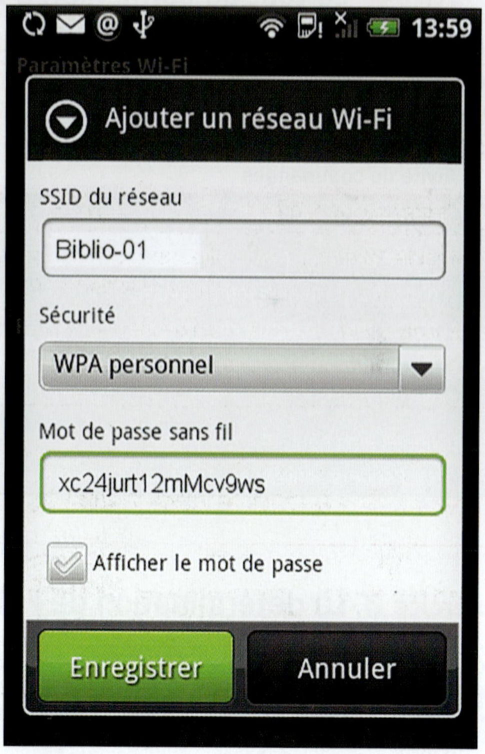

doc. 3 Symboles d'un réseau informatique

S'ENTRAINER

COMPÉTENCE TRAVAILLÉE

- Comprendre le fonctionnement d'un réseau informatique **(ex. 1, 2, 3)**.

QCM Je vérifie mes connaissances

lienmini.fr/t130-qcm93

J'utilise mes compétences

Exercice 1 La connexion d'un composant informatique au réseau Internet

Propriétés de : neufbox evolution

Général | Matériel | UPnP

neufbox evolution

Informations sur le périphérique

Modèle :	neufbox evolution
Catégories :	Serveur multimédia numérique
Transport :	UPnP
Page Web :	Non disponible

Informations de résolution de problèmes

Connexion :	Standard
Dernière connexion :	Actuellement connecté
Numéro de série :	Non disponible
Adresse MAC :	e0:a1:d7:bf:82:38
Adresse IP :	192.168.1.50

OK | Annuler | Appliquer

1. Relevez le nom du composant informatique et son utilisation.
2. Repérez l'adresse physique et l'adresse IP du composant.

Exercice 2 Le test de connexion à un composant informatique

Alicya souhaite imprimer un document au CDI. L'imprimante est joignable à l'adresse IP « 192.168.1.63 ». Pour savoir si elle est allumée Alicya utilise la commande « Ping + adresse IP ».

C:\ Invite de commandes

```
C:\Users\ping 192.168.1.41

Envoi d'une requête ' Ping ' 192.168.1.63 avec 32 octets de données :
Délai d'attente de la demande dépassé.
Délai d'attente de la demande dépassé.
Réponse de 192.168.1.94 : impossible de joindre l'hôte de destination.
Réponse de 192.168.1.94 : impossible de joindre l'hôte de destination.

Statistiques Ping pour 192.168.1.63 :
        Paquets : envoyés = 4, reçus = 2, perdus = 2 (pertes 50 %),
```

1. Relevez le message qui informe l'utilisateur que l'imprimante n'est pas joignable.
2. Déterminez combien de fois la commande Ping tente de joindre l'hôte de destination.
3. Proposez deux actions à mener pour que l'imprimante soit joignable.

Exercice 3 La détermination de l'itinéraire pour accéder à un site Internet

C:\ Invite de commandes

```
C:\Users\tracert 179.60.192.36

Détermination de l'itinéraire vers edge-star-mini-shv-01-cdg2.facebook.com [179.60.192.36]
Avec un maximum de 30 sauts :

1   < 1 ms   < 1 ms   < 1 ms   box [192.168.1.1]
2     1 ms   < 1 ms     1 ms   92cha1-nro-2.nro.gaoland.net [109.24.76.2]
3     1 ms   < 1 ms     1 ms   181.197.118.80.rev.sfr.net [80.118.197.181]
4     3 ms     2 ms     5 ms   113.224.65.86.rev.sfr.net [86.65.224.113]
5     4 ms     2 ms     1 ms   177.74.24.109 rev.sfr.net [109.24.74.177]
6     2 ms     1 ms     2 ms   129.10.136.77.rev.sfr.net [77.136.10.129]
7     2 ms     2 ms     2 ms   edge-star-mini-shv-01-cdg2.facebook.com [179.60.192.36]

Itinéraire déterminé
```

1. Précisez le nom de la commande utilisée et l'adresse Internet (IP) saisie.
2. Déterminez combien de routeurs ont participé à l'acheminement (routage) des données vers l'adresse IP de destination.
3. Saisissez cette adresse dans votre navigateur et notez le nom du site qu'elle permet d'afficher.

Je prépare le brevet

Erreur 404

Joachim utilise un réseau informatique. Il n'arrive pas à consulter un site à partir d'une tablette, et cherche à déterminer pourquoi. Il utilise alors un ordinateur portable relié au réseau par un câble pour faire des tests.

QUESTIONS

1. Indiquez l'information fournie à Joachim par chaque test et déterminez l'origine du problème.

2. Complétez le schéma du réseau en y reportant les adresses IP des différents composants accessibles pour repérer le dysfonctionnement.

VOS RESSOURCES

doc. 1 Configuration des composants du réseau

Ordinateur portable	Nom de l'hôte : P01	Adresse IP : 192.168.1.92
Serveur	DNS	Adresse IP : 192.168.1.64
Routeur	Passerelle	Adresse IP : 192.168.1.1
Borne	Wi-Fi	Adresse IP : 192.168.1.56

doc. 2 Test 1

C:\ Invite de commandes

```
C:\Users\ping 192.168.1.56

Envoi d'une requête ' Ping ' 192.168.1.56
avec 32 octets de données :
Délai d'attente de la demande dépassé.
Délai d'attente de la demande dépassé.
Réponse de 192.168.1.94 :
impossible de joindre l'hôte de destination.
Réponse de 192.168.1.94 :
impossible de joindre l'hôte de destination.
```

Test de connexion à la borne avec l'ordinateur portable

doc. 3 Test 2

C:\ Invite de commandes

```
C:\> tracert wikipedia.fr

Détermination de l'itinéraire vers wikipedia.fr [78.109.84.114]
avec un maximum de 30 sauts :
1   < 1 ms   < 1 ms   < 1 ms   Routeur [192.168.1.1]
Routeurs intermédiaires
7   3 ms   2 ms   2 ms   sd-mse2-te-0-0-0-3.router.fr.clara.net
                         [212.43.193.98]
8   2 ms   2 ms   2 ms   6k1.th3-te-8-1.typhon.net [212.43.193.197]
9   2 ms   2 ms   2 ms   wikimedia2.typhon.net [78.109.84.114]
Itinéraire déterminé
```

Test de connexion à Internet à l'aide d'une liaison filaire (RJ45)

doc. 4 Schéma du réseau informatique

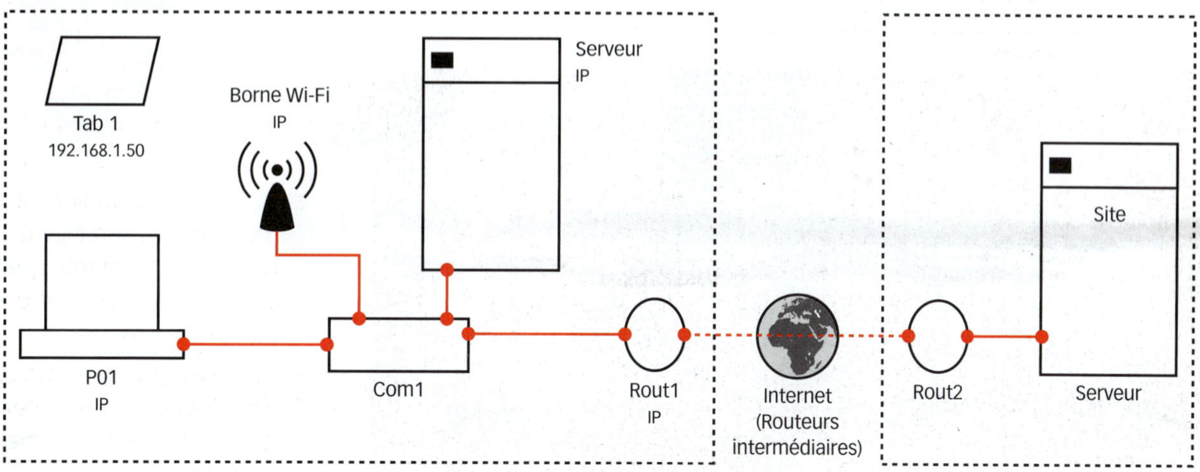

THÈME 4

L'informatique et la programmation

Comment programmer ce robot humanoïde ?

chapitre 10

Algorithmique et programmation

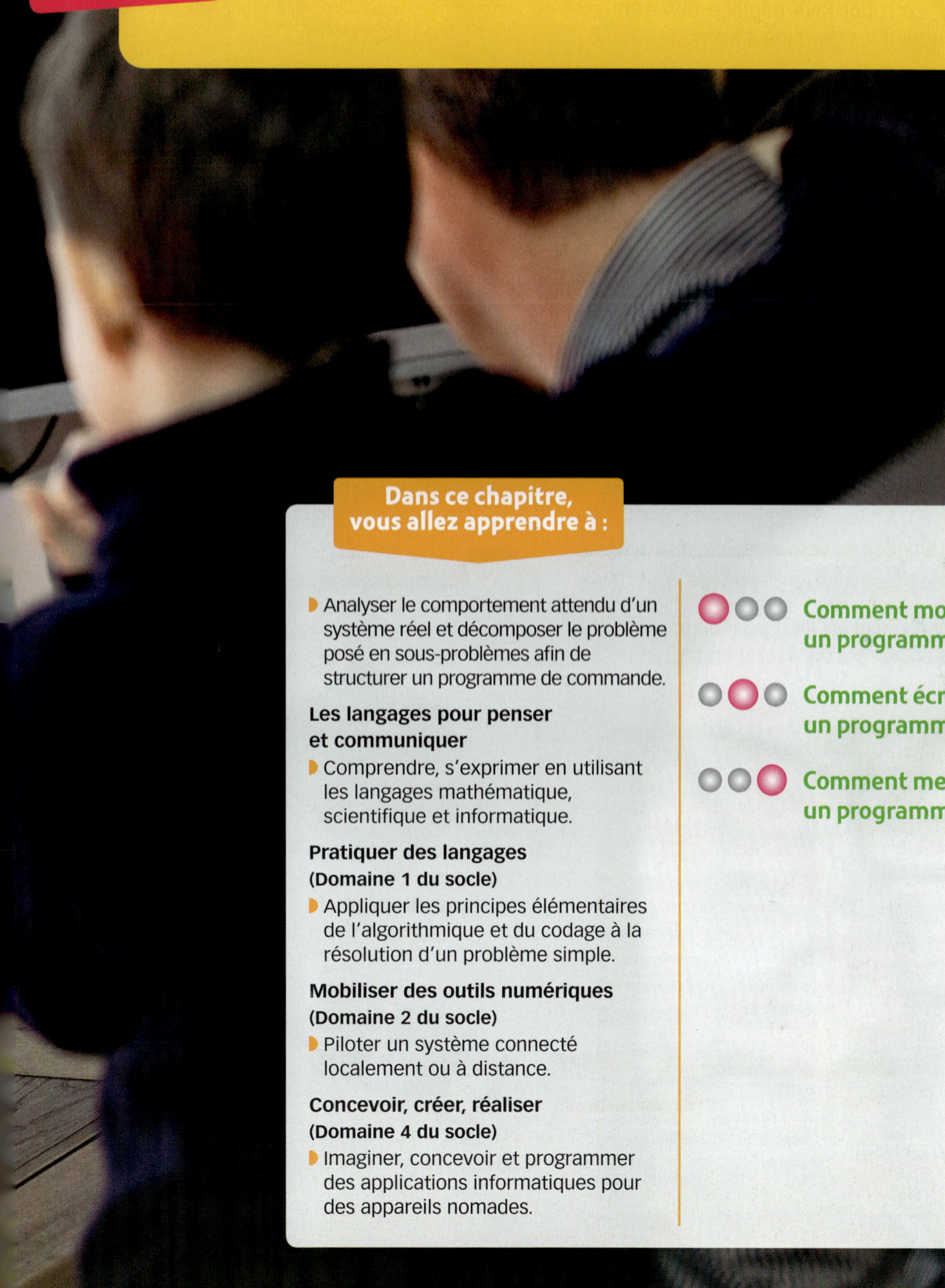

Dans ce chapitre, vous allez apprendre à :

- Analyser le comportement attendu d'un système réel et décomposer le problème posé en sous-problèmes afin de structurer un programme de commande.

Les langages pour penser et communiquer

- Comprendre, s'exprimer en utilisant les langages mathématique, scientifique et informatique.

Pratiquer des langages (Domaine 1 du socle)

- Appliquer les principes élémentaires de l'algorithmique et du codage à la résolution d'un problème simple.

Mobiliser des outils numériques (Domaine 2 du socle)

- Piloter un système connecté localement ou à distance.

Concevoir, créer, réaliser (Domaine 4 du socle)

- Imaginer, concevoir et programmer des applications informatiques pour des appareils nomades.

Comment modifier un programme ?

Comment écrire un programme ?

Comment mettre au point un programme ?

OBSERVER

Comment modifier un programme ?

COMPÉTENCES ASSOCIÉES
- Écrire un programme dans lequel des actions sont déclenchées par des évènements extérieurs.
- Écrire, mettre au point (tester, corriger) et exécuter un programme commandant un système réel et vérifier le comportement attendu.

Situation Le robot Kiva déplace des étagères contenant les produits à livrer.

Son programme actuel ne prévoit pas qu'il s'arrête devant les préparateurs de commande. Il faut modifier le programme afin qu'ils vérifient que tous les produits à livrer sont présents sur l'étagère.

Après vérification, le préparateur appuiera sur un bouton pour que le robot finisse son trajet jusqu'à la zone d'expédition. À son arrivée, il émettra un signal sonore.

Vous êtes chargé(e) de chercher une solution et de la tester sur une maquette de robot.

Problème Comment modifier le programme de déplacement et l'implanter dans le robot ?

doc. 1 Robot déplaçant des étagères

Le déplacement du robot est assuré par deux roues motrices, actionnées par deux moteurs indépendants.

Déplacement des étagères à l'aide du robot Kiva

doc. 2 Composants de la maquette

Carte programmable

Moteur

Buzzer

Carte Bluetooth

doc. 3 Programme actuel du robot

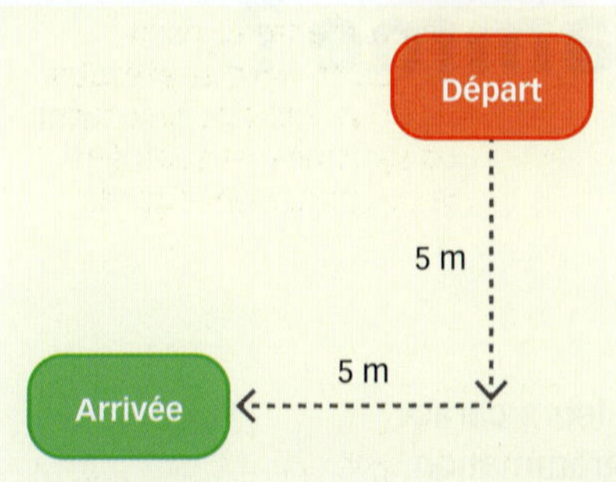

Schéma du déplacement du robot

Avancer sur 5 mètres

Tourner à droite

Avancer sur 5 mètres

Arrêter

Émettre un signal

Algorithme du déplacement

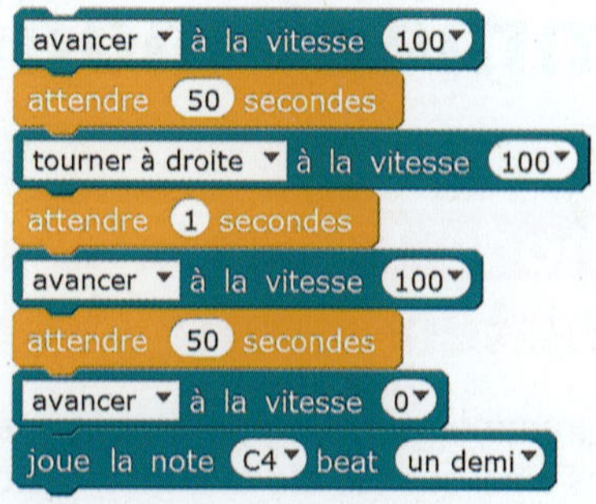

Programme « Déplacement »

La vitesse de déplacement est affichée par une valeur comprise entre 0 et 255.
Pour parcourir 1 mètre, le moteur doit fonctionner pendant 10 secondes à la vitesse 100.

COUP DE POUCE

L'algorithme se différencie du programme car les instructions sont compréhensibles par n'importe qui.

doc. 4 Nouvelle procédure de déplacement

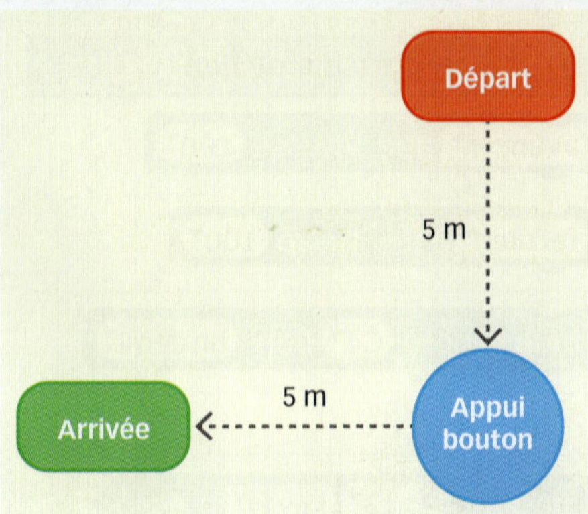

Bouton-poussoir

Le bouton-poussoir doit être relié à la carte programmable du robot.

doc. 5 Connexions pour téléverser le programme dans le robot

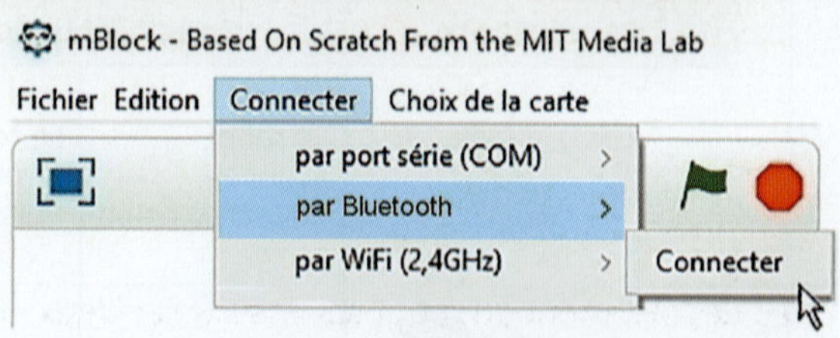

Téléverser un programme
Action qui consiste à transférer un programme depuis un ordinateur pour l'implanter dans un autre support, ici la mémoire du robot.

J'analyse la situation

1. Indiquez la fonction principale du robot Kiva (doc. 1).
2. Expliquez le problème posé par le déplacement actuel du robot (Situation et doc. 3)
3. Relevez les valeurs que prend la vitesse des moteurs dans le programme « Déplacement » (doc. 3).
4. Précisez la durée de fonctionnement des moteurs qui correspond à un déplacement de 5 mètres (doc. 3).
5. Repérez la principale différence entre le déplacement actuel du robot et celui qui est souhaité (docs 3 et 4).
6. Listez les trois possibilités de connexion entre l'ordinateur et la carte programmable du robot (doc. 5).

Comment modifier un programme ?

Méthode 1 Associer les composants du système à un bloc d'instruction

Pour programmer un **système embarqué**, il faut identifier ses **composants** et leurs caractéristiques ainsi que les **blocs d'instruction** à disposition dans le logiciel de programmation.

Démarche

Étape 1 Identifier les composants du système à programmer.

Étape 2 Rechercher et noter les caractéristiques de fonctionnement des composants.

Étape 3 Repérer, dans le logiciel de programmation du système embarqué, les blocs d'instruction qui correspondent aux composants du système.

Conseil
Lorsque les caractéristiques de fonctionnement ne sont pas fournies dans la documentation technique de l'objet étudié, faites une recherche documentaire sur Internet.

Application au robot Kiva

Composants 1	Caractéristiques de fonctionnement 2			Blocs d'instruction 3
Moteur 	Le robot avance. Puissance = 100	Le robot est arrêté. Puissance = 0	Le robot recule. Puissance = 100	avancer ▾ à la vitesse 100 ▾ reculer ▾ à la vitesse 100 ▾
Buzzer 	Choix de la note	Choix de la durée de la note		joue la note C4 ▾ beat un demi ▾
Bouton 	Bouton 1 Connexion physique			bouton Port3 ▾ key1 ▾ pressé

Tableau des caractéristiques et des blocs d'instruction de programmation d'un robot

Méthode 2 Modifier un programme

Avant de modifier le programme d'un système embarqué, il faut réfléchir au problème à résoudre à l'aide d'un **algorithme**. Chaque nouvelle instruction de l'algorithme est traduite et transposée dans le **programme** initial.

Démarche

Étape 1 Modifier ou compléter l'algorithme pour répondre au besoin.

Étape 2 Modifier ou compléter le programme en insérant des blocs d'instruction spécifiques au système à programmer.

Conseil
Lorsque vous définissez un algorithme, il faut qu'il soit écrit dans un langage compréhensible par tous.

lienmini.fr/t130-tutomblock
tutoriel mBlock

Application au robot Kiva

Avancer sur 5 mètres

Tourner à droite

Arrêter

Attendre pression sur le bouton 1

Avancer sur 5 mètres

Arrêter

Émettre un signal

Algorithme : déplacement modifié

1 → 2

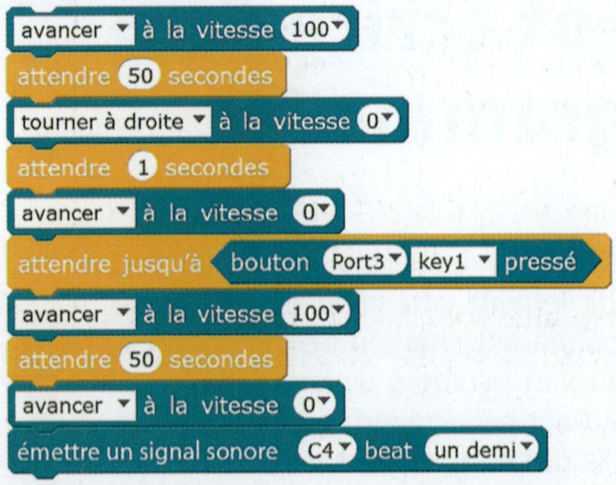

Programme : déplacement modifié

Méthode 3 Implanter un programme

Pour exécuter et tester un programme, il faut l'**implanter** dans le système. Pour cela, on utilise les **fonctions** de **connexion** et de **téléversement** (chargement) du logiciel fourni avec le système.

Démarche

Étape 1 Repérer le mode de connexion disponible dans le système embarqué (USB, Bluetooth, Wi-Fi, etc.).

Étape 2 Connecter le système à la machine (ordinateur, tablette) où se trouve le programme.

Étape 3 Téléverser le programme dans la mémoire du système embarqué.

Étape 4 Tester le comportement du système en situation réelle.

Application au robot Kiva

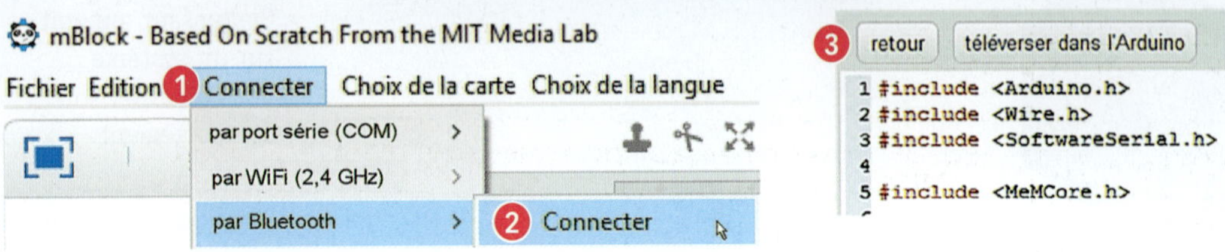

Choix du type de connexion entre un robot et l'ordinateur pour téléverser le programme.

Je vérifie que j'ai bien compris la méthode

1 Indiquez le composant qui a été ajouté pour permettre aux préparateurs de commandes de vérifier les produits et d'autoriser la fin du parcours du robot. ▸ **Méthode 1**

2 Indiquez sur quel port (connecteur) est branché le bouton-poussoir. ▸ **Méthodes 1 et 2**

3 Indiquez le mode de connexion sélectionné. ▸ **Méthode 3**

Mini-projet

Les préparateurs de commandes ont déplacé leur point de contrôle à 2,5 m de l'arrivée. Par groupes de deux, modifiez l'algorithme et le programme du robot pour intégrer cette nouvelle contrainte.

OBSERVER

COMPÉTENCES ASSOCIÉES
- Écrire un programme dans lequel des actions sont déclenchées par des évènements extérieurs.
- Analyser le comportement attendu d'un système réel et décomposer le problème posé en sous-problèmes.

Comment écrire un programme ?

Situation Les robots explorateurs parcourent des zones difficilement atteignables par l'être humain. Clémentine est chargée de concevoir la maquette d'un robot pilotée à distance avec une télécommande. Pour éviter d'être endommagé, le robot devra s'immobiliser automatiquement s'il détecte un obstacle à moins de 3 cm.

Problème **Comment écrire le programme qui pilote la maquette du robot à distance ?**

doc. 1 Capteur et actionneurs

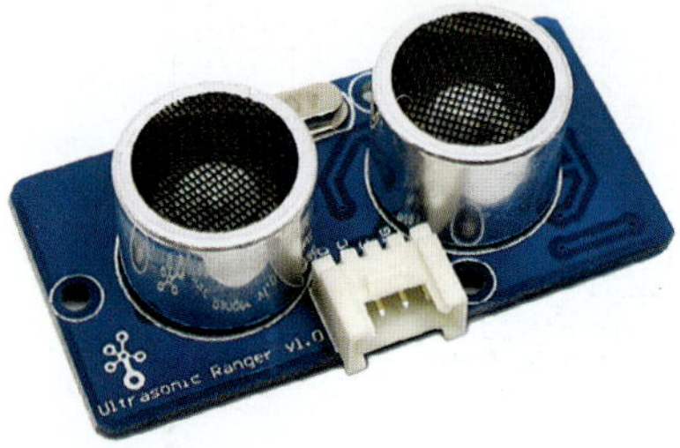

Télémètre à ultrasons

Ce capteur détecte un obstacle se trouvant à une distance comprise entre 3 cm et 4 m (avec un angle d'environ 30°).
Il se connecte sur une entrée analogique.

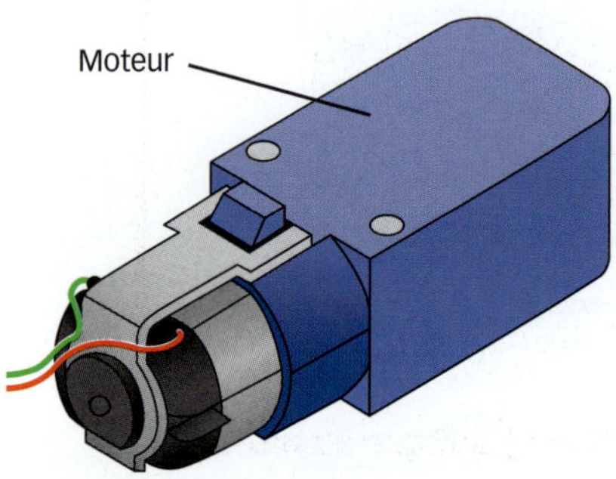

Moteur pour M1 et M2

Le déplacement de l'objet est assuré par deux roues motrices actionnées par deux moteurs indépendants M1 et M2.

Capteur
Composant qui agit sur un système pour modifier son comportement.

Actionneur
Composant qui agit sur un système pour modifier son comportement.

doc. 2 Comportement du robot

Objet : robot / acteur : conducteur			
Appui sur la flèche ↑	Appui sur la flèche ↓	Appui sur la flèche ←	Appui sur la flèche →
Avancer	Reculer	Tourner à gauche	Tourner à droite

Tableau de situation

Ce tableau met en relation les touches de la télécommande et les comportements attendus de l'objet.

doc. 3 Algorithme de pilotage à distance

Cette suite d'instructions permet de commander l'objet à distance et de le stopper lorsqu'il détecte un obstacle.

RÉPÉTER INDÉFINIMENT

> **SI** la touche ↑ est pressée **ALORS**
>
> > Faire avancer le robot
>
> **SI** la touche > est pressée **ALORS**
>
> > Faire tourner à droite le robot
>
> **SI** la touche < est pressée **ALORS**
>
> > Faire tourner à gauche le robot
>
> **SI** la touche ↓ est pressée **ALORS**
>
> > Faire reculer le robot
>
> **SI** la distance mesurée par le capteur est inférieure à 3 cm **ALORS**
>
> > Arrêter le robot

Télécommande - Robot

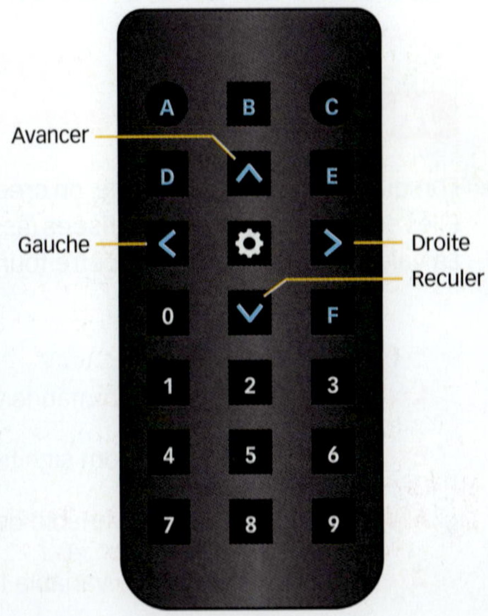

doc. 4 Variables et blocs d'instruction

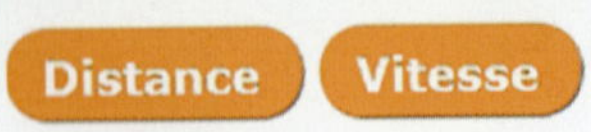

Variables

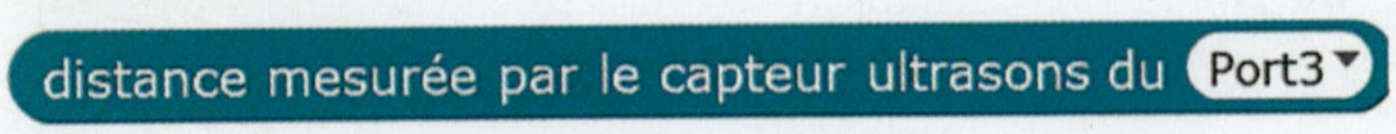

Bloc d'instruction spécifique au capteur

Structure alternative (test)

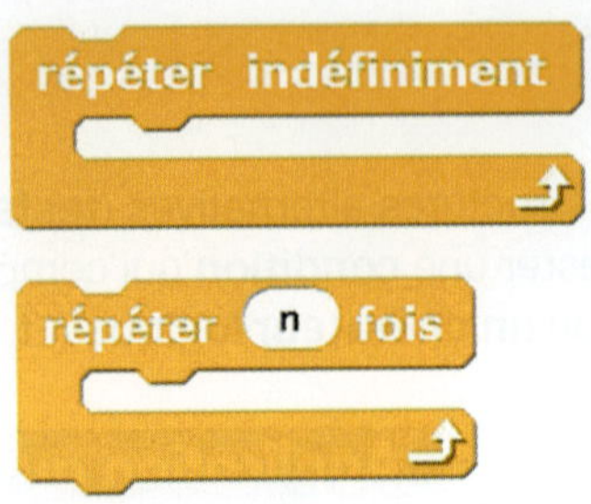

Structure répétitive (boucle)

Bloc d'instruction spécifique au moteur

J'analyse la situation

1. Indiquez la fonction d'un robot explorateur et le comportement attendu de la maquette **(Situation)**.
2. Indiquez la principale caractéristique du capteur à ultrasons et son utilité **(doc. 1)**.
3. Distinguez les quatre comportements qui doivent être programmés **(doc. 2)**.
4. Précisez la condition pour laquelle le robot s'arrête **(doc. 3)**.
5. Précisez la partie de l'algorithme qui correspond au bloc d'instruction du capteur **(docs 3 et 4)**.
6. Repérez les deux structures utilisées pour écrire le programme de pilotage à distance **(docs 3 et 4)**.

Comment écrire un programme ?

Méthode 1 Créer les variables d'un programme

Lorsqu'on écrit un programme, on crée des **variables informatiques** qui stockent les données. Elles sont **déclarées** et **initialisées** (association d'une première valeur) au début du programme. La valeur d'une variable peut être fournie par un capteur.

Démarche

Étape 1 Activer la commande de création de variables.

Étape 2 Donner un nom significatif à la variable à créer.

Étape 3 Initialiser la variable en y affectant une première valeur.

Étape 4 Associer à la variable l'information fournie par le capteur correspondant.

Application au robot explorateur

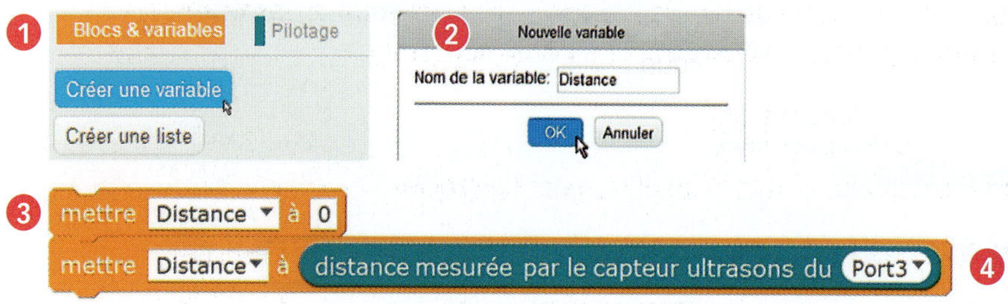

Création de la variable « Distance » pour le capteur à ultrasons

Méthode 2 Utiliser une structure alternative (test)

Pour faire un choix dans un programme, on dispose de structures alternatives (**tests**) de type « **Si Alors** » ou « **Si Alors Sinon** ». Elles permettent de tester une **condition** qui comprend une **action** et/ou un **opérateur de comparaison** (<, =, >) et/ou **un opérateur logique** (Et, Ou, Non).

Démarche

Étape 1 Choisir le type de structure alternative.

Étape 2 Insérer l'instruction conditionnelle.

Étape 3 Insérer les blocs d'instruction qui doivent être activés lorsque la condition est vérifiée.

Conseil
Pour inverser le sens de rotation d'un moteur, ajoutez le signe (–) devant la valeur de la puissance du moteur.

Application au robot explorateur

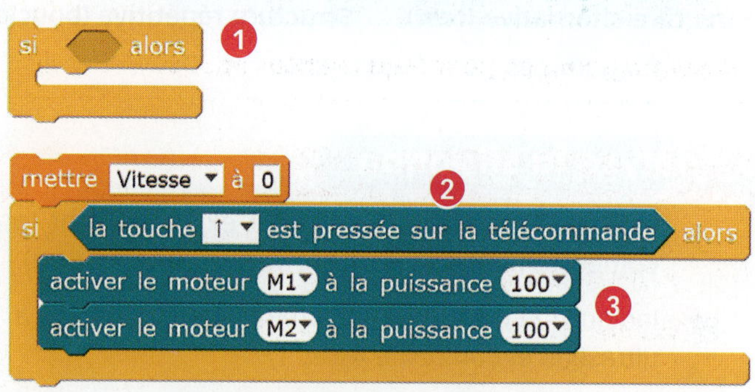

Structure alternative et blocs d'instruction pour faire avancer le robot explorateur

Méthode 3 Utiliser une structure répétitive (boucle)

Pour répéter une action dans un programme, on dispose de structures répétitives appelées « **Répéter** » ou « **Boucle** ». Le nombre de répétitions peut être indéfini ou fixé par un nombre ou par une variable « Nombre ».

Démarche

Étape 1 Choisir le type de structure répétitive.

Étape 2 Insérer les blocs d'instruction dans la structure répétitive.

Application au robot explorateur

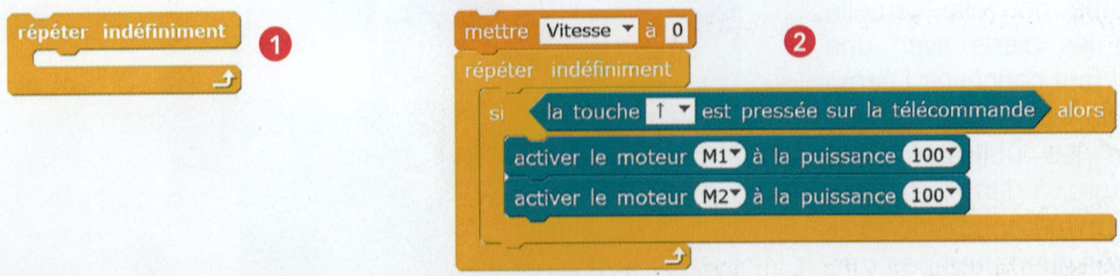

Structure répétitive et blocs d'instruction pour poursuivre le mouvement d'avance du robot

Méthode 4 Créer un sous-programme

Lorsqu'une même séquence d'instructions est utilisée plusieurs fois, on peut écrire un **sous-programme**. Seul son nom est indiqué dans le programme principal à chaque fois qu'il est nécessaire.

Démarche

Étape 1 Créer les sous-programmes en leur donnant un nom reconnaissable.

Étape 2 Associer à chaque sous-programme les séquences d'instructions spécifiques au système.

Étape 3 Insérer le nom du sous-programme dans le programme principal.

Application au robot explorateur

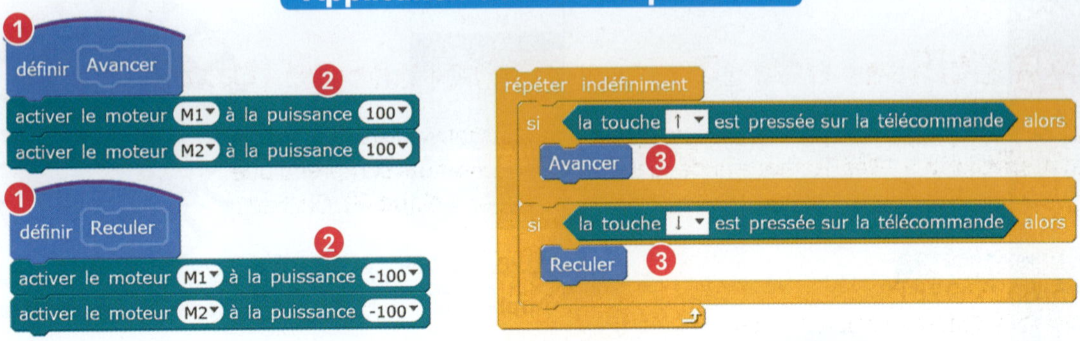

Sous-programmes pour faire avancer ou reculer le robot

Je vérifie que j'ai bien compris la méthode

1. Précisez à quel composant correspond la variable « Distance ». ▸ Méthode 1
2. Écrivez le bloc d'instruction correspondant à chaque flèche de la télécommande. ▸ Méthode 2
3. Précisez le rôle de la boucle « Répéter indéfiniment ». ▸ Méthode 3

Mini-projet

Par groupe, recherchez deux sous-programmes qui pourraient contrôler le comportement d'un robot explorateur. ▸ Méthode 4

OBSERVER

Comment mettre au point un programme ?

COMPÉTENCES ASSOCIÉES
- Écrire un programme dans lequel des actions sont déclenchées par des évènements extérieurs.
- Écrire, mettre au point et exécuter un programme commandant un système réel et vérifier le comportement attendu.

Situation L'entreprise SmartFoot développe une nouvelle semelle qui chauffe les pieds avec une résistance. Il faut concevoir l'écran de l'application pour smartphone qui informe les utilisateurs de la température à l'intérieur des chaussures. Un message « Alerte ! » s'affichera dès que la température est inférieure à 37 °C ou dès qu'elle est supérieure à 40 °C.

Problème Comment concevoir l'interface et le programme de l'application pour smartphone ?

doc. 1 Semelle connectée

lienmini.fr/t130-footing
vidéo de présentation de la semelle connectée

La transmission des informations à un smartphone est réalisée via une connexion Bluetooth.

Semelles connectées

Application

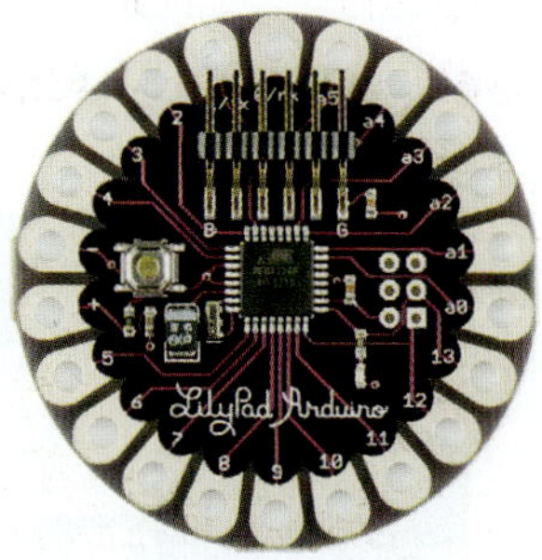

Carte programmable

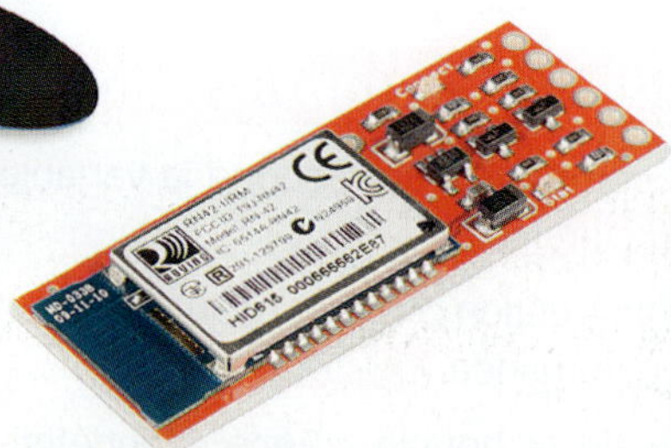

Carte Bluetooth

Capteur de température

doc. 2 L'écran de l'application

Si la température est inférieure à 37 °C ou supérieure à 40 °C, l'application affiche le message « Alerte ! ».

doc. 3 Structure et blocs d'instruction

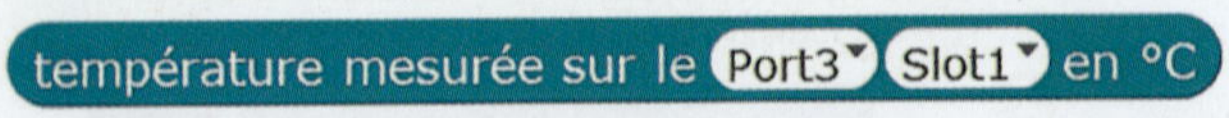

Bloc d'instruction spécifique au capteur de température branché sur le convecteur n° 3

Mémorisation dans une variable de la valeur fournie par le capteur de température

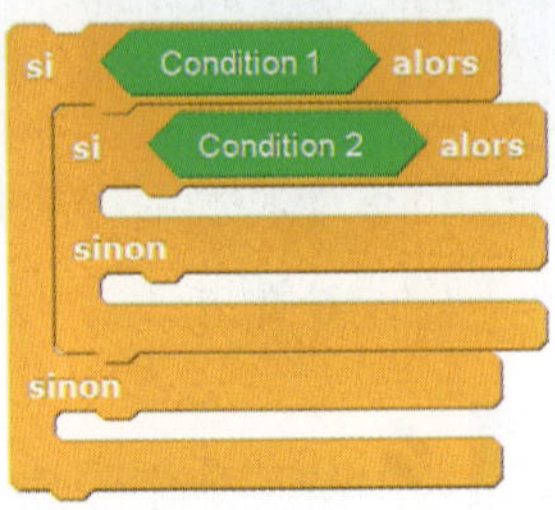

Structure alternative imbriquée

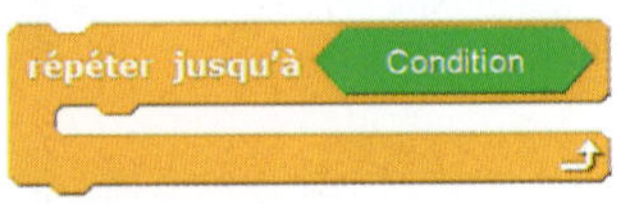

Structure répétitive conditionnelle

J'analyse la situation

1. Repérez le nom du capteur qui permet de mesurer la température dans la chaussure (doc. 1).
2. Précisez le type de connexion qui relie la semelle et le smartphone (doc. 1).
3. Décrivez les deux informations auxquelles l'utilisateur accède en appuyant sur les boutons de l'application (doc. 2).
4. Indiquez à partir de quelles températures le message « Alerte ! » s'affiche sur l'application du smartphone.

Comment mettre au point un programme ?

Méthode 1 Concevoir l'interface d'un système connecté

Pour concevoir l'**interface** d'un système connecté, on utilise un logiciel. Il associe une séquence d'instructions à chaque élément de l'application pilotant le système.

Démarche

Étape 1 Lister les éléments à représenter dans l'interface du smartphone ou de la tablette.

Étape 2 Insérer les différents éléments de l'interface à l'aide d'un logiciel.

Étape 3 Associer à chaque élément de l'interface une séquence d'instructions qui interagit avec le système.

Conseil
Choisissez des dessins ou des photos identifiables par tous.

Application à la semelle connectée

1

Liste les éléments à représenter sur l'interface de l'application

Bouton activation Bluetooth

Chaussure gauche + affichage température

Chaussure droite + affichage température

Niveau charge chaussure gauche

Niveau charge chaussure droite

Bouton 1

Température

Bouton 2

Nombre de pas

Affectation des informations fournies par les capteurs dans des variables

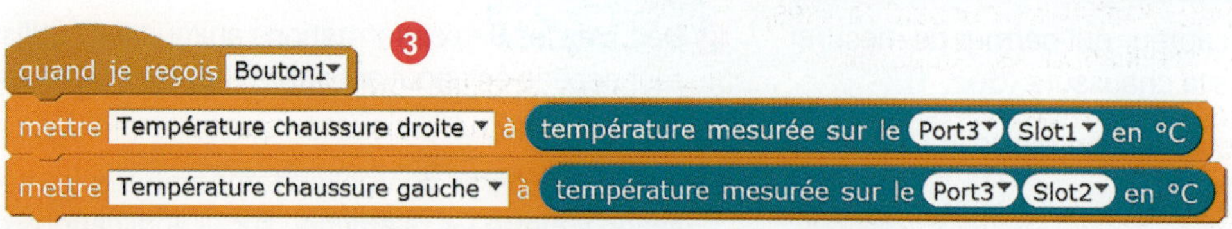

Séquence d'instructions mémorisant l'information des capteurs de température

Méthode 2 Utiliser une structure alternative imbriquée

Une **structure alternative imbriquée** introduit différents tests « **Si Alors Sinon (Si Alors Sinon (Si...))** ». Cette structure permet de tester une variable en fonction de plusieurs valeurs.

Démarche

Étape 1 Insérer une structure alternative imbriquée.

Étape 2 Insérer les blocs d'instruction.

Application à la semelle connectée

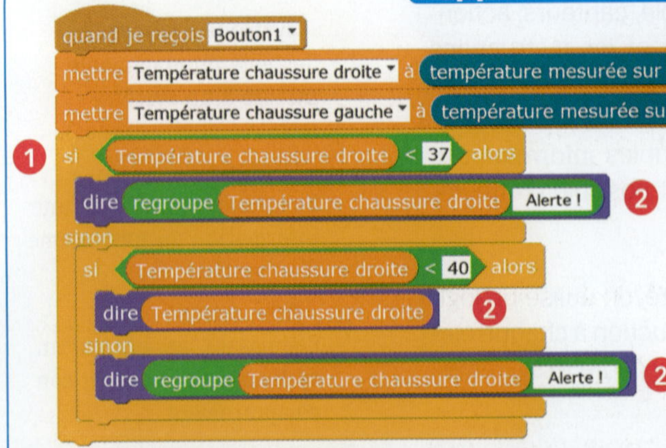

Cette structure alternative imbriquée permet de tester la variable appelée « Température chaussure droite ».

Si la température est inférieure à 37 °C alors « Alerte ! » s'affiche. Si la température est inférieure à 40 °C alors aucun message ne s'affiche, sinon (donc si la température est supérieure à 40 °C) alors « Alerte ! » s'affiche.

Méthode 3 Utiliser une structure répétitive conditionnelle

Pour répéter une suite d'instructions jusqu'à ce qu'une condition soit vérifiée, on peut utiliser les **structures répétitives conditionnelles** « **Répéter Jusqu'à** » ou « **Tant que** ».

Démarche

Étape 1 Insérer une structure répétitive conditionnelle.

Étape 2 Insérer les blocs d'instruction.

Application à la semelle connectée

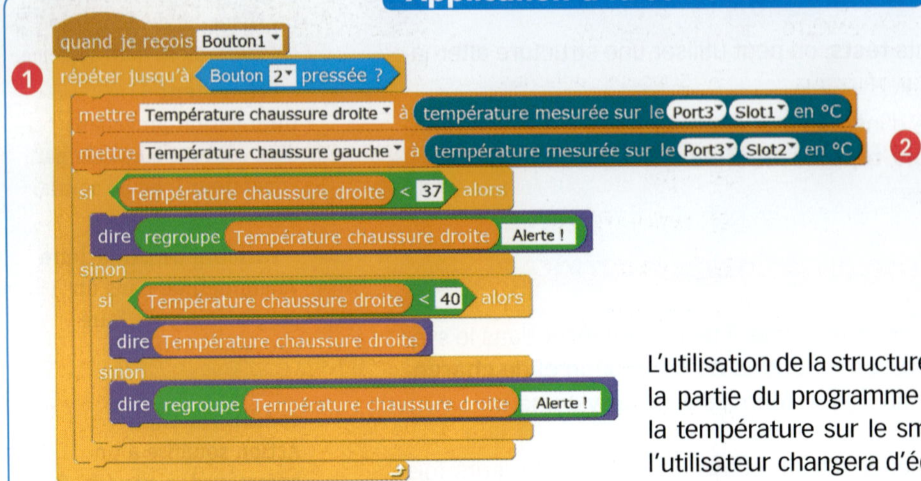

L'utilisation de la structure répétitive conditionnelle répète la partie du programme correspondant à l'affichage de la température sur le smartphone, jusqu'au moment où l'utilisateur changera d'écran.

Je vérifie que j'ai bien compris la méthode

1. Repérez les éléments graphiques qui sont utilisés dans l'interface de l'application. ▸ Méthode 1
2. Exprimez la séquence d'instructions sous la forme d'un algorithme. ▸ Méthode 2
3. Précisez le rôle de la structure « Répéter jusqu'à ». ▸ Méthode 3

Mini-projet

Par groupe, modifiez le programme et l'interface pour qu'ils activent une résistance quand la température est inférieure à 37 °C.

Je retiens

La programmation et le pilotage à distance

Pour programmer un système embarqué, il est nécessaire d'identifier ses différents composants (carte programmable, capteurs, actionneurs), leurs caractéristiques de fonctionnement et les instructions disponibles.

Lorsqu'on écrit un programme, on crée des variables informatiques qui stockent les données. À chaque variable, il est possible d'affecter une valeur fournie par un capteur.

Pour représenter l'interface d'un système connecté, on utilise un logiciel, à partir duquel on peut associer un bloc d'instruction à chaque élément (bouton, case à cocher…) de l'application qui pilote le système.

L'écriture d'un programme

Pour écrire le programme d'un système embarqué, il est préférable dans un premier temps de réfléchir au problème à résoudre (évènements et comportement attendu du système) à l'aide d'un algorithme.

Pour écrire un programme, on dispose de deux types de structures algorithmiques :
- les structures alternatives (instructions conditionnelles, tests) ;
- les **structures répétitives** (boucles).

Pour introduire différents **tests**, on peut utiliser une structure alternative « **Si Alors Sinon**… ».

Pour répéter une suite d'instructions, on peut utiliser une structure répétitive (**répéter n fois**, **répéter indéfiniment**…).

L'implantation et la mise au point d'un programme

Pour exécuter et tester un programme, il faut l'**implanter** dans le système. Pour cela, on utilise **les fonctions de connexion** et de **chargement (téléversement)** du logiciel fournies avec le système.

Lorsqu'une même séquence d'instructions est utilisée plusieurs fois dans un programme, on peut écrire les instructions qui la composent dans un **sous-programme**.

Pour introduire différents **tests** on peut utiliser une structure alternative imbriquée « **Si Alors Sinon (Si Alors Sinon (Si…))** ». Cette structure permet de tester une variable en fonction de plusieurs valeurs.

Pour répéter une suite d'instructions jusqu'à ce qu'une condition soit vérifiée, on peut utiliser les structures conditionnelles répétitives « **Répéter Jusqu'à** » ou « **Tant que** ».

Définitions

- **Système embarqué**
Système programmable intégré à un système mobile (robots, drones).
- **Capteur**
Composant qui envoie une information au programme d'un système.
- **Actionneur**
Composant qui agit sur un système pour modifier son comportement.
- **Séquence d'instructions**
Suite d'instructions programmant une tâche.
- **Programme**
Suite d'instructions qui déterminent le comportement d'un objet technique.
- **Algorithme**
Suite d'instructions qui permettent de résoudre un problème ou de définir le comportement d'un système.
- **Évènement**
Information provenant d'un capteur ou saisie par l'opérateur (clic de souris, bouton…).
- **Variable informatique**
Valeur définie dans un programme pour faire des opérations.
- **Instruction conditionnelle**
Action soumise à un opérateur logique (Et, Ou, Non) ou de comparaison (<, =, >).
- **Boucle**
Structure répétant plusieurs fois une séquence d'instructions.
- **Interface**
Dispositif (écran, boitier…) qui fait le lien entre l'utilisateur et la machine.

Je sais faire

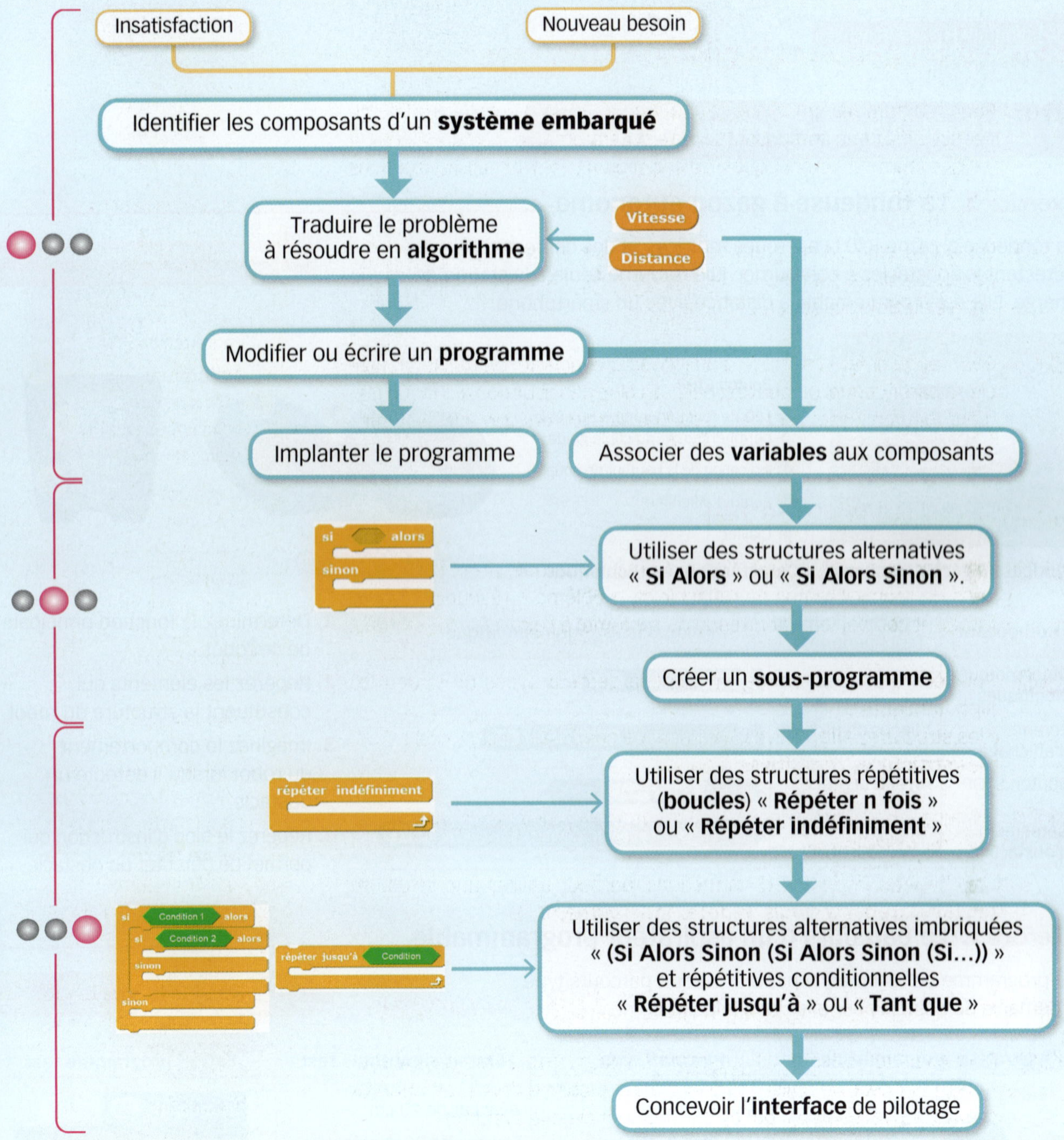

J'ai appris à

	😐	😄
Appliquer les principes élémentaires de l'algorithmique et du codage à la résolution d'un problème simple.		
Piloter un système connecté localement ou à distance.		
Imaginer, concevoir et programmer des applications informatiques pour des appareils nomades.		
Analyser le comportement attendu d'un système réel et décomposer le problème posé en sous-problèmes afin de structurer un programme de commande.		
Comprendre, m'exprimer en utilisant des langages mathématique, scientifique et informatique.		

S'ENTRAINER

QCM Je vérifie mes connaissances

lienmini.fr/t130-qcm101

COMPÉTENCES TRAVAILLÉES
- Piloter un système connecté localement ou à distance (ex. 1).
- Appliquer les principes élémentaires de l'algorithmique à la résolution d'un problème (ex. 2).

J'utilise mes compétences

Exercice 1 La tondeuse à gazon autonome

lienmini.fr/t130-tondeuse
vidéo de présentation de la tondeuse

La tondeuse à gazon R70 LI a 2 roues motrices et des capteurs qui détectent les obstacles à contourner. Elle retourne seule à la station de charge. Elle est programmable à distance avec un smartphone.

Tondeuse à gazon autonome

1 Interrupteur principal
2 Bouton STOP
3 LED de fonctionnement du câble périphérique et du câble guide
4 Indication de la hauteur de coupe
5 Écran d'affichage
6 Clavier

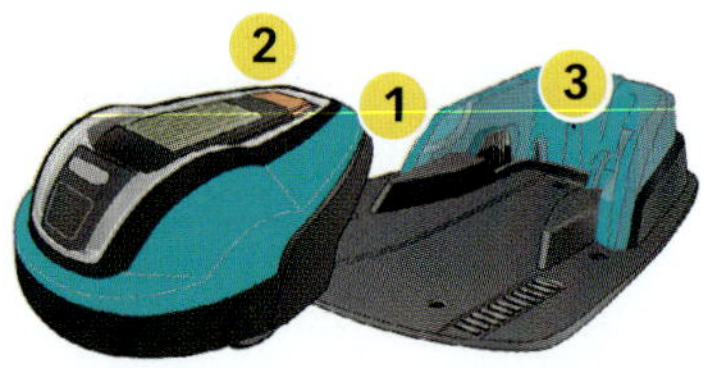

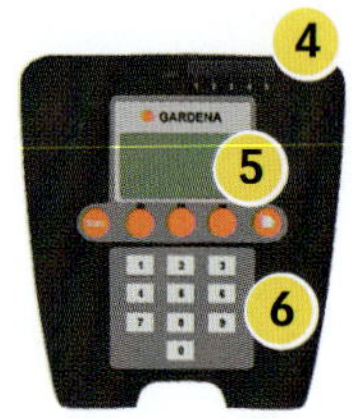

Caractéristiques techniques

Composant	Caractéristique de fonctionnement	Bloc d'instruction spécifique
Deux moteurs électriques	Vitesse	avancer à la vitesse 100
Écran d'affichage	7 lignes d'affichage	sur le 7 segments du Port1 afficher 100
Bouton STOP	Arrêt d'urgence	bouton Port3 key1 pressé
Détecteur d'obstacles		distance mesurée par le capteur ultrasons du Port3

1. Déterminez la fonction principale de ce robot.
2. Repérez les éléments qui constituent la structure du robot.
3. Imaginez le comportement du robot lorsqu'il détecte un obstacle.
4. Repérez le bloc d'instruction qui permet de détecter un obstacle.

Exercice 2 Le parcours d'un aspirateur programmable

lienmini.fr/t130-aspirateur
programme du parcours de l'aspirateur

Le programme de test d'un aspirateur suit un parcours type.
Il démarre du point A pour aller vers le point B.

Aspirateur programmable	Parcours type	Extrait algorithme test	Extrait programme test
	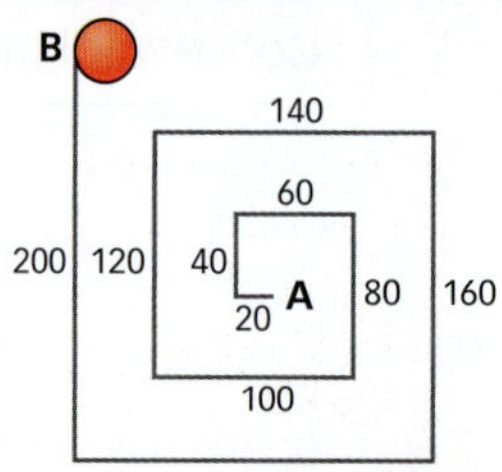	Avancer de 20 cm Tourner de 90 degrés vers la droite Avancer de 40 cm	avancer de 20 tourner ↻ de 90 degrés avancer de 40 tourner ↻ de 90 degrés

1. Repérez le nombre de fois où l'aspirateur change de direction durant le parcours type.
2. Déterminez la longueur de la dernière séquence de déplacement du parcours type ainsi que la distance totale parcourue par l'aspirateur à la fin du test.
3. Complétez sur une feuille de papier l'algorithme du parcours type.
4. Lancez le logiciel Scratch, téléchargez et ouvrez le fichier aspirateur.
Complétez le programme pour que l'objet « Aspirateur » affiche le parcours type.

VOTRE MISSION

Programmer le déplacement d'un robot

Célestine doit mettre à jour le programme d'un robot suivant un nouveau parcours à réaliser. Le robot se déplace grâce à deux moteurs. Il avance par défaut à la vitesse 100 pendant un temps fixé en seconde. Il tourne à droite ou à gauche à la vitesse 100 et s'arrête à la vitesse 0.

POUR RÉUSSIR

- J'identifie les composants du système et les blocs d'instruction à programmer qui permettent de piloter le robot.
- Je complète l'algorithme et le programme du nouveau parcours.
- Je choisis le type de connexion adapté au téléversement d'un programme.

VOS RESSOURCES

doc. 1 Nouveau parcours à programmer

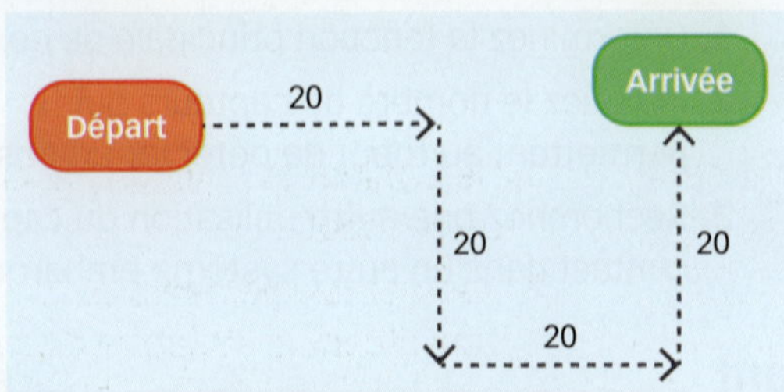

doc. 2 Composants du système

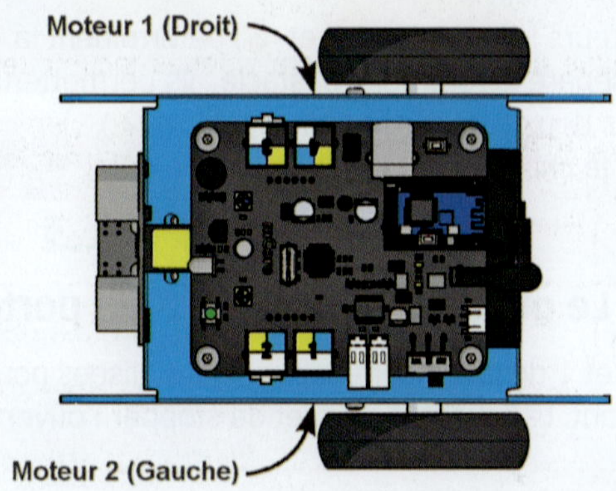

doc. 3 Blocs d'instruction spécifiques

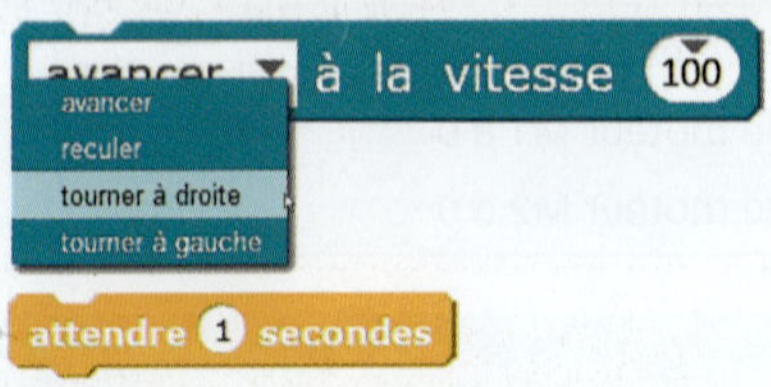

doc. 4 Nouvel algorithme de déplacement

Avancer à la vitesse 100 pendant 2 secondes

Tourner à droite à la vitesse 100 pendant 1 seconde

doc. 5 Programme de déplacement actuel

doc. 6 Connexion

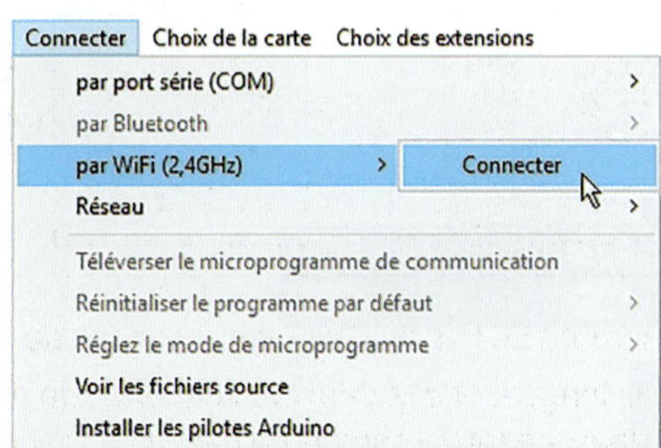

Modes de connexion disponibles pour téléverser le programme

S'ENTRAINER

COMPÉTENCES TRAVAILLÉES
- Piloter un système connecté localement ou à distance (ex. 1).
- Appliquer les principes élémentaires de l'algorithmique à la résolution d'un problème (ex. 2).

QCM Je vérifie mes connaissances

lienmini.fr/t130-qcm102

J'utilise mes compétences

Exercice 1 Les capteurs d'un aspirateur autonome

L'aspirateur autonome

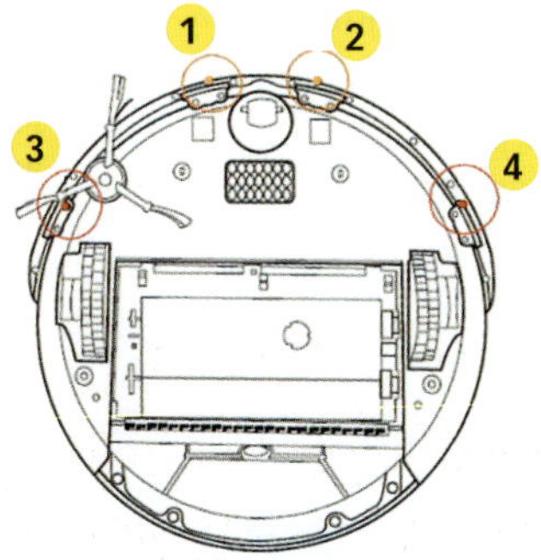

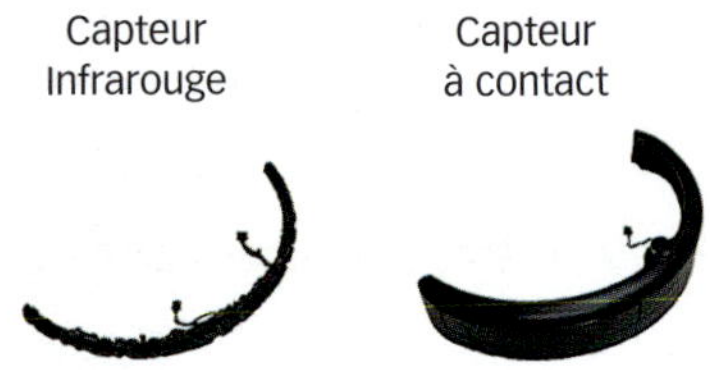

Les détecteurs d'obstacle de l'aspirateur autonome

Les deux capteurs infrarouges (1 et 2) déterminent la distance qui sépare le robot de l'obstacle : ils permettent de ralentir. Les deux capteurs à contact (3 et 4) commandent le changement de direction.

1. Déterminez la fonction principale de ce robot.
2. Indiquez le nombre de capteurs qui permettent au robot de détecter un obstacle.
3. Recherchez une autre utilisation du capteur à contact dans un autre système embarqué.

Exercice 2 Le pilotage à distance d'un portail battant

Les flèches ↑ et ↓ de la télécommande sont utilisées pour ouvrir et fermer le portail battant. La touche A permet de stopper l'ouverture du portail.

lienmini.fr/t130-portail
programme à compléter

SI la touche ↑ est pressée **ALORS**	**SI** la touche ↓ est pressée **ALORS**	**SI** la touche A est pressée **ALORS**
Activer le moteur M1 à 100	Activer le moteur M1 à – 100	Activer le moteur M1 à 0
Activer le moteur M2 à 100	Activer le moteur M2 à – 100	Activer le moteur M2 à 0

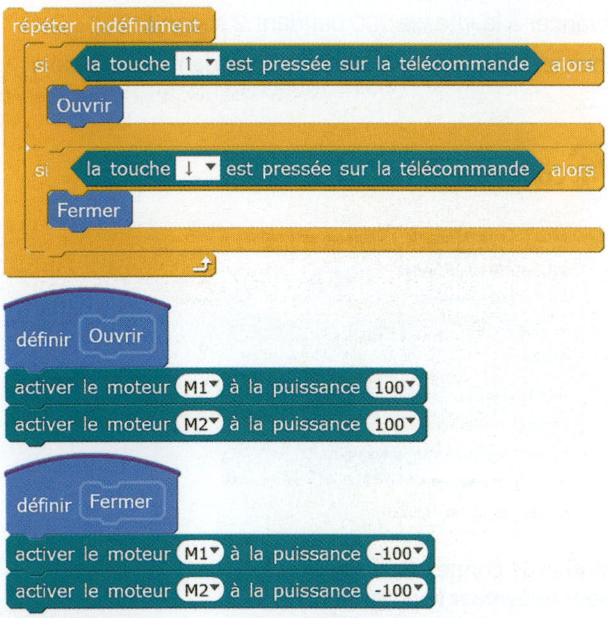

Algorithmes

1. Repérez les deux actions du portail battant qui font l'objet d'un sous-programme.
2. Écrivez le sous-programme qui permet d'arrêter le déplacement du portail battant (touche A de la télécommande).

Vers le brevet

Le robot, suiveur de ligne

Dans un entrepôt, un robot doit emmener des objets d'un point à un autre en suivant un marquage au sol. Pour remplir cette fonction, il intègre un module suiveur de ligne, composé de deux capteurs optiques. Ces capteurs sont placés au ras du sol et détectent une ligne noire. Antonin est technicien et il doit réaliser la maintenance annuelle du robot.

QUESTIONS

1. Identifiez les composants du système et ses caractéristiques.
2. Complétez le programme pour qu'il corresponde à l'algorithme.

VOS RESSOURCES

doc. 1 Tableau situation/comportement du robot suiveur

Situation 1	Situation 2	Situation 3
Si **les deux capteurs détectent** la ligne noire, l'état du module suiveur de ligne passe à **0**.	Si **le capteur droit ne détecte plus** la ligne noire, l'état du module suiveur de ligne passe à **1**.	Si **le capteur gauche ne détecte plus** la ligne noire, l'état du module suiveur de ligne passe à **2**.
Comportement 1	**Comportement 2**	**Comportement 3**
Le robot avance	Le robot tourne à gauche	Le robot tourne à droite

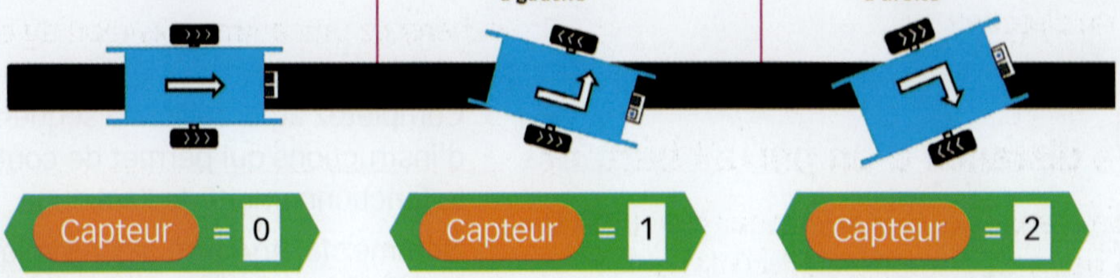

doc. 2 Algorithme du robot suiveur de ligne

Répéter indéfiniment
Mettre la variable « Capteur » à l'état du suiveur de ligne
SI État du module suiveur de ligne = 0
ALORS
| Faire avancer le robot
SINON
SI État du module suiveur de ligne = 1
ALORS
| Faire tourner à gauche le robot
SINON
SI État du module suiveur de ligne = 2
ALORS
| Faire tourner à droite le robot
SINON
| Faire reculer le robot

doc. 3 Programme à compléter

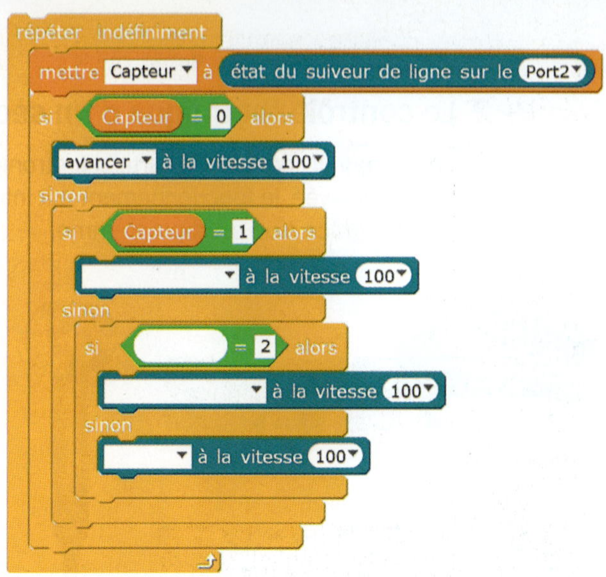

S'ENTRAINER

COMPÉTENCES TRAVAILLÉES
- Appliquer les principes élémentaires de l'algorithmique à la résolution d'un problème (ex. 1 et 2).

QCM Je vérifie mes connaissances

lienmini.fr/t130-qcm103

J'utilise mes compétences

Exercice 1 L'exploitation d'une éolienne

L'exploitation des éoliennes est contrôlée à l'aide d'un capteur (anémomètre). Si la vitesse du vent est strictement inférieure à 5 m/s (soit 18 km/h) ou strictement supérieure à 25 m/s (soit 90 km/h), les éoliennes sont mises à l'arrêt grâce à un sous-programme « mise à l'arrêt » et une LED rouge s'allume.

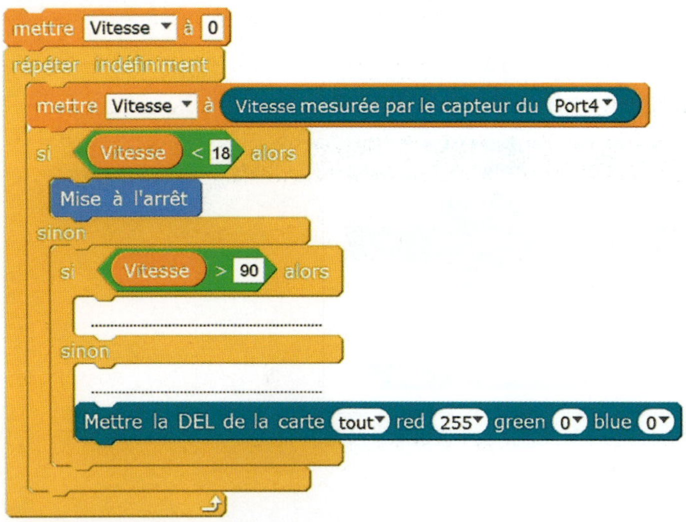

Sous-programme « mise à l'arrêt »

1. Complétez au brouillon la séquence d'instructions qui permet de contrôler le fonctionnement de l'éolienne.
2. Nommez la structure algorithmique que vous avez utilisée pour compléter la séquence d'instructions.
3. Précisez la raison pour laquelle la variable « Vitesse » est remise à zéro au début du sous-programme.

Exercice 2 Le contrôle thermique d'un sèche-cheveux

Par sécurité pour l'appareil, lorsque les cartes électroniques atteignent une température trop élevée, le fonctionnement est interrompu pendant 10 secondes grâce à un sous-programme.

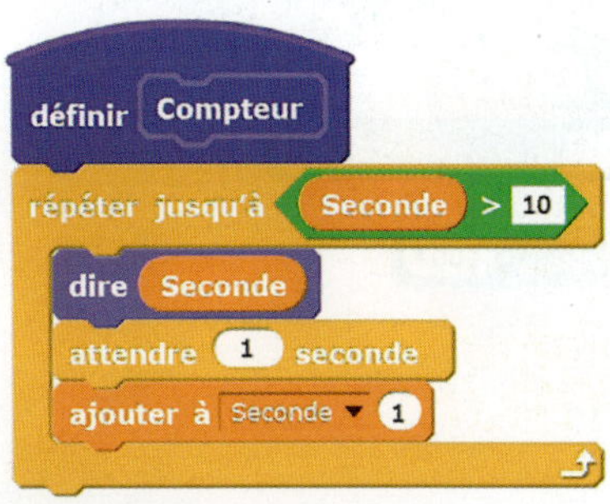

Sous-programme

Sèche-cheveux

1. Notez le comportement du sèche-cheveux lorsqu'il détecte une température trop élevée.
2. Repérez le nom de la variable qui est utilisée dans ce sous-programme.
3. Déterminez le type de structure algorithmique qui est utilisée dans le sous-programme compteur.
4. Décrivez le rôle de ce sous-programme à l'aide d'un algorithme.

Je prépare le brevet

Un drone d'exploration

Une entreprise souhaite équiper un de ses drones d'une DEL (LED).
Via l'interface d'un smartphone, on pourra commander l'allumage de la DEL en rouge 5 secondes, en orange 5 secondes, en vert 5 secondes.
La couleur émise par la DEL est obtenue par la programmation de trois couleurs primaires (Rouge, Vert, Bleu) appelée codage « **RVB** ».
Chaque couleur s'exprime dans un intervalle compris entre 0 et 255.

QUESTIONS

1. Complétez l'algorithme qui exprime le problème.
2. Complétez le programme à téléverser dans le système embarqué du drone.

VOS RESSOURCES

doc. 1 Composant DEL multicolore

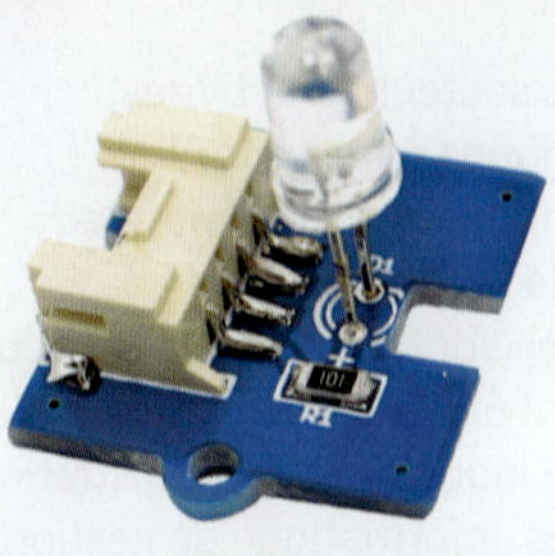

doc. 2 Code des couleurs et bloc d'instruction correspondant

doc. 3 Extrait de l'algorithme Affichage DEL

Quand le bouton est activé
Remettre à zéro le chronomètre
RÉPÉTER INDÉFINIMENT
  SI le temps depuis la remise à zéro du chronomètre < 5 secondes **ALORS**
    Régler la DEL en rouge (R = 255 Vert = 0 Bleu = 0)
  SINON …

doc. 4 Commande spécifique

durée depuis initialisation

Bloc d'instruction qui permet de renvoyer le temps passé depuis l'initialisation du chronomètre.

doc. 5 Programme Affichage lumineux DEL

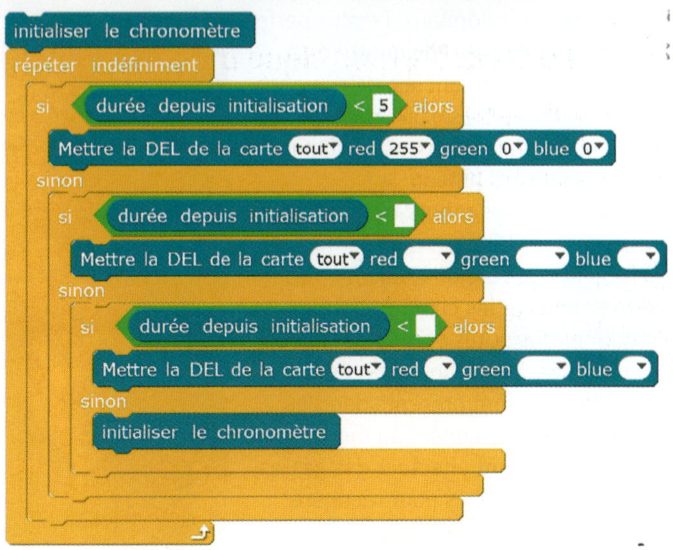

Parcours

Informatique, Internet, télécom : quels métiers s'offrent à vous ?

L'informatique s'impose dans tous les secteurs d'activités. Portés par des innovations technologiques constantes, les métiers de l'informatique offrent de nombreux emplois avec des niveaux de qualification différents.
Les emplois proposés dans ce domaine sont accessibles après un BTS ou un DUT. Ces diplômes peuvent être complétés par une licence professionnelle (informatique industrielle, administration et sécurité des réseaux informatiques, informatique de gestion, programmation des technologies du Web et multimedia).

1. **Précisez les termes BTS, DUT et licence professionnelle.**
2. **Recherchez et définissez un métier de l'informatique selon deux niveaux d'études : Bac+2, Bac+3.**
3. **Faites des recherches et décrivez le métier d'un(e) ingénieur(e) en informatique ?**

Des robots au service de la santé

Les robots-chirurgiens sont de plus en plus présents dans les hôpitaux. Le plus perfectionné au monde possède quatre bras articulés qui manipulent les instruments chirurgicaux. Ces bras n'opèrent pas seuls. C'est le chirurgien qui les commande via son ordinateur.
On observe que les robots-chirurgiens surpassent les chirurgiens en termes de précision et d'efficacité. L'objectif n'est pas de remplacer les chirurgiens, mais de leur donner des outils plus sophistiqués et plus fiables. Des robots de rééducation sont également présents dans les hôpitaux. Ils interviennent au moment où les patients doivent effectuer des gestes répétitifs et quotidiens pour récupérer leurs capacités de mouvement.

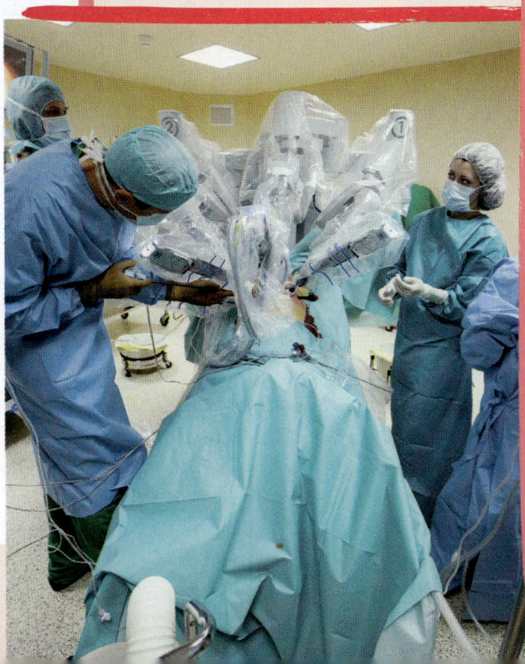

1. **Cherchez les avantages que procure l'utilisation d'un robot-chirurgien.**
2. **Recherchez un autre domaine lié à la santé où les robots peuvent être utilisés.**

Qu'est-ce que l'art génératif ?

Ce nom a été donné pour désigner une création artistique qui s'élabore à partir d'algorithmes. Grâce à un code, les œuvres se créent elles-mêmes devant le spectateur. C'est à partir de cette technologie que Reynald Drouhin a réalisé son œuvre *Des fleurs*. Avec le mot clé « fleurs », il génère sept visages composés de 2 688 fleurs selon une matrice de 24 par 16 carrés. Le tableau est mouvant.

Des fleurs, 2001-03.

1. **À partir de quelles images sont composés les visages de l'œuvre de Reynald Drouhin ?**

2. **Expliquez en quoi *Des fleurs* constituent une œuvre générative.**

3. **Recherchez un autre artiste utilisant cette technique dans une autre domaine de l'art.**

Qu'est-ce que la spécialité SIN du bac STI2D ?

Cette spécialité « Système d'information et numérique » explore le domaine des télécommunications et des réseaux informatiques. Son apprentissage est expérimental et repose sur la réalisation de projets. Les problématiques à résoudre portent sur l'analyse et la création de solutions techniques. Elles sont relatives au traitement des flux d'information (voix, données, images), à leur transport et à leur gestion. Les élèves étudient les systèmes, les télécommunications et les réseaux informatiques.

1. **Quel enseignement d'exploration de seconde permet de découvrir cette option ?**

2. **Quelles études pouvez-vous faire après l'obtention d'un bac STI2D ? Trouvez deux possibilités.**

EPI

TECHNOLOGIE ET GÉOGRAPHIE

TRANSITION ÉCOLOGIQUE ET DÉVELOPPEMENT DURABLE

OBJECTIF 2030 EN FRANCE

Le CDI de votre collège organise une exposition sur l'impact des énergies renouvelables sur les espaces ruraux et agricoles. Avec vos professeurs de technologie et de géographie, vous devez réaliser une affiche qui présente les énergies respectueuses de l'environnement.

COMMENT ET OÙ VOUS DOCUMENTER ?

Vous pouvez travailler par groupe pour faire vos recherches et demandez des conseils à la documentaliste de votre CDI.

• Sur Internet

Pour trouver des ressources et des informations, vous pouvez consulter les sites des fondations en faveur du développement durable.

GoodPlanet.org

https://www.centre-francais-fondations.org

• Dans la presse

• Au cinéma

Un film de Renaud Delourme d'après les photos de Yann Arthus-Bertrand, 2004

COMMENT ORGANISER VOTRE PROJET ?

Définissez les rôles de chacun.

- **Coordonnateur** : Il prépare le calendrier et coordonne l'équipe qui réalise le projet.
  - **Rédacteur(s)** : Il rédige les textes de l'affiche.
  - **Maquettiste(s)** : Il définit la charte graphique et met en place les éléments de l'affiche.
  - **Iconographe(s)** : Il recherche les documents photos.
- **Responsable ENT** : Il organise les ressources dans l'ENT et trouve la meilleure façon de structurer et de stocker les informations.

Un exemple d'affiche

32 % D'ÉNERGIE RENOUVELABLES D'ICI 2030

Titre de l'affiche et sujet de l'exposition

Quel impact sur l'environnement ?

Les éoliennes, alimentées par la force du vent, fournissent de l'électricité à des milliers de foyers. C'est une énergie respectueuse de l'environnement. Les éoliennes modifient la perception que nous avons du paysage. Selon leur emplacement,elles peuvent avoir un impact sur la faune et la flore ainsi que susciter des nuisances sonores.

Une grande image pour introduire le sujet de l'exposition

Des légendes pour expliquer les documents

Les cultures agricoles ont laissé leur place à des champs de **panneaux solaires**.

L'énergie solaire fournit de l'électricité pour l'entretien des fermes, l'élevage et les cultures.

EPI
TECHNOLOGIE ET ARTS PLASTIQUES

CULTURE ET CRÉATION ARTISTIQUES

FIGER LE MOUVEMENT

Pour les journées portes ouvertes de votre collège, l'atelier photo organise une exposition sur le thème des gouttes d'eau. Avec vos professeurs de technologie et d'arts plastiques, vous cherchez des solutions informatiques pour automatiser la prise de vue de la chute d'une goutte d'eau. Vous présenterez votre travail sur des grands panneaux.

COMMENT ET OÙ VOUS DOCUMENTER ?

Vous pouvez travailler par groupe pour faire vos recherches et demandez des conseils à la documentaliste de votre CDI.

• Sur Internet

Beaucoup de sites dédiés à l'art photographique expliquent comment figer le mouvement et le temps.

http://www.apprendrelaphotonumerique.com

• Dans la presse

COMMENT ORGANISER VOTRE PROJET ?

Définissez les rôles de chacun.

Atelier artistique
Répartissez-vous par groupe de 4 et définissez votre projet.

Atelier technologique
Répartissez-vous par groupe de 4 et recherchez la solution technique la plus pertinente.

Responsable(s) matériel
Il établit la liste du matériel nécessaire au projet.

Scénographe(s)
Il organise la manière dont les photos seront disposées lors de l'exposition.

Responsable(s) matériel
Il établit la liste du matériel nécessaire au projet.

Responsable(s) fabrication
Il supervise la fabrication des pièces.

Titre
de l'exposition

LES GOUTTES D'EAU : TOUT EST QUESTION DE SYNCHRO !

Aujourd'hui, le numérique est un outil qui est au service de la création. Grâce à lui, nous avons pu figer ce qui est mouvant. Pour cela, nous avons programmé l'intervalle entre les gouttes et synchronisé le déclenchement de l'appareil et du flash.

Texte de présentation
de l'exposition

Ceci n'est plus une goutte…

Lorsque le capteur de mouvement détecte la présence d'une goutte, il déclenche automatiquement la prise de vue et le flash. En fonction de la vitesse programmée, il sera possible de fixer la goutte d'eau au moment où elle touche la surface.

Des légendes pour expliquer
les documents

Titre
de la photographie

L'eau : une matière qui se transforme

Pour obtenir des effets artistiques lors de la prise de vue, nous avons ajouté un colorant à l'eau. Le liquide semble plus dense, la forme se dessine, transformant presque l'eau en matière.

EPI

TECHNOLOGIE ET FRANÇAIS

SCIENCES, TECHNOLOGIE ET SOCIÉTÉ

LE LIVRE NUMÉRIQUE EST-IL UN LIVRE ?

Avec vos professeurs de technologie et de français, vous êtes chargés d'écrire un article dans le journal de votre collège sur le thème « le livre numérique est-il un livre ? » Vous devez rédiger un article argumenté en vous appuyant sur différents points de vue.

COMMENT ET OÙ VOUS DOCUMENTER ?

Vous pouvez travailler par groupe pour faire vos recherches et demandez des conseils à la documentaliste de votre CDI.

Trouver des sources d'information
- Témoignage d'écrivains
- Témoignage de lecteurs
- Le point de vue des historiens
- Une enquête auprès des libraires
- Une enquête auprès des élèves du collège
- Une enquête auprès des vendeurs de livres numériques

• Sur Internet

Pour comparer des modèles de liseuses

http://www.tomsguide.fr

http://www.quechoisir.org

COMMENT ORGANISER VOTRE PROJET ?

Définissez les rôles de chacun. →

Coordonnateur
Il centralise les informations, vérifie l'article de journal et le remet au responsable du collège (le principal).

→ **Rédacteur(s)**
Il rédige les textes de l'affiche.

→ **Maquettiste(s)**
Il met en forme l'article.

→ **Iconographe(s)**
Il recherche des documents (photos, schémas...) libres de droit.

Un exemple d'extrait de journal

www.newspaper.com

NEWSPAPER

Paris, jeudi 25 janvier 2017 • N°305 • ÉDITION SPÉCIALE

DES LIVRES ET NOUS

LE POINT DE VUE d'Alice et Chloé

Titre de l'article

DES LIVRES ET NOUS

Chapô

Aujourd'hui le livre numérique tient une place grandissante auprès des lecteurs alors que les chiffres du livre papier semblent légèrement en baisse. Plusieurs questions se posent.
Le livre numérique va-t-il faire disparaitre le livre papier ? Quels sont les impacts du livre numérique sur notre environnement ? Change-t-il notre rapport à la lecture ?

Rubrique : elle est consacrée à un échange de points de vue.

Photo pour illustrer l'article

LE POINT DE VUE
d'Alice et Chloé

Nos deux jeunes lectrices ont le même âge, toutes les deux adorent lire, mais elles sont loin de partager le même point de vue sur le livre numérique. Voici ce qu'elles ont répondu à notre première question.

Le livre numérique va-t-il faire disparaitre le livre papier ?

Présentation du sujet et question du journaliste

OUI

Alice C'est fort possible, car on peut transporter plusieurs livres sur sa tablette. C'est très pratique d'avoir toute sa bibliothèque à portée de main quel que soit l'endroit où l'on se trouve.

NON

Chloé Le livre numérique ne remplacera jamais le livre papier ! Toucher le papier, avoir le sentiment que l'on progresse dans sa lecture en tournant les pages fait partie du plaisir de lire.

Le point de vue argumenté des lectrices

Conclusion

Même si le livre numérique a su convaincre un large public, le livre papier a toujours ses adeptes.

EPI

TECHNOLOGIE ET SVT

TRANSITION ÉCOLOGIQUE ET DÉVELOPPEMENT

PRODUIRE DES LÉGUMES AUTREMENT

Avec vos professeurs de technologie et de SVT, vous souhaitez installer un dispositif d'aquaponie dans votre collège et communiquer votre expérience sur un blog.

COMMENT ET OÙ VOUS DOCUMENTER ?

Vous pouvez travailler par groupe pour faire vos recherches et demandez des conseils à la documentaliste de votre CDI.

• Sur Internet

Aquaponie : un système vertueux.
Futuremag-Arte, 2014
Une vidéo à regarder sur

https://www.youtube.com

• Dans les livres

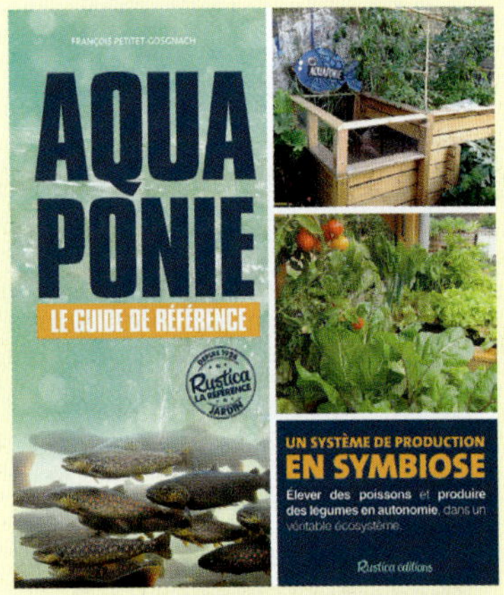

Aquaponie, François Petitet Gosgnasch, Éditions Rustica, 2017

COMMENT ORGANISER VOTRE PROJET ?

Définissez les tâches de chacun.

Responsable du système d'aquaponie
Il identifie le fonctionnement du système.

Coordinateur du blog
Il organise la strucure du blog (rubriques, ressources multimedia...) et vérifie les articles.

Installateur(s)
Il assemble les différentes parties du système d'aquaponie.

Programmeur(s)
Il complète et teste le programme informatique.

Rédacteur(s)
Il rédige les articles du blog.

Graphiste(s)
Il réalise la charte graphique et met en page le blog.

Iconographe(s)
Il recherche des documents (photos, schémas...) libres de droit.

Un exemple de blog

ACCEUIL | ACTU | CONTACT

DES LÉGUMES ET DES POISSONS... DRÔLE DE MÉNAGE !

Titre de l'article

Rubrique

ACTU

MARS 2017

FÉVRIER 2017

JANVIER 2017

Nous avons conçu avec nos professeurs de technologie et de SVT du collège Jean Jaurès un système d'aquaponie.
Mais avant de vous expliquer la manière dont nous nous y sommes pris, savez-vous ce qu'est l'aquaponie ?

L'AQUAPONIE est une technique qui vise à faire pousser des légumes en utilisant les déjections des poissons comme engrais.

Introduction de l'article

Une photo et un schéma pour présenter l'article

Comment fonctionne un système d'aquaponie ?

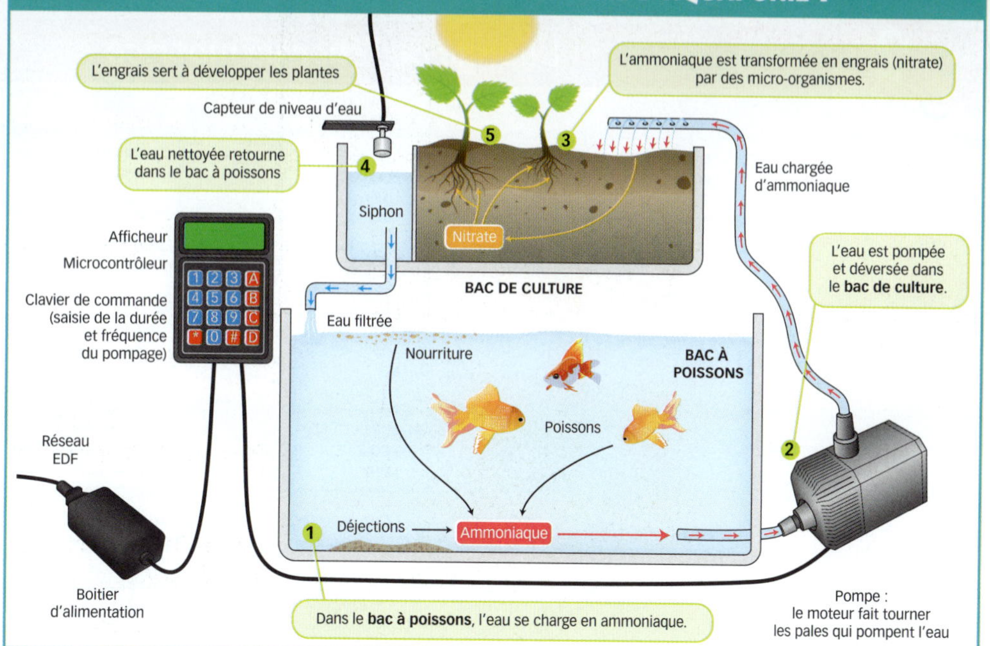

Les évolutions

1 Les matériaux

Les matériaux dans la Préhistoire

- 2,5 millions d'années — Organiques : Outils en bois et en os
- 1 million d'années — Céramiques : Outils en pierre taillée
- – 3 700 — Métaux : Cuivre
- – 2 500 — Métaux : Bronze ; Organiques : Papyrus
- – 1 200 — Céramiques : Objets en céramique
- – 1 100 — Métaux : Fer

Les matériaux du XVIIIe au XXe siècle

COMPOSITES
- Béton armé (composite ciment gravier, acier), Hennebique 1892
- Matériaux composites à base de fibre de carbone 1970

ORGANIQUES
- Composite caoutchouc + coton, Charles Macintosh 1823
- Vulcanisation du caoutchouc, Charles Goodyear 1839
- Celluloïd, Heyatt 1867
- Pétrole pour l'éclairage 1870
- Soie artificielle 1885
- Bakélite, Baekeland 1907
- PVC, Klatte 1913
- Plexiglas, Barker et Skinner 1924
- Polyéthylène, Fawcett et Gibson 1939
- Polypropylène, Natta 1954

MÉTAUX
- Fonte au coke 1709
- Acier, Bessemer 1854
- Aluminium par électrolyse, Hall 1886

CÉRAMIQUES
- Verre trempé (verre de sécurité) 1874
- Premier usage de céramique technique en médecine 1970

1700 1750 1800 1850 1900 1950 2000

2 L'usage de l'énergie motrice

ÉNERGIES HYDRAULIQUES
- Turbine hydraulique, Fourneyron 1830
- Barrage hydroélectrique, La Bourboule 1896
- Centrale marémotrice de la Rance 1966

MOTEURS
- Machine à vapeur de Watt 1769
- Machines de réfrigération (pompe à chaleur), Perkins 1834
- Moteur à explosion (combustion interne), Lenoir 1860
- Turbine à vapeur, Parsons 1876
- Moteur Diesel 1898
- Pompe à chaleur 1927
- 1re pile atomique, Fermi, USA 1942
- 1re centrale nucléaire, URSS 1954

ÉNERGIES ÉOLIENNES
- 1re éolienne industrielle, La Cour 1890
- Éolienne pour la production d'électricité, Juul 1975

ÉNERGIES SOLAIRES
- Cellule solaire, Coblentz 1913
- Panneau solaire, laboratoires Bell 1954

1750 1800 1850 1900 1950 2000

3 L'usage de l'électricité : l'éclairage

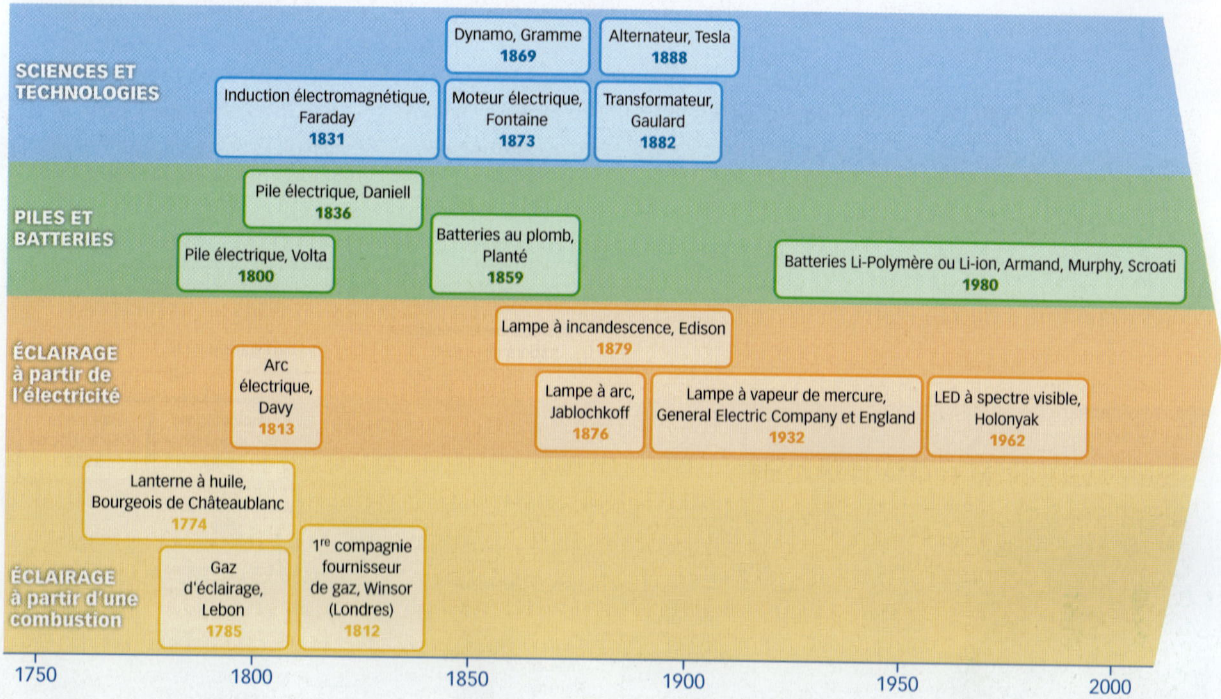

4 Les systèmes mécaniques

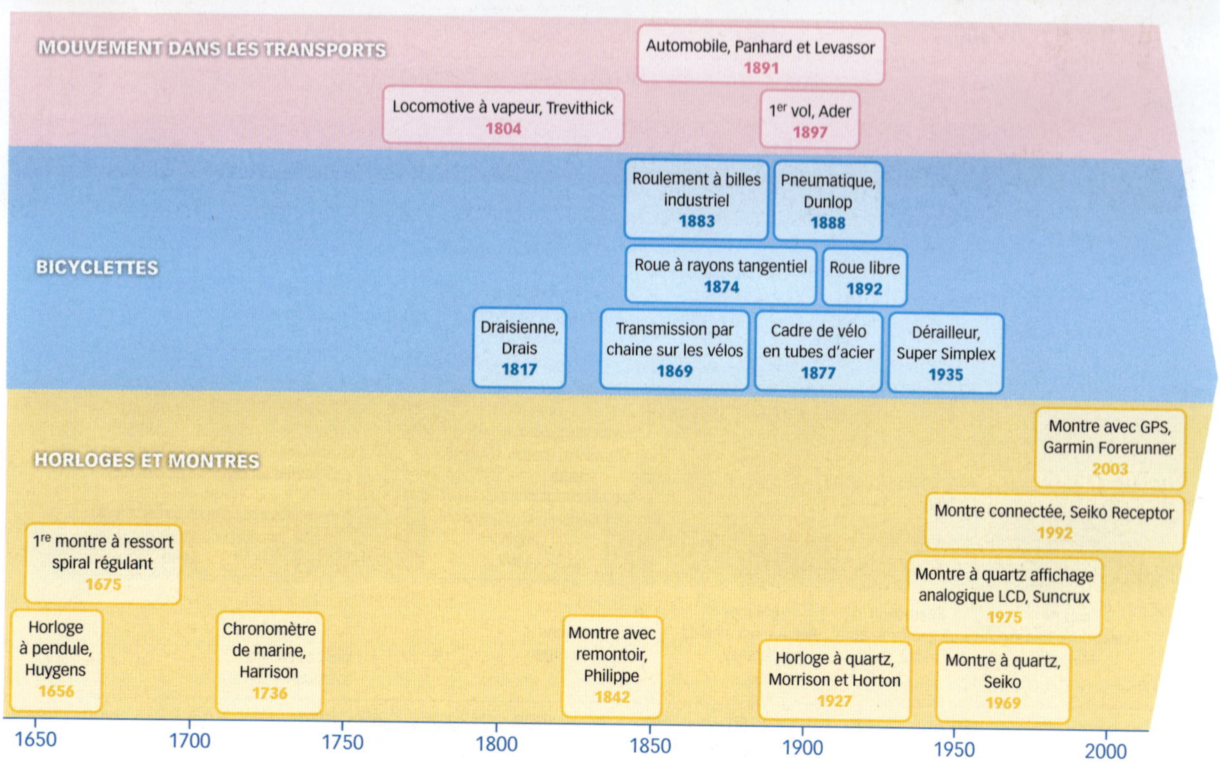

5 L'électronique et l'informatique

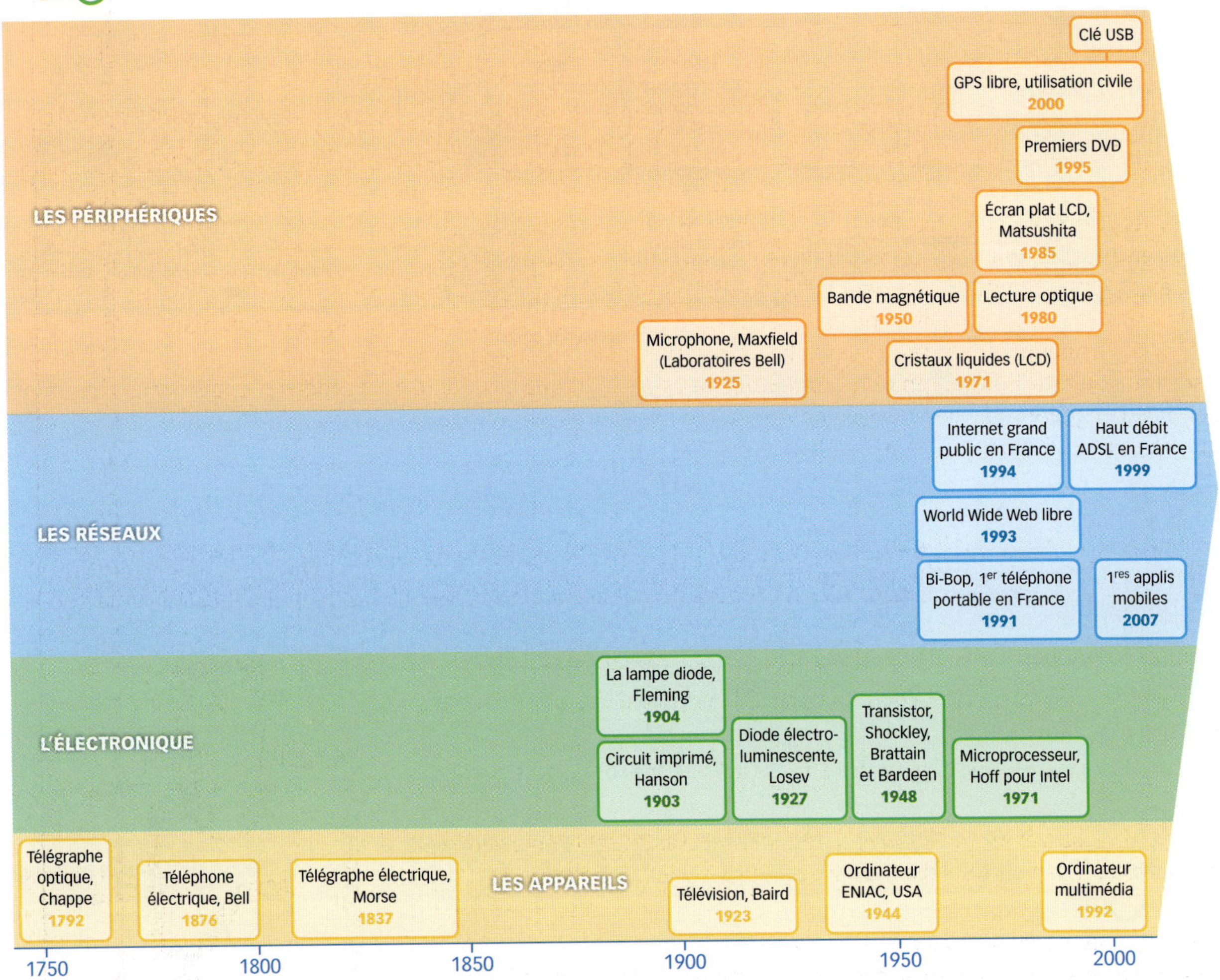

6 L'usage des ondes électromagnétiques

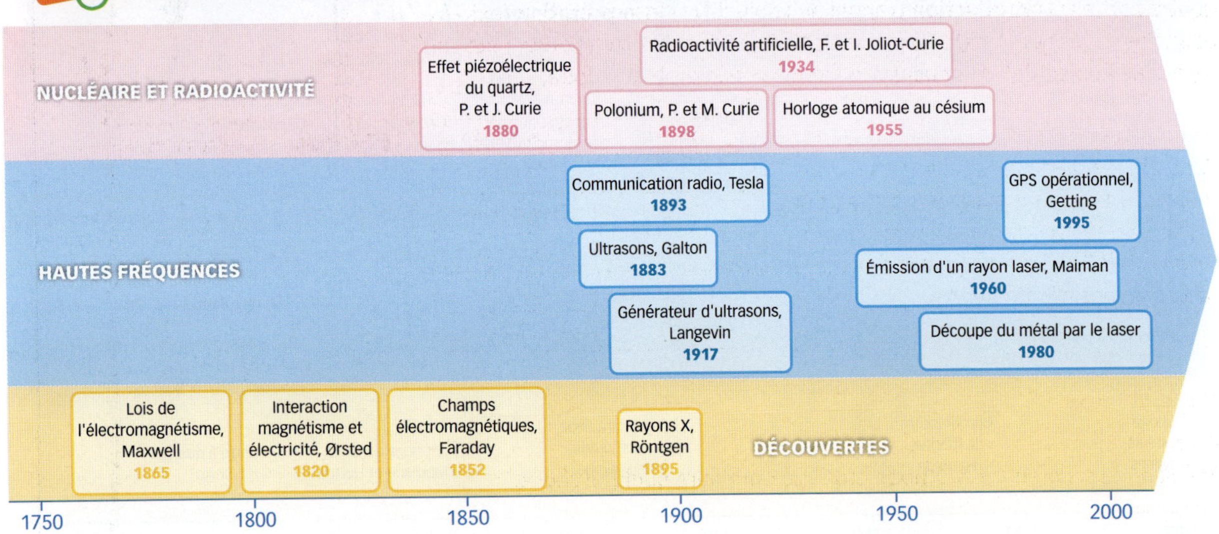

Les protocoles

1 Qu'est-ce qu'un protocole expérimental ?

Un **protocole expérimental** décrit les conditions et le déroulement d'une expérience ou d'un test. Le protocole doit être précis, afin que l'expérience puisse être reproduite à l'identique. Il doit également faire l'objet d'une analyse critique pour détecter d'éventuelles sources d'erreur dans les résultats. Pour obtenir une conclusion satisfaisante, une expérimentation donnée ne doit faire varier qu'une seule variable (paramètre) à la fois.

Un protocole comprend :
1. un objectif ;
2. une liste de matériel ;
3. un schéma du dispositif expérimental décrivant le procédé ;
4. une procédure pour conduire l'expérience.

2 Un exemple de protocole

Protocole : test du crochet de largage du drone, livreur de pizzas

1. Objectif : vérifier l'efficacité du maintien et du largage d'une pizza : masse à transporter 1 000 g.

2. Liste du matériel : dynamomètre à ressort 10 kg maxi, support, bac de sable.

3. Procédé : charger le crochet avec différentes masses de sable pour vérifier que le crochet demeure solidaire du cliquet et que le largage est possible.

4. Procédure
- Mettre une charge de 500 g.
- Observer si le contact entre le cliquet et le crochet est toujours opérant.
- Effectuer un test de largage.
- Renouveler les tests pour des charges de 750 g à 2 500 g tous les 250 g.

5. Rédaction d'une synthèse argumentée
La réponse à la problématique, résolue par l'expérimentation, comporte quatre parties : l'**introduction** (rappel de l'objectif) ; l'**interprétation** (extraire et analyser des résultats) ; l'**argumentation** (liens des résultats entre eux, au regard des objectifs) ; la **conclusion** (réponse à la problématique).

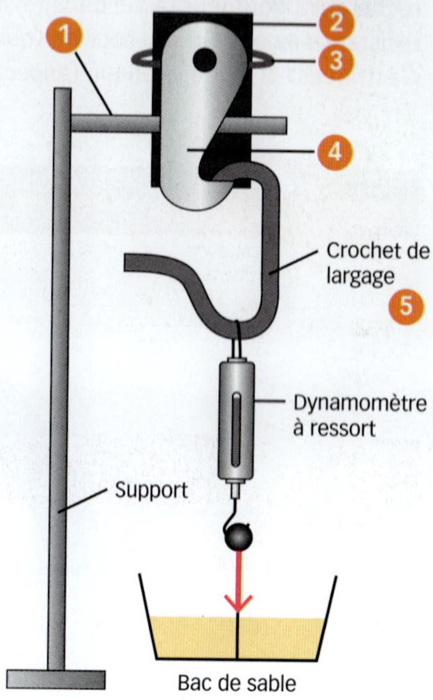

Rappel du contexte du projet
Une chaine de pizzerias s'adresse à une entreprise de fabrication de drones pour adapter un crochet sur un modèle, permettant la livraison de pizzas devant le domicile des clients.

Repère	Désignation
1	Support
2	Servomoteur
3	Palonnier
4	Cliquet
5	Crochet

Définitions

- **Procédé**
Manière de s'y prendre, méthode pratique pour faire quelque chose.
- **Procédure**
Succession d'opérations à exécuter dans un ordre précis pour accomplir une tâche déterminée.

Matériaux

1 Familles de matériaux - Définition et origine

Il existe trois grandes familles de matériaux :

- **les métaux et leurs alliages** (fer, aluminium, cuivre, acier, fonte, bronze, acier…)

Élaborés à partir de minerais extraits de la terre, les métaux constituent une famille de matériaux résistants aux efforts et rigides, qui conduisent le courant électrique. Certains, tel le fer, se détériorent en présence d'eau et d'air. Ils sont alors peu résistants à la corrosion.

- **les polymères organiques** (bois, ivoire, corne, matières plastiques : bakélite, PVC, polyéthylène, PET…)

Constitués à partir de matières vivantes (bois, liège…) ou de matières fossiles (pétrole, gaz…), les polymères organiques (matériaux plastiques et caoutchoucs) sont recherchés pour leur faible densité, leur souplesse, leur résistance au passage du courant (qui en fait des isolants électriques) et leur esthétique (aspect, couleur).

- **les céramiques** (verre, argile, ciment, plâtre…)

Constitués de minéraux tel le sable et l'argile, les matériaux céramiques sont recherchés pour leur grande dureté, leur absence de conductibilité électrique qui les rend isolants, leur aspect, lisse et brillant, très décoratif. Toutefois, ils sont denses (lourds) et très fragiles (peu résistants aux chocs).

À ces trois familles, il convient d'en ajouter une quatrième :

- **les matériaux composites** (béton, matériau multicouche, résine-fibre de carbone tissée…), qui sont des « mélanges hétérogènes » de matériaux des trois classes précédentes.

Les composites sont souvent constitués d'une ossature à base de fibres, et d'un liant appelé matrice. L'ossature assure la tenue mécanique. La matrice assure la cohésion de l'ensemble de la structure, et la transmission des efforts.

2 Identification d'un matériau

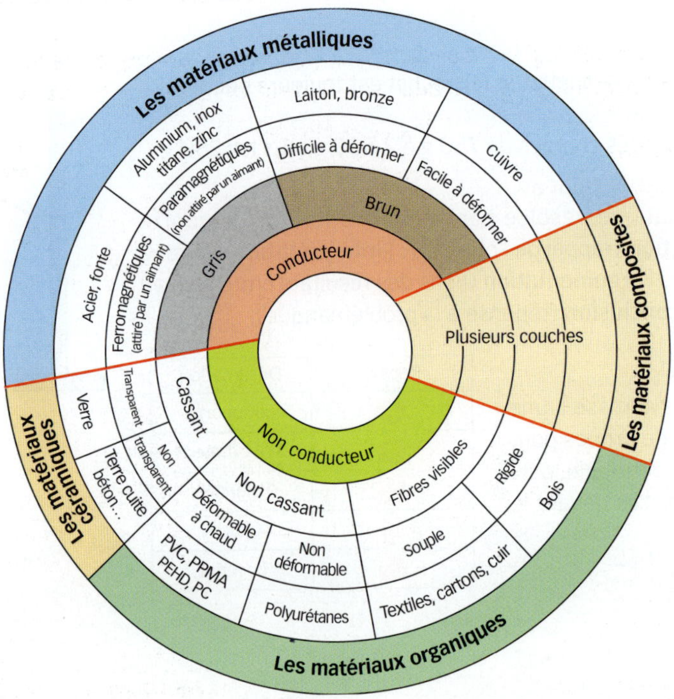

Cet outil permet d'identifier un matériau utilisé, et sa famille, à partir de l'observation de l'objet et de tests simples (par exemple attirance par un aimant, et test de conductivité à l'aide d'un multimètre) .
L'identification s'effectue du centre de la cible vers l'extérieur par choix de critères successifs.

3 Les principales caractéristiques des familles des matériaux

	Autres aptitudes	Esthétique	Densité	Rigidité + / Flexibilité	Élasticité	Résistance à la traction	Dureté	Conductivité	Résistance à la corrosion	Coupe	Formage	Collage
		Caractéristiques physiques								Aptitude aux façonnages		
CÉRAMIQUES												
Verre	T	+++	+++	++++		++	+++++		+++++	+	+++	++
Béton		+	+++	++++		+++	++++		++++	+		
MÉTALLIQUES												
Acier		+	++++	+++++		+++++	++++	+		++	+	+
Aluminium	C	+++	+++	++++		+++	+++	+	++	++++	+	+
Cuivre		++	++++	++++		++++	+++	+	+++	+++	+	+
ORGANIQUES												
Bois	C	++++	+	+++	+	++	+			+++++		++++
Caoutchouc naturel	A		+	+++++	++++	+			++	+++++		+++
Cuir	AC	++++	+		++	+	++			+++++	+++	+++
Papier - Carton	C	+	+	+	+		+			+++++	+	++++
PE, P.E.T., PEHD (Polyéthylène)	T	++	+	+++	++	+	+		++++	++++	+++	++
PMMA Polyméthacrylate de méthyle	T	++	+	++	+	+	++		++++	++++	++	+++
PP Polypropylène	C	++	+	+	+++	+++	+		++++	++++	+++	++
PS (Polystyrène expansé)		+	+	+	++		+		++++	++++	+	++
PVC (Polychlorure de vinyle)	C	+++	+	++	++	+	++		++++	+++	+++	++++
TPE (élastomères thermoplastiques)	A	++	+	+	++++	+			++++	++++	+	++

C Capacité de colorisation **T** peut être Translucide **A** Bonne adhérence

4 La valorisation des matériaux

Les filières de valorisation des matériaux sont **le recyclage** ; **la valorisation énergétique** (incinération pour produire de la chaleur comme source d'énergie) ; **la réutilisation** dans d'autres matériaux (remblayage de routes...).

Familles de matériaux		Indicateur d'émission en Kg d'équivalent CO_2/m^3 (cycle de vie)	Recyclage	Valorisation énergétique	Réutilisation
CÉRAMIQUES	Verre	XXX	XXX		
	Béton	XX			XXX Broyé
	Ciment	XXX			
MÉTALLIQUES	Acier	XXXXX	XXX		
	Aluminium dont 30 % recyclé	XXXXXXX	XXX		
	Cuivre	XXXXXXX	XXX		
ORGANIQUES	Bois	X	Renouvelable	XXX	
	Caoutchouc		Renouvelable	XX	X Incorporé
	Cuir		Renouvelable	XXX	
	Papier - Carton	XXXX	XXX	X	
	PE, P.E.T., PEHD (Polyéthylène)	XXXX	XXX		
	PMMA Polyméthacrylate de méthyle	XXXX	XX		X Refondu
	PP Polypropylène	XXXX	X	XX	XX Incorporé
	PS (Polystyrène expansé)	XXXX	non	XXX	
	PVC (Polychlorure de vinyle)	XXXX	XX depuis 2000	XX avant 2000	
	TPE (élastomères thermoplastiques)	XXXX	XXX		

La principale difficulté de la valorisation des matériaux constituant les objets techniques, la difficulté est pour les isoler les uns des autres. C'est le cas notamment des matériaux composites et du matériel électronique.

Les éléments mécaniques

1 Efforts mécaniques

Trois types d'efforts

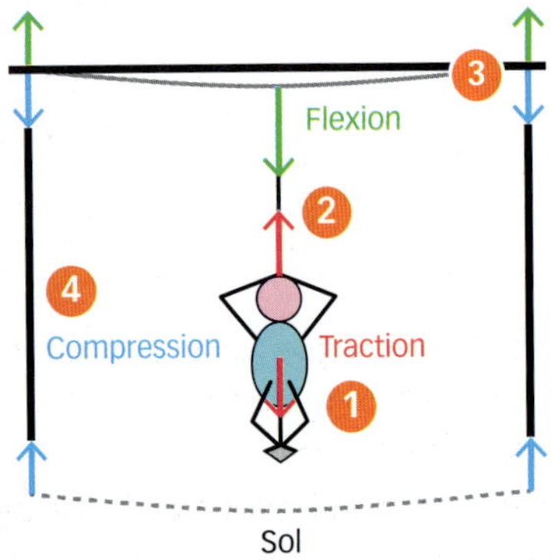

- **La corde est tirée**. La masse de l'enfant ① exerce un **effort de traction** sur la corde ②.
- **La poutre est fléchie**. La poutre ③ en appui sur les poteaux ④ subit un **effort de flexion**.
- **Les poteaux sont comprimés**. La poutre ③ et le sol exercent un **effort de compression** sur les poteaux ④.

Éléments de renforcement des structures

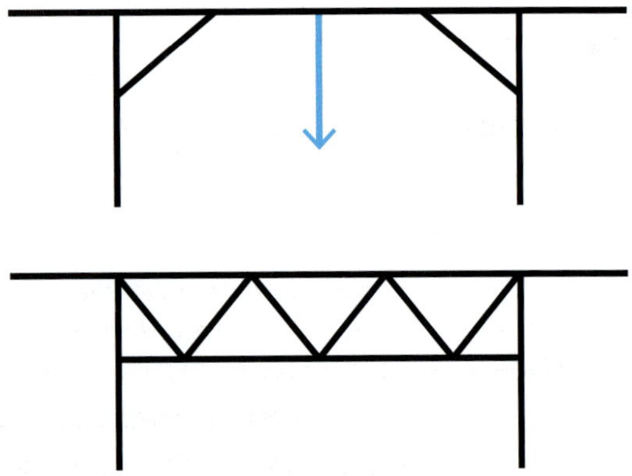

Le triangle est une forme géométrique qui renforce et stabilise les structures.

2 Les mouvements

Transmission

- **Engrenages :** les roues munies de dents s'engrènent l'une dans l'autre. Le sens de rotation est inversé.

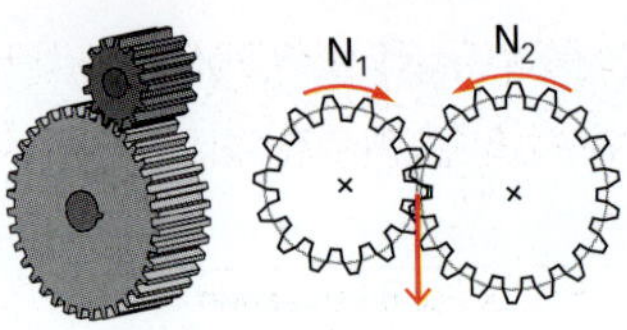

- **Roues dentées et chaine :** le pignon moteur entraine le pignon récepteur par l'intermédiaire d'une chaine. Le sens de rotation est conservé. La fréquence de rotation est modifiée en fonction du nombre de dents de chaque roue dentée.

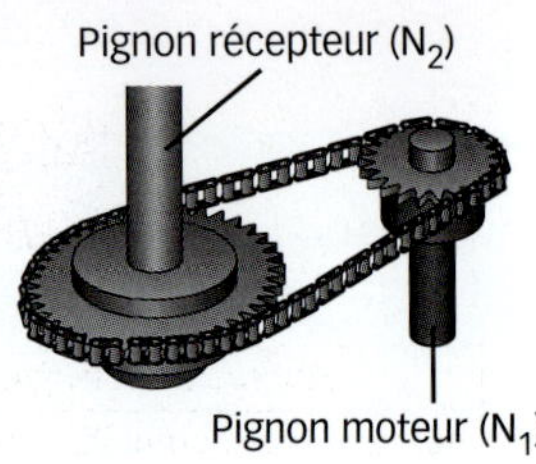

Transformation

- **Pignon crémaillère :** le mouvement de rotation du pignon est transformé en mouvement de rotation de la crémaillère.

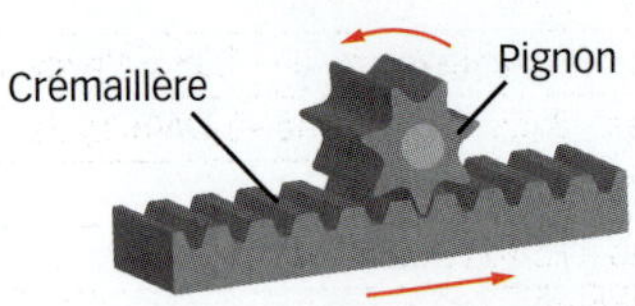

- **Bielle manivelle :** le mouvement de translation de la bielle est transformé en mouvement de rotation par la manivelle et inversement.

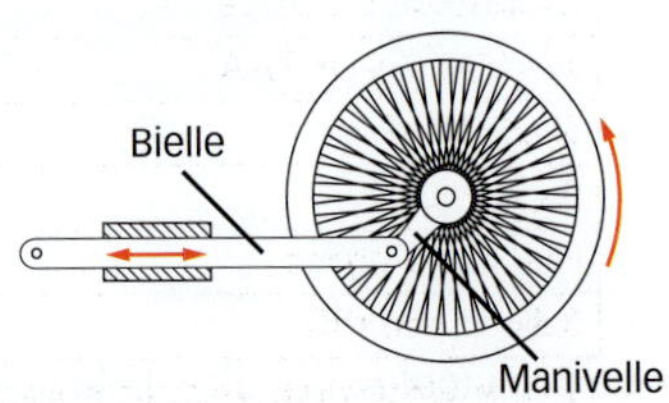

Les énergies

1 De la source d'énergie à l'énergie utile

Forme d'énergie	Électrique	Thermique	Rayonnante	Mécanique	Chimique
Sources d'énergie		Géothermie	Lumière / Soleil / Radioactivité	Vent / Barrages hydrauliques / Courants marins	Pétrole / Gaz / Charbon
Énergie finale**	Électricité	Électricité / Chaleur	Électricité / Chaleur	Électricité / Mécanique	Électricité / Chimique
Énergie utile ***	**Thermique** (chaleur, froid...) / **Mécanique** (mouvement) / **Rayonnante** (lumière) / **Chimique** (accumulateurs électriques) / **Électrique** (signaux électriques informatiques)				

- **Forme d'énergie :** **électrique** (déplacement d'électrons), **thermique** (chaleur : agitation des atomes), **rayonnante** (ondes radio, infrarouge, lumière, ultraviolet, rayon X, radioactivité), **mécanique** (masse en mouvement, pesanteur), **chimique** (énergie absorbée ou dégagée lors de réactions chimiques).
- **Source d'énergie :** phénomène physique ou chimique naturel dont il est possible d'exploiter l'énergie.
- **Énergie finale :** énergie livrée à l'utilisateur, directement utilisable pour alimenter les objets techniques.
- **Énergie utile :** énergie produite par les objets techniques au terme de la chaine d'énergie (service rendu).

2 Les unités de l'énergie : le joule

- **Le joule** (symbole : **J**) est l'unité du système international pour l'énergie, pour le travail et pour la quantité de chaleur. 1 joule représente l'énergie requise pour élever de 1 mètre une masse de 100 g. 1 mégajoules (un million de joules) représente l'énergie nécessaire pour amener à ébullition 3 L d'eau à 20 °C.

- **Unités fréquemment utilisées**

Calorie	1 cal = 4,186 joules
Kilowatt-heure	1 kWh = 3 600 kilojoules
Tonne équivalent pétrole	1 tep = 42 milliards de joules

3 Exemples de consommation d'appareils électroménagers

Appareil électrique	Puissance (Watt)	Fréquence d'utilisation	Consommation par an (kWh)
Réfrigérateur Combi 250 l label A+	150 à 200	365 jours - en continu	201*
Réfrigérateur Combi 250 l label C	200 à 350	365 jours - en continu	500*
TV LCD en service	90 à 250	365 jours - 4 h/jour	241
TV LCD en mode veille	3	365 jours - en continu	22
Ordinateur en service	70 à 80	240 jours - 4 h/jour	72
Machine à laver AAA	2 000 à 2 200	48 semaines - 4 cycles/semaine - 1,35 kWh/cycle	259**
Sèche-linge	2 500 à 3 000	48 semaines - 2 cycles/semaine - 3 kWh/cycle	259**
Aspirateur	650 à 800	48 semaines - 2 h/semaine	70
Four micro-ondes	1 000 à 1 500	48 semaines - 1,5 h/semaine	90
Ballon d'eau 100 L	2 000 à 2 500	365 jours - 80 litres par jours	1 554

* **Pour le réfrigérateur**, la puissance utilisée varie au cours de la journée (temps d'arrêt du compresseur).
** **Pour le lave-linge**, la puissance varie au cours du cycle (temps de chauffage - moteur).

Prototypage

Plusieurs solutions techniques existent pour effectuer du prototypage rapide à partir de cartes standards. Toutes ces solutions sont proposées par des fabricants. Elles reposent toutes sur le même principe technique.

Une carte programmable

\+

Une carte équipée de connecteurs

\+

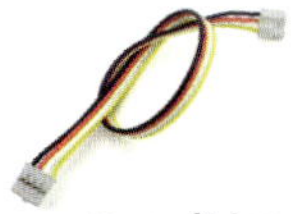

Des câbles

\+

Des modules capteurs ou actionneurs

\+

ArduBlock

Blockly

Un logiciel de programmation

1 Les cartes programmables

Les cartes programmables possèdent un **microcontrôleur programmable** et de nombreuses entrées/sorties. Elles se différencient par la puissance du microcontrôleur ou par la taille et la consommation de la carte.

Carte programmable UNO		Carte programmable Mega	
	Elle dispose d'un microcontrôleur (ATmega32). Elle possède 20 entrées/sorties dont 6 analogiques. Sa programmation s'effectue via une connexion USB.		Elle dispose d'un microcontrôleur (ATmega2560). Elle possède 54 entrées/sorties dont 14 analogiques. Sa programmation s'effectue via une connexion USB.
Carte programmable LILYPAD		**Carte programmable mCore**	
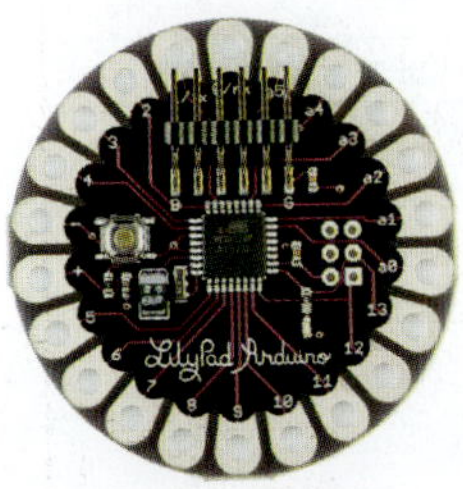	Elle dispose d'un microcontrôleur (ATmega32). Elle possède 9 entrées/sorties dont 4 analogiques. Sa programmation s'effectue via une connexion micro-USB. Elle est adaptée aux projets de textiles connectés.		Elle dispose d'un microcontrôleur (ATmega238), de 4 entrées analogiques ou numériques, et de 6 sorties analogiques ou numériques. Sa programmation s'effectue via une connexion USB.

2 Les cartes connecteurs

Les cartes connecteurs s'emboitent sur la carte programmable. Elles permettent de raccorder sans soudure les modules capteurs et actionneurs.

Carte connecteur Base Shield		Carte connecteur Mega Shield	
	Elle est équipée de 16 connecteurs 4 broches dont 4 entrées analogiques, 7 entrées-sorties numériques, 4 interfaces I2C et 1 interface UART.	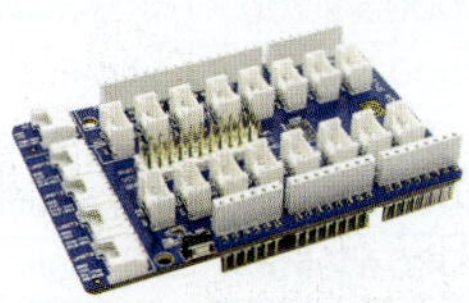	Elle est équipée de 20 connecteurs 4 broches dont 6 entrées-sorties analogiques, 8 entrées-sorties, de sorties PWM pour brancher des servomoteurs, de 4 interfaces I2C, et de 4 interfaces UART.

3 Les câbles

Les câbles relient les éléments d'un système programmable. Certaines cartes ne disposent pas de connecteurs, alors on utilise des fils électriques qu'il faut souder.

Câbles connecteurs, femelle 4 broches pour carte Base Shield et Mega Shield	Câble servomoteur pour carte Base Shield et Mega Shield.	LilyPad canette pour couture et connexion des cartes LilyPad	Câbles RJ25 pour carte mCore

4 Les modules actionneurs

Les modules actionneurs exécutent les ordres de la partie commande à partir de l'énergie qu'ils reçoivent.

Module commande de moteurs Grove Il permet de piloter 2 moteurs à courant continu ou un moteur pas-à-pas Il se raccorde sur un port I2C avec un câble 4 conducteurs.		**Module relais 30A Grove** Il permet de commander des éléments nécessitant un courant électrique important (moteur, éclairage...).Il se raccorde sur une sortie numérique avec un câble 4 conducteurs.	
Servomoteur métal MG995 180° L'axe du moteur effectue une demi-rotation à vitesse variable. Il se raccorde sur un module de commande de moteurs.		**Électrovanne miniature** Elle agit comme un robinet commandé à distance.	
		LilyPad LED Ce module LED se coud sur un vêtement et se connecte avec le même fil sur la carte programmable LilyPad.	
Haut-parleur amplifieur Grove Il génère différents sons en fonction de la fréquence d'entrée. Le volume est ajustable par un potentiomètre. Il se raccorde sur une sortie numérique avec un câble 4 conducteurs.		**LilyPad Sonnerie** Ce mini haut-parleur se coud sur un vêtement et se connecte avec le même fil sur la carte programmable LilyPad.	
Me obturateur Il permet de prendre des photos à haute vitesse, il est commandé par programmation. Il se raccorde sur la carte programmable mCore.		**Afficheur LCD Grove 16x2** Il affiche 2 lignes de 16 caractères. Il se raccorde sur une sortie I2C avec un câble 4 conducteurs.	

5 Les modules capteurs

Ces modules captent des informations dans leur environnement et les transmettent au microcontrôleur.

Module Grove bouton poussoir	Module Grove Interrupteur fin de course	Capteur de niveau d'eau	Capteur d'humidité Grove	Capteur de lumière Grove
Il fait passer une sortie de l'état bas à l'état haut lors d'une pression. Il peut servir d'entrée numérique. Il se raccorde sur une entrée numérique avec un câble 4 conducteurs.	Il fait passer une sortie de l'état bas à l'état haut ou inversement. Il peut servir d'entrée numérique. Il se raccorde sur une entrée numérique avec un câble 4 conducteurs.	Il détecte la présence d'eau grâce à ses pistes imprimées. Il peut fonctionner en tout ou rien (logique) ou en mode analogique. Il se raccorde sur une entrée logique ou analogique avec un câble 4 conducteurs.	Il permet de connaitre la concentration d'eau dans la terre. Il délivre une valeur analogique en fonction de la teneur en eau. Il se raccorde sur une entrée analogique avec un câble 4 conducteurs.	Il utilise une photorésistance. La résistance diminue quand l'intensité lumineuse augmente. Il se raccorde sur une entrée analogique avec un câble 4 conducteurs.
			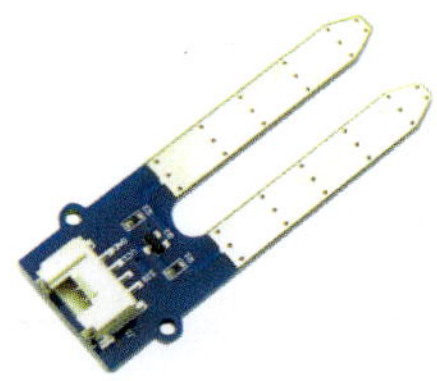	

Module Suiveur de ligne Grove	Module Grove Bluethooth 4 (BLE)	Module Wifi UART Grove	Capteur UV LilyPad	Capteur de température LilyPad
Il est constitué d'une LED infrarouge et d'un phototransistor. Il envoie un signal digital haut quand il détecte une ligne noire. Il se raccorde sur une entrée numérique avec un câble 4 conducteurs.	Il permet d'ajouter une connexion Bluetooth à un projet Arduino. Il se raccorde sur une entrée/sortie avec un câble 4 conducteurs.	Cet émetteur-récepteur Wi-Fi communique avec un microcontrôleur. Il se raccorde sur un port série UART avec un câble 4 conducteurs.	Il détecte le rayonnement UV dans une plage de 200 à 370 nm, et émet une tension analogique de 0 à 5 V.	Il détecte le changement de température. Il délivre 0,5 V à 0 °C, 0,75 V à 25 °C, et la tension de sortie varie de 10 mV par degré Celsius.

Module caméra série Grove	SparkFun Bluetooth	Télémètre à ultrasons Grove	Me capteur sonore	Capteur commutateur Limit Photoelectrical
Il prend des photos et les stocke sur une carte SD. Il se raccorde sur un port série UART avec un câble 4 conducteurs.	Il permet une connexion Bluetooth d'une portée de 100 m compatible avec la carte programmable LilyPad.	Il permet de mesurer une distance de 3 cm à 4 m sans contact à l'aide de transducteurs à ultrasons. Il se raccorde sur une entrée analogique avec un câble 4 conducteurs.	Il mesure le niveau sonore. Il se connecte sur la carte programmable mCore. Il délivre un signal analogique.	Une cellule photo électrique détecte le passage d'un objet. Le capteur se connecte sur la carte programmable mCore. Il délivre un signal numérique.

Réseaux informatiques

1 Les postes de travail et périphériques

Désignation	Symbole	Représentation 3D
Ordinateur fixe ou portable Poste de travail individuel. Désigné par « P + Numéro » et muni de **carte réseau**.	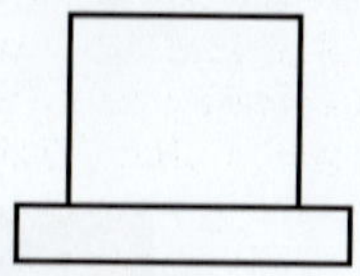 P01	 P01
Tablette Ordinateur portable ultraplat sans clavier à écran tactile muni de cartes réseau (cellulaire, Wi-Fi). Désigné par « T + Numéro ».	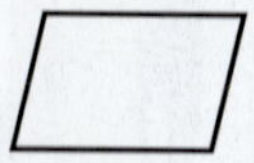 T01	 T01
Imprimante Composant périphérique d'impression de document sur papier. Désignée par « Imp. + Numéro ».	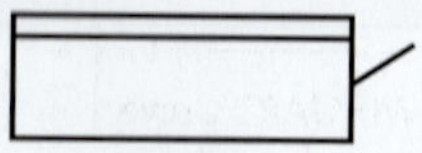 Imp 01	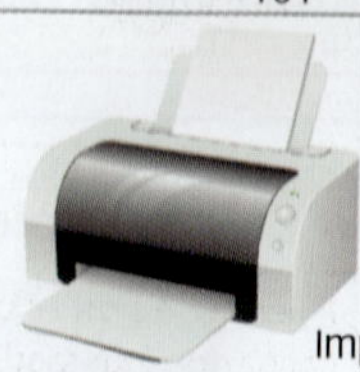 Imp 01

2 Les équipements réseaux

Désignation	Symbole	Représentation
Carte réseau La carte réseau assure l'interface entre l'équipement dans lequel elle est installée (ordinateur, imprimante, console de jeux, télévision…) et un réseau informatique (local Ethernet, Wi-Fi, Bluetooth…).	 Liaison sans fil • connexion filaire	
Commutateur Le commutateur est un équipement réseau qui relie la **carte réseau** de chaque composant d'un réseau informatique à l'aide de **câbles** et de prises **RJ45**.	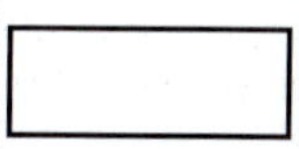 Com 01	 Com 01
Câble de connexion Il assure une liaison filaire entre différents équipements d'un réseau grâce à des connecteurs RJ 45.	RJ45  Câble	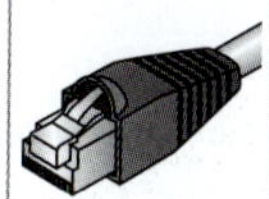

Désignation	Symbole	Représentation
Borne Wi-Fi Elle permet de connecter des équipements informatiques au réseau local sans fil par ondes électromagnétiques.	 Borne Wi-Fi	 Borne Wi-Fi
Serveur Cet ordinateur permet le stockage de ressources informatiques communes à l'ensemble du réseau et la sécurité informatique des données échangées.	 serveur	
Routeur Ce composant relie un réseau local à d'autres réseaux informatiques éloignés type Internet.	 Routeur	 Routeur
Réseau étendu type Internet Ensemble de réseaux locaux interconnectés dans le monde.	 Internet	

L'imprimante 3D

1 La fiche de procédures

Fiche procédure — **IMPRIMANTE 3D UP Plus 2**

Utilisation

1. Placer le plateau d'impression et allumer la machine
2. Lancer le logiciel « UP »
3. Ouvrir le fichier de la pièce à imprimer
4. Initialiser la machine
5. Vérifier les paramètres d'impression en faisant un aperçu
6. Lancer l'impression
7. Sortir le plateau d'impression et décrocher la pièce

Ne laisser aucun objet sur la surface de travail

Ne pas tenter de stopper le travail en cours en ouvrant le capot ou en bloquant les parties mobiles

Mettre des gants pour retirer la pièce

Ne jamais toucher la buse d'extrusion à main nue, la température peut atteindre 280 °C

Procédure pour enlever la pièce

- Retirer le plateau de la machine.
- Tenir fermement avec le gant.
- Décrocher la pièce avec la spatule.

Paramètres d'impression

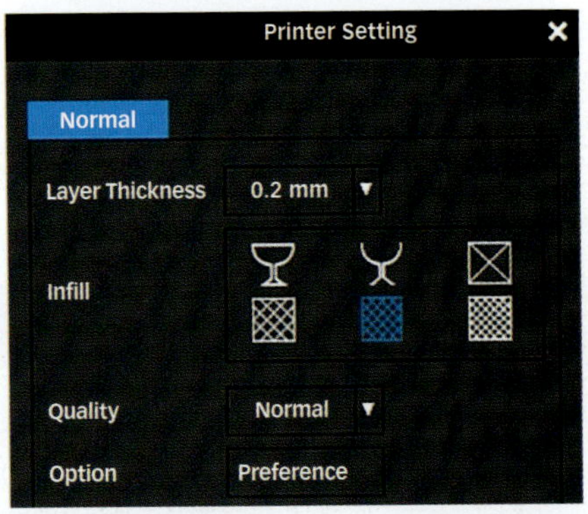

Trois densités de structure interne sont possibles, pour adapter la rigidité de la pièce.

2 Les matériaux pour l'impression 3D

Matériaux	Facilité d'impression	Résistance mécanique	Avantages	Inconvénients
PLA	★★★★★	★★☆☆☆	Qualité d'impression régulière	Tendance à casser
ABS	★★★★☆	★★★★☆	Résistant aux chocs et à la chaleur	Non biodégradable, nécessite un plateau chauffant
Polyamide (NYLON)	★★☆☆☆	★★★★★	Extrêmement résistant et souple	Hautement inflammable
Résine (MED670)	★★★★☆	★★★★☆	Incolore et bio-compatible	Contact limité : 30 jours au contact de la peau et 24 h au contact des muqueuses
PET	★★★☆☆	★★★★☆	Compatible contact alimentaire	Technique particulière d'impression
TPE	★★★☆☆	★☆☆☆☆	Flexible et élastique	Vitesse d'impression lente

La fraiseuse numérique

1 La fiche de procédures

Fiche procédure — **FRAISEUSE CHARLY4U**

Utilisation

1. Déverrouiller l'arrêt d'urgence et allumer la machine
2. Lancer le logiciel « charlygraal »
3. Ouvrir le fichier de la pièce à usiner
4. Fixer le brut sur le plateau martyr
5. Vérifier l'outil et la vitesse de rotation de la broche
6. Lancer l'usinage
7. Sortir la pièce après avoir nettoyé les copeaux

- Ne laisser aucun objet sur le plateau martyr
- Ne pas tenter de stopper le travail en cours en ouvrant le capot
- Mettre des gants pour retirer la pièce
- **Ne jamais toucher la fraise à main nue même pour la nettoyer, c'est un outil tranchant**

2 Les paramètres d'usinage

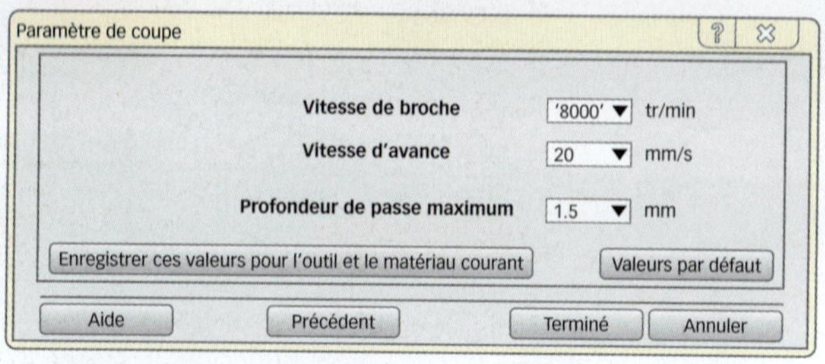

Vitesse de broche : vitesse de rotation de la fraise.

Vitesse d'avance : vitesse à laquelle l'outil et/ou la pièce peuvent se déplacer.

Profondeur de passe : épaisseur de matière qui peut être enlevée à chaque passage de l'outil.

3 Les matériaux et les réglages de la machine

Matériau	Facilité d'usinage	Résistance mécanique	Principales propriétés	Réglages machine		
				Vitesse de rotation	Vitesse d'avance	Profondeur de passe
PVC Rigide	★★★★☆	★★★★☆	Se plie facilement à chaud dans les faibles épaisseurs	9 500 tr/min	25 mm/s	1,5 mm
PVC Expansé	★★★★★	★★☆☆☆	Rigide et léger. Se plie très facilement à chaud.	8 000 tr/min	30 mm/s	3 mm
Polystyrène	★★★☆☆	★★★★☆	Économique	9 500 tr/min	25 mm/s	1,5 mm
PLA Bio	★★★★☆	★★★★☆	Fabriqué à partir de sources végétales et biodégradable	9 500 tr/min	25 mm/s	1,5 mm
PMMA	★★★☆☆	★★★★☆	Peut être transparent ou translucide	9 500 tr/min	20 mm/s	1 mm
Polyéthylène	★★★★★	★★★★☆	Matériau souple	8 000 tr/min	20 mm/s	2 mm

Outils numériques

• X Mind

X Mind est un logiciel libre qui trace des cartes mentales ou cartes heuristiques.
Les fichiers manipulés par ce logiciel ont l'extension .xmind.
Il existe d'autres logiciels libres sur ce sujet.
Le tutoriel montre un exemple d'utilisation de X Mind pour créer une carte mentale simple.

lienmini.fr/t130-tutoxmind
vu page 17 (Chapitre 1)

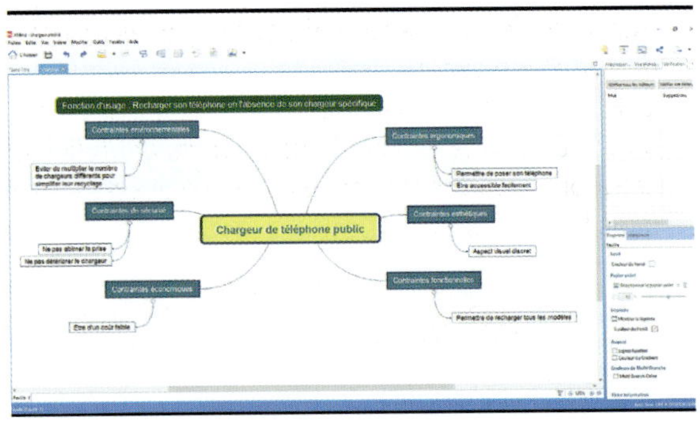

• Gantt Project

Gantt Project est un logiciel libre de création de planning, selon le modèle de Gantt.
Les fichiers manipulés par ce logiciel ont l'extension .gan.
Le tutoriel montre un exemple d'utilisation simple de Gantt Project sur quelques tâches simples et une affectation de ressource.

lienmini.fr/t130-tutogantt
vu page 38 (Chapitre 2)

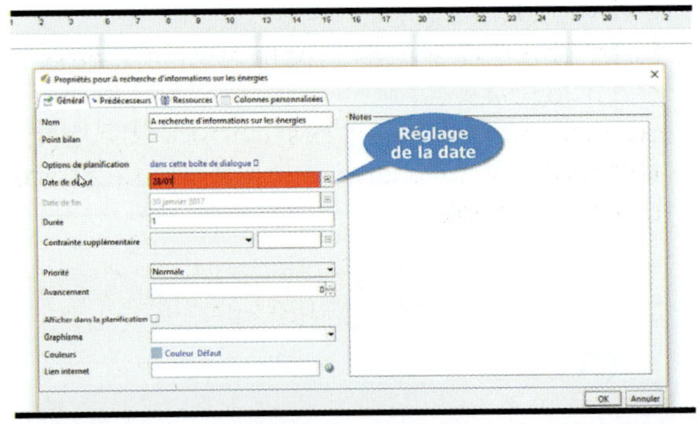

• Sketch Up

SketchUp est un logiciel libre de modélisation 3D.
Les fichiers manipulés par ce logiciel ont l'extension .skp.
Le premier tutoriel montre un exemple d'utilisation très simple dans le cadre d'une prise en main.
La seconde vidéo montre la réalisation illustrant l'exemple de la borne lumineuse.

lienmini.fr/t130-tutosketchup
vu page 65 (Chapitre 3)

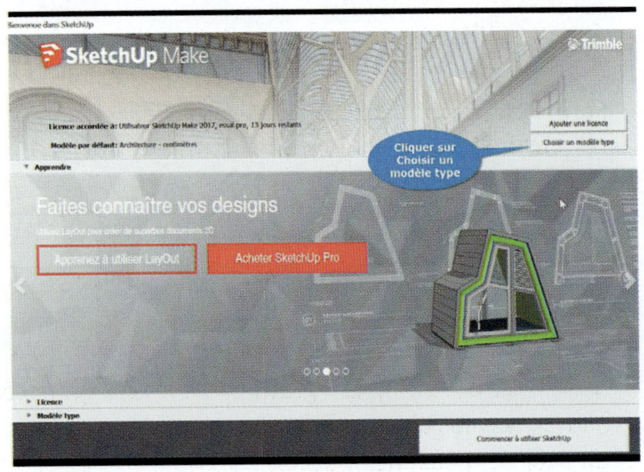

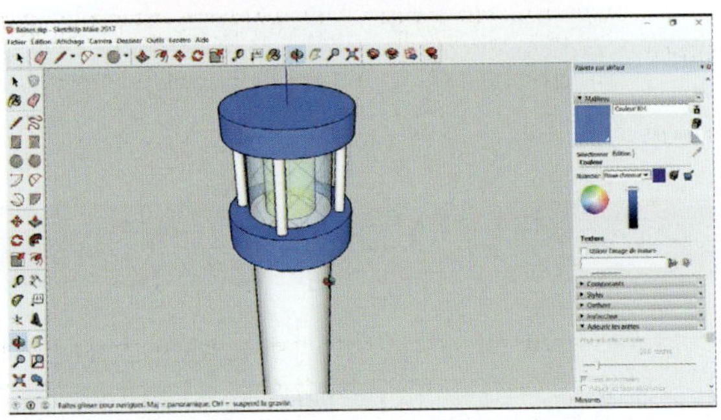

• Ardublock

Ardublock est un logiciel libre, qui permet de programmer Arduino.
Le tutoriel montre l'utilisation simple d'Ardublock pour répondre à l'exemple du chapitre 3.

lienmini.fr/t130-tutoardublock
vu page 69 (Chapitre 3)

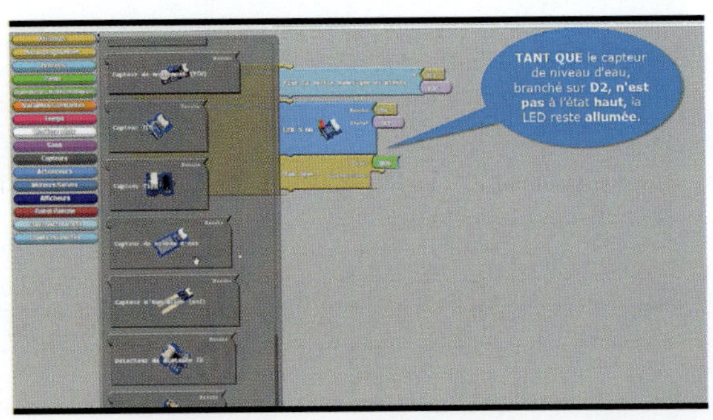

• AUGMENT

AUGMENT est une application de réalité augmentée : elle manipule des images 3D et permet de les insérer dans la prise de vue d'une caméra.

Cette application nécessite une connexion Internet, une tablette ou un téléphone équipé d'une caméra, et un fichier 3D adapté.

Le tutoriel montre les étapes de réalisation de l'exemple étudié dans le chapitre 3.

lienmini.fr/t130-tutoaugment
vu page 69 (Chapitre 3)

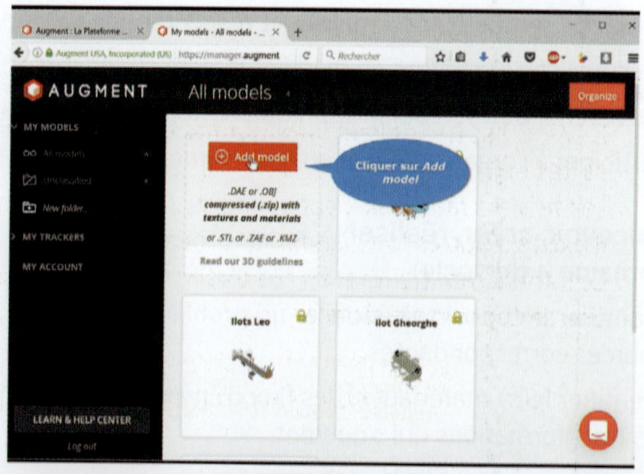

• Frise Chronos

Frise Chronos est une application qui dessine des frises chronologiques.

Les fichiers produits sont des fichiers image, .pdf ou .xls.

Le tutoriel montre une prise en main rapide à travers l'exécution d'une frise simple.

lienmini.fr/t130-tutofrise
vu page 106 (Chapitre 5)

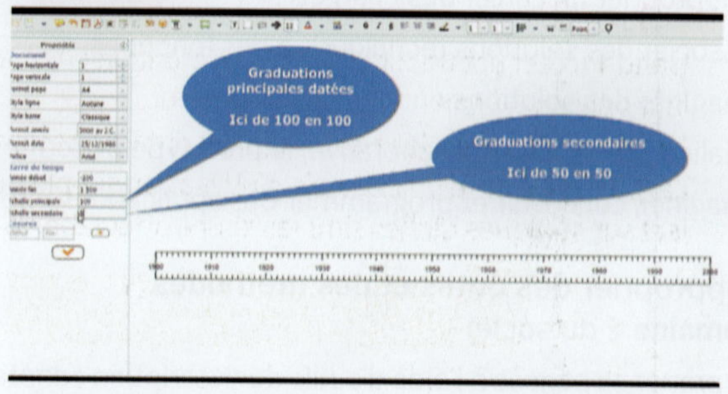

• Crocodile Physics

Crocodile Physics propose une licence libre d'évaluation, d'une durée limitée dans le temps. Ce logiciel permet de réaliser des simulations de circuits électriques.

Le tutoriel montre la réalisation d'un exemple simple.

lienmini.fr/t130-tutocroco
vu page 174 (Chapitre 8)

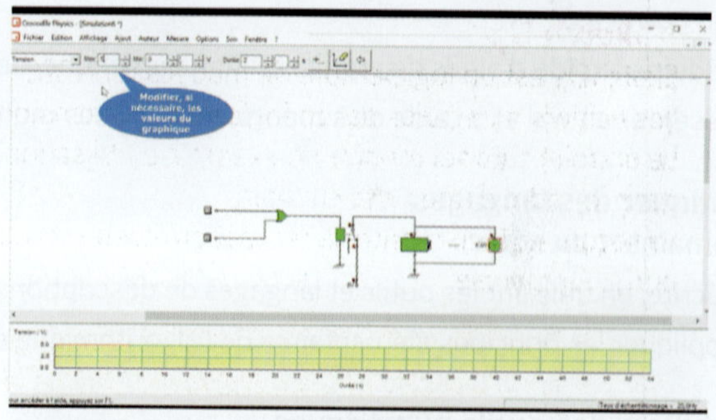

• Solid Edge

Solid Edge est un logiciel gratuit. Il permet de réaliser des simulations sur des objets 3D.

Le tutoriel présente l'utilisation de Solid Edge à travers un exemple du chapitre.

lienmini.fr/t130-tutosolid
vu page 182 (Chapitre 8)

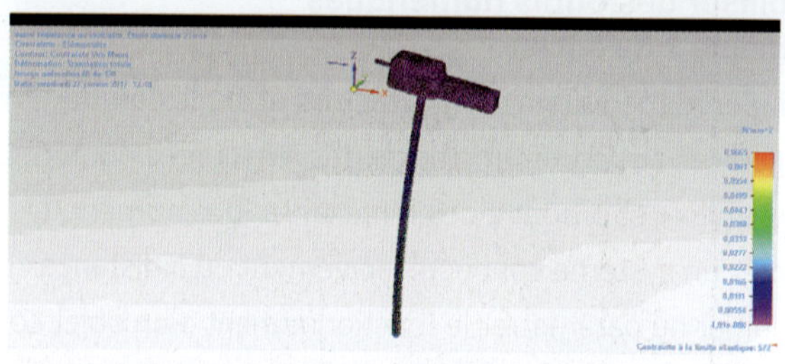

• mBlock

mBlock est un logiciel de programmation gratuit, basé sur Scratch, pour Arduino.

Le tutoriel montre l'utilisation de mBlock à travers un cas simple, vu dans le chapitre 10.

lienmini.fr/t130-tutomblock
vu page 224 (Chapitre 10)

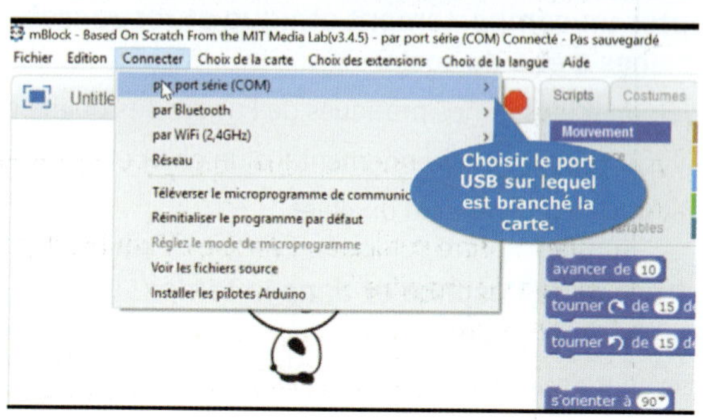

Compétences travaillées

Pratiquer des démarches scientifiques et technologiques
(Domaine 4 du socle)

- Imaginer, synthétiser, formaliser et respecter une procédure, un protocole.
- Mesurer des grandeurs de manière directe ou indirecte.
- Rechercher des solutions techniques à un problème posé, expliciter ses choix et les communiquer en argumentant.
- Participer à l'organisation et au déroulement de projets.

Concevoir, créer, réaliser
(Domaine 4 du socle)

- Identifier un besoin et énoncer un problème technique, identifier les conditions, contraintes (normes et règlements) et ressources correspondantes.
- Identifier le(s) matériau(x), les flux d'énergie et d'information dans le cadre d'une production technique sur un objet et décrire les transformations qui s'opèrent.
- S'approprier un cahier des charges.
- Associer des solutions techniques à des fonctions.
- Imaginer des solutions en réponse au besoin.
- Réaliser, de manière collaborative, le prototype de tout ou partie d'un objet pour valider une solution.
- Imaginer, concevoir et programmer des applications informatiques pour des appareils nomades.

S'approprier des outils et des méthodes
(Domaine 2 du socle)

- Exprimer sa pensée à l'aide d'outils de description adaptés : croquis, schémas, graphes, diagrammes, tableaux (représentations non normées).
- Traduire, à l'aide d'outils de représentation numérique, des choix de solutions sous forme de croquis, de dessins ou de schémas.
- Présenter à l'oral et à l'aide de supports numériques multimédia des solutions techniques au moment des revues de projet.

Pratiquer des langages
(Domaine 1 du socle)

- Décrire, en utilisant les outils et langages de descriptions adaptés, la structure et le comportement des objets.
- Appliquer les principes élémentaires de l'algorithmique et du codage à la résolution d'un problème simple.

Mobiliser des outils numériques
(Domaine 2 du socle)

- Simuler numériquement la structure et/ou le comportement d'un objet.
- Organiser, structurer et stocker des ressources numériques.
- Lire, utiliser et produire des représentations numériques d'objets.
- Piloter un système connecté localement ou à distance.
- Modifier ou paramétrer le fonctionnement d'un objet communicant.

Adopter un comportement éthique et responsable
(Domaines 3 et 5 du socle)

- Développer les bonnes pratiques de l'usage des objets communicants.
- Analyser l'impact environnemental d'un objet et de ses constituants.
- Analyser le cycle de vie d'un objet.

Se situer dans l'espace et dans le temps
(Domaine 5 du socle)

- Regrouper des objets en familles et lignées.
- Relier les évolutions technologiques aux inventions et innovations qui marquent des ruptures dans les solutions techniques.

Design, innovation et créativité

Attendus de fin de cycle

- Imaginer des solutions en réponse aux besoins, matérialiser des idées en intégrant une dimension design.
- Réaliser, de manière collaborative, le prototype d'un objet communicant.

Compétences et connaissances associées

- Imaginer des solutions en réponse aux besoins, matérialiser des idées en intégrant une dimension design.
  - Identifier un besoin (biens matériels ou services) et énoncer un problème technique.
  - Identifier les conditions, contraintes (normes et règlements) et ressources correspondantes, qualifier et quantifier simplement les performances d'un objet technique existant ou à créer.
    - Besoin, contraintes, normalisation.
    - Principaux éléments d'un cahier des charges.
  - Imaginer, synthétiser et formaliser une procédure, un protocole.
    - Outils numériques de présentation.
    - Charte graphique.
  - Participer à l'organisation de projets, la définition des rôles, la planification (se projeter et anticiper) et aux revues de projet.
    - Organisation d'un groupe de projet, rôle des participants, planning, revue de projets.
  - Imaginer des solutions pour produire des objets et des éléments de programmes informatiques en réponse au besoin.
    - Design.
    - Innovation et créativité.
    - Veille.
    - Représentation de solutions (croquis, schémas, algorithmes).
    - Réalité augmentée.
    - Objets connectés.
  - Organiser, structurer et stocker des ressources numériques.
    - Arborescence.
  - Présenter à l'oral et à l'aide de supports numériques multimédia des solutions techniques au moment des revues de projet.
    - Outils numériques de présentation.
    - Charte graphique.
- Réaliser, de manière collaborative, le prototype d'un objet communicant.
  - Réaliser, de manière collaborative, le prototype d'un objet pour valider une solution
    - Prototypage rapide de structures et de circuits de commande à partir de cartes standard.

Les objets techniques, les services et les changements induits dans la société

Attendus de fin de cycle

- Comparer et commenter les évolutions des objets et systèmes.
- Exprimer sa pensée à l'aide d'outils de description adaptés.
- Développer les bonnes pratiques de l'usage des objets communicants.
- Comparer et commenter les évolutions des objets et systèmes

Compétences et connaissances associées

- Comparer et commenter les évolutions des objets et systèmes.
  - Regrouper des objets en familles et lignées.
    - L'évolution des objets.
    - Impacts sociétaux et environnementaux dus aux objets.
    - Cycle de vie.
    - Les règles d'un usage raisonné des objets communicants respectant la propriété intellectuelle et l'intégrité d'autrui.
  - Relier les évolutions technologiques aux inventions et innovations qui marquent des ruptures dans les solutions techniques.
  - Comparer et commenter les évolutions des objets en articulant différents points de vue : fonctionnel, structurel, environnemental, technique, scientifique, social, historique, économique.
  - Élaborer un document qui synthétise ces comparaisons et ces commentaires.
    - Outils numériques de présentation.
    - Charte graphique.
- Exprimer sa pensée à l'aide d'outils de description adaptés.
  - Exprimer sa pensée à l'aide d'outils de description adaptés : croquis, schémas, graphes, diagrammes, tableaux.
    - Croquis à main levée
    - Différents schémas
    - Carte heuristique
    - Notion d'algorithme
  - Lire, utiliser et produire, à l'aide d'outils de représentation numérique, des choix de solutions sous forme de dessins ou de schémas.
    - Outils numériques de description des objets techniques.

La modélisation et la simulation des objets et systèmes techniques

Attendus de fin de cycle

- Analyser le fonctionnement et la structure d'un objet.
- Utiliser une modélisation et simuler le comportement d'un objet.

Compétences et connaissances associées

- Analyser le fonctionnement et la structure d'un objet.
  - Respecter une procédure de travail garantissant un résultat en respectant les règles de sécurité et d'utilisation des outils mis à disposition.
    - Procédures, protocoles.
    - Ergonomie.
  - Associer des solutions techniques à des fonctions.
    - Analyse fonctionnelle systémique.
  - Analyser le fonctionnement et la structure d'un objet, identifier les entrées et sorties.
    - Représentation fonctionnelle des systèmes.
    - Structure des systèmes.
    - Chaine d'énergie.
    - Chaine d'information.
  - Identifier le(s) matériau(x), les flux d'énergie et d'information sur un objet et décrire les transformations qui s'opèrent.
    - Familles de matériaux avec leurs principales caractéristiques.
    - Sources d'énergies.
    - Chaine d'énergie.
    - Chaine d'information.
  - Décrire, en utilisant les outils et langages de descriptions adaptés, le fonctionnement, la structure et le comportement des objets.
    - Outils de description d'un fonctionnement, d'une structure et d'un comportement.
  - Mesurer des grandeurs de manière directe ou indirecte.
    - Instruments de mesure usuels.
    - Principe de fonctionnement d'un capteur, d'un codeur, d'un détecteur.
    - Nature du signal : analogique ou numérique.
    - Nature d'une information : logique ou analogique.
  - Interpréter des résultats expérimentaux, en tirer une conclusion et la communiquer en argumentant.
    - Notions d'écarts entre les attentes fixées par le cahier des charges et les résultats de l'expérimentation.
- Utiliser une modélisation et simuler le comportement d'un objet.
  - Utiliser une modélisation pour comprendre, formaliser, partager, construire, investiguer, prouver.
    - Outils de description d'un fonctionnement, d'une structure et d'un comportement.
  - Simuler numériquement la structure et/ou le comportement d'un objet. Interpréter le comportement de l'objet technique et le communiquer en argumentant.
    - Notions d'écarts entre les attentes fixées par le cahier des charges et les résultats de la simulation.

L'informatique et la programmation

Attendus de fin de cycle

- Comprendre le fonctionnement d'un réseau informatique.
- Écrire, mettre au point et exécuter un programme.

Compétences et connaissances associées

- Comprendre le fonctionnement d'un réseau informatique
    - Composants d'un réseau, architecture d'un réseau local, moyens de connexion d'un moyen informatique.
    - Notion de protocole, d'organisation de protocoles en couche, d'algorithme de routage.
    - Internet
- Écrire, mettre au point et exécuter un programme
  - Analyser le comportement attendu d'un système réel et décomposer le problème posé en sous-problèmes afin de structurer un programme de commande.
  - Écrire, mettre au point (tester, corriger) et exécuter un programme commandant un système réel et vérifier le comportement attendu.
  - Écrire un programme dans lequel des actions sont déclenchées par des évènements extérieurs.
    - Notions d'algorithme et de programme.
    - Notion de variable informatique.
    - Déclenchement d'une action par un évènement, séquences d'instructions, boucles, instructions conditionnelles.
    - Systèmes embarqués.
    - Forme et transmission du signal.
    - Capteur, actionneur, interface.

Couverture : J. Spicer/Getty Images ; Sony Computer Entertainment Inc, 2016 ; Vincent Callebaut Architectures, Paris - p. 4 : Da-kuk/Premium Access ; Asiseeit/E+/Getty Images - p. 5 : C. Anderson/Getty Images ; Demaerre/iStock/Getty Images - p. 6 : Vincent Callebaut Architectures, Paris ; Chanpipat/Shutterstock.com - p. 7 : J.-Ch. Mounoury/Renault Média ; Nasa/SPL/ Getty Image - p. 8 : Cultura/M. Keijser/Plainpicture ; Toru Hanai/Reuters - p. 12 : Sony Computer Entertainment Inc, 2015 ; Da-kuk/Premium Access - p. 14 : Monkeybusinessimages/iStock/Getty Images ; © www.mybobino.com - p. 15 : www.tylt.com - p. 16 : Lokibaho/iStock/Getty Images - p. 18 : Getty Images/Juice Images RF ; www.etnafrance.com - p. 20 : Aydinmutlu/ iStock/Getty Images - p. 22 : Liudmyla Supynska/iStock/Getty Images ; www.catspad.com - p. 23 : Ridofranz/iStock/Getty Images - p. 28 : Kommercialize/iStock/Getty Images - p. 29 : Fotostorm/iStock/Getty Images ; Manufactum - p. 30 : Le compagnon du boulanger : www.lecompagnonduboulanger.com - p. 31 : Premium Access - p. 32 : Lumos Helmet - p. 33 : Makeblock ; Musée Militaire Vaudois - p. 34 : Sony Computer Entertainment Inc, 2015 ; Asiseeit/E+/Getty Images - p. 36 : Visions-AD/Fotolia.com - p. 37 : Rawpixel.com/Fotolia - p. 40 : Birgid Allig/Taxi/Getty Images - p. 41 : JCDecaux - p. 44 : Méthodes BTP : https://bimbtp.com - p. 45 : Juice Image / Hemis.fr - p. 51 : Burapa Nammulsint/Fotolia.com ; Ammentorp/123RF.com - p. 53 : Olena Yakobchuk/123RF.com - p. 54 : Kieran DODDS/PANOS-REA - p. 55 : Steve Allen/The Image Bank/Getty Images - p. 56 : C. Anderson/Getty Images ; Sony Computer Entertainment Inc, 2015 - p. 58 : KieferPix/ Shutterstock.com ; http://www.lionsapp.com/contact/ - p. 59 : Spark Fun : www.sparkfun.com ; Lextronic : http://www.lextronic.fr ; Technologies services : http://www.technologieservices.fr ; LilyPadArduino ; Wearable Electronics For Fashion - http://wearableelectronicsforfashion.com ; Technologies services : http://www.technologieservices.fr ; Lextronic : http://www.lextronic.fr - p. 62 : Anterovium/Fotolia.com - p. 63 : Venusphoto/iStock/Getty Images ; Gribanov/Fotolia.com ; Sergey Peterman/Fotolia.com ; Technologies services : http://www.technologieservices.fr ; Technologies services : http://www.technologieservices.fr ; Marie-Thérèse Guilhal/Fotolia.com ; Technologies services : http://www.technologieservices.fr ; Aggphotos/Fotolia.com ; Dmitry Bruskov /Dreamstime.com - p. 66 : DragonImages/ iStock/Getty Images ; Olivier Bouchez, Tarik Karabi, Thibaut Rodriguez et Nicola Schaaf ; Lamontagne / Biosphoto - p. 67 : https://www.a4.fr/ ; www.robotshop.com ; https://www.a4.fr/; https://www.a4.fr/ - p. 72 : EuToch/iStock/Getty Images - p. 73 : ASIFE/iStock/Getty Images ; https://www.panasonic-electric-works.com - p. 76 : Technologies services : http://www.technologieservices.fr ; Dunkermotoren : http://dunkermotoren.com ; Jeulin ; Robocortex - p. 77 : Makeblock.com - p. 78 : Sony Computer Entertainment Inc, 2015 ; Demaerre/iStock/Getty Images - p. 80 : Dusan Petkovic / Shutterstock ; aerogondo/Fotolia.com ; intst/iStock/Getty Images - p. 83 : A4 Technologie - p. 84 : The Sun Trip - p. 85 : SeeedStudio ; Technologie Services ; Technologie Services - p. 88 : Markus Reugels / Getty Images - p. 94 : Airbus GmbH 2014 – photo by Christian Brinkmann ; Airbus S.A.S. ; A4 Technologie - p. 95 : A4 Technologie - p. 96 : Sculpteo ; Dotweb/Dreamstime.com - p. 97 : Harunyigit/Fotolia.com - p. 98 : Exii - p. 100 : Manufactum ; Premium Access ; Makeblock - p. 104 : Pixtal/age fotostock ; © Franck Badaire Photographe – Patrick Berger & Jacques Anziutti Architectes - p. 105 : Curvstar : http://www.curvstar.com/ ; 4x6/iStock/Getty Images - p. 106 : Thomas Tetu ; Vincent Callebaut architectures, Paris - p. 108 : StockFood / JUICE Images Ltd. ; http://www.waterwheelfactory.com/; Marie-Lan Nguyen/Wikipédia - p. 109 : Kaboldy/Wikipédia ; Stevebphotography/ iStock/Getty Images ; BnF - p. 112 : Scaliger/Fotolia.com ; Jacques Boyer / Roger-Viollet ; Adoc-Photos - p. 113 : Adoc-Photos ; Fred Tanneau / AFP - p. 116 : CarPostal Suisse SA - www.carpostal.ch ; Photo (C) Ministère de la Culture - Médiathèque du Patrimoine, Dist. RMN-Grand Palais / Frères Séeberger ; LAPI / Roger-Viollet ; Archives Amtuir - p. 117 : Jacques Loic/ Photononstop ; RIGOULET Gilles / hemis.fr ; Frédéric Le Lan - Communauté d'Agglomération de La Rochelle - p. 119 : CarPostal Suisse SA/www.carpostal.ch - p. 121 : Morphart Creation/Shutterstock.com ; CarPostal Suisse SA/www.carpostal.ch - p. 122 : Photographer unknown/ The Norwegian Museum of Science and Technology ; Altair78/Wikipédia ; Jimmy Sime/Hulton Archive/Getty Images ; Artedia/Leemage ; Jean-Jacques Cordier/Fotolia.com - p. 123 : The Kodak camera, 1888 (wood), English School, (19th century) / National Media Museum, Bradford, West Yorkshire / Bridgeman Images ; Sylvain Halgand – Collection Appareils : http://collection-appareils.fr/; Musée français de la Photographie/Conseil départemental de l'Essonne/ Benoit Chain - p. 124 : SSPL/Getty Images ; http://www.outils-wolf.com/; Sanders/ANL/REX/Shutterstock ; ©SSPL/Leemage ; Photo © Elzingre / Bridgeman Images - p. 126 : Husqvarna ; akg-images / Album / Oronoz ; akg-images / C. Schlegelmilch ; Channarong Meesuk / 123RF - p. 127 : TOBIAS SCHWARZ / AFP ; Encyclopaedia Britannica/UIG / Bridgeman Images - p. 128 : Thomas Tetu ; Chanpipat/Shutterstock.com - p. 130 : Rocket League : https://www.rocketleague.com/ ; NEWSCOM/SIPA ; http://www.magnavox-odyssey.com/; Asim Saleem/Wikipedia - p. 131 : Boomingpie/Fotolia.com - p. 134 : Nastco/iStock / Getty Images - p. 138 : Kris Ubach and Quim Roser/Cultura/Getty Images - p. 139 : America Studio/Shutterstock.com ; Frawpixel.com/Fotolia.com ; Andrey Burmakin/Fotolia.com ; George Rudy/Shutterstock.com - p. 144 : Mutlu Kurtba/iStock/ Getty Images ; CNIL : http://www.cnil.fr - p. 145 : Naiyyer/Fotolia.com ; Sony.com ; Recon Instruments ; Sony.com - p. 146 : www.netatmo.com ; Litracon® – Light-transmitting concrete, www.litracon.hu ; Syda Productions/Fotolia.com - p. 147 : JF. Bertrand ; A. Fournier ; Paso del Macho ; Sony.com - p. 148 : Rainer Berg/Westend61/Photononstop - p. 149 : Ivansmuk/iStock/ Getty Images ; Ingo Bartussek/Fotolia.com - p. 150 : Rawpixel.com/Shutterstock ; Ollo/iStock/Getty Images - p. 151 : De Agostini Picture Library/Getty Images ; Jose Luis Pelaez Inc/Blend Images/Getty Images - p. 152 : J.-Ch. Mounoury/Renault Média ; Science photo/Fotolia.com - p. 154 : CEVM Eiffage / Foster+Partners / AZAM Jean-Paul / Hemis.fr ; FTMesures ; FTMesures ; vuk8691/E+/iStock/Getty images - p. 155 : CEVM Eiffage / Foster+Partners ; CEVM Eiffage / Foster+Partners / J-C & D PRATT/PHOTONONSTOP ; CEVM Eiffage / Foster+Partners / Patrick ALLARD/REA - p. 158 : Aquaponie.biz - p. 159 : https://www.a4.fr/ ; Arduino ; http://www.hobbyist.co.nz/ - p. 162 : mastermilmar/iStock/Getty Images Plus - p. 168 : Daimler AG ; emel82/123RF ; Pavel Semenov/iStock/Getty images - p. 169 : photocrew/Fotolia.com ; anton_antonov/Fotolia.com ; Médiathèque COMAP - p. 170 : Fondation Louis Vuitton / Félix Cornu - p. 172 : Airbus S.A.S. 2014 - photo by Masterfilms /

JB. ACCARIEZ - p. 173 : Georgijevic/E+/Getty Images - p. 174 : Nasa/SPL/Getty Image ; Science photo/Fotolia.com ; EC3 Modélisation /http://www.ec2-modelisation.fr/ - p. 176 : MEZZA ESCALANTE/hemis.fr - p. 177 : Nicholls: Alistair/Arcaid Images/Getty Images - p. 178 : Nicholls: Alistair/Arcaid Images/Getty Images - p. 179 : MEZZA ESCALANTE/hemis.fr ; Nicholls: Alistair/Arcaid Images/Getty Images - p. 180 : Swedewah/iStock / Getty Images ; Eco Images/UIG/Agefotostock.com - p. 184 : Béatrice Prève/Fotolia.com ; Videotec ; Vidotec : http://www.videotec.com/; Conrad : http://www.conrad.fr - p. 190 : Folio Images/Shutterstock.com - p. 191 : Chrupka/123RF - p. 192 : Destombes Bois : http://www.destombes-bois.fr - p. 193 : Carlo Amoruso/Taxi/Getty Images - p. 195 : Stephane AUDRAS/REA - p. 196 : Mimi Potter/Fotolia.com ; Izusek/E+/ Getty Images - p. 197 : Madeline Gannon - https://atonaton.com ; Académie de Creil - http://sti.ac-creteil.fr/ - p. 198 : Toru Hanai/Reuters ; Cultura/M. Keijser/Plainpicture - p. 200 : Blend Images / hemis.fr - p. 201 : Nancy Honey/Cultúra Creative / Photononstop ; Mishoo/123RF ; Rudra Narayan Mandal/123RF - p. 204 : Blend Images / hemis.fr - p. 208 : ALTOPRESS/ PHOTOALTO/BSIP - p. 215 : Yanlev/Fotolia.com - p. 219 : AndreusK/Fotolia.com - p. 220 : Toru Hanai/Reuters ; Ed Alcock / M.Y.O.P. 2013 - p. 222 : 2014 Bloomberg Finance LP/Getty Images ; 2014 Bloomberg Finance LP/Getty Images ; Technologie Services ; Technologie Services ; Technologie Services ; Technologie Services - p. 223 : Technologie Services - p. 226 : Courtesy NASA/JPL-Caltech/MSSS ; Technologie Services - p. 230 : Sparkfun ; Geber86/iStock/Getty Images ; Digitsole ; Digitsole ; Technologie Services ; SparkFun - p. 236 : Gardena/HusqvarnaGroup ; Gardena/HusqvarnaGroup ; Chesky/Fotolia.com - p. 237 : nd3000/Fotolia.com - p. 238 : NorGal/Fotolia.com ; Lamax/Fotolia.com - p. 240 : Elxeneize/Fotolia.com ; Dyson - p. 241 : Technologie Services - p. 242 : Arctic-Images/Getty Images ; R. Damoret/REA - p. 243 : Reynald Drouhin : www.reynalddrouhin.net/works/desfleurs/ - p. 244 : Science&VIe Junior Hors-série ; Yann Arthus-Bertrand / Montparnasse productions / Proddb / DR - p. 245 : toddarbini/E+/iStock/Getty Images ; EyeEm/Getty Images ; manfredxy/iStock/Getty Images - p. 246 : Compétence Photo ; Leon Dafonte Fernandez - p. 247 : Leon Dafonte Fernandez/EyeEm/Getty Images ; Sunny/Stone/Getty Images - p. 249 : Wavebreakmedia/iStock/Getty Images Plus ; gipi23/iStock Unreleased/Getty Images - p. 250 : Rustica/Fleurus Editions - p. 251 : c2ap/Fotolia.com - p. 258 : anatols/123RF - p. 262 : Sparkfun - p. 264 : A4 Technologie - p. 265 : A4 Technologie

Achevé d'imprimer en Juillet 2017 par Rotolito Lombarda

N° editeur : 2017 - 0571 - Dépôt légal : Avril 2017

Édition : Aurore Balduzzi

Conception Graphique : Frédéric Jély, STDI, Séverine Tanguy

Couverture : François Supiot

Iconographie : Anne-Sophie Hedan, Sophie Roques, Sidonie Reboul

Mise en page et infographies : STDI

Relecture et corrections : Karine Tercier

ISBN : 978-2-206-10130-9

Éditions Delagrave – 5, allée de la 2e DB – 75015 Paris
www.editions-delagrave.fr

Structures

Un algorithme est une suite ordonnée d'instructions, compréhensible par tous. Pour écrire un algorithme, on utilise des structures algorithmiques qui organisent les instructions. Ces structures sont reprises dans les langages de programmation et les interfaces de programmation comme Blockly ou ArduBlock.

Les boucles

Une boucle est une structure répétitive : elle répète une séquence d'instructions.

Répéter indéfiniment : le robot va avancer indéfiniment.

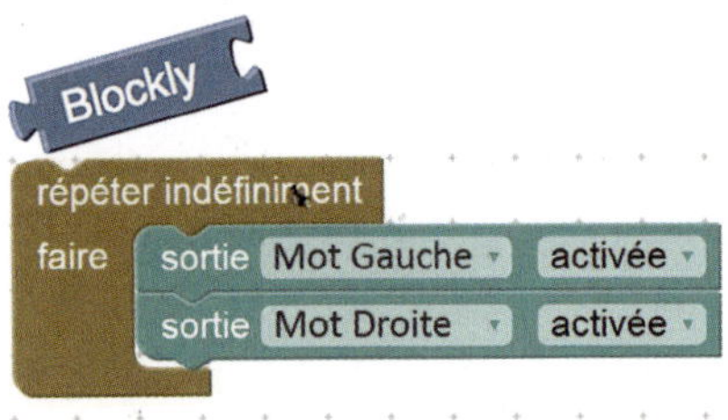

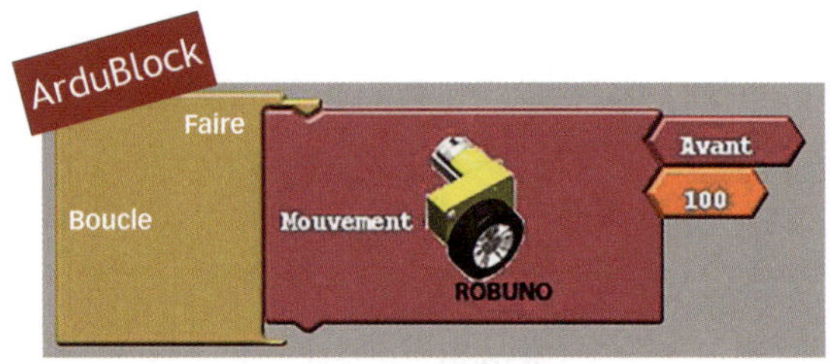

Répéter un nombre de fois : la DEL va s'allumer et s'éteindre 5 fois durant un certain temps.

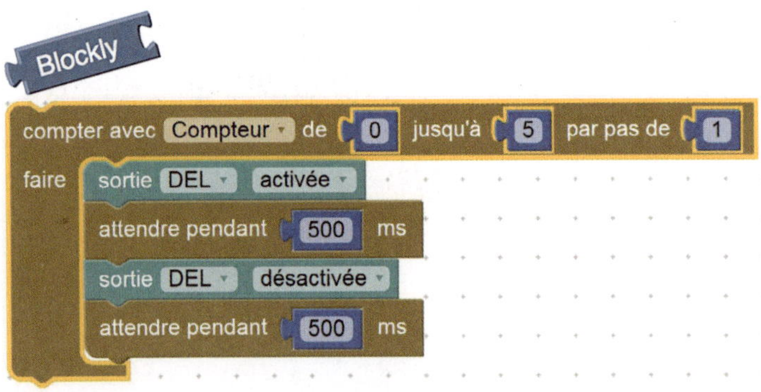

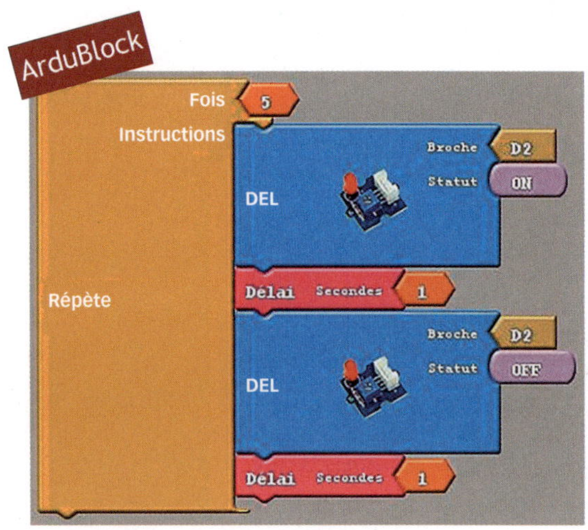

Répéter jusqu'à un évènement : le relais va commander la pompe à eau jusqu'à ce que le niveau soit suffisant.

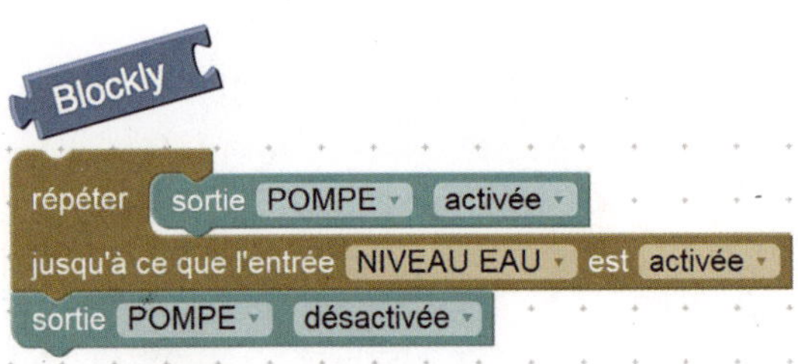

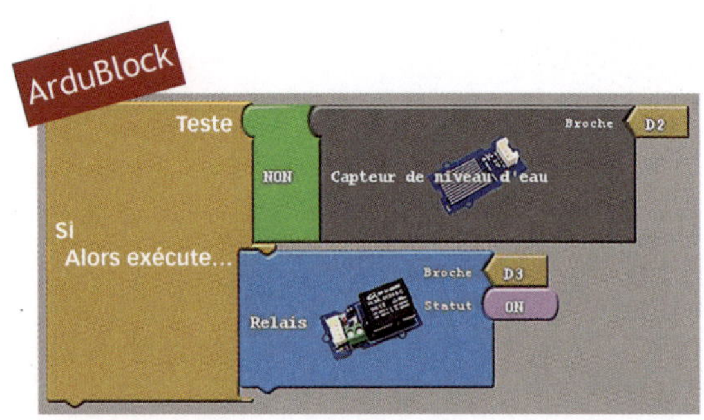